→ DAS VERMIETER-HANDBUCH

Das Vermieter-Handbuch

Eva Kafke

Stiftung Warentest

Inhalts-verzeichnis

KAPITEL 1

Erste Schritte als Vermieter

KAPITEL 2

Mieter finden

KAPITEL 3

Der Mietvertrag

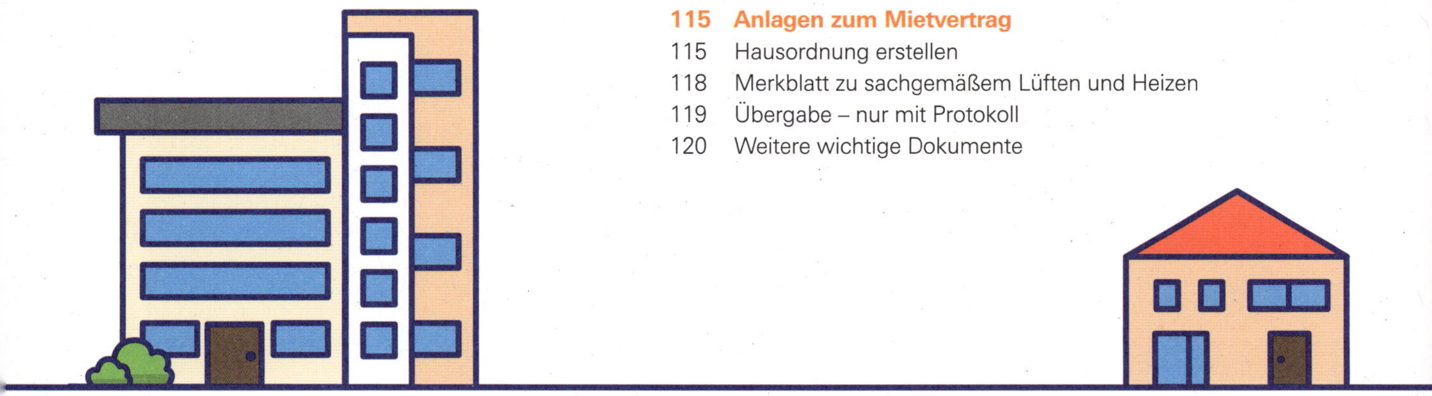

KAPITEL 4

Belastungsproben im Mietverhältnis

KAPITEL 5

Häufige Streitfälle

KAPITEL 6

Ende des Mietverhältnisses

Service

1

Die meisten privaten Kleinvermieter sind keine Profis in Sachen Immobilienverwaltung. Es hilft, wenn Sie wissen, welche Aufgaben auf Sie zukommen, bevor Sie sich zur Vermietung entschließen.

→ Vorüberlegungen und Selbstorganisation: Formal beginnt die Vermietung zwar erst mit der Vertragsunterzeichnung, doch davor werden die Weichen gestellt: für das Projekt Vermietung im Allgemeinen und für jedes einzelne Mietverhältnis.

WAS ERFAHRE ICH?

Wer bereits seit Längerem Eigentümer einer Immobilie ist und diese vielleicht selbst nutzt, der weiß, wie vielfältig und umfangreich die Anforderungen an Eigentümer sind. Von der Reparatur eines Abflusses über die Abrechnung mit dem Energieversorger und die Finanzierung einer Instandhaltungsmaßnahme bis zum Bauantrag bei der Gemeinde reicht die Palette der Aufgaben. Diese Vielfalt bringt bürokratischen Aufwand und unterschiedliche Ansprechpersonen mit sich und berührt baulich-technische, wirtschaftliche und juristische Fragen. Mit all diesen Themen, die das Gebäude betreffen, haben Sie auch zu tun, wenn Sie ein Haus oder eine Wohnung vermieten. Hinzu kommen jedoch noch alle Rechte und Pflichten im Zusammenhang mit der Vermietung.

Der erste Schritt in Richtung Vermietung besteht darin, sich einen umfassenden Überblick zu verschaffen: Was kommt auf mich zu? Empfehlenswert ist auch, sich Grundwissen über Mietrecht, Buchhaltung und Steuern anzueignen. Sie müssen nicht jeden Gesetzesparagrafen und alle steuerlichen Details kennen, aber Sie sollten wissen, woher Sie die notwendigen Informationen bekommen. Und: Ein Überblick über das komplexe Sachgebiet Vermietung sensibilisiert für Fallstricke und hilft, böse Überraschungen zu vermeiden. Zugleich ist er die Voraussetzung für die effiziente Selbstorganisation. Eine zentrale Frage lautet: Welche Aufgaben kann und will ich alleine erledigen, welche nicht? Im nächsten Schritt geht es darum, ein kleines Netzwerk aus fachkundigen Unterstützern aufzubauen.

Vermieten lernen

Für Verwaltungen und die Wohnungswirtschaft gibt es ein breit gefächertes Bildungsprogramm – unter anderem von Industrie- und Handelskammern und privaten Einrichtungen wie dem Europäischen Bildungszentrum der Wohnungs- und Immobilienwirtschaft (EBZ), der TÜV Rheinland Akademie und anderen Unternehmen. Deren Programme richten sich jedoch in aller Regel an Personen, die sich professionell mit dem Thema Vermietung befassen. Private Eigentümer finden hier nur wenige passende Angebote. Sie werden eher bei einzelnen Volkshochschulen fündig, die Seminare wie „Mietverwaltung – vom Einzug bis zum Auszug: Crashkurs für Vermieter", aber auch themenspezifische Kurse und Vorträge organisieren (Kursfinder auf volkshochschule.de). Auch die Haufe-Akademie veranstaltet in regel-

Aufgabenfelder von Vermietern

TECHNISCHE VERWALTUNG

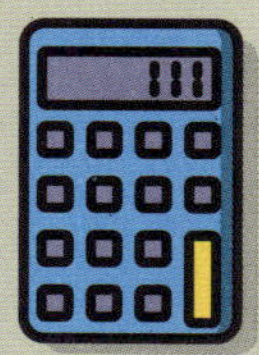

KAUFMÄNNISCHE VERWALTUNG

JURISTISCHE VERWALTUNG

mäßigen Abständen einen „Crashkurs Mietverwaltung“, der sich besonders an Neulinge auf dem Gebiet richtet (haufe-akademie.de/3754).

Das Institut gtw – Weiterbildung für die Immobilienwirtschaft hat sogar eine eigene Sparte „Seminare für Eigentümer“. Dort findet sich unter anderem mehrfach im Jahr das zweitägige Onlineseminar „Eigene Immobilien selbst verwalten“, das speziell für private Eigentümer und Vermieter konzipiert ist (gtw.de/seminar-eigene-immobilien-selbst-verwalten). Im Mittelpunkt stehen bei dieser Veranstaltung vor allem die Themen Mietrecht und Abrechnungen. Vergleichsweise neu auf dem Markt sind kleinere Beratungsfirmen mit Online-Angeboten für Vermieter. Einige vermitteln Grundwissen, andere legen den Fokus auf Investment.

Die Mitglieder von Immobilienverbänden können deren Weiterbildungen nutzen. Die Landesverbände und Ortsvereine von Haus & Grund veranstalten vielfältige Seminare, meist mit juristischem Schwerpunkt. Der Verband Wohnen im Eigentum lädt seit Kurzem zu einer Schulung „Vermietung der Eigentumswohnung von A – Z“ ein. An einzelnen Veranstaltungen von Verbänden können auch Nichtmitglieder (kostenpflichtig) teilnehmen.

SEMINARPROGRAMM ALS ENTSCHEIDUNGSHILFE

Die **BILDUNGSANGEBOTE** unterscheiden sich sowohl in der inhaltlichen Ausrichtung als auch in der Detailtiefe. Crashkurse mit einem thematischen Rundumschlag sind eine gute Möglichkeit für den Einstieg. Sie bieten vor allem einen ersten Überblick. Manch spezifische Frage wird erst im laufenden Mietverhältnis auftauchen, etwa wenn es erstmals um das Erstellen der Betriebskostenabrechnung geht.

Der Blick auf das Veranstaltungsprogramm hilft, zu beurteilen, ob ein Seminar für die eigenen Belange geeignet ist oder nicht. Werden beispielsweise als Zielgruppe Verwalter und Vermieter genannt, ist ein sehr professionelles Niveau zu erwarten, das möglicherweise an der einen oder anderen Stelle schon **VORKENNTNISSE** voraussetzt. Falls Sie sich erstmals mit der Materie beschäftigen, sind Sie hier eher fehl am Platz.

Ein anderes Beispiel: Aus einem zweitägigen Kurs zum Thema Mietrecht werden Sie zwangsläufig fundiertere Kenntnisse mitnehmen als aus einem zweistündigen Webinar. Und von einem Crashkurs, in dem alle vier Vortragenden Juristen sind, können Sie keinen Überblick über Buchhaltungssoftware erwarten – ebenso wenig wie Informationen zum Gebäudemanagement oder zur Vermarktung der eigenen Immobilie.

HIER GEHT ES WEITER: WEBSITES VON VERBÄNDEN UND VEREINEN → VERMIETERVEREIN.DE · VERMIETERSCHUTZVEREIN-DEUTSCHLAND.DE · DEUTSCHER-VERMIETERSCHUTZBUND.DE · VERBAND-WOHNEIGENTUM.DE/BV · WOHNEN-IM-EIGENTUM.DE · HAUSUNDGRUND.DE

Unterstützung in Verbänden

Eigentümer- und Vermieterverbände haben mehr zu bieten als Fortbildungen. Ihren Mitgliedern stehen sie mit Beratungen zur Seite. Zu den Leistungen gehören vielfach auch das Verfassen von Schriftsätzen oder die Prüfung von Nebenkostenabrechnungen. Viele Verbände stellen rechtssichere Muster für Mietverträge, Mieterhöhungsschreiben, Kündigungen etc. zur Verfügung. Über Partnerschaftsverträge gibt es vor allem bei Versicherungen, aber auch bei anderen Dienstleistern günstige Konditionen.

Veranstaltungen sind gute Möglichkeiten zum Erfahrungsaustausch – mit den Fachleuten aus dem Verband, aber auch mit anderen privaten Vermieterinnen und Vermietern. Eine Mitgliedschaft ist deshalb durchaus eine Überlegung wert.

Im größten Eigentümerverband **HAUS & GRUND DEUTSCHLAND** sind nach eigenen Angaben gut 900 000 Mitglieder in 22 Landesverbänden mit rund 840 Ortsvereinen organisiert. Der Verband versteht sich als Interessenvertretung von privaten Haus-, Wohnungs- und Grundeigentümern, insbesondere vermietenden Privatpersonen.

WOHNEN IM EIGENTUM ist mit rund 14 000 Mitgliedern deutlich kleiner und auf Wohnungseigentümer spezialisiert. Der **VERBAND WOHNEIGENTUM** betreut nach eigenen Angaben rund 320 000 Mitgliedsfamilien in 16 Landesverbänden. Schwerpunkt sind selbst nutzende Eigentümer von Einfamilienhäusern mit Garten, aber auch von Eigentumswohnungen. Mit dem **VERMIETERVEREIN**, dem **VERMIETERSCHUTZVEREIN DEUTSCHLAND** und dem **DEUTSCHEN VERMIETERSCHUTZBUND** gibt es mehrere auf juristische Themen fokussierte Vereine.

Die Mitgliedsgebühren richten sich teils nach der Zahl der Eigentumseinheiten, teils nach der Jahresbruttomiete. Und natürlich nach den angebotenen Leistungen. Einzelne Vereine bieten Staffelungen der Gebühren in Abhängigkeit von den gewünschten Leistungen an. Ein Gebührenvergleich ist damit nahezu unmöglich. Allerdings ist der Mitgliedsbeitrag nur eines von mehreren Kriterien für die Auswahl eines Verbandes. Entscheidend ist, dass das Gesamtpaket zu den eigenen Bedürfnissen passt. Wer gerne online unterwegs ist, braucht keine Beratungsstelle um die Ecke. Wer ausschließlich in Wohnungseigentümergemeinschaften vermietet, wird Wert auf das entsprechende Spezialwissen legen.

→ **Räume und Ausstattung:** Bevor Sie Ihr Haus oder Ihre Wohnung zur Vermietung anpreisen, ist es ratsam, den Zustand zu prüfen. Ist die Mindestausstattung vorhanden? Was muss repariert werden? Ist eine Modernisierung sinnvoll?

WAS ERFAHRE ICH?

Die Vorstellungen davon, wie ein ideales Mietobjekt aussieht und was zur Grundausstattung von einer Wohnung oder einem Haus zur Miete gehört, gehen weit auseinander. Manch ein Mieter geht davon aus, dass ein Herd und eine Spüle selbstverständlich vorhanden sein müssen, ein Fußbodenbelag und ein guter Satellitenempfang ebenfalls. Und manch ein Erstvermieter ist verunsichert. Tatsächlich sind in Gesetzen nur wenige Mindestanforderungen an Wohnungen formuliert. Und die erfüllen die meisten Immobilien.

Es ist jedoch durchaus eine Überlegung wert, ob und welche darüber hinausgehende Ausstattung Sie Ihren Mieterinnen und Mietern zur Verfügung stellen wollen. Viel hängt davon ab, wie Ihre Wunschmieter aussehen (siehe Seite 52): Mit einem hohen Standard zielen Sie auf solvente Bewohner. Eine robuste Ausstattung kommt eher Familien mit kleinen Kindern entgegen.

Bei der Frage der Renovierung sind auch rechtliche Aspekte zu bedenken, beispielsweise die angedachte Regelung im Mietvertrag. Und auch eine Modernisierung ist vor jeder Neuvermietung eine Überlegung wert. Baumaßnahmen lassen sich in einer unbewohnten Immobilie am einfachsten realisieren. Im Idealfall haben Sie ein Langfristkonzept, wann welche Instandhaltungsmaßnahmen turnusmäßig erforderlich sind. Prüfen Sie, was als Nächstes ansteht. Auch der Blick auf die Bankkonten kann dabei hilfreich sein. Wenn etwa durch eine Erbschaft gerade Mittel zur Verfügung stehen, kann das ein weiteres Argument sein, vor der Vermietung in die Verbesserung des Hauses zu investieren.

Grundausstattung nach dem Gesetz

Bis 1985 hat § 40 Abs. 1 des 2. Wohnungsbaugesetzes (WoBauG) bundeseinheitliche Regeln für die Grundausstattung bei Mietwohnungen vorgegeben. Dann wurde dieser Paragraf aufgehoben. Allerdings hat das Bundesverwaltungsgericht (BVerwG) mit Beschluss vom 29. Januar 1990 (BVerwG 8 B 3.90) entschieden:

Damit Räume zum dauerhaften Bewohnen geeignet sind, muss eine Mindestausstattung entsprechend eben dem gestrichenen Paragrafen vorhanden sein, denn diese sei heute selbstverständlich. Für Vermieter ist damit nach wie vor der alte § 40 eine wichtige Orientierung. Danach gelten als Mindestausstattung:

- Wohnungsabschluss mit Vorraum in der Wohnung
- Kochraum mit ausreichenden Entlüftungsmöglichkeiten, Wasserzapfstelle und Spülbecken, Anschlussmöglichkeit für Kohleherd/Gas- oder Elektroherd sowie entlüftbarer Speisekammer oder entlüftbarem Speiseschrank
- neuzeitliche sanitäre Anlagen innerhalb der Wohnung
- eingerichtetes Bad oder eingerichtete Dusche sowie Waschbecken
- ausreichender Abstellraum auch innerhalb der Wohnung
- Anschlussmöglichkeit für Ofen oder gleichwertiges Heizgerät für mindestens je einen Wohn- und Schlafraum außer der Küche
- elektrischer Brennstellenanschluss in allen Räumen, in Küche, Wohn- und Schlafräumen, außerdem mindestens je eine Steckdose
- ausreichender Keller oder entsprechender Ersatzraum
- zur Mitbenutzung: Wasch- und Trockenraum sowie Abstellraum für Kinderwagen und Fahrräder

In den Bundesländern gibt es unterschiedliche Regelungen, wer für die Wartung und Prüfung von Rauchmeldern zuständig ist.

Diese Vorschriften haben in aller Regel Eingang in die Baugesetze der Bundesländer gefunden. Diese umfassen jedoch teils schärfere oder auch präzisere Anforderungen. So müssen beispielsweise in Baden-Württemberg in Wohngebäuden mit mehr als vier Wohnungen die Wohnungen eines Geschosses barrierefrei erreichbar und die Wohn- und Schlafräume, Toilette, Bad und Küche oder Kochnische mit dem Rollstuhl zugänglich sein. In Schleswig-Holstein ist für jede Wohnung bis zu 50 Quadratmeter Nutzfläche ein Abstellraum von mindestens dreieinhalb Quadratmetern Pflicht, für größere Wohnungen muss er mindestens sechs Quadratmeter messen.

Neben diesen allgemeinen Anforderungen gibt es für einzelne Ausstattungselemente gesetzliche Vorschriften.

RAUCHMELDER

Seit einigen Jahren gilt in ganz Deutschland eine Rauchmelderpflicht. Sie ist in den Landesbauordnungen der Länder festgeschrieben und wurde mit unterschiedlichen Fristen eingeführt. Für den Einbau der Geräte sind in allen Ländern die Eigentümer der Immobilien verantwortlich, egal, ob sie diese selbst nutzen oder vermieten. Generell müssen Schlafzimmer, Kinderzimmer und Flure, die als Flucht- oder Rettungswege dienen, mit jeweils einem Rauchmelder ausgestattet sein. In Berlin und Brandenburg ist darüber hinaus die Installation in Wohn- und Arbeitszimmern vorgeschrieben. Vor der Vermietung sollten Sie kontrollieren, dass Ihre Immobilie entsprechend ausgerüstet ist und dass alle Melder betriebsbereit sind.

Die regelmäßige Wartung und Prüfung der Rauchmelder ist je nach Bundesland Sache des Vermieters oder des Mieters. Dort, wo Vermieter per Gesetz in der Pflicht sind, dürfen sie diese Aufgabe einem Dienstleister übertragen und die Kosten als Betriebskosten umlegen (siehe Seite 88). Alternativ lässt sich im Mietvertrag festhalten, dass der Mieter die Wartung übernimmt.

SMART METER

Der Einbau von Smart Metern – also intelligenten Systemen, die den Stromverbrauch messen – ist seit Anfang 2025 in diesen drei Fällen Pflicht:

- bei einem Stromverbrauch von mehr als 6000 kWh im Jahr
- beim Betrieb einer Photovoltaikanlage mit einer installierten Leistung von 7 kW und mehr
- beim Einsatz von steuerbaren Verbrauchseinrichtungen (Wärmepumpe, Wallbox)

Eigentümer, die in keine dieser Kategorien fallen, können ebenfalls seit Anfang 2025 freiwillig ihren Messstellenbetreiber mit dem Einbau beauftragen und damit ihre Immobilie zukunftsfähig ausrüsten. Das Messstellenbetriebsgesetz (MsbG) sieht vor, dass alle Haushalte bis zum Jahr 2032 mit modernen Messeinrichtungen ausgestattet sind.

Ein Smart Meter besteht aus einem digitalen Stromzähler und einer Kommunikationseinheit (Smart-Meter-Gateway). Das System liefert im Viertelstundentakt automatisch Stromverbrauchsdaten an den Energieversorger sowie den zuständigen Netz- oder Messstellenbetreiber. Damit lässt sich der Abschlag für die Stromverbrauchskosten passgenau an das Verbraucherverhalten anpassen.

Ein Smart Meter ist in aller Regel Voraussetzung, wenn Haushalte einen dynamischen Stromtarif nutzen möchten. Den müssen Versorger ebenfalls seit Anfang 2025 anbieten. Kunden, die flexibel genug sind, können ihren Verbrauch damit in die Tiefpreiszeiten ihres Anbieters verlegen und beispielsweise ihr Elektrofahrzeug nicht nach Feierabend, sondern antizyklisch in der Mittagszeit laden.

ELEKTROMOBILITÄT

Wenn zu einer vermieteten Immobilie ein Stellplatz gehört, haben Mieter seit Ende 2020 das Recht, eine Wallbox zu installieren. Allerdings müssen Mieter- und Vermieterinteressen gegeneinander abgewogen werden. Vermieter dürfen die Zustimmung im Ausnahmefall – etwa in einem denkmalgeschützten Gebäude – verweigern.

Die Kosten für die Anschaffung der Ladestation müssen die Mieter tragen. Sie dürfen die Wallbox beim Auszug mitnehmen. Ein anderer Weg ist: Der Eigentümer entscheidet, die Wallbox auf eigene Kosten einzubauen und dann natürlich zum Ende des Mietverhältnisses zu behalten.

Für Vermieter gibt es beim Thema Elektromobilität diverse Aspekte zu bedenken. Im Mehrfamilienhaus kann es passieren, dass nach und nach ein Großteil der Bewohner mit dem Wunsch nach einer Ladestation auf den Plan tritt. Dabei müssen immer Lösungen gesucht und gefunden werden, die für alle Nutzer zumutbar sind.

Das gelingt am besten, wenn es von Anfang an ein einheitliches, nachvollziehbares Konzept für ein solches Projekt gibt. Teil davon kann auch ein Standortcheck sein. Dadurch wird sichergestellt, dass die Ladestationen die elektrische Anlage der Immobilie nicht überfordern. Eine vorausschauende Planung – vor allem, wenn ohnehin demnächst Arbeiten an der Elektrik anstehen – ist also unbedingt empfehlenswert.

> → Angesichts von immer mehr Menschen, die sich für ein Elektroauto entscheiden, wird die Installation von Wallboxen absehbar zum Wettbewerbsvorteil.

Alternativ spricht nichts dagegen, dass ein Vermieter sein Haus mit Ladestationen ausstattet. Angesichts von immer mehr Menschen, die sich für ein Elektroauto entscheiden, wird die Installation von Wallboxen absehbar zum Wettbewerbsvorteil. Ein zusätzlicher Anreiz: Noch unterstützt der Staat den Einbau von Ladestationen mit umfangreichen Fördermitteln (Stand: Januar 2026).

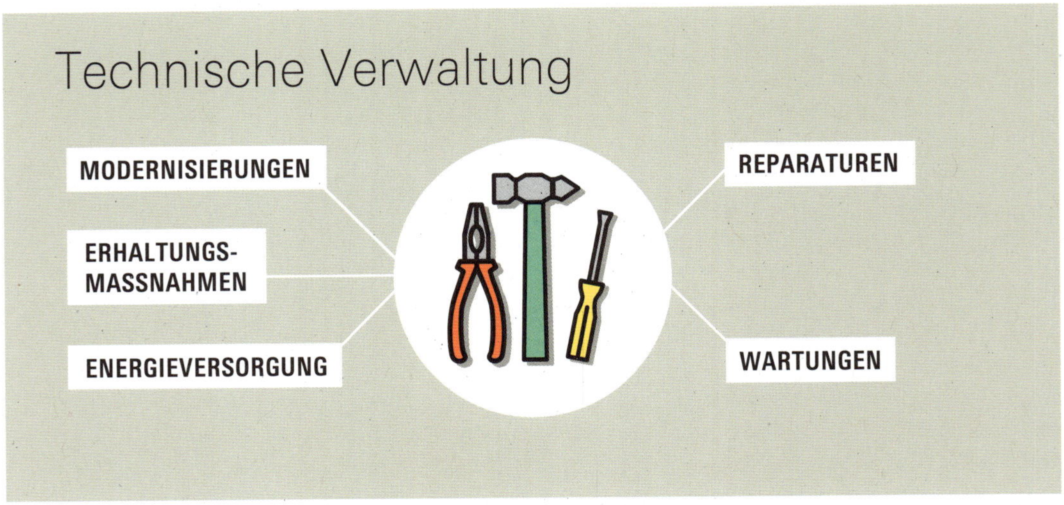

Wohnungsgröße

Eine Vorschrift, wie groß eine Immobilie zur Vermietung mindestens sein muss, gibt es nicht. Aber: Die Bundesländer haben unterschiedliche Regelungen erlassen, wie viel Wohnfläche pro Person zur Verfügung stehen muss. In Berlin und einigen anderen Ländern dürfen Wohnungen per Gesetz nur überlassen oder benutzt werden, wenn für jeden Erwachsenen mindestens neun Quadratmeter und für jedes Kind mindestens sechs Quadratmeter vorhanden sind. Unter anderem in Hamburg gilt eine Mindestgröße von zehn Quadratmetern pro Person, ohne dass zwischen Erwachsenen und Kindern differenziert wird.

Ziel dieser Anforderungen ist, eine Überbelegung von Wohnungen zu vermeiden, welche die Wohnqualität beeinträchtigen und zu Konflikten zwischen den Bewohnern führen kann. Unter Umständen wird die Wohnungsinfrastruktur überlastet, sodass es zu Engpässen bei der Wasser- und Stromversorgung oder Problemen bei der Entsorgung von Abfällen kommt. Wenn mehr Personen in einer Wohnung leben, als erlaubt ist, kann die Wohnungsaufsicht Strafen verhängen. Als Vermieter tun Sie also gut daran, die erlaubte Belegung beim Abschluss des Mietvertrags zu beachten (siehe Seite 101). Auch im Laufe des Mietverhältnisses sollten Sie die Bewohnerzahl im Blick behalten, beispielsweise wenn sich familiäre Veränderungen ergeben und das Thema Untermiete ansteht (siehe Kapitel 4 ab Seite 156 und Kapitel 5 ab Seite 184).

Gebrauchstauglichkeit

„Durch den Mietvertrag wird der Vermieter verpflichtet, dem Mieter den Gebrauch der Mietsache während der Mietzeit zu gewähren. Der Vermieter hat die Mietsache dem Mieter in einem zum vertragsgemäßen Gebrauch geeigneten Zustand zu überlassen und sie während der Mietzeit in diesem Zustand zu erhalten." So formuliert das Bürgerliche Gesetzbuch in § 535 eine der Hauptpflichten von Vermietern. Wenn die Gebrauchstauglichkeit gemindert ist, weil eine zugesicherte Eigenschaft fehlt oder später wegfällt oder ein Mangel auftritt, müssen Sie die Tauglichkeit wiederherstellen – sonst ist die Miete gemindert (siehe Seite 169).

Relevant ist das Thema Mietmangel vor allem im laufenden Mietverhältnis. Ratsam ist daher, bei Abschluss eines Mietvertrages eine gemeinsame Besichtigung vorzunehmen und den aktuellen Zustand der Immobilie im Übergabeprotokoll festzuhalten. Wenn die Beteiligten mit diesem Zustand einverstanden sind, gilt die Immobilie als mängelfrei vermietet.

Mieter verlieren ihren Anspruch auf Mietminderung, wenn sie einen Mangel bei Vertragsschluss kennen (§ 536b BGB).

Theoretisch lässt sich eine Wohnung also mit Mietmängeln vermieten, solange die Mieter das hinnehmen. Damit ist jedoch späterer Streit zu erwarten. Eine solche Konstellation ist eine schlechte Voraussetzung für ein harmonisches Mietverhältnis. Achten Sie also darauf, dass Ihre Immobilie in einem gebrauchstauglichen Zustand ist. Was das genau bedeutet, lässt sich aus der Rechtsprechung zu Mietmängeln ableiten. Zu den Basics gehört: Decken, Wände und Böden müssen so beschaffen sein, dass sie gegen Feuchtigkeit, Wärmeverlust und Lärm schützen. Heizgeräte, Wasseranschlüsse und Ausgüsse müssen funktionieren. Die Stromversorgung muss für die elektrische Beleuchtung und übliche Haushaltsgeräte ausreichen.

Teil Ihrer Aufgaben als Vermieter ist die kontinuierliche technische Verwaltung. Um die Gebrauchstauglichkeit zu sichern, müssen Sie dafür sorgen, dass die Haustechnik regelmäßig gewartet wird und die Energieversorgung funktioniert. Dachrinnen und andere Gebäudeteile müssen gereinigt, Defekte repariert und Erhaltungsmaßnahmen geplant und durchgeführt werden. Ob Sie sich um all diese baulich-technischen Belange selbst kümmern oder sie an einen Hausmeister oder eine Verwaltung delegieren, richtet sich unter anderem nach Ihren zeitlichen Kapazitäten und Ihrer Fachkenntnis (siehe Seite 46).

Einbauküche und Möblierung

Unbestritten: Eine schicke Einbauküche macht auf den Fotos eines Exposés etwas her und wertet eine Immobilie auf. Schließlich ist die Ausstattung einer Küche mit passendem Mobiliar und Elektrogroßgeräten eine kostspielige Investition, die viele Mieter gerne vermeiden. Entsprechend gilt eine Einbauküche in Mietspiegeln als Ausstattungsmerkmal, das eine höhere Miete zulässt. Darüber hinaus erlaubt die Möblierung der Wohnung einen Zuschlag auf die im Mietspiegel ausgewiesene Miethöhe, so der Bundesfinanzhof (Az. IX R 14/17).

Dennoch sollten Sie gut abwägen: Sie müssen die Anschaffungskosten aufbringen und genau rechnen, dass Sie diese durch die höhere Miete wieder reinholen. Hilfreich ist dabei, dass Sie eine Einbauküche über einen Zeitraum von zehn Jahren als einheitliches Wirtschaftsgut steuerlich abschreiben können. Weitere Kosten kommen jedoch im Betrieb auf Sie zu: Sie müssen dauerhaft gewährleisten, dass die vermietete Einbauküche funktioniert. Ist der Kühlschrank oder das Kochfeld irreparabel kaputt, ohne dass Mieter Schuld am Defekt haben, müssen Sie ein gleichwertiges Gerät zur Verfügung stellen. Das kann teuer werden. Darüber hinaus gibt es auch Mieter, die ihre eigenen Haushaltsgeräte mitbringen wollen oder denen der Stil der vorhandenen Einbauküche nicht gefällt. Auf sie wirkt eine eingebaute Küche abschreckend.

Was für die Einbauküche gilt, gilt auch für alle anderen Einbauten, Teppiche, Möbel und Co. Was Sie mitvermieten, müssen Sie instand halten.

Wenn Sie in Ihrer Immobilie auf Einbauküche und anderes Mobiliar setzen, ist es ratsam, auf robuste Materialien und neutrale Farben zu

Wenn Sie eine Einbauküche mitvermieten, erzielen Sie oft eine höhere Miete, müssen sich aber auch um die Instandhaltung kümmern.

achten. Wichtig ist außerdem eine klare Regelung zu den Einrichtungsgegenständen im Mietvertrag (siehe Seite 78). Darin können Sie auch vereinbaren, dass die Einbauküche und gegebenenfalls weitere Einbauten nicht mitvermietet, sondern unentgeltlich zur Nutzung überlassen werden. Dann ist der Mieter für alle Geräte und Reparaturen zuständig. Das sollte explizit aufgenommen werden. Das ist zumindest nach Auffassung des AG Berlin-Neukölln zulässig (Az. 18 C 192/17). Es gibt jedoch auch andere Gerichtsurteile. Insofern sollten Sie mit diesem Vorgehen vorsichtig sein.

Renovieren oder nicht?

Ein Mieterwechsel ist eine gute Gelegenheit, um die Mieteinheit aufzuhübschen. Eine frisch renovierte Wohnung mit sauberen Wänden oder abgeschliffenem Parkett ist zweifellos attraktiver für Interessenten. Als Eigentümer sind Sie jedoch nicht verpflichtet, die Mietsache in einem renovierten Zustand zu vermieten.

Nur: Nach der aktuellen Rechtsprechung können Sie den (Neu-)Mieter nur dann wirksam vertraglich zur Durchführung von Schönheitsreparaturen verpflichten, wenn das Mietobjekt bei der Übergabe renoviert war oder wenn die Mieter einen angemessenen Ausgleich erhalten haben. Das hat der Bundesgerichtshof entschieden (Az. VIII ZR 185/14). Denkbar ist beispielsweise, dass Sie den künftigen Mietern typische Heimwerkertätigkeiten wie das Tapezieren oder Streichen der Wände überlassen. Häufig sind neue Bewohner dankbar, weil sie damit ihr neues Zuhause ein Stück weit selbst gestalten können. Als Ausgleich können Sie anbieten, die erste Mietzahlung zu erlassen und/oder die Materialkosten zu übernehmen. Spätestens bei der Besichtigung sollten Sie die Details besprechen. Die Entschädigung muss unbedingt im Mietvertrag festgehalten werden.

Modernisierung vor Neuvermietung

Was für die Renovierung gilt, gilt auch für Modernisierungen: Handwerkliche Arbeiten lassen sich in einer leer stehenden Wohnung viel unkomplizierter ausführen als in einer bewohnten. Dreck und Lärm beeinträchtigen niemanden, aufwendige Terminabsprachen fallen weg, das mühsame Hin- und Herräumen ebenfalls. Es spricht also viel dafür, auf den Instandhaltungsplan der Immobilie zu schauen und absehbar anstehende Modernisierungen umzusetzen, bevor die nächsten Mieter einziehen.

Für Eigentümer hat das zudem einen monetären Vorteil: In Gebieten, in denen die Mietpreisbremse gilt, können sie unter Umständen eine höhere Miete verlangen (siehe Seite 54). Modernisieren Sie die Wohnung umfassend, brauchen Sie sich gar nicht an Mietpreisgrenzen zu halten. Dafür muss die Wohnung aber das Niveau eines Neubaus haben. Sie müssen mindestens ein Drittel der Summe investieren, die für einen vergleichbaren Neubau anzusetzen wäre.

WANN GILT EINE WOHNUNG ALS RENOVIERT?

Die BGH-Richter haben diese Frage im Jahr 2015 (Az. VIII ZR 185/14) folgendermaßen beantwortet: „Um vorvertragliche Abnutzungs- und Gebrauchsspuren zu beseitigen und damit eine ‚renovierte' Wohnung zu übergeben, muss der Vermieter die Mieträume bei Vertragsbeginn **NICHT STETS KOMPLETT FRISCH RENOVIEREN.** Im Einzelfall kann die Vornahme geringer Auffrischungsarbeiten genügen. Nach dem Grundsatz von Treu und Glauben (§ 242 BGB) bleiben überdies Abnutzungs- und Gebrauchsspuren außer Acht, die so unerheblich sind, dass sie bei lebensnaher Betrachtung nicht ins Gewicht fallen. Es kommt letztlich darauf an, ob die überlassenen Mieträume den Gesamteindruck einer renovierten Wohnung vermitteln."

→ **Wichtige Unterlagen:** Den Grundriss, den Energieausweis und einige weitere Dokumente benötigen Sie immer wieder. Es empfiehlt sich, bereits vor der Erstvermietung der Immobilie alle Basisunterlagen zusammenzutragen.

WAS ERFAHRE ICH?

Viele Eigentümer von Immobilien führen eine Hausakte, in der sie die wichtigsten Unterlagen zum Gebäude digital oder analog ablegen. Den Grundstock bilden der Kauf- oder Bauvertrag, ein Grundbuchauszug und eine Flurkarte. Aber auch Schnitte, Bauzeichnungen und Grundrisse, Pläne von Anschlüssen und den Verläufen von elektrischen Leitungen und Rohren gehören dazu.

Wenn Sie vermieten, kommen noch einige weitere Unterlagen hinzu, die Sie für die Vermarktung, aber auch im laufenden Mietverhältnis immer mal wieder benötigen. Die wichtigsten sind – neben dem Grundriss – die Wohnflächenberechnung, der Energieausweis und sämtliche zur Wohneinheit gehörenden Betriebsanleitungen. Am besten bewahren Sie alle diese Dokumente zusammen an einem Ort auf, um jederzeit schnell darauf zugreifen zu können. Bei der Besichtigung beziehungsweise bei Beginn des Mietverhältnisses können Sie den Mietern dann Kopien Ihrer Unterlagen übergeben.

Grundriss

Ein Grundriss gehört zu den Standardunterlagen jedes Eigentümers und jedes Vermieters. Die zweidimensionale Abbildung visualisiert die Aufteilung und Funktionen der Räume, die Verkehrswege innerhalb der Immobilie sowie die Position von Wänden, Türen, Fenstern und Treppen. Ein solche abstrakte zeichnerische Darstellung wird für bauliche Maßnahmen und Veränderungen in der Haustechnik benötigt, im Falle eines Verkaufs oder einer Finanzierung ebenfalls. Auch im Exposé für die Vermietung darf ein Grundriss nicht fehlen. Für viele Interessierte ist er ein zentrales Kriterium: Die Raumaufteilung muss zu den eigenen Bedürfnissen passen. Manch ein Wohnungssuchender hat dabei auch ganz konkrete Anforderungen im Hinterkopf, etwa die Länge einer Wand in einem Wohnraum, die für das geliebte Sofa ausreichen muss.

Viele Eigentümer können auf einen Grundriss zurückgreifen, den sie selbst beim Erwerb der Immobilie erhalten haben. Doch nicht immer eignet sich die Darstellung auch für künftige Verwendungsfälle. Manchmal handelt es sich dabei nur um eine handschriftliche, oft schwer leserliche Skizze, die in der Vermarktung leicht einen angestaubten Eindruck macht. Und allzu oft zeigt die Zeichnung nicht mehr den heutigen Stand. Fenster wurden vergrößert, ein Durchbruch zwischen zwei Räumen geschaffen oder ein Balkon angebaut. Achten Sie unbedingt auch im laufenden Mietverhältnis darauf, den Grundriss in Ihrer Hausakte zu aktualisieren, sobald Sie Veränderungen vorgenommen haben.

Einen einfachen Grundriss können Sie meist selbst erstellen, per Hand oder auch mit einem Online-Programm. Einzelne Tools funktionieren auch ohne Download auf den PC. Entscheidend sind vor allem drei Kriterien:

- → Der Maßstab muss geeignet und erkennbar sein.
- → Alle relevanten Maße müssen eingetragen sein.
- → Die Linien – auch Unterschiede in den Stärken – müssen gut erkennbar sein.

Wer sich die Vermessung des Mietobjekts sowie die Umrechnung und maßstabsgetreue Darstellung sparen will, kann ein Architektur- oder ein Raumplanungsbüro beauftragen. Viele Immobilienmakler übernehmen diese Aufgabe ebenfalls.

Wohnfläche

Für manch einen Mietinteressenten ist die Wohnfläche ein genauso wichtiges Auswahlkriterium wie die Raumaufteilung. Darüber hinaus ist die Wohnfläche eine zentrale Größe für die Festlegung der Miethöhe und der Mietnebenkosten. Und auch bei Mieterhöhungen und -minderungen kommt sie ins Spiel. Eine falsche Angabe zur Wohnfläche kann für beide Parteien gravierende rechtliche und finanzielle Folgen haben (siehe Seite 169). Vermeiden Sie Streitigkeiten, indem Sie die exakte Wohnfläche ermitteln und im Mietvertrag eine klare Regelung dazu verankern. Spätestens für den ersten Mietvertrag – besser noch vor der ersten Vermarktung – sollten Sie sich also kümmern.

Bei der Wohnfläche handelt es sich nicht um die messbare Fläche des Grundrisses. Die Wohnfläche muss errechnet werden. Dabei zählen einzelne Räume gar nicht, andere nur zu einem bestimmten Prozentsatz. Zur Berechnung der Wohnfläche gibt es unterschiedliche Methoden. Im öffentlich geförderten Wohnungsbau kommt immer die 2004 in Kraft getretene Verordnung zur Berechnung der Wohnfläche (Wohnflächenverordnung) zum Einsatz. Sie wird mittlerweile auch im privaten Wohnungsbau häufig angewandt. Dort kann die Berechnung alternativ nach DIN 277 erfolgen. Eher selten dient DIN 283 oder die zweite Berechnungsverordnung (II BV) als Grundlage.

BERECHNUNG NACH WOFLV

Die Wohnflächenverordnung (kurz: WoFlV) gewichtet die Räume nach ihrem Wohnwert. Teile der Grundfläche, die nicht angemessen genutzt werden können, werden entweder gar nicht oder nur teilweise in die Berechnung einbezogen. Konkret sieht das so aus: Zu 100 Prozent zur Wohnfläche zählen vor allem sämtliche Wohnräume, Küchen und Bäder. Je nach Raumhöhe kommen dabei Abstufungen zum Tragen. Die Grundfläche der genannten Räume fließt nur dann zu 100 Prozent ein, wenn die Raumhöhe mindestens zwei Meter beträgt. Räume mit einer Höhe von weniger als einem Meter werden gar nicht berücksichtigt. Bei einer Höhe zwischen einem und zwei Metern wird die Hälfte der Grundfläche angerechnet. Das kommt vor allem in Dachgeschossen vor.

Ein gutes Beispiel für die Bedeutung des Wohnwertes ist der Wintergarten: Lässt er sich beheizen, gilt er als vollwertiger Wohnraum, also zu 100 Prozent. Bei einem unbeheizten Wintergarten hingegen gilt nur die Hälfte der Fläche als Wohnfläche. Balkone wiederum werden nur dann zu 50 Prozent angerechnet, wenn sie eine besonders hohe Qualität aufweisen, beispielsweise sehr geräumig sind. In der Regel werden sie zu 25 Prozent einbezogen. Nebenräume außerhalb der Wohnung zählen gar nicht. Die Tabelle auf Seite 21 gibt einen Überblick über die wichtigsten Gebäudeteile.

DIN 277 ALS ALTERNATIVE

Alternativ können Vermieterinnen und Vermieter zur Berechnung DIN 277 heranziehen. Dabei wird zwischen Nutz-, Verkehrs- und Funk-

WAS GEHÖRT ZUR WOHNFLÄCHE?

Zur Berechnung der Wohnfläche wird auch im privaten Bau mittlerweile häufig die Wohnflächenverordnung herangezogen.

Gebäudeteil	Wie wird die Fläche angerechnet?
Wohnräume, Küche, Bad, WC	100 %
Flur	100 %
Hauswirtschaftsraum, Abstellräume innerhalb der Wohnung	100 %
beheizter Wintergarten	100 %
unbeheizter Wintergarten	50 %
Balkon, Loggia, Terrasse, Dachgarten mit besonderer Qualität	50 %
Balkon, Loggia, Terrasse, Dachgarten ohne besondere Qualität	25 % [1]
Keller, Waschküche, Trockenraum, Heizungsraum	keine Wohnfläche
Abstellräume, Kellerersatzräume außerhalb der Wohnung	keine Wohnfläche
Dachboden	keine Wohnfläche
Garagen	keine Wohnfläche
alle Wohnräume Grundfläche bei Raumhöhe von mehr als 2 Metern Grundfläche bei Raumhöhe 1 bis 2 Meter Grundfläche bei Raumhöhe kleiner 1 Meter	 100 % 50 % keine Wohnfläche
Dachschräge mit Höhe kleiner als 2 Meter Grundfläche bei Raumhöhe 1 bis 2 Meter Grundfläche bei Raumhöhe kleiner als 1 Meter	 50 % keine Wohnfläche
Schornsteine, Vormauerungen, Pfeiler und Säulen, die höher als 1,50 Meter sind und deren Grundfläche mehr als 0,1 Quadratmeter beträgt	keine Wohnfläche
Türnischen (auch eine Wandöffnung ohne Tür oder Türrahmen gilt als Türnische) [2]	keine Wohnfläche

1) bei besonders schlechter Lage auch weniger als 25 %.
2) Bundesgerichtshof, Az. VIII ZR 117/22.

Quelle: Wohnflächenverordnung

tionsflächen unterschieden. Raumhöhen sind dabei irrelevant. Das heißt: Auch bei Räumen mit einer Höhe von weniger als zwei Metern wird die Grundfläche voll angerechnet. Balkone, Terrassen, Dachgärten, Wintergärten und Schwimmbäder zählen ebenfalls zu 100 Prozent als Wohnfläche. Heizungsräume und andere Funktionsflächen werden hingegen – wie bei der Wohnflächenverordnung – nicht berücksichtigt. Insgesamt fällt die Wohnfläche nach DIN 277 in vielen Fällen größer aus als nach der Wohnflächenverordnung. Für Vermieter ist das günstiger, weil sie damit höhere Mieten verlangen können.

Das korrekte Vermessen der Wohnräume ist mit viel Aufwand verbunden und mit dem klassischen Zollstock oft nicht zu leisten.

RICHTIG MESSEN UND RECHNEN

Der erste Schritt zur Ermittlung der exakten Wohnfläche ist die Vermessung sämtlicher Räume. Ein Zollstock mag zwar für einfach geschnittene Zimmer ausreichen – bereits bei Wandlängen über zwei Meter sind jedoch Fehler programmiert, weil man Zollstock oder Maßband mehrfach ansetzen muss und sich leicht verrechnet. Auch Nischen, Vormauerungen oder auch Möbel machen die Arbeit mit den klassischen Messinstrumenten mühsam bis unmöglich.

Hilfreich ist ein Laserentfernungsmesser. Mit einem solchen Gerät bestimmen Sie millimetergenau auch Abstände zwischen schwer erreichbaren Punkten sowie die Raumhöhe. Unter Dachschrägen leistet ein Lot gute Dienste. Dazu knoten Sie einen Faden von mindestens zwei Metern Länge ans Griffloch einer Schere, messen an der hängenden Schnur einen und zwei Meter ab und markieren die Stellen mit Klebeband.

Grundlage der Berechnung sowohl nach der Wohnflächenverordnung als auch nach DIN 277 ist das lichte Maß zwischen den Bauteilen, also der freie Raum zwischen zwei Wänden – auch wenn sie gefliest oder vertäfelt sind. Fuß- und Scheuerleisten zählen zur Wohnfläche, gemessen wird also darüber.

Die Teilmaße lassen sich in einer Tabelle festhalten. Doch bei vielen Maßen und unterschiedlichen Raumhöhen kann sich die eindeutige Benennung schwierig gestalten. Falls bereits ein Grundriss vorliegt, ist das eine gute Grundlage, um alle Werte übersichtlich zu notieren. Alternativ können Sie eine Skizze anfertigen. Bei großen Wohneinheiten oder sehr verwinkelten Räumen ist es hilfreich, jeden Raum auf einem Blatt und somit in einem größeren Maßstab darzustellen. Zimmer mit Nischen und Erkern lassen sich in rechteckige Segmente aufteilen, die Sie dann einzeln ausmessen. Für die Berechnung addieren Sie dann beispielsweise die einzelnen Abschnitte einer Wand zu einer Gesamtlänge. Sind alle Werte notiert, heißt es, nach dem in unserer Tabelle auf Seite 21 dargestellten Schema zu rechnen.

Sämtliche Notizen zur so berechneten Wohnfläche gehören zu den Basisunterlagen Ihrer Wohneinheit. Nur so können Sie im Streitfall dokumentieren, wie eine konkrete Angabe den Weg in den Mietvertrag gefunden hat.

FACHLEUTE BEAUFTRAGEN

Der Aufwand des Messens und Rechnens ist Ihnen zu groß? Sie sind Eigentümer mehrerer Wohneinheiten? Sie wollen mit der Wohnflächenberechnung auf der sicheren Seite sein? Dann können Sie auch Sachverständige beauftragen. Viele Eigentümervereine arbeiten mit **GUTACHTERINNEN UND GUTACHTERN** zusammen, die den Vereinsmitgliedern mitunter Vorzugspreise gewähren.

Energieausweis

Das Gebäudeenergiegesetz (GEG) schreibt vor, dass Interessierten bei Verkauf oder Übertragung eines Erbbaurechts, bei Vermietung oder Leasing eines Wohngebäudes ein gültiger Energieausweis vorgelegt werden muss, und zwar spätestens bei der Besichtigung. Findet eine solche nicht statt, muss der Energieausweis unverzüglich vorgelegt werden. Im Wohnungseigentum gilt diese Pflicht für den Verkauf jeder einzelnen Wohneinheit. Für denkmalgeschützte Gebäude und Häuser in einem denkmalgeschützten Ensemble greift die gesetzliche Energieausweispflicht nicht. Spätestens bevor Sie an die Vermarktung gehen, müssen Sie also dafür sorgen, dass es einen gültigen Energieausweis gibt. Versorgungsunternehmen, Architektur-, Bauingenieur- und Energieberatungsbüros sowie Handwerker wie etwa Heizungsinstallateure oder Schornsteinfeger stellen ihn aus.

Dieser standardisierte Steckbrief für Wohngebäude liefert einen Überblick über den energetischen Standard des Hauses. Er beinhaltet verschiedene Kennziffern zum Energiebedarf oder -verbrauch und den daraus resultierenden Treibhausgasemissionen. Für Mieter ist der Energieausweis eine wichtige Orientierungshilfe: Anhand der Angaben zum Energieverbrauch oder -bedarf können sie die künftigen Energiekosten zumindest grob taxieren.

Der Energieausweis bezieht sich bei reinen Wohngebäuden immer auf das gesamte Haus, nicht auf die einzelne Wohnung. In gemischt genutzten Gebäuden gibt das Dokument nur für die Wohnbereiche Auskunft.

Es gibt zwei Arten von Energieausweisen. Sie unterscheiden sich darin, wie die Energiekennwerte ermittelt werden:

- Ein **VERBRAUCHSAUSWEIS** basiert auf dem mittleren Heizenergieverbrauch der letzten drei Jahre. Der wird beispielsweise anhand der Abrechnungen von Heiz- und Warmwasserkosten festgestellt. Die damit bezifferte Energieeffizienz des Gebäudes hängt also maßgeblich von seinen bisherigen Bewohnerinnen und Bewohnern ab.
- Für einen **BEDARFSAUSWEIS** wird der Energiebedarf des Gebäudes mittels zahlreicher Parameter wie Wohnungszahl, Bauweise der Gebäudehülle und Standort sowie normierten Bedingungen (zum Beispiel Innentemperatur, Klimadaten) berechnet. Diese Methode erfordert eine umfangreiche bautechnische Untersuchung, ist also aufwendiger, aber auch aussagekräftiger.

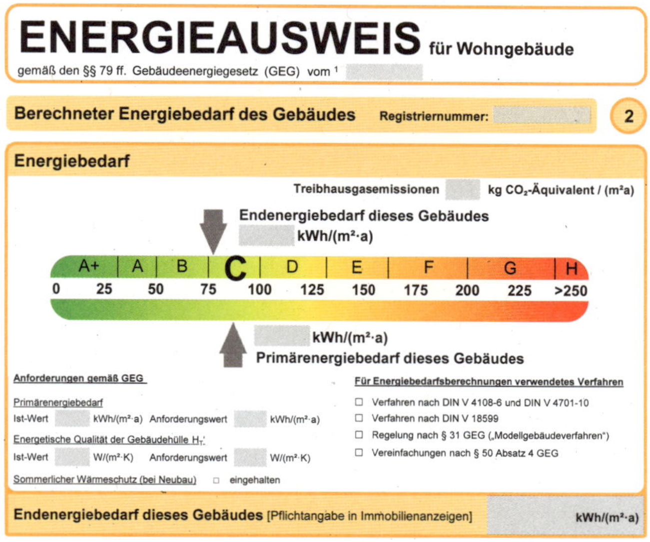

Im Gesetz ist genau festgelegt, für welche Gebäude welcher Energieausweis zulässig ist: Für alle Neubauten, bei Änderungen der Außenbauteile und bei unsanierten Wohngebäuden mit ein bis vier Wohneinheiten, für die der Bauantrag vor dem 1. November 1977 gestellt wurde, ist ein Bedarfsausweis Pflicht. Für alle anderen Bestandsgebäude haben Eigentümer die Wahl.

Bedienungsanleitungen

Wer Urlaub macht, findet in einer Ferienwohnung manchmal eine Begrüßungsmappe vor. Neben Ausflugs- und Restaurantempfehlungen enthält sie gerne auch Gebrauchsanweisungen für Herd, Fernseher und Co. Dieses Prinzip hat einiges für sich – auch für Wohnimmobilien: Als Vermieter wünschen Sie sich, dass Mieter pfleglich mit dem Inventar umgehen. Dazu müssen Sie erklären, wie es geht.

4 TIPPS FÜR GELUNGENE AUSSENFOTOS

- → Ein frei stehendes Haus mutet räumlicher an, wenn es nicht frontal, sondern von der Seite abgelichtet wird.
- → Vermeiden Sie Gegenlicht – das lässt Fotos dunkel wirken und unerwünschte Lichtreflexionen entstehen.
- → Harte Gebäudekanten und kalte Farben sind wenig ansprechend. Bei einem leicht bedeckten Himmel fallen die Kontraste weicher aus.
- → In engen Straßen lassen sich Gebäude oft nur in der Froschperspektive aufnehmen. Mithilfe einer Leiter oder aus dem Fenster eines Hauses gegenüber können Sie diesen Effekt verringern.

Mit der fortschreitenden Digitalisierung im Wohnbereich gewinnen verständliche Anleitungen zunehmend an Bedeutung. Die Bedienung von vernetzten Haushaltsgeräten, dem smarten Türöffner, der Belüftungsanlage und der Heizung birgt Tücken. Ein guter Zeitpunkt, um Kopien von allen Bedienungsanleitungen zu übergeben, ist die Wohnungsübergabe.

Fotos erstellen

Wenn sich Vermieter um die Neuvermietung ihres Hauses oder ihrer Wohnung kümmern wollen, stehen sie oft vor einem Problem: Ist die Wohnung noch vermietet, können sie Innenaufnahmen nur anfertigen, wenn die Bewohner einverstanden sind. Und selbst wenn das der Fall ist: Für die Vermarktung sind Bilder von der Einrichtung der aktuellen Mieter eher ungeeignet, denn sie beeinträchtigen das Vorstellungsvermögen des Mietinteressenten von der Wohnung. Zugleich wirken vollgestellte Räume schnell unordentlich und vor allem kleiner, als sie eigentlich sind.

Empfehlenswert ist daher, eine Pause zwischen zwei Mietverhältnissen zu nutzen und in aller Ruhe eine Auswahl an Fotos von der renovierten Wohneinheit ohne Störfaktoren zusammenzustellen. Mit einem Smartphone mit guter Kamera, einem Stativ und einer Handhalterung für das Stativ können auch Laien gute Aufnahmen produzieren.

Zugegeben: In einer leeren Wohnung lässt sich nur schwer eine behagliche Stimmung schaffen. Kahle Wände mit von der Decke hängenden Kabeln wirken in der abendlichen Dämmerung duster und bei gleißendem Sonnenlicht eher verstörend. Ein einfaches Hilfsmittel ist, die Räume vorübergehend mit Leuchten an Decken und Wänden auszustatten. Mithilfe von Morgen- oder Abendsonne wird die Atmosphäre noch ein wenig wohnlicher.

Nehmen Sie sich ausreichend Zeit für die Auswahl der Perspektiven und der Bildausschnitte. Ein Raum wirkt besonders großzügig, wenn zwei Wände im Bild erfasst sind. Eine bewährte Methode ist deshalb, von einer Raumecke die gegenüberliegende Ecke zu fotografieren. Dabei gilt es, Verzerrungen zu vermeiden. Bei Wohnräumen ist eine geeignete Kameraposition etwa auf Hüfthöhe, bei kleinen Bädern ist eine höhere Position besser. Achten Sie darauf, vorzugsweise im Querformat zu fotografieren – die Bildansicht vieler Immobilienportale ist dafür optimiert.

Und auch, wenn es banal klingt: Halten Sie das Smartphone gerade. Anderenfalls entstehen verzerrte Linien, die sich selbst mit Bildbearbeitungsfunktionen nur schwer korrigieren lassen.

Am Ende der Fotosession wählen Sie mindestens zwei Bilder pro Raum aus. Diese Sammlung an Aufnahmen können Sie im Laufe der Jahre ergänzen oder austauschen. Zwingend notwendig ist das immer dann, wenn es Veränderungen wie eine Badsanierung oder den Einbau einer Küche gibt. Fotos, mit denen Sie Ihre Immobilie anpreisen, müssen immer den aktuellen Zustand zeigen. Bei der Inszenierung der Räume helfen viele Maklerinnen und Makler oder auch Homestager.

Außenaufnahmen beispielsweise von der Straße aus können Sie natürlich jederzeit auch während eines Mietverhältnisses machen. Dann haben Sie allerdings keinen Einfluss darauf, ob gerade die Wäsche auf dem Balkon trocknet oder im Garten heilloses Durcheinander herrscht. Wer es darauf nicht ankommen lassen will, erledigt die Außenfotos am besten gleich mit den Innenfotos in einer Vermietungspause.

→ **Versicherungen:** Eine Pflichtversicherung für Vermieter gibt es nicht. Es ist jedoch ratsam, sich gegen Risiken abzusichern, die Sie als Immobilieneigentümer und als Vermieter betreffen können.

WAS ERFAHRE ICH?

Das Versicherungs-Set eines Vermieters besteht aus drei Säulen: jenen Versicherungen, die für jedermann empfehlenswert sind, jenen, die Gebäudeeigentümer brauchen, und jenen, die für vermietende Eigentümer sinnvoll sind. Mit dem Start ins Vermieterdasein ist eine gründliche Prüfung der vorhandenen Policen unverzichtbar, damit Sie auf der sicheren Seite sind.

Im zweiten Schritt geht es dann darum, fehlende, aber notwendige Leistungen zu ergänzen. In vielen Fällen sind Erweiterungen bei vorhandenen Versicherungen möglich. Doch manchmal bietet der bisherige Dienstleister nicht alle nun notwendigen Bausteine an. Empfehlenswert ist, neue Angebote einzuholen und Leistungen und Preise zu vergleichen. Unser folgender Überblick über die wichtigsten Versicherungen für private Vermieterinnen und Vermieter hilft Ihnen bei einer systematischen Herangehensweise.

Schutz fürs Gebäude

Die wichtigste Versicherung für die eigene Immobilie ist die Wohngebäudeversicherung. Sie greift bei Schäden durch Feuer, Leitungswasser, Sturm und Hagel. Schäden durch Naturkatastrophen wie Lawinen, Überschwemmungen und Erdrutsche hingegen sind nicht immer mit abgedeckt.

Mit der Wohngebäudeversicherung beschäftigen sich Immobilieneigentümer in der Regel bereits zum Zeitpunkt des Kaufs. Der Grund: Laut § 95 Versicherungsvertragsgesetz (VVG) übernehmen sie die Versicherung des Voreigentümers zum Datum des Grundbucheintrags. Sie haben jedoch ein Sonderkündigungsrecht und können mit sofortiger Wirkung oder zum Ende der laufenden Versicherungsperiode aus dem Vertrag aussteigen. Diese Chance zum einfachen Wechsel sollten Sie nicht unbesehen verstreichen lassen. Die Stiftung Warentest hat Ende 2025 knapp 200 Policen untersucht. Der günstigste sehr gute Tarif für ein Modellhaus belief sich auf 623 Euro. Teure Tarife kosten drei- oder gar viermal so viel. Auch bei den Leistungen zeigten sich enorme Unterschiede.

LEISTUNGSBEREICHE

Ratsam ist, alle vier oben genannten Leistungsbereiche und darüber hinaus Elementarschäden abzusichern. Eigentümer können die Bausteine Leitungswasser, Feuer und Sturm/Hagel einzeln abschließen, sogar bei verschiedenen

Gesellschaften. Lediglich Elementarschäden werden nur in Kombination mit mindestens einer der drei anderen Gefahrengruppen versichert.

- → **FEUER**: Hausbrände kommen zwar nicht allzu häufig vor, doch wenn es geschieht, richten sie verheerenden Schaden an. Wenn das Haus mit einem Kredit finanziert wird, verlangen Banken daher zumindest den Feuerschutz. Die Police zahlt auch für Folgeschäden, zum Beispiel wenn Löschwasser die Wohnräume flutet oder der Abtransport von Brandschutt die Fassade lädiert. Nicht immer versichert sind aber Sengschäden.
- → **LEITUNGSWASSER**: Schäden an Wasserleitungen, Heizungsrohren und anderen Leitungen wurden in der Vergangenheit den Versicherern am häufigsten gemeldet. Fast jeder zweite Haushalt hatte in den vergangenen zehn Jahren einen Schaden. Dagegen ist kaum etwas zu machen. Sobald ein Haus 20 bis 25 Jahre alt ist, nehmen Schäden in diesem Bereich deutlich zu. Das gesamte Leitungsnetz auszutauschen, ist teuer. Da ist es wirtschaftlicher, nur die Stellen zu reparieren, die kaputt sind. Auf die Menge geschaut, nahmen Leitungswasserschäden im Jahr 2023 dem Gesamtverband der Versicherer zufolge mit 1,12 Millionen Schäden die Spitzenposition ein.
- → **STURM UND HAGEL**: Die Versicherung zahlt, wenn ein Sturm Dächer abdeckt, Antennen abknickt, Putz von der Fassade bläst oder Scheiben eindrückt. Sie greift jedoch in der Regel erst ab Windstärke 8. Im Jahr 2023 zahlten die Versicherer im Schnitt 3 268 Euro für jeden Schaden.

Viele Tarife bieten den Baustein „Weitere Naturgefahren“, manchmal auch Elementarschaden-Versicherung genannt, gegen einen Aufpreis an. Er sichert gegen Schäden durch Starkregen, Überschwemmung, Erdbeben, Erdrutsch und Lawinen ab. Eine Pflicht zum Abschluss einer solchen Elementarversicherung wird seit den verheerenden Überschwemmungen im Ahrtal 2021 immer wieder diskutiert, besteht aber derzeit nicht. Dennoch ist eine Absicherung gegen Elementarschäden sinnvoll, auch in weniger gefährdeten Gebieten. Infolge des Klimawandels treten Starkregen und Hochwasser häufiger, stärker und fast überall auf. Die Höhe des Beitrags für eine solche Versicherung hängt auch von der Lage des Gebäudes ab. Die Versicherer ordnen Häuser den Gefahrenzonen unterschiedlich zu. Für Erdbeben gibt es drei Risikozonen, für Starkregen ebenfalls. Beim Leitungswasser sind es in der Regel vier, je nach Härtegrad des Trinkwassers vor Ort. Hartes Wasser greift die Leitungen stark an.

Bei Hochwasser unterscheiden die Versicherer je nach Gefahrenlage vier Risikozonen, die als „Zürs“ abgekürzt werden. „Zürs“ steht für „Zonierungssystem für Überschwemmung, Rückstau und Starkregen“. Je höher die Zahl für die Zürs-Zone, desto teurer wird der Versicherungsschutz.

BEITRAG FÜR DIE GEBÄUDEVERSICHERUNG

Die Kosten der Wohngebäudeversicherung hängen von Lage, Größe, Alter und Ausstattung des Hauses ab. Dabei kommt es auf die Baukosten an, nicht auf den Wert bei einem etwaigen Verkauf. Denn die Versicherung zahlt bei Totalschaden das, was der Wiederaufbau eines vergleichbaren neuen Gebäudes kostet. Deshalb fragen die Anbieter im Versicherungsantrag nach Wohnfläche und Ausstattung. Danach kalkulieren sie den Versicherungswert. Ob und wie die Unternehmen einzelne Aspekte wie Terrassen, Keller, Balkone oder Dachschrä-

ACHTUNG BEIM VERSICHERUNGSWECHSEL

Versicherer ermitteln den 1914er-Wert unterschiedlich. Wer den Tarif wechselt, sollte auf keinen Fall den Wert aus der bisherigen Police nehmen. Er kann beim neuen Anbieter höher liegen. Es ist besser, dessen Wertermittlungsbogen neu auszufüllen.

gen bewerten, ist sehr unterschiedlich und für Kunden kaum nachvollziehbar.

Ein Teil der Versicherer nimmt das Jahr 1914 als Basis. Damals – vor dem Ersten Weltkrieg – waren die Baupreise noch stabil. Mithilfe der Preisindizes des Statistischen Bundesamtes ermitteln die Anbieter daraus jedes Jahr neu den heutigen Neubauwert. Versicherte sehen den Anpassungsfaktor in der Jahresrechnung.

Andere Versicherer berechnen ihre Beiträge nach den Kosten pro Quadratmeter eines Hauses. Sogenannte Wohnflächentarife nennen keine Versicherungssumme, sondern eine Höchstentschädigungsgrenze. In vielen Fällen ist diese unbegrenzt oder sehr hoch. Vorsicht ist geboten, wenn die Grenze nicht besonders hoch ist. Dann reicht die Entschädigungssumme möglicherweise irgendwann nicht mehr, um einen Wiederaufbau zu finanzieren, denn im Laufe der Jahre steigen die Baukosten. Die Entschädigungsgrenze dagegen wächst nicht mit.

Egal, ob Wert 1914 oder Wohnflächentarif – die Versicherungsleistung ist letztlich gleich. Bei Totalschaden ist es der Neubau eines gleichwertigen Hauses. Die Stiftung Warentest bewertet daher alle Varianten als gleichwertig.

SELBSTBETEILIGUNG REGELN

Eine Wohngebäudeversicherung ist vor allem für den Fall von großen Schäden am Haus unverzichtbar. Kleinere Schäden können Eigentümer oft selbst bezahlen. Dafür gibt es zwei Wege: Sie vereinbaren von vornherein eine höhere Selbstbeteiligung. Das belohnt die Versicherung mit einem günstigeren Beitrag. Wenn Sie eine solche Einschätzung nicht vornehmen oder auch für veränderte Vermögenssituationen flexibel sein wollen, nehmen Sie die Standard-Selbstbeteiligung und entscheiden im Einzelfall, ob Sie einen Schaden geltend machen wollen.

VERÄNDERUNGEN AM GEBÄUDE

Im Laufe der Jahre kann sich ein Gebäude oder seine Ausstattung deutlich wandeln. Wenn ein Carport, eine Photovoltaikanlage

Über ein Drittel der Tarife mangelhaft

Leisten Tarife nicht genug bei grober Fahrlässigkeit, bewerten wir sie mit Mangelhaft. Alle Tarife finden Sie unter test.de/wohngebaeudeversicherung.

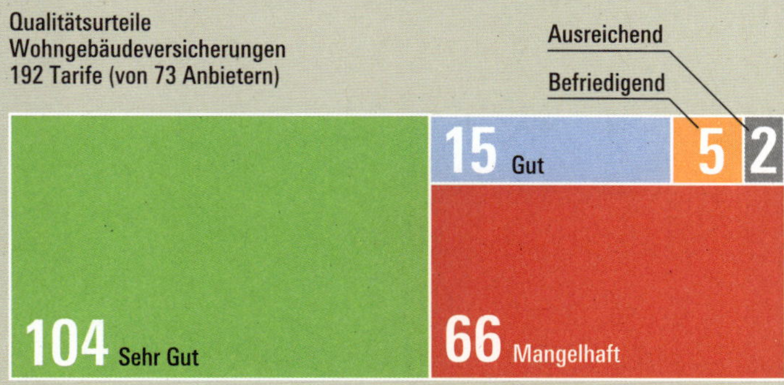

oder eine Sauna hinzukommt, erhöht das den Wert. Solche Veränderungen müssen Eigentümer ihrer Gebäudeversicherung melden – auch wenn die dann in aller Regel den Beitrag erhöht. Denn wenn der Wert des Hauses den vereinbarten Versicherungswert übersteigt, kann der Versicherer im Schadensfall die Leistung kürzen.

SCHUTZ FÜR DIE PV-ANLAGE

Wer im Versicherungsantrag angibt, dass sich auf oder am Haus eine Photovoltaikanlage befindet, sorgt damit dafür, dass der Versicherer sie bei der Wertermittlung berücksichtigt – und den Beitrag entsprechend höher ansetzt. In die Versicherungsleistungen eingeschlossen ist die Anlage damit jedoch nicht automatisch. Bei einigen Anbietern ist es möglich, eine Solaranlage gegen die gleichen Gefahren wie das übrige Gebäude zu schützen, also beispielsweise gegen Sturmschäden. Darüber hinausgehender Schutz, der auch Diebstahl und Ertragseinbußen, Marderbiss oder Bedienungs- und Konstruktionsfehler umfasst, gehört jedoch bei den wenigsten Gebäudeversicherungen dazu. Solche Leistungen müssen fast immer extra versichert werden. Empfehlenswerte Zusatzbausteine für die Wohngebäudepolice gibt es ab rund 35 Euro. Eine separate Photovoltaikversicherung mit Stiftung-Warentest-Mindestschutz kostet zwischen 65 bis 137 Euro jährlich, so das Ergebnis der Untersuchung der Stiftung Warentest Anfang 2025.

NICHT VERSICHERBAR: GRUNDWASSER

Selbst bei vorhandenem Elementarschutz zahlen Versicherer nicht bei jeder Kellerüberflutung. Nur wenn das Wasser oberflächig angestaut ist, tragen sie den Schaden. Wurde der Keller hingegen durch ansteigendes Grundwasser infolge einer Überschwemmung geflutet, so ist der Schaden nicht versicherbar. Eigentümer können dieser Gefahr nur mit einem wasserdichten Keller vorbeugen.

REGELUNG IN DER EIGENTÜMERGEMEINSCHAFT

In der Eigentümergemeinschaft gibt es eine Gebäudeversicherung für die gesamte Gemeinschaft beziehungsweise das gesamte Gebäude. Meist holt die Verwaltung Angebote ein. Die Eigentümerversammlung entscheidet dann, welcher Vertrag abgeschlossen werden soll. Die Verwaltung übernimmt die praktische Abwicklung. Jeder Eigentümer zahlt einen Anteil am Versicherungsbeitrag. Er bemisst sich nach dem Verteilungsschlüssel der Gemeinschaft. Wer eine Eigentumswohnung erwirbt, steigt automatisch in dieses Versicherungsverhältnis mit ein.

Haftpflichtversicherung

Eine ebenfalls sehr wichtige Police ist die Haftpflichtversicherung. Wenn eine Radfahrerin am Zebrastreifen eine Fußgängerin übersieht, die schwer verletzt im Krankenhaus landet, übernimmt die Privathaftpflichtversicherung die Kosten für die Behandlung bei Bedarf auch über die Leistungen der Krankenkasse hinaus, kommt für Verdienstausfall auf und zahlt Schmerzensgeld. Schäden, die von einer eigenen Immobilie ausgehen – etwa Sachschäden durch eine Dachlawine, Unfälle auf einer nicht richtig abgesicherten Baustelle oder Personenschäden durch versäumte Streupflicht oder mangelhafte Beleuchtung am Hauseingang – tragen viele Privathaftpflichtversicherungen, solange die Immobilie vom Eigentümer selbst bewohnt wird.

Eine vermietete Immobilie hingegen ist in der Regel nicht geschützt. Wenn ein Sturm mehrere Ziegel vom Dach reißt, die dann eine Passantin verletzten oder ein geparktes Fahrzeug beschädigen, oder wenn ein Besucher über eine lose Bodenplatte stolpert und schwer stürzt, kommen im schlimmsten Fall Kosten in sechs- oder gar siebenstelliger Höhe auf die vermietenden Eigentümer zu. Sie haften auch ohne eigenes Verschulden für Gefahren, die von ihrer Immobilie ausgehen, und müssen im Streitfall auch alle Verfahrenskosten tragen. Schutz für solche Situationen bietet entweder ein Erweiterungsbaustein oder eine eigenständige Haus- und Grundbesitzer-Haftpflichtversicherung.

Die Stiftung Warentest hat 2024 solche Versicherungen unter die Lupe genommen – und erhebliche Unterschiede sowohl bei Preisen als auch bei Leistungen gefunden. Ein Mehrfamilienhaus (sechs Wohnungen, 480 Quadratmeter Wohnfläche, Bruttomieteinnahmen von 50 000 Euro) lässt sich schon für 43 Euro im Jahr versichern. Wer nicht genau hinschaut, kann aber auch das Achtfache bezahlen. Einige Versicherer bieten besonders günstige Tarife für Einfamilienhäuser an.

WICHTIGE LEISTUNGEN

Bei den Versicherungsbedingungen sollten Sie genau hinschauen. Wie bei der Privathaftpflicht ist eine Deckungssumme von mindestens 10 Millionen Euro empfehlenswert. Mehr ist nicht nötig. Schäden über 10 Millionen Euro sind zwar vorstellbar, aber extrem unwahrscheinlich. Einige Versicherer bieten trotzdem Verträge mit einer Deckung von bis zu 50 Millionen Euro an. Der höhere Schutz kostet zwischen 5 und fast 90 Prozent Beitrag zusätzlich.

Meist zahlen Versicherungen Schäden aus einer **PHOTOVOLTAIKANLAGE**. Selbstverständlich ist das jedoch nicht. Wer bereits eine Solaranlage auf dem Dach oder am Gebäude hat, sollte auf diese Leistung nicht verzichten. Die Versicherung springt dann ein, wenn ein Sturm

HIER GEHT ES WEITER: INFOS UND TESTERGEBNISSE → TEST.DE/WOHNGEBAEUDEVERSICHERUNG · TEST.DE/GRUNDBESITZERHAFTPFLICHT · TEST.DE/HAFTPFLICHT · TEST.DE/PHOTOVOLTAIKVERSICHERUNG

einzelne Module vom Dach weht, die ein vor dem Haus geparktes Auto treffen. Einzelne Versicherer greifen auch bei Schäden durch die Stromeinspeisung aus Photovoltaikanlagen ins Netz. Für Schäden an der Anlage selbst kommt eine Haftpflichtversicherung dagegen nicht auf. Dafür brauchen Sie eine spezielle Photovoltaikversicherung (siehe Seite 27).

Bei einem Gebäude mit einer **ÖLHEIZUNG** kann es passieren, dass der Tank leckt oder durch einen Bedienfehler überläuft. In vielen Haus- und Grundbesitzer-Haftpflichtversicherungen sind solche Schäden abgedeckt, meist jedoch nur bis zu einem maximalen Tankvolumen von beispielsweise 5 000 Liter. Auch unterirdische Tanks sind oft ausgeschlossen. Dann brauchen Sie zusätzlich eine Gewässerschadenhaftpflichtversicherung.

Mitversichert sein sollten kleinere Bauvorhaben, etwa ein **UM- ODER AUSBAU**. Die meisten Policen leisten bis zu einer Bausumme von mindestens 50 000 Euro. Einige Tarife bieten das Doppelte. Der Versicherer sollte auch bei Schäden durch **ABWASSER** zahlen oder bei solchen, die über einen längeren Zeitraum etwa durch Temperaturveränderungen oder Feuchteeinwirkungen unbemerkt entstehen – sogenannten Allmählichkeitsschäden.

VERSICHERUNG AUF ZEIT FÜR BAUSTELLEN

Wer umfangreiche Bauarbeiten durchführen lässt, sollte auf ausreichenden Haftpflichtschutz achten, denn Unfälle auf Baustellen sind keineswegs selten. Übersteigt die Bausumme den in der Haus- und Grundbesitzer-Haftpflichtversicherung versicherten Betrag, ist für die Zeit des Bauvorhabens zusätzlich eine Bauherren-Haftpflichtversicherung sinnvoll. Sie sollte im Haftungsfall bis zu 10 Millionen Euro für Personen- und Sachschäden zahlen. Der Beitrag für eine solche Versicherung richtet sich nach der Bausumme. Dazu zählen unter anderem sämtliche Planungs-, Material- und Arbeitskosten sowie Gebühren für Behördenleistungen. Ratsam ist, die Bausumme lieber etwas höher als zu knapp anzugeben. Einige Versicherer überprüfen am Ende der Bauzeit die Bausumme und verlangen gegebenenfalls einen Nachschlag.

PASSIVER RECHTSSCHUTZ INKLUSIVE

Alle von der Stiftung Warentest untersuchten Haus- und Grundbesitzer-Haftpflichtversicherungen wirken wie eine Rechtsschutzversicherung: Wenn Geschädigte vor Gericht Ansprüche gegen Eigentümer durchsetzen wollen, übernimmt der Versicherer die Verteidigung und wehrt unberechtigte Forderungen ab. Das kann viel wert sein, gerade nach Unfällen wegen Verletzung der Streu- oder Räumpflicht im Winter. Hier wird oft über mehrere Instanzen hinweg vor Gericht gestritten. Klageberechtigt sind nicht nur die Opfer, sondern auch die Träger ihrer Kranken- und Rentenversicherung.

HAFTPFLICHT IN DER EIGENTÜMERGEMEINSCHAFT

Bei einer vermieteten Eigentumswohnung gilt es zu unterscheiden: Für Schäden, die durch Gemeinschaftseigentum verursacht werden, schließt die Eigentümergemeinschaft eine gemeinsame Haus- und Grundbesitzer-Haftpflichtversicherung ab. Das Verfahren läuft genau wie bei der Wohngebäudeversicherung: Üblicherweise holt die Verwaltung im Auftrag der Wohnungseigentümer Angebote ein und kümmert sich nach deren Entscheidung um den Abschluss der Versicherung. Die einzelnen Eigentümer zahlen den Versicherungsbeitrag dann anteilig nach dem Verteilungsschlüssel, der in der Eigentümergemeinschaft vereinbart wurde.

Für Schäden, die vom Sondereigentum – also der eigenen Wohneinheit oder den ihr zugeordneten Bereichen – ausgehen, haften die

IN FÜNF SCHRITTEN ZUR HAUS- UND GRUNDBESITZER-HAFTPFLICHT

- → Vorhandene Privathaftpflichtversicherung sorgfältig prüfen.
- → Beim bisherigen Versicherungsträger ein Erweiterungsangebot anfordern.
- → Zwei oder mehr weitere Angebote für Haus- und Grundbesitzer-Haftpflicht einholen.
- → Preise und Leistungen in den Angeboten vergleichen.
- → Beim Versicherungswechsel: Fristen beachten!

Rechtsschutz ist vielen wichtig

So viele Eigentümer verfügen über Rechtsschutz:

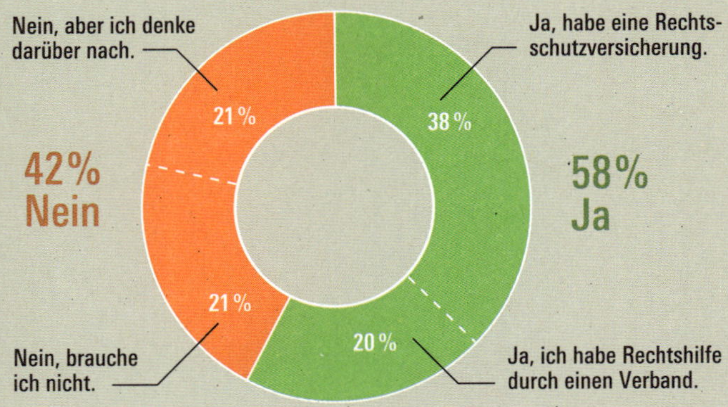

Quelle: ImmoScout 24, 10/2024

Warum es zu Rechtsstreit kommt

Diese Gründe für einen Rechtsstreit wurden von den Eigentümern am häufigsten angegeben:

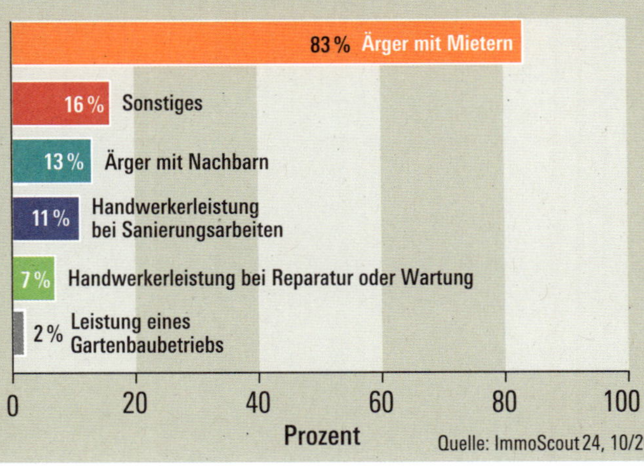

Quelle: ImmoScout 24, 10/2024

jeweiligen Eigentümer selbst. Das gilt unabhängig davon, ob sie selbst oder ihre Mieter Verursacher sind. Die Eigentümergemeinschaft hat mit solchen Schäden nichts zu tun. Ein typischer Haftungsfall ist ein Leck in einer Wasserleitung. Dann kann die Renovierung der darunter liegenden Wohnung und manchmal sogar die kostspielige Sanierung tragender Teile nötig sein. Hier stellt sich die Frage, ob die vorhandene Privat-Haftpflichtversicherung solche Fälle abdeckt. Bei Selbstnutzern ist das oft der Fall, bei Vermietern hingegen eher nicht. Es empfiehlt sich also, die Bedingungen gründlich zu prüfen.

Den auf sie entfallenden Teil eines selbst verursachten Schadens am Gemeinschaftseigentum müssen Wohnungseigentümer stets selbst tragen. Das ist ein sogenannter Eigenschaden, für den Haftpflichtversicherungen nie zahlen. **EIN BEISPIEL:** Der Anteil am Gemeinschaftseigentum beträgt 1 000/10 000stel. Dann muss der Eigentümer 10 Prozent selbst bezahlen.

Rechtsschutz

Eigentümer von Immobilien können mit Behörden oder Nachbarn Auseinandersetzungen haben, die sich nicht außergerichtlich klären lassen. Für Vermieter kommt weiteres Konfliktpotenzial hinzu, beispielsweise über Nebenkostenabrechnungen, Mietrückstände oder Schäden beim Auszug. Häufig kommen dann Anwälte ins Spiel, manchmal auch Gerichte. Die Kosten dafür, aber auch für eventuell erforderliche Gutachten oder gar eine Räumung übernimmt eine Rechtsschutzversicherung. Im Falle einer selbst genutzten Immobilie ist der Schutz unter Umständen in einer bestehenden Privatrechtsschutz-Police enthalten. Meist ist das jedoch nicht der Fall. Dann können Sie ab etwa 50 Euro Jahresbeitrag bei den meisten Anbietern einen Zusatzbaustein „Wohnen" zu einem klassischen Rechtsschutzpaket für die Lebensbereiche Privat, Beruf, Verkehr (PBV) buchen. Einige Versicherungen bieten auch Einzelpolicen an. Beim Abschluss eines Zusatzbausteins oder einer Extrapolice sollten Sie die Immobilie genau benennen – und bei späteren Änderungen der Eigentumsverhältnisse die Versicherung anpassen.

Achten Sie zudem unbedingt darauf, dass Sie nicht nur in Mietsachen, sondern auch bei weiteren Streitigkeiten versichert sind, die aus der Vermietung entstehen – etwa Streit mit

KOSTEN FÜR VERSICHERUNGEN

Die Beiträge für Sach- und Haftpflichtversicherungen dürfen Vermieter auf die Mieter umlegen. Beiträge für Versicherungen, mit denen sie ihr Vermögen schützen, sind nicht umlegbar, aber steuerlich absetzbar.

Versicherungsart	umlagefähig	steuerlich absetzbar
Wohngebäudeversicherung	✓	
Haus- und Grundbesitzerhaftpflichtversicherung	✓	
Privathaftpflichtversicherung		✓
Rechtsschutzversicherung		✓
Mietausfallversicherung		✓
Hausratversicherung	nur bei möblierter Immobilie und Vereinbarung im Mietvertrag	
Glasversicherung	✓	

einem Handwerker, der die vermietete Wohnung renoviert. Auch die erwähnten Behörden- und Nachbarschaftskonflikte sollten dabei sein. Unter Umständen sind dafür mehrere Bausteine notwendig.

BEISTAND FÜR VEREINSMITGLIEDER

Mieter finden in den Vereinen des Mieterschutzbundes rechtliche Unterstützung. Ähnlich funktioniert für Eigentümer die Mitgliedschaft in einem Ortsverein von Haus & Grund, bei Wohnen im Eigentum oder dem Verband Wohneigentum. Die Juristinnen und Juristen dort beraten außergerichtlich. Viele dieser Vereine haben für ihre Mitglieder Sonderkonditionen bei Partner-Anwaltskanzleien ausgehandelt und bieten günstige Versicherungen.

Mietausfall

Wenn Mieter nicht zahlen oder die Wohnung verwüsten, hat das für Vermieter gravierende finanzielle Folgen. In solchen Fällen greift eine Mietausfallversicherung, manchmal auch „Mietnomadenversicherung" genannt. Sie überbrückt fehlende Mieteinnahmen für einen vertraglich festgelegten Zeitraum und trägt die Kosten für Sachschäden, Aufräumung und Renovierung.

Der Haken dabei ist: Versicherungen machen üblicherweise zur Bedingung, dass Eigentümer bei Mietrückständen kündigen. Ziehen Mieter dann nicht aus, bleibt Eigentümern nur die Räumungsklage. Die Kosten dafür übernimmt die Mietausfallversicherung in aller Regel nicht. Sie bietet also für solche Fälle nur einen Teilschutz. Stiftung Warentest hält diese Versicherung daher für verzichtbar. Unser Rat: Versuchen Sie lieber, finanzielle Reserven anzulegen, damit Sie Durststrecken überstehen, wenn Mieter mal nicht zahlen.

Hausrat und Glas

In einigen Fällen können für Vermieter noch weitere Versicherungen sinnvoll sein: Eine Hausratversicherung haben viele Vermieter für das Hab und Gut in ihrer selbst genutzten Wohnung. Für eine vermietete Immobilie gibt es nur dann einen Grund, eine solche Versicherung abzuschließen, wenn diese möbliert ist. Eine Glasversicherung ist dann eine Option, wenn es in der vermieteten Immobilie viele Glasflächen gibt.

→ Buchhaltung und Steuern:

Als Vermieter kommt eine Menge Papierkram auf Sie zu – von der Pflege der Mieterakten über Rechnungsmanagement bis zur Steuererklärung. Am besten bereiten Sie die Büroorganisation frühzeitig vor.

WAS ERFAHRE ICH?

Eine wichtige Voraussetzung für die rechtssichere Vermietung und die reibungslose Abwicklung von Mietverhältnissen ist Ordnung in den eigenen Dokumenten. Entscheidend ist, dass sämtliche Unterlagen vorhanden und greifbar sind. Damit Sie problemlos finden, was Sie brauchen, ist eine systematische Ablage unverzichtbar.

Je nach Umfang der Vermietung und Ihren persönlichen Fähigkeiten und Vorlieben können Sie ein analoges oder computergestütztes Archiv pflegen. Klar ist dabei: Digitalisierung gewinnt in Zukunft immer weiter an Bedeutung. So müssen beispielsweise alle privaten Wohnraumvermieter seit dem Januar 2025 eine E-Rechnung empfangen können, wenn der Vertragspartner dies möchte. Selbst ausstellen müssen Kleinunternehmer eine E-Rechnung bis auf Weiteres nicht. Für alle anderen Unternehmer gilt die Pflicht, E-Rechnungen ausstellen zu müssen, voraussichtlich ab dem Jahr 2028.

Bereits heute erleichtert Ihnen eine wachsende Zahl von Programmen die Arbeit – bei der Buchhaltung genau wie beim Umgang mit Finanzen und Steuern. Dieses Kapitel hilft Ihnen, sich einen Überblick zu verschaffen, mit welchen Anforderungen Sie konfrontiert werden und welche Lösungsmöglichkeiten es gibt. Außerdem erfahren Sie, wo Sie fachkundige Hilfe bekommen.

Ablage mit System

In der Vergangenheit sah private Vermietung oft so aus: Im Regal häuften sich mit der Zeit die Aktenordner. Inzwischen haben immer mehr Dienstleister, Behörden und Mieter ihre Prozesse digitalisiert. Dokumente werden häufig nicht mehr mit der Post, sondern auf elektronischem Wege zugestellt. Wer heute mit der Vermietung beginnt, sollte das beachten. Gleich auf digitale Formate zu setzen, ist einfacher, als sich später mühsam umzustellen. Allerdings: Einer im Juni 2025 erschienenen Studie des Instituts der deutschen Wirtschaft (IW) in Köln zufolge sind 41 Prozent aller privaten Vermieterinnen und Vermieter 65 Jahre oder älter. Viele von ihnen sind weniger computeraffin als die Kindergeneration. Vielleicht trifft das auch auf Sie zu. Dann seien Sie beruhigt: Für die analoge Verwaltung oder die schrittweise Digitalisierung gibt es ebenfalls gute Konzepte.

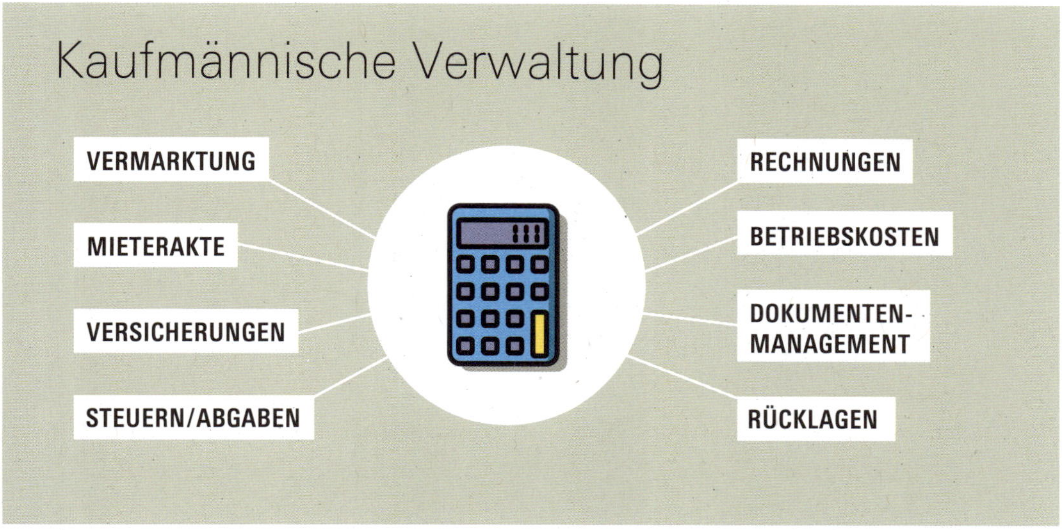

TIPPS FÜR OFFLINE-VERWALTUNG

Wenn Sie lieber bei der analogen Verwaltung bleiben und Dokumente in Papierform archivieren möchten, sollten Sie als Erstes eine Aktenordnerstruktur festlegen. Das einzig richtige, für alle Vermieter passende System gibt es dabei nicht. Wer nur eine Wohneinheit vermietet, kommt möglicherweise mit einer großen Sammelmappe aus. Bei mehreren Wohneinheiten quillt die allerdings vermutlich schnell aus den Nähten.

Sie können für jeden Mieter einen eigenen Ordner führen, doch wohin dann mit Dokumenten, die das gesamte Gebäude oder auch alle Mieter betreffen? Denkbar ist auch, die Ablage thematisch zu organisieren und etwa für „Bank", „Mieter", „Haustechnik" etc. jeweils eigene Akten anzulegen. Innerhalb der Ordner bieten sich Deckblätter oder Karteikarten zur Trennung von unterschiedlichen inhaltlichen Kategorien an. Ein Inhaltsverzeichnis auf dem obersten Deckblatt erleichtert die Übersicht.

DOKUMENTE ZUSAMMENFÜHREN

Egal, ob sich Ihre Ablage im Regal oder im Computer befindet – Sie brauchen alle Unterlagen an einem Ort. Wer eine analoge Verwaltung führt, muss Ausdrucke von digitalen Dokumenten mit abheften. Und wer digital verwaltet, muss gedruckte Unterlagen scannen.

UNTERLAGEN MANUELL DIGITALISIEREN

Variante zwei ist ein digitales Dokumentenmanagement „Marke Eigenbau". Statt im Regal strukturieren Sie Ihre Ordner im digitalen Dateimanager. Eine ausgeklügelte Hierarchie vereinfacht den Zugriff. Im Hauptordner „Mieter" erstellen Sie für jede Wohneinheit einen Unterordner, im Hauptordner „Versicherung" für jede Versicherung einen Unterordner.

Alle Dokumente, die Sie per Mail erreichen, wandern direkt in die Ablage. Was per Post kommt, müssen Sie scannen. Die Anschaffung eines hochwertigen Scanners – vielleicht sogar mit automatischem Papiereinzug – lohnt sich spätestens, wenn sich die Papiere häufen. Mit einheitlichen Dateinamen aus Datum und Stichwort zum Inhalt finden Sie Dokumente später, ohne den gesamten Ordner durchforsten zu müssen. Das sieht dann beispielsweise so aus: „20250930-Mietvertrag Mustermann".

Nach der Digitalisierung können Sie die meisten Schreiben entsorgen. Ganz wichtige Dokumente, bei denen es auch auf eine Original-Unterschrift ankommt, wie etwa bei einem befristeten Mietervertrag, finden in einem einzelnen Aktenordner Platz.

Vergessen Sie nicht die regelmäßige Datensicherung. Profis nutzen dafür Server-Lösungen. Für private Vermieter ist eine Cloud einfacher zu handhaben.

Auch in einem optimal systematisierten digitalen Archiv fällt die Arbeit schwer, wenn Sie jedes Dokument für Jahre oder gar Jahrzehnte aufbewahren. Teil des Konzepts sollte deshalb regelmäßiges Sichten und Aussortieren sein. Ein Beispiel: Für manch eine Baumaßnahme werden Sie mehrere Angebote einholen. Nur eine Firma bekommt den Zuschlag. Und die überarbeitet ihr Angebot dann vielleicht noch mehrfach. Die finale Überarbeitung ist maßgeblich.

Ein guter Zeitpunkt, um alle Varianten von Angeboten zu beseitigen, die nicht realisiert wurden, ist die Umsetzung der Baumaßnahme. Kontaktdaten von Firmen, die einen guten Eindruck gemacht haben, aber diesmal nicht zum Zuge kamen, können Sie bei der Gelegenheit in einer Dienstleisterkartei notieren. Um beendete Mietverhältnisse zu archivieren, ist ein Ordner „abgeschlossene Mietverhältnisse“ empfehlenswert.

UNTERSTÜTZUNG DURCH DOKUMENTENMANAGEMENTSYSTEME

Mit Dokumentenmanagementsystemen – kurz DMS – können Sie die Digitalisierung noch einen Schritt weiter vorantreiben. Anwendungen wie fileee, Docutain oder Paperless lesen per Texterkennung die wichtigsten Informationen aus Dokumenten, die Sie zuvor per Smartphone gescannt haben, und legen diese in einem digitalen Verzeichnis ab. Über Volltextsuche lassen sie sich im Nu hervorholen. Zu den Funktionen gehören teils auch Frist-Erinnerungen und Adressverwaltung.

Wichtig bei der Auswahl: Achten Sie darauf, dass das Tool mit den Dateiformaten, die Sie nutzen, funktioniert. Nicht jedes Tool kann mit allen Dateiformaten arbeiten.

ÜBERBLICK ÜBER FINANZEN

Vor allem die Finanzbuchhaltung gestaltet sich in analoger Form schwierig. Rechnungen und Aufträge, Ausgaben, Zahlungseingänge und -rückstände gilt es im Blick zu haben, am besten tagesaktuell. Computer bieten hier mit Excel-Tabellen viele Möglichkeiten – für all jene, die damit umzugehen wissen. Darüber hinaus gibt es inzwischen einen großen Markt an Buchhaltungssoftware und Büro-Tools. Sowohl Standard-Desktop-Programme als auch Apps sind verfügbar. Die Funktionen sind sehr unterschiedlich – von der Rechnungs- und Belegverwaltung bis zu Schnittstellen mit dem Onlinebanking und dem Steuerberater-Zugang reicht die Palette.

Private Vermieter werden am ehesten bei Anwendungen für Kleinunternehmen, Selbstständige oder private Haushalte fündig. Sevdesk, Lexware Office, FastBill, Papierkram und viele andere bieten eine kostenlose Testphase oder Free-Version an. Das ist eine gute Möglichkeit, eine Anwendung für die eigenen Bedürfnisse zu testen und kennenzulernen. Die Arbeit mit einem solchen Instrument bringt durch die Automatisierung eine erhebliche Zeitersparnis und Entlastung.

Basiswissen Steuern

Mit Steuerfragen haben Sie als Vermieterinnen und Vermieter an unterschiedlichen Punkten immer wieder zu tun. Mit der Anschaffung der Immobilie fiel die Grunderwerbssteuer an, dieser Punkt ist abgehakt. Doch alljährlich ist die Grundsteuer fällig, außerdem müssen die Mieteinnahmen versteuert werden. Werbungskosten können abgesetzt, Sonderabschreibungen geltend gemacht werden.

Bei Laien ist die Beschäftigung mit all diesen Dingen meist nicht gerade beliebt, schließlich erfordert sie hohe Sachkenntnis. Die häufigen Änderungen in Details des Steuerrechts kommen erschwerend hinzu. Allerdings kann ein geschickter Umgang mit Steuern die Wirtschaftlichkeit der Vermietung erheblich verbessern.

Es spricht nichts dagegen, diese Aufgaben an ein Steuerberatungsbüro zu delegieren. Einen Überblick über die wichtigsten steuerlichen Themen sollten Sie sich dennoch zunächst verschaffen – nur so können Sie Dienstleistern die richtigen Fragen stellen und sie auch ein Stück weit kontrollieren.

GRUNDSTEUER

Die Grundsteuer auf das Eigentum an Grundstücken und deren Bebauung wird jährlich festgesetzt. Eigentümer dürfen den Betrag als Betriebskosten auf ihre Mieter umlegen. Das klingt einfach. Derzeit hat die Abwicklung aber einige Haken und Ösen.

2018 hatte das Bundesverfassungsgericht die bisherige Grundsteuer für verfassungswidrig erklärt. Sie beruhte auf völlig veralteten Grundstückswerten aus den Jahren 1964 (West) und 1935 (Ost). Der Gesetzgeber hat daraufhin das bisherige System in einem Gesetzespaket reformiert: Im Gesetz zur Reform des Grundsteuer- und Bewertungsrechts wurden unter anderen neue Bewertungsvorgaben auf Bundesebene verankert. Durch eine Änderung des Grundgesetzes (Artikel 72, 105 und 125b) wurde die Gesetzgebungskompetenz des Bundes festgeschrieben. Zugleich bekamen die Länder das Recht, eigene, vom Bund abweichende Rechenmodelle einzuführen. Diese sogenannte Länderöffnungsklausel haben fünf Länder (Baden-Württemberg, Bayern, Hamburg, Hessen, Niedersachsen) genutzt. Auch im Saarland und in Sachsen gibt es leicht vom Bundesgesetz abweichende Regelungen. Auf der Grundlage der jeweiligen Landesregelung haben die Finanzämter bundesweit rund 36 Millionen Grundstücke – darunter rund 24 Millionen Wohnimmobilien – zum Stichtag 1. Januar 2022 neu bewertet. Die Behörden haben zwei Bescheide an die Eigentümer verschickt:

→ Der **GRUNDSTEUERWERTBESCHEID** gibt Auskunft über den neu ermittelten Wert der Immobilie.
→ Der **GRUNDSTEUERMESSBESCHEID** beinhaltet den Grundsteuermessbetrag. Er entsteht durch die Multiplikation des Grundsteuerwertes mit einer gesetzlich festgelegten Steuermesszahl.

An der Neubewertung entfacht sich vielfach Streit, der aktuell Gerichte auf unterschiedlichen Ebenen beschäftigt. Aller Voraussicht nach wird die neue Grundsteuer vor dem Bundesverfassungsgericht landen, doch bis dahin ist es ein weiter Weg.

In der Zwischenzeit haben die Städte und Gemeinden ihre Grundsteuerbescheide verschickt. Darin hat die Kommune ihren jeweiligen Hebesatz auf den Steuermessbetrag angewandt. Dieser dritte Bescheid gibt verbindlich Auskunft über die Steuerlast, die Eigentümer nun zu den vorgegebenen Terminen begleichen müssen.

Das gilt auch für Eigentümer, die Einspruch gegen einen vorherigen Bescheid des Finanzamtes eingelegt haben. Er befreit nicht von der Zahlungsverpflichtung, hält jedoch die Option offen, dass das Finanzamt den angefochtenen Bescheid noch ändert.

TRANSPARENZ IM UMGANG MIT MIETERN

Die Diskussion um die Grundsteuerreform hat sowohl Eigentümer als auch Mieter verunsichert. Für einige Immobilien erhöht sich die Steuer, für andere sinkt sie. Es wird jedoch kaum Eigentümer geben, die im Jahr 2025 genau dieselbe Grundsteuer zahlen müssen wie im Vorjahr. Da Vermieter die **GRUNDSTEUER ZU 100 PROZENT AUF IHRE MIETER UMLEGEN** dürfen, ändern sich auch für sie die Kosten. Mieter dürfen Einsicht in den Grundsteuerbescheid sowie den Messbescheid verlangen. Es spricht nichts dagegen, dass Sie aus eigenem Antrieb die Dokumente zur Verfügung stellen und damit einen aktiven Beitrag zur Kostentransparenz leisten.

MIETEINNAHMEN VERSTEUERN

Wer eine Wohnimmobilie vermietet, erzielt Einkünfte aus Vermietung und Verpachtung, die in der Einkommenssteuererklärung in der Anlage V anzugeben sind. Steuerpflichtig ist der jährliche Überschuss der Einnahmen über die Werbungskosten, die mit der Vermietung zusammenhängen. Maßgeblich ist bei Einnahmen und Ausgaben das Jahr, in dem die Zahlung erfolgte.

Zu den Einnahmen zählen:
- → Nettomieteinnahmen
- → vom Mieter gezahlte Betriebskosten – also Umlagen und Nachzahlungen
- → öffentliche Zuschüsse
- → Entgelte für Werbeflächen, WLan-Hotspots, Stellplätze und Garagen

Zu den Werbungskosten gehören:
- → Mietersuche (Makler, Anzeigen, Fahrtkosten)
- → Betriebskosten: Allgemeinstrom, Müllabfuhr, Wasser, Abwasser, Warmwasser, Schornsteinfeger, Haus-, Kanal- und Straßenreinigung, Fahrstuhl, Gartenpflege, Gemeinschafts-Sat-Anlage
- → Grundsteuer
- → Beiträge für Gebäudeversicherungen, Grundstücksrechtsschutz
- → Abschreibungen auf das Gebäude und mitvermietete Einrichtungsgegenstände
- → Kosten für Verwaltung und/oder Hausmeister
- → Instandhaltungskosten
- → Kreditzinsen (aber keine Tilgung)
- → Geldbeschaffungskosten (zum Beispiel Notar- und Grundbuchgebühren)
- → Kosten für ein Wertermittlungsgutachten
- → vermietungsbezogene Steuerberatungs-, Anwalts- und Prozesskosten
- → Fahrtkosten zum Mietobjekt
- → übrige Werbungskosten, zum Beispiel Ausgaben für Telefonate, Schreibwaren, Mustermietverträge, Vermietersoftware, Kontoführung, Mitgliedsbeiträge in einem Branchenverein

Übersteigen die Werbungskosten die Einnahmen – zum Beispiel wegen hoher Sonderabschreibungen –, kann der Verlust mit dem Gehalt oder anderen Einnahmen verrechnet werden. Der Vermieter zahlt dann insgesamt weniger Steuern. Konkret heißt das: Nach der Steuererklärung wird ein Teil der Steuern erstattet. Ist ein Verlustüberschuss bereits im Laufe des Jahres absehbar, müssen vermietende Arbeitnehmer nicht bis zum Steuerbescheid und der Erstattung warten. Sie können sich Verluste in ihre Lohnsteuerdaten (Elstam) eintragen lassen. Der Arbeitgeber muss dann den entsprechenden Freibetrag beim Gehalt steuermindernd berücksichtigen. Dadurch wird jeden Monat gleich etwas weniger Lohnsteuer vom Bruttoverdienst abgezogen, sodass das Monatsnetto etwas höher ausfällt. Selbstständige mit Immobilienverlusten dürfen die Anpassung ihrer Steuervorauszahlungen verlangen. Das erlaubt das Gesetz für Kalenderjahre, die auf das Anschaffungs- oder Fertigstellungsjahr folgen.

AUFGEPASST BEI VERMIETUNG AN VERWANDTE

Eine absichtlich verbilligte Vermietung, um Verluste zu erzielen, lässt das Finanzamt nur in engen Grenzen durchgehen: Private Vermieter, die ihrer Verwandtschaft mit einer preiswerten Bleibe unter die Arme greifen, dürfen Werbungskosten nur dann voll abziehen, wenn die Miete mindestens 66 Prozent der ortsüblichen Vergleichsmiete (Kaltmiete plus umlagefähige Nebenkosten) beträgt.

Für Mietverhältnisse mit den eigenen Kindern gelten besondere Regeln: Das Finanzamt muss diese sogar dann anerkennen, wenn der Nachwuchs mangels eigenen Einkommens die Miete aus dem Barunterhalt der Eltern aufbringt (BFH, Az. IX R 30/98). Beide Zahlungen müssen aber getrennt geleistet werden (BFH, Az. IX R 28/15). Machen Sie bei Ihrem Mietvertrag mit nahen Familienangehörigen alles genau so, wie Sie es auch bei Fremden tun würden.

ZUM WEITERLESEN

Im jährlich aktualisierten „Spezial Steuern" von Stiftung Warentest gibt es noch mehr Details und Spartipps für Ihre Steuererklärung. Weitergehende Informationen zum Thema finden Sie auch in unserem „Steuer-Set für Vermieter". Beides erhalten Sie über **TEST.DE/SHOP.**

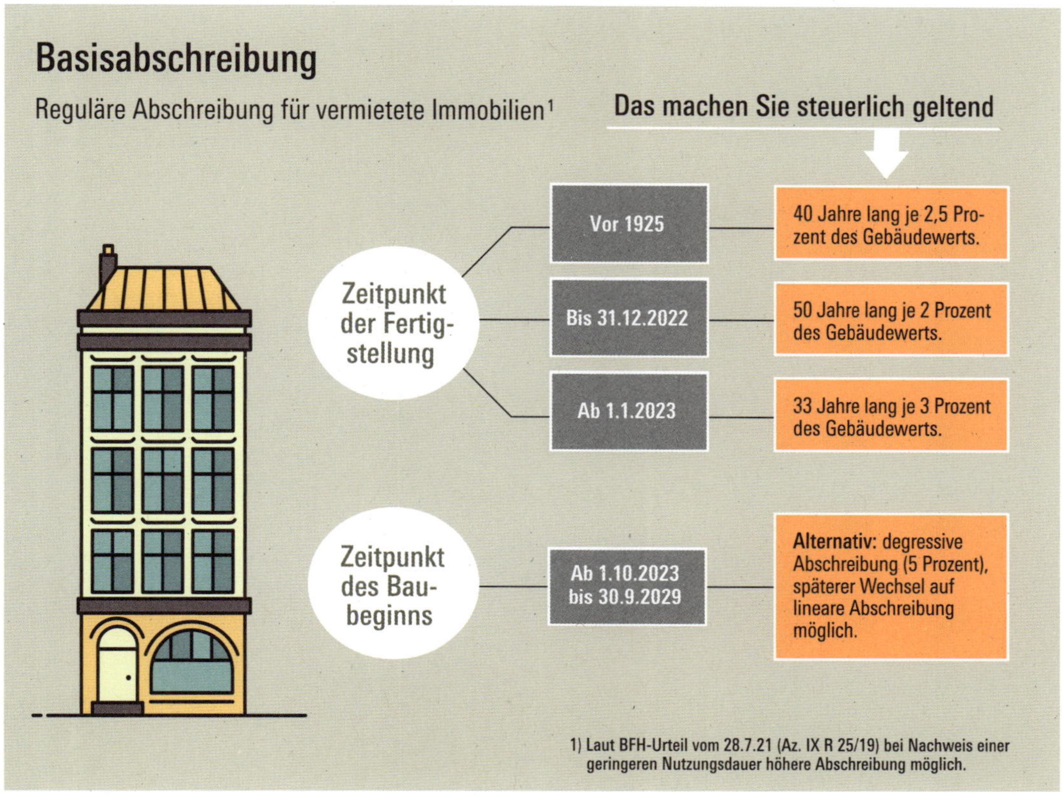

GEBÄUDE ÜBER JAHRE ABSCHREIBEN

Wenn Vermieter die Steuererklärung machen, ist der größte Posten auf der Ausgabenseite oft über Jahrzehnte die jährliche Absetzung für Abnutzung (AfA), umgangssprachlich auch Abschreibung für Abnutzung. Damit machen Sie die Kosten der Anschaffung und Herstellung Ihrer Immobilie geltend. Dazu gehören neben dem Kaufpreis oder den Baukosten auch Notarkosten, Grunderwerbssteuer und Gebühren für die Eintragung ins Grundbuch, nicht jedoch die Grundstückskosten. Grundlage ist das Einkommensteuergesetz (§ 7 Absatz 4 EStG). Wie hoch die AfA ausfällt, richtet sich nach Art und Alter der Immobilie. Neben der Basis-AfA gibt es Varianten, die nur für Neubauten oder denkmalgeschützte Gebäude oder im Sanierungsfall genutzt werden können.

Für die Berechnung der **BASIS-AFA** gilt ein kompliziertes abgestuftes System: Wurde das Gebäude vor 1925 fertig errichtet, setzen Sie über 40 Jahre jährlich jeweils linear 2,5 Prozent der Immobilienkosten ab. Für Immobilien, die bis Ende 2022 erbaut wurden, schreiben Sie über 50 Jahre jährlich 2 Prozent ab. Bei einer Fertigstellung ab 1. Januar 2023 dürfen Sie über 33 Jahre mit 3 Prozent jährlich abschreiben.

Sie können Ihre Mietimmobilie auch schneller abschreiben als gesetzlich vorgesehen, indem Sie jährlich höhere Beträge geltend machen. Voraussetzung ist der Nachweis, dass die tatsächliche Nutzungsdauer des Objekts deutlich niedriger ist als im EStG angenommen. Urteile des Bundesfinanzhofs (Az. IX R 25/19) und des Finanzgerichts Münster (Az. 1 K 1741/18 E) haben die Nachweismöglichkeiten für eine verminderte Lebensdauer von Mietobjekten deutlich vereinfacht. Details regelt ein Schreiben des Bundesfinanzministeriums zur „AfA von Gebäuden" vom 22. Februar 2023. Sie finden es auf der Website bundesfinanzministerium.de

Sonderabschreibung

Zusätzliche Abschreibung möglich für den Bau von neuen Wohnungen, die im Jahr von Kauf oder Fertigstellung und den neun Folgejahren vermietet werden.

Das machen Sie steuerlich geltend

Zeitpunkt des Bauantrags[1] oder der Bauanzeige

1.9.2018 bis 31.12.2021: 4 Jahre lang je 5 Prozent der Gebäudekosten. Aber: Die Gebäudekosten werden auf maximal 2 000 Euro pro Quadratmeter Wohnfläche gedeckelt.

Voraussetzung: Anschaffungs-/Herstellungskosten bei maximal 3 000 Euro pro Quadratmeter.

1.1.2023 bis 30.9.2029[2]: 4 Jahre lang je 5 Prozent der Gebäudekosten. Aber: Die Gebäudekosten werden auf maximal 4 000 Euro pro Quadratmeter Wohnfläche gedeckelt.

Voraussetzung: Anschaffungs-/Herstellungskosten bei maximal 5 200 Euro pro Quadratmeter.

1) Wenn Bauantrag oder Bauanzeige nicht erforderlich, dann ist Beginn der Bauausführung maßgeblich.
2) Zusätzliche Voraussetzung: Nachhaltigkeitsklasse „Effizienzhaus 40" muss nachgewiesen werden.

unter „Service" und „Publikationen" im Bereich „BMF-Schreiben".

Eigentümer von Neubauten, deren Baubeginn zwischen 1. Oktober 2023 und 30. September 2029 angezeigt wurde, können alternativ zur linearen Abschreibung eine degressive Abschreibung nutzen. Dabei verringert sich die Berechnungsgrundlage jährlich um 5 Prozent, ist also degressiv. So lassen sich in den ersten Jahren nach Fertigstellung größere Beträge abschreiben als mit der üblichen linearen Abschreibung. Ein Wechsel von der degressiven AfA auf lineare AfA ist erlaubt und nach etwa 14 Jahren auch sinnvoll. Ein Wechsel zurück ist nicht möglich.

Ergänzend zur Basis-AfA gibt es für neue Gebäude, die im Jahr der Fertigstellung oder des Erwerbs und in den neun Folgejahren vermietet werden, eine **SONDERABSCHREIBUNG** (7b EStG). Eigentümer verlieren den Steuerbonus rückwirkend, wenn sie die Wohnungen innerhalb der Frist verkaufen, selbst einziehen, leer stehen lassen oder auf kurzfristige Vermietung an Touristen umstellen. Die Sonder-AfA beträgt jeweils 5 Prozent und wird für das gesamte Fertigstellungsjahr und die folgenden drei Jahre gewährt.

Dabei muss die Immobilie spezifische Anforderungen erfüllen. Wurde der Bauantrag nach dem 31. August 2018 und vor dem 1. Januar 2023 gestellt, dürfen Herstellungs- und Anschaffungskosten maximal 3 000 Euro pro Quadratmeter Wohnfläche betragen. Die Bemessungsgrundlage für die Berechnung der Abschreibung ist auf 2 000 Euro Baukosten pro Quadratmeter Wohnfläche gedeckelt. Mietwohnungsneubauten mit Baubeginn nach dem 31. Dezember 2022 und vor dem 1. Oktober 2029 müssen den Effizienzhausstandard 40 mit Nachhaltigkeitssiegel erfüllen und eine

Baukostenobergrenze von 5 200 Euro pro Quadratmeter Wohnfläche einhalten. In diesem Fall ist die Bemessungsgrundlage auf 4 000 Euro gedeckelt. Sind die Voraussetzungen erfüllt, dürfen Basis-AfA und Sonder-AfA kombiniert werden. In den ersten vier Jahren ist dann eine Gesamtabschreibung von jeweils 10 Prozent möglich.

Vermieter von Baudenkmälern oder Gebäuden in Sanierungsgebieten oder städtebaulichen Entwicklungsbereichen können neben dem Kaufpreis auch Sanierungskosten geltend machen. Für sie gilt vom ersten bis zum achten Jahr nach der Sanierung ein AfA-Satz von jeweils 9 Prozent, für das neunte bis zwölfte Jahr jeweils 7 Prozent. Bedingung ist, dass die Denkmalschutzbehörde die Maßnahmen vorab genehmigt hat.

Da die AfA und die Sonder-AfA der begrenzten Nutzungsdauer des Gebäudes Rechnung tragen, können sie immer nur auf den Immobilienteil angewandt werden, nicht jedoch auf den Grundstücksanteil. Wenn Vermieter erstmals vermieten, teilen sie den Kaufpreis in den Anteil für Gebäude und Boden auf. Dafür reicht es nicht, nur den Gebäudewert zu bestimmen, so der Bundesfinanzhof (BFH, Az. IX R 86/97). Vermieter müssen den Wert von Boden und Gebäude ermitteln, ins Verhältnis setzen und so die Anschaffungskosten aufteilen. Ist das Grundstück zum Beispiel 150 000 Euro wert und hat das Haus einen Sachwert von 300 000 Euro, ergibt sich ein Verhältnis von eins zu zwei. Die obersten Finanzbehörden von Bund und Ländern stellen eine Arbeitshilfe zur Berechnung der Aufteilung des Grundstückskaufpreises zur Verfügung. Das Tool ist kostenlos nutzbar und wird jährlich aktualisiert. Sie finden die Arbeitshilfe auf der Website bundesfinanzministerium.de, indem Sie den Suchbegriff „Kaufpreisaufteilung" eingeben.

AUSGABEN FÜR INSTANDSETZUNGEN UND MODERNISIERUNGEN

Auch die Kosten für bauliche Maßnahmen können Sie steuerlich geltend machen. Das Finanzamt unterscheidet danach, ob es sich um Herstellungsaufwand oder um Erhaltungsaufwand handelt.

UNSER TIPP

Wenn Sie Ihre zu vermietende Immobilie noch nicht gekauft haben oder künftig weitere Gebäude erwerben, können Sie bereits im Kaufvertrag den Kaufpreis auf Grundstück, Gebäude und Inventar wie Möbel aufteilen. Das hat noch einen weiteren Vorteil: **FÜR DAS INVENTAR FÄLLT KEINE GRUNDERWERBSSTEUER AN.** Das Finanzamt darf bei der späteren Abrechnung der AfA nur dann von dieser Aufteilung abweichen, wenn es Anhaltspunkte auf Missbrauch oder Scheinvereinbarungen hat (BFH, Az. IX R 12/14).

Als Herstellungsaufwand gelten Kosten für Anbauten sowie umfangreiche Sanierungen von Sanitär, Elektroinstallation, Fenster und Heizung, die den Standard wesentlich verbessern und den Gebrauchswert des Gebäudes erhöhen. Solche Kosten müssen Sie zu den ursprünglichen Anschaffungs- und Herstellungskosten addieren und nach den in Ihrem Fall relevanten AfA-Regeln abschreiben.

Anders als Herstellungskosten können Sie Erhaltungskosten direkt in dem Jahr, in dem sie anfallen, in voller Höhe als Werbungskosten von der Steuer abziehen. Sie können sie alternativ zum Sofortabzug nach der Einkommensteuer-Durchführungsverordnung auch auf zwei bis fünf Jahre verteilt absetzen (§ 82b EStDV).

Einen Sonderfall stellen sogenannte anschaffungsnahe Herstellungskosten dar. Darunter verstehen die Finanzbehörden Aufwendungen, die innerhalb von drei Jahren nach dem Kauf des Gebäudes für Bauarbeiten angefallen sind und 15 Prozent der Anschaffungskosten der Immobilie übersteigen. Diese Investitionen müssen Sie entsprechend der Systematik der Basis-AfA verteilt über 33, 40 oder 50 Jahre abschreiben.

Die Zuordnung zu Herstellungs- und Erhaltungsaufwand ist nicht ganz einfach. Aus diesem Grund haben die Finanzbehörden eine Vereinfachungsregel aufgestellt: Als Erhaltungsaufwand werden Kosten von bis zu 4 000 Euro im Jahr eingestuft.

Wer eine Eigentumswohnung vermietet, muss eine Instandhaltungsrücklage bilden, also regelmäßig Geld zurücklegen, um daraus etwaige Instandhaltungen zu stemmen. Ein Abzug der Werbungskosten ist hierfür aber erst möglich, wenn die Mittel aus der Rücklage tatsächlich für abzugsfähige Erhaltungsaufwendungen verwendet werden. Dies muss die Hausverwaltung bescheinigen.

NUR FÜR SELBSTNUTZER: DIENSTLEISTER UND HANDWERKER

Selbst nutzende Eigentümer können Aufwendungen für Reinigungskräfte, Gartenpflege oder Winterdienst in Höhe von bis zu 20 000 Euro steuermindernd nutzen. 20 Prozent dieser Ausgaben für sogenannte haushaltsnahe Dienstleistungen – also insgesamt maximal 4 000 Euro – bekommen sie vom Finanzamt zurück. Voraussetzung ist natürlich, dass ihre Steuerlast diesen Betrag überschritten hat. Vermieter haben diese Möglichkeit der Steuerreduzierung nicht. Sie können haushaltsnahe Dienstleistungen jedoch als Werbungskosten veranschlagen.

Auch für Handwerkerleistungen erstattet der Staat Selbstnutzern 20 Prozent der Kosten. Dazu gehören neben Reparaturen auch Wartungsarbeiten etwa für den Aufzug oder den Blitzschutz und Messungen beispielsweise des Schornsteinfegers. In dieser Kategorie dürfen Eigentümer bis zu 6 000 Euro geltend machen. Auf Verlangen müssen Sie der Finanzbehörde eine schriftliche Rechnung vorlegen, in der exakt aufgeschlüsselt ist, wie sich das Entgelt auf Lohn-, Fahrt-, Maschinen- und Materialkosten verteilt. Letztere sind nicht absetzbar. Die Rechnung muss per Überweisung, Lastschrift oder Karte beglichen worden sein.

Weitere Steuervorteile gibt es für selbst nutzende Eigentümer, wenn der Hausmeister auf Minijob-Basis angestellt ist. Dann können Eigentümer weitere 2 550 Euro pro Jahr abrechnen. Anerkannt werden das eigentliche Arbeitsentgelt sowie vom Arbeitgeber bezahlte Abgaben. Für Minijobs akzeptiert das Finanzamt die Bescheinigung der Minijob-Zentrale. Angemeldete Minijobber dürfen selbst nutzende private Eigentümer auch bar bezahlen, ohne dass dies für die Steuer schädlich ist. Wohnungseigentümergemeinschaften hingegen müssen überweisen.

Anders als Werbungskosten, die bei vermietenden Eigentümern von den steuerpflichtigen Einnahmen abgezogen werden und sich über den persönlichen Steuersatz auswirken, reduzieren Ausgaben für Dienstleistungen im Haushalt und für Handwerker bei Selbstnutzern unmittelbar die Steuerschuld. Alle drei Steuerrabatte für Hilfen zu Hause und auf dem Wohngrundstück können diese zugleich nutzen.

STEUERPROGRAMME NUTZEN

Wenn Sie Ihre Steuererklärung immer schon selbst erledigt haben, können Sie unter Umständen auch als Vermieter dabei bleiben. Machbar ist das kostenlos in Elster, dem Online-Portal der Finanzämter. Geldwerte Tipps und Optimierungshilfen gibt es da allerdings nicht.

Hier versprechen kostenpflichtige Steuerprogramme Abhilfe. Stiftung Warentest hat Anfang 2024 insgesamt 31 als Desktop-, Web- oder Mobile-App erhältliche Programme von elf Anbietern getestet. Die jährlichen Kosten lagen zwischen 17 und 46 Euro. Ein Ergebnis: Wer neben Lohn oder Gehalt weitere Einkünfte bezieht – beispielsweise durch Vermietung oder Kapitalanlagen –, sollte bei der Wahl der Software genau aufpassen: Einige Programme können nicht alle gängigen Einkunftsarten berechnen. Nutzerinnen und Nutzer erfahren das allerdings häufig erst, wenn sie bereits Daten eingegeben oder ein Profil angelegt haben – oder die Infos sind versteckt im Frage-und-Antwort-Bereich (FAQ) der Website.

Aktuelle Untersuchungsergebnisse finden Sie gegen eine geringe Gebühr unter test.de, wenn Sie den Suchbegriff „Steuerprogramme" eingeben.

Fachkundige Hilfe hinzuziehen

Sowohl mit der Buchhaltung als auch mit Steuerangelegenheiten können Sie Dienstleister beauftragen. Die Kosten dafür lassen sich als Werbungskosten absetzen und wirken steuermindernd. Buchhaltungsbüros sind am einfachsten über die Gelben Seiten oder mit einer regionalen Internetrecherche zu finden. Ein bundesweiter Suchdienst nach Steuerberatungsbüros ist auf der Internetseite der Bundessteuerberaterkammer eingerichtet: unter steuerberaterverzeichnis.berufs-org.de. Einzelne Beratungsstellen der eingangs erwähnten Branchenverbände (siehe Seite 12) bieten ebenfalls Steuerberatung an.

Arbeitnehmer, die mit der Immobilienvermietung Nebeneinkünfte erzielen, können sich statt an eine Steuerkanzlei auch an einen Lohnsteuerhilfeverein wenden. Vermieter zahlen dort kein Honorar, sondern einen Mitgliedsbeitrag. Die Einnahmen aus der Vermietung bebauter Grundstücke, aus Kapitaleinkünften und sonstigen Nebeneinkünften dürfen allerdings insgesamt 18 000 Euro bei Singles beziehungsweise 36 000 Euro bei Ehepaaren nicht übersteigen (Stand: Januar 2026). Liegen Ihre Einnahmen zusammengenommen höher, können Sie die Lohnsteuerhilfe nicht in Anspruch nehmen. Eine Beratungsstelle in Ihrer Nähe finden Sie auf der Seite vlh.de/presse.html.

Das Delegieren der kaufmännischen Aufgaben hat diverse Vorteile: Sie sind unliebsame Tätigkeiten los und fachlich auf der sicheren Seite. Vor allem bei der Steuer ist dieser Aspekt nicht zu unterschätzen. Bei Werbungskosten, Abschreibungen und Co. ändern sich Bedingungen sehr häufig, neue Möglichkeiten kommen hinzu, Gerichtsurteile konkretisieren die Anwendung von Verordnungen und Gesetzen. Steuerberaterinnen und -berater haben das im Blick. Sie sind verpflichtet, ihre Mandanten umfassend zu beraten, ungefragt auf alle steuerlichen Chancen und Risiken hinzuweisen und den sichersten Weg zur angestrebten Steuerersparnis aufzuzeigen. Nicht selten erzielen Sie so eine ansehnliche Erstattung, die ohne Hilfe von Fachleuten nicht drin gewesen wäre. Die Steuerberatervergütungsverordnung (StBVV) setzt Mindest- und Höchstgebühren fest, die Berater für verschiedene Leistungen berechnen müssen und dürfen. Klären Sie mit der Steuerkanzlei möglichst von Beginn an Honorar, Aufgaben und Kündigungsmodalitäten. Soll sie die gesamte Kommunikation mit dem Finanzamt übernehmen, erteilen Sie ihr eine Vollmacht.

→ Das Delegieren der kaufmännischen Aufgaben hat diverse Vorteile: Sie sind unliebsame Tätigkeiten los und fachlich auf der sicheren Seite.

Denkbar ist auch ein Mittelweg: Sie nehmen zu Beginn der Vermietung eine individuelle Beratung durch Steuerprofis in Anspruch und lassen sich über alle Möglichkeiten informieren. Im Anschluss erledigen Sie die Steuer selbst, zum Beispiel mit einem Steuerprogramm. Sinnvoll ist eine Beratung auch immer dann, wenn sich etwas Grundsätzliches in der Vermietung oder in Ihren Vermögensverhältnissen ändert, beispielsweise wenn Sie eine größere Investition planen.

HIER GEHT ES WEITER: STEUERBERATERVERGÜTUNGSVERORDNUNG → GESETZE-IM-INTERNET.DE/STBGEBV/BJNR014420981.HTML

→ **Grundwissen Recht:** Als Vermieter haben Sie mit Mietrecht und zahlreichen weiteren Rechtsgebieten zu tun. Sie müssen Gesetze und Verordnungen nicht im Wortlaut kennen, aber Sie brauchen einen groben Überblick.

WAS ERFAHRE ICH?

Schon wenn Sie eine Immobilie selbst nutzen, müssen Sie eine Reihe von Gesetzen, Verordnungen und Richtlinien beachten, vom Bauvertragsrecht und dem Gebäudeenergiegesetz im Falle einer Sanierung bis zum Erneuerbare-Energien-Gesetz bei der Vergütung von Solarstrom vom eigenen Dach. Wenn Sie vermieten, kommt der große Komplex Mietrecht hinzu. Das regelt alle Details vom Mietvertrag bis zur Kündigung. Außerdem müssen Sie Datenschutzregeln berücksichtigen. Für Vermieter einer Eigentumswohnung ist darüber hinaus das Wohnungseigentumsrecht bindend.

In allen Rechtsgebieten gilt: Juristische Regelungen sind interpretationsfähig, durch Überarbeitungen kommen neue Vorschriften hinzu, andere fallen weg. Hinzu kommt, dass viele Gesetze sehr allgemein formuliert sind. In der Anwendung entsteht oft Streit zwischen Betroffenen, der dann vor Gericht ausgetragen wird. Gerichtsurteile sind damit in der Praxis ebenfalls zu beachten. Für Laien ist es kaum möglich, in allen Rechtsgebieten fundierte Kenntnisse zu haben und darüber hinaus kontinuierlich auf dem Laufenden zu bleiben. Das müssen Sie auch nicht zwingend. Aber nur, wenn Sie den großen Rahmen kennen, sind Sie für mögliche Fallstricke sensibilisiert.

Mietrecht

Die Rechtsbeziehung zwischen Vermietern und Mietern regelt das Mietrecht. Das ist vor allem im Bürgerlichen Gesetzbuch (BGB) verankert. Dort sind zunächst allgemeine Vorschriften für Mietverhältnisse (§§ 535 bis 548) festgeschrieben. Sie gelten für sämtliche Mietobjekte, nicht nur für Immobilien, und berühren beispielsweise:

- → Mietzahlung
- → Umgang mit Mängeln und Mietminderung
- → Abnutzung durch vertragsgemäßen Gebrauch
- → vertragswidrigen Gebrauch
- → Dauer und Ende des Mietverhältnisses
- → Rückgabe des Mietobjekts

Darüber hinaus enthält das Gesetz spezielle Vorgaben für Wohnraummietverhältnisse (§§ 549 bis 577a). Sie betreffen unter anderem:

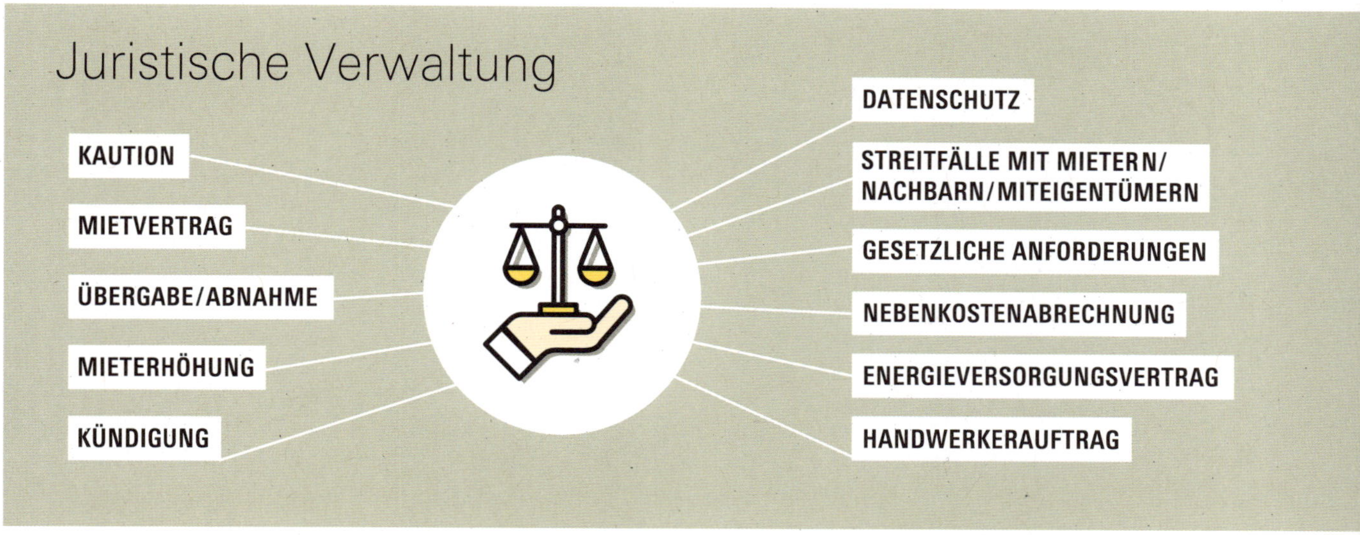

- Inhalt und Form von Mietverträgen
- Mietzahlung
- Mietsicherheit
- Wohnraumvermittlung
- Miethöhe und Mieterhöhung
- Staffel- und Indexmiete
- Betriebskostenabrechnung
- Erhaltungs- und Modernisierungsmaßnahmen
- Beendigung des Mietverhältnisses und Kündigungsschutz

Das BGB bestimmt dabei nicht nur Inhalte. Es beinhaltet auch umfangreiche Fristen und Formvorschriften.

Einzelne mietrechtliche Aspekte finden sich neben dem BGB noch in weiteren Gesetzen: Im Gesetz zur Regelung der Wohnungsvermittlung ist festgeschrieben, dass Makler bei der Vermittlung von Mietverträgen von demjenigen bezahlt werden müssen, der sie beauftragt hat (Bestellerprinzip). Nach dem Bundesmeldegesetz (§ 19) sind Vermieter verpflichtet, ihren Mietern eine Wohnungsgeberbestätigung für die Meldebehörde auszustellen.

Das Strafgesetzbuch (StGB) verbietet in § 291 Mietwucher. Das Gesetz zur weiteren Vereinfachung des Wirtschaftsrechts (Wirtschaftsstrafgesetz 1954) behandelt ebenfalls das Thema Kosten, die Mieterinnen und Mietern entstehen. Es definiert in § 5 die vorsätzliche oder leichtfertige Vermietung von Wohnräumen für unangemessen hohe Entgelte als Mietpreisüberhöhung. § 6 klassifiziert die Durchführung einer baulichen Veränderung, die zu erheblichen, objektiv nicht notwendigen Belastungen von Mietern führt und auf eine Beendigung des Mietverhältnisses abzielt, als Ordnungswidrigkeit.

WICHTIGE VERORDNUNGEN

Die Mietrechtsgesetze werden durch diverse Verordnungen ergänzt. Sie konkretisieren Rechte und Pflichten von Vermietern in Bezug auf einzelne Aspekte der Vermietung. Die wichtigsten Verordnungen:

- Die Verordnung über die Aufstellung von Betriebskosten (kurz: **BETRIEBSKOSTEN-VERORDNUNG** – BetrKV) gibt vor, welche Betriebskosten, die durch das Eigentum am Grundstück oder den bestimmungsmäßigen Gebrauch der Immobilie und des Grundstücks laufend entstehen, Vermieter in der jährlichen Betriebskostenabrechnung auf ihre Mieter umlegen dürfen. Im zweiten Paragrafen listet die Verordnung 17 verschiedene Arten von zulässigen Betriebskosten auf.

MIT TEXTFORM UND ZUGANGSNACHWEIS AUF DER SICHEREN SEITE

In vielen Fällen sieht das Mietrecht die Einhaltung der Textform (Mail, Fax, Brief, SMS, WhatsApp etc.) vor. Aber auch dort, wo das nicht der Fall ist, sind Sie gut beraten, alle relevanten Absprachen schriftlich zu fixieren. **MÜNDLICHE ERKLÄRUNGEN LASSEN SICH SPÄTER NICHT BELEGEN.**

Auch den Zugang einer Kündigung oder einer Mieterhöhung müssen Sie im Streitfall nachweisen. Ein Einschreiben mit Rückschein oder ein Einwurfeinschreiben sind dazu nur bedingt geeignet, weil sie genau genommen nur den Zugang eines Umschlags belegen. Eine sichere, kostengünstige und praktikable Methode ist die Zustellung durch einen Boten, der den Inhalt des Schreibens gelesen hat und bestätigen kann. Erklärungen von hoher Wichtigkeit können förmlich durch einen – kostenpflichtigen – Gerichtsvollzieher zugestellt werden.

- → Die Verordnung über die verbrauchsabhängige Abrechnung der Heiz- und Warmwasserkosten (kurz: **VERORDNUNG ÜBER HEIZKOSTENABRECHNUNG** – HeizkostenV) regelt Details zur Abrechnung über Heizkosten und Warmwasser im Mietverhältnis und im Wohnungseigentumsverhältnis. Hier sind Auflagen zur Verbrauchserfassung und zur Kostenverteilung beim Betrieb zentraler Heizungsanlagen und zentraler Wärmeversorgungsanlagen formuliert.
- → In den meisten Bundesländern gibt es eine Verordnung zur Bestimmung der Gebiete mit Mietpreisbegrenzung (**MIETPREISBEGRENZUNGSVERORDNUNG** – MietbegrenzV). Sie bestimmt die Kommunen, in denen die Mietpreisbremse bei Wiedervermietung angewandt werden darf.
- → Die **KAPPUNGSGRENZENVERORDNUNGEN** der Länder begrenzen die Mieterhöhung in bestehenden Mietverhältnissen.
- → Die **TRINKWASSERVERORDNUNG** (TrinkwV) schreibt Qualitätsanforderungen und Grenzwerte für Blei, Coli-Bakterien und andere Stoffe im Trinkwasser vor. Vermieter müssen dafür sorgen, dass diese eingehalten werden, und das Trinkwasser in ihrer Immobilie regelmäßig auf Legionellen testen lassen.
- → Die Berechnung der Wohnfläche basiert oft auf der **WOHNFLÄCHENVERORDNUNG** (WoFlV).

Schon dieser Überblick macht deutlich: Das Mietrecht ist ein harter Brocken. Entsprechend häufig bieten die komplexen Regelungen Anlass für Konflikte, die dann mitunter bei Gericht landen. In den folgenden Kapiteln dieses Handbuches erfahren Sie, bei welchen Schritten der Vermietung welche juristischen Vorgaben relevant sind.

Sonderstellung von Wohnungseigentum

Das Wohnungseigentumsgesetz (WEG) normiert das Miteinander von Eigentümern in einer Wohnungseigentümergemeinschaft. Es definiert die Rechte und Pflichten der einzelnen Eigentümer bezüglich des Sondereigentums und des Gemeinschaftseigentums und bestimmt die Rolle des Verwalters. Vermietende Eigentümer finden sich in einer Doppelrolle: Sie sind Mitglied der Eigentümergemeinschaft und darin gebunden. Zugleich schließen sie mit Mieterinnen und Mietern bilateral einen Mietvertrag.

In dieser Dreieckskonstellation können Konflikte auf unterschiedlichen Ebenen entstehen. Wenn Sie eine Eigentumswohnung vermieten, müssen Sie gegenüber Ihren Mietern die Regelungen des WEG einhalten. Sie müssen beispielsweise dafür sorgen, dass die Mieter die Hausordnung einhalten oder dass sie die Wohneinheit ausschließlich entsprechend der Zweckvereinbarung in der WEG nutzen. Bei der Formulierung eines Mietvertrages gilt es also, diesen an die WEG anzupassen (siehe Seite 112). Schwierig wird es im laufenden Mietverhältnis beispielsweise, wenn ein Mieter von Ihnen die Beseitigung eines Mangels verlangt, der ganz oder teilweise das Gemeinschaftseigentum betrifft. Dann brauchen Sie zunächst einen Beschluss der Gemeinschaft.

Für die Betriebskosten gilt: Die Abrechnung zwischen den Wohnungseigentümern liefert die Grundlage für Ihre Abrechnung gegenüber Ihren Mietern. Schwierig war das in der Vergangenheit, wenn unterschiedliche Verteilungsmaßstäbe angelegt wurden. Seit der WEG-Reform finden die Maßstäbe der Gemeinschaft im Mietverhältnis Anwendung, soweit dort nichts anderes vereinbart wurde.

GERICHTSENTSCHEIDUNGEN ZU MIET- UND EIGENTUMSRECHT

Im Jahr 2024 haben die Amtsgerichte in Deutschland insgesamt 801 351 Verfahren erledigt. 190 309 davon – also knapp ein Viertel – betrafen Wohnungsmietsachen.

Rechtsgebiet	Amtsgericht	Landgericht/ Berufungsinstanz
Nachbarschaftssachen	5 720	645
Wohnungsmietsachen	190 309	6 783
Wohnungseigentumssachen (Binnenstreitigkeiten)	16 819	1 816
Wohnungseigentumssachen (Klagen Dritter)	653	43

Quelle: Statistisches Bundesamt, 8/2025

Gesetzliche Vorgaben bei Modernisierungen

Bei baulichen Maßnahmen am Gebäude müssen Sie – genau wie selbst nutzende Eigentümer – nicht nur das Baurecht des Landes und der Kommune beachten. Darüber hinaus kommen diverse Gesetze ins Spiel, in denen Klimaschutzaspekte tangiert werden. Im Einzelfall gelten für Vermieter Sonderregeln.

Das Gebäudeenergiegesetz (GEG) macht Vorgaben zur energetischen Qualität von Gebäuden und zur Nutzung erneuerbarer Energien für die Erzeugung von Wärme, Kälte und Strom. In diesem Gesetz finden sich auch alle Vorschriften zum Energieausweis, zur Heizungserneuerung und zu Sanierungen sowie Nachrüstpflichten für Immobilienerwerber. Das Erneuerbare-Energien-Gesetz (EEG 2023) ist relevant für Eigentümer von Gebäuden mit einer PV-Anlage. Im EEG sind unter anderem die Einspeisevergütung und der Mieterstromzuschlag sowie die steuerliche Behandlung von PV-Anlagen und Einspeisung geregelt. Das Gesetz zur Förderung von Mieterstrom und das Energiewirtschaftsgesetz (EnWG) liefern die rechtlichen Grundlagen dafür, dass Vermieter ihren Mietern auf oder am Gebäude erzeugten PV-Strom anbieten dürfen. Wer mit fossilen Brennstoffen – Heizöl, Gas oder Fernwärme – heizt, kommt nicht umhin, sich mit der CO_2-Steuer zu beschäftigen. Sie wurde mit dem Brennstoffemissionshandelsgesetz (BEHG) eingeführt. Die Aufteilung der CO_2-Kosten zwischen Vermietern und Mietern bestimmt das CO_2-Kostenaufteilungsgesetz (CO_2KostAufG).

Sanierungen und bauliche Veränderungen sind sowohl für selbst nutzende als auch für vermietende Eigentümer von Immobilien ein umfangreiches Aufgabenfeld mit technischen, wirtschaftlichen und rechtlichen Aspekten. Details dazu sprengen den Rahmen dieses Handbuches.

Ausführliche Informationen finden Sie in folgenden Buchpublikationen der Stiftung Warentest, erhältlich über test.de/shop:

- → „Bauherren-Handbuch"
- → „Handbuch energetische Sanierung"
- → „Energetische Sanierung in der Eigentümergemeinschaft"

Informiert bleiben

Juristische Themen nehmen in den Seminaren von IHK, privaten Bildungseinrichtungen, Unternehmen und Verbänden, die sich an Vermieterinnen und Vermieter wenden, den größten Raum ein (siehe Seite 10). Hier können Sie sich Grundwissen aneignen. Um auch bei Veränderungen in der Gesetzgebung und Rechtsprechung auf dem Laufenden zu bleiben, bieten sich themenspezifische Tagungen an.

Für alle, die sich nicht an einen Termin gebunden informieren möchten, sind die Webinare von IVV immobilien vermieten & verwalten (HUSS-Unternehmensgruppe) eine spannende Option. Die Aufzeichnungen können Sie kostenpflichtig herunterladen.

HIER GEHT ES WEITER: IVV-WEBINARE → VERMIETER-RATGEBER.DE/VERANSTALTUNGEN/ONLINE-SEMINARE

→ **Konzepte zur Verwaltung:** Ob es sinnvoll ist, dass Sie die Verwaltung ganz oder teilweise selbst in die Hand nehmen, oder ob Sie sie besser einem professionellen Verwaltungsunternehmen übergeben, hängt von vielen Faktoren ab.

WAS ERFAHRE ICH?

Die Selbstverwaltung einer Immobilie kostet Zeit und bedeutet Aufwand. Und sie birgt für Laien zahlreiche juristische und wirtschaftliche Fallstricke – ganz besonders im Wohneigentum. Die Ergebnisse der Vermieterbefragung 2025 von Haus & Grund Deutschland dokumentieren: Bei der Wahl der Verwaltungsform unterscheiden private Vermieter vor allem danach, um welchen Gebäudetyp es sich handelt.

96,1 Prozent der befragten Eigentümer von Ein- und Zweifamilienhäusern verwalten ihre Immobilie selbst oder gemeinsam mit einem Miteigentümer. Auch bei Mehrfamilienhäusern, die in einer Hand liegen, ist die Selbstverwaltung mit 90,3 Prozent das am weitesten verbreitete Konzept. Ein Verwaltungsunternehmen beauftragen bei dieser Gebäudeform nur 7,5 Prozent der betroffenen Befragten.

Genau umgekehrt sieht das Bild bei Eigentumswohnungen aus: Nur 15,0 Prozent der Eigentümer übernehmen hier die Verwaltung selbst. Die Betreuung durch einen professionellen Dienstleister ist mit 83,2 Prozent der Regelfall.

Selbstverwaltung

Die Selbstverwaltung bietet sich vor allem für Eigentümer von wenigen, im Idealfall gleichartigen Immobilien an, die den Aufwand nicht scheuen und sich mit administrativen Tätigkeiten nicht allzu schwertun. Eine gute Basis ist, wenn Vermieter bereits Erfahrung mit Immobilienthemen als selbst nutzende Eigentümer gesammelt haben.

Der Standort der Mietobjekte spielt ebenfalls eine Rolle. Günstig ist, wenn sie sich in der Nähe vom Wohn- oder Arbeitsort befinden. Das spart Zeit und Fahrtkosten und erleichtert den persönlichen Kontakt. Und wenn im Falle einer Reparatur kurzfristig Handlungsbedarf entsteht oder bei einem Mieterwechsel viele Termine anfallen, sind Sie schnell vor Ort.

Praktisch ist auch, wenn Sie in solchen Fällen auf Handwerksbetriebe zurückgreifen können, mit denen Sie vielleicht schon seit Jahren in der selbst genutzten Immobilie gute Erfahrungen machen.

Wer sich auf Selbstverwaltung einlassen möchte, tut gut daran, sich im Vorfeld ausführlich mit dem Thema zu beschäftigen, Vor- und Nachteile gründlich abzuwägen und sich die folgenden Fragen zu stellen:

Wer kann helfen?

Wer seine Immobilie weder selbst verwalten noch eine professionelle Verwaltung beauftragen will, kann sich punktuell Unterstützung bei einem oder mehreren Dienstleistungsunternehmen suchen.

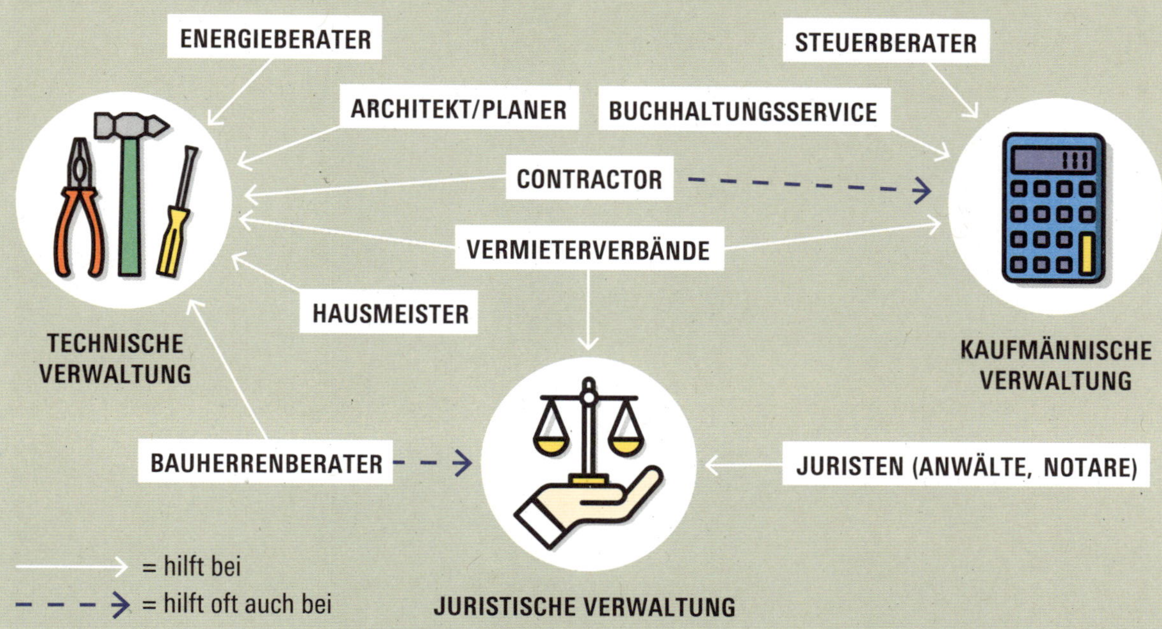

- Wie viel Zeit kann ich erübrigen?
- Wie versiert bin ich im Umgang mit Zahlen, Rechnungen und administrativen Aufgaben?
- Wie fundiert sind meine Kenntnisse in Sachen Steuern?
- Fühle ich mich sattelfest im Mietrecht?

Es kann gut sein, dass Ihre Selbsteinschätzung lautet: „Ich packe das." Dann spricht nichts dagegen, die komplette Verwaltung selbst zu übernehmen. Bei den ersten Schritten können Sie sich fachliche Unterstützung suchen, etwa in Form einer Kurzberatung zum ersten Mietvertrag bei einem Branchenverband oder in einem umfassenden Strategiegespräch mit einer Steuerberatung. Bauliche Maßnahmen wiederum sind zeitlich begrenzt. Hier bietet es sich an, projektbezogen eine Bauherrenberatung in Anspruch zu nehmen oder ein Architektur- oder Planungsbüro zu beauftragen. Wenn Sie im Laufe der Zeit feststellen, dass es in der Verwaltung holpert, oder wenn Sie sich überlastet fühlen, können Sie das Konzept immer noch ändern.

Auch der umgekehrte Weg ist denkbar: Sie beauftragen zunächst eine Verwaltung mit der Vermietung und nutzen die ersten Jahre zum Lernen. Irgendwann können Sie dann auf Selbstverwaltung umstellen, beispielsweise wenn Sie mit Beginn der Rente größere zeitliche Spielräume haben.

Wenn Sie bei der Beantwortung der oben genannten Fragen auf eigene Schwachpunkte stoßen, ist Selbstverwaltung mit punktueller Hilfe eine Option. Wer sich mit Steuern wenig auskennt, kann eine Steuerberatung an seine Seite holen und die übrige Verwaltung selbst

Verwaltungsgebühren

Bei den durchschnittlichen Netto-Regelsätzen gibt es erhebliche regionale Unterschiede. Hier sehen Sie die monatlichen Pauschalsätze pro Einheit für Verwaltung von Sondereigentum (SE) im Jahr 2024.

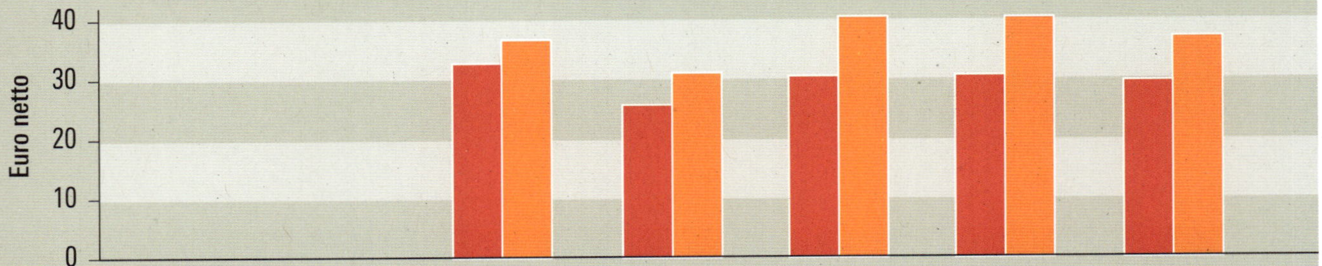

	Nord	Ost	Süd	West	Mittelwert
SE bei gleichzeitiger WEG-Verwaltung	32,78 €	25,76 €	30,49 €	30,63 €	**29,67 €**
SE ohne gleichzeitige WEG-Verwaltung	36,74 €	31,10 €	40,44 €	40,31 €	**37,00 €**

Quelle: 13. VDIV-Branchenbarometer, 2025

managen. Und wer Sorge vor mietrechtlichen Problemen hat, kann sich durch die Mitgliedschaft in einem Branchenverband Beratung sichern.

Hausverwaltungssoftware

Praktische Hilfsmittel wie Dokumentenmanagementsysteme und Steuer-Tools (siehe Seite 32) erleichtern Selbstverwaltern die Arbeit. Noch einen Schritt weiter geht Hausverwaltungssoftware. Sie standardisiert Abläufe, dokumentiert die Kommunikation mit allen Beteiligten und bündelt eine Reihe von Funktionen, die für die Vermietung wichtig sind. Die Bandbreite reicht vom Bewerbermanagement über die Stammdaten- und Dokumentenverwaltung sowie die Buchhaltung und Unterstützung bei der Abrechnung von Betriebs- und Nebenkosten bis zur Handwerkerverwaltung und der Vorbereitung der Steuererklärung.

Cloud-Lösungen wie vermietet.de, objego, immocloud und hellohousing sind speziell auf die Bedürfnisse von privaten Kleinvermietern ausgerichtet.

Wer hingegen eine On-Premises-Lösung bevorzugt, bei der die Software auf einem selbst betriebenen Server ausgeführt wird, kommt mit den easy-Produkten von WARE-Haus weiter. Nachteil dieser Variante ist der höhere Administrationsaufwand.

Die verschiedenen Anwendungen unterscheiden sich in ihren Features und natürlich auch im Preis. Wichtige Kriterien für die Auswahl sind:

- Anzahl und Art der Wohneinheiten
- Umfang des integrierten Speicherplatzes (unbegrenzt oder limitiert)
- unterstützte Plattform (Betriebssysteme Windows/macOS bzw. Android/iOS)
- Kosten, Vertragslaufzeit und Kündigungsfrist
- Features der Dokumentenverwaltung (Vertragsverwaltung, Dokumentenarchiv, Suchfunktion, Vorlagen, zum Beispiel für Verträge, Übergabeprotokolle, Mahnungen etc.)
- Kommunikationsanbindung und Vorlagen (zum Beispiel Digitales Brett)
- mit oder ohne Handwerkerverwaltung

- Finanzverwaltung (Banking-Schnittstelle, Mieteingangskontrolle, Cashflow-Übersicht, Belegerfassung, Rechnungserstellung und -versand)
- Abrechnung Nebenkosten und Heizkosten (Zählerstandübersicht, Umlageschlüssel, Datev-Schnittstelle, Unterstützung bei der Steuererklärung)
- Datenschutz/Sicherheit: Serverstandort (in Deutschland, der EU oder anderswo?), Datenverschlüsselung
- Support (Zeiten, Art der Erreichbarkeit, direkte Kontaktmöglichkeiten)
- Handhabung, Übersichtlichkeit

Viele Anbieter berechnen die Kosten pro Projekt. Einzelne Plattformen arbeiten mit unterschiedlichen Tarifstufen nach einem Baukastenprinzip. Die Kosten sind damit schwer vergleichbar.

Mindestens genauso wichtig wie die Kosten ist allerdings die Frage, ob das Tool zu Ihren individuellen Bedürfnissen passt. Das lässt sich am besten in der Praxis herausfinden. Dafür bieten die Plattformen unterschiedlich lange kostenlose Testphasen an, von denen Sie Gebrauch machen sollten.

KLASSISCHE AUFGABEN EINER IMMOBILIENVERWALTUNG

- Neuvermietung
- Abwicklung der Kaution
- Führung des Mietkontos
- Kontrolle der Mietzahlungen
- Prüfung und Umsetzung von Mieterhöhungsverlangen
- Mahnwesen
- Bearbeitung bei der Kündigung der Wohnung
- fristgerechte Erstellung der Betriebs- und Heizkostenabrechnung
- Buchhaltung für Einnahmen und Ausgaben
- Annahme von Mangelanzeigen oder sonstigen Anfragen der Mieter
- Beauftragung der Mangelbeseitigung an geeignete Handwerker
- Einholen von Angeboten für Instandhaltungs- und Instandsetzungsmaßnahmen
- Organisation und Kontrolle ihrer Durchführung
- Begleichen der Handwerkerrechnungen
- Organisation von baulichen Maßnahmen

Professionelle Verwaltung

Je umfangreicher und unterschiedlicher der Immobilienbestand, je geringer die fachliche Expertise, je begrenzter die zeitlichen Möglichkeiten und je größer die Entfernung zu den Immobilienstandorten, desto eher empfiehlt es sich, eine professionelle Verwaltung zu beauftragen.

Handelt es sich bei dem zu vermietenden Objekt um eine Eigentumswohnung, also um Sondereigentum in einer WEG, ist ein guter Ansprechpartner die Verwaltung des Gemeinschaftseigentums, die sogenannte WEG-Verwaltung. Sie kennt die Immobilie. Und es hat praktische Vorteile, wenn WEG- und Sondereigentumsverwaltung in einer Hand liegen. Zwingend ist diese Kombination allerdings nicht. Ansonsten sind Empfehlungen hilfreich. Wer die nicht hat, kommt mit den Suchmaschinen der drei großen, deutschlandweit tätigen Branchenverbände weiter: Verband der Immobilienverwalter Deutschland (VDIV), Immobilienverband Deutschland (IVD) und Bundesfachverband der Immobilienverwalter (BVI).

Sie können ein Verwaltungsunternehmen als Allrounder beauftragen oder auch nur mit einzelnen Aufgaben betrauen (siehe Kasten oben). Die Leistungen müssen individuell im Vertrag vereinbart werden.

Der monatliche Netto-Regelsatz für die Mietverwaltung betrug laut VDIV-Branchenbarometer im Jahr 2024 durchschnittlich 29,20 Euro pro Wohneinheit (ohne Garage und Stellplatz). In der Sondereigentumsverwaltung lag er mit 37,00 Euro deutlich höher. Bei gleichzeitiger WEG-Verwaltung war die Sondereigentumsverwaltung mit einer durchschnittlichen Gebühr von 29,67 Euro etwas günstiger. Diese Kosten dürfen Sie nicht auf die Mieter umlegen, jedoch in voller Höhe als Werbungskosten beim Finanzamt geltend machen.

HIER GEHT ES WEITER: VERWALTERSUCHE BEI DEN BRANCHENVERBÄNDEN → VDIV.DE/IMMOBILIENVERWALTUNG/VERWALTERSUCHE · IVD.NET/EXPERTEN-FINDEN · BVI-VERWALTER.DE/VERWALTERSUCHE

2

Die Suche nach geeigneten Bewohnern ist die erste Etappe auf dem Weg zur (Neu-)Vermietung. Viele private Eigentümer nehmen das gerne selbst in die Hand. Wer einen Makler beauftragt, spart sich Aufwand, muss aber die Gebühr zahlen.

→ Wunschkandidaten und Anfangsmiete: Sicher möchten Sie Ihre Immobilie nicht den erstbesten Interessenten überlassen, sondern wünschen sich Mieter, die zu Ihnen und zum Haus passen. Strategische Überlegungen erleichtern die Suche.

WAS ERFAHRE ICH?

Genau wie für große Unternehmen steht auch für Sie als Kleinvermieter im Vordergrund, regelmäßig Ihre Miete zu erhalten. Schließlich müssen Sie daraus laufende Ausgaben bestreiten und die Immobilie langfristig erhalten. Verlässlichkeit und wirtschaftliche Belastbarkeit werden Sie bei der konkreten Auswahl Ihrer Mieter daher immer sorgsam hinterfragen. Doch diese beiden Merkmale alleine reichen nicht als Grundlage für ein gelungenes Mietverhältnis.

25,8 Prozent der privaten Vermieter verfügen über ein oder zwei Wohneinheiten, 30,5 Prozent über bis zu fünf Wohneinheiten und weitere 20,6 Prozent über sechs bis zehn Wohneinheiten, so die Vermieterbefragung 2025 des Eigentümerverbandes Haus & Grund Deutschland. Oft wurden die Wohnimmobilien nach und nach erworben und individuell ausgestattet. Vermietung ist in diesem Segment alles andere als ein Massengeschäft. Für viele Eigentümer stellt die Vermietung einen wichtigen Baustein in der privaten Altersvorsorge dar. Manch einer kann sich auch vorstellen, das Haus oder die Wohnung in ein paar Jahren selbst zu bewohnen. Das bedeutet: Viele private Kleinvermieter haben eine hohe emotionale Bindung an ihre Immobilie. Sie suchen Bewohner, die pfleglich mit dem Haus und seiner Ausstattung umgehen und seine Vorzüge zu schätzen wissen. Im Falle einer Eigentumswohnung sollten „die Neuen" auch in die bestehende Hausgemeinschaft passen. Dieser Aspekt ist für Eigentümer, die selbst eine Wohneinheit im Gebäude nutzen, besonders wichtig.

Zielgruppe definieren

Bevor es an die konkrete Suche geht, sollten Sie sich also ein paar Gedanken machen: Was haben Sie zu bieten? Für welche Personen könnte Ihre Immobilie attraktiv sein? Welche Eigenschaften sollten Ihre Wunschkandidaten mitbringen?

FÜR WELCHE MIETER IST MEINE IMMOBILIE ATTRAKTIV?

Nicht jedes Haus oder jede Wohnung ist für jeden Mieter gleichermaßen geeignet. Der erste Schritt zur Definition einer Zielgruppe besteht deshalb darin, zu fragen, was das Mietobjekt zu bieten hat, für wen es attraktiv und für wen es uninteressant ist. Meist gibt eine Kombination von Merkmalen den Ausschlag. Vor allem

Wohnfläche und Zuschnitt, Standort und Bauweise sowie die Kosten spielen dabei eine Rolle.

Es wäre zu einfach, zu sagen, dass eine kleine Wohneinheit nur für Singles oder Paare und eine große nur für mehrköpfige Familien infrage kommt. Natürlich ist der Platzbedarf abhängig von der Bewohnerzahl, aber Küche und Bad müssen für zwei Personen nicht unbedingt größer sein als für eine. Auch haben Menschen unterschiedliche Ansprüche an den Platzbedarf. Und wer geringere finanzielle Möglichkeiten hat, wird bei der Wohnfläche eher Abstriche machen als ein Haushalt mit zwei Gutverdienern. Für eine vierköpfige Familie mit mittlerem Einkommen ist eventuell eine Dreizimmerwohnung mit rund 90 Quadratmetern das Wunschzuhause. Ein kinderloses Paar mit doppeltem Einkommen wünscht sich vielleicht vier Zimmer und 120 Quadratmeter oder mehr und legt dabei Wert auf ein zweites Bad und hochwertige Ausstattung. Ein Apartment mit ein oder zwei Wohnräumen kann für Studierende oder für ältere Menschen spannend sein. Für eine größere Familie oder ein Paar, das in der Immobilie nicht nur wohnen, sondern auch ein Büro unterbringen möchte, ist vielleicht ein Einfamilienhaus mit viel Wohnfläche, Garten und reichlich Stauraum optimal.

Ähnlich sieht es mit der Lage aus: Innerstädtische Bereiche sind bei Singles und Paaren, die Wert auf kurze Arbeitswege und günstige Verkehrsanbindung legen, genauso begehrt wie bei vielen Seniorinnen und Senioren, deren Bewegungsradius nach und nach begrenzter wird. Ein Haus mit Garten am Stadtrand bietet Platz zum Spielen und Toben, macht sich aber auch gut als Kulisse für die repräsentative Gartenparty.

Zu bedenken ist – vor allem bei einem Gebäude mit mehreren Wohneinheiten – auch die direkte Nachbarschaft, selbst wenn Sie selbst nicht dort wohnen. Ein älteres Paar empfindet möglicherweise das lautstarke Toben von Kindern in den sieben weiteren Wohneinheiten des Hauses als störend. Die Konzertviolinistin, die in den eigenen Räumen auch privaten Unterricht gibt, wird in einer Musik liebenden Hausgemeinschaft Zuhörer finden. In einem Altbau mit möglicherweise geringerem Lärmschutz und vielen Bewohnern, die im Homeoffice arbeiten, sind Streitigkeiten über die akustische Beeinträchtigung sehr wahrscheinlich.

Die Ausstattung ist nicht nur eine Frage des Geschmacks. Die Bedürfnisse werden stark von der Lebensphase der Mieter geprägt. Vor allem für Familien sind häufig praktische Aspekte wichtig. Dazu gehören etwa robuste Bodenbeläge. Viele ältere Menschen sind für Barrierefreiheit dankbar, selbst wenn sie heute (noch) keine körperlichen Einschränkungen haben. Sie suchen in der Regel Beständigkeit und langfristige Mietverhältnisse, die auch im Falle von künftigen Beschwerden gut für sie nutzbar sind und Wohnkomfort bieten.

Genau wie bei der Größe kommen auch bei der Ausstattung die finanziellen Möglichkeiten der Mieter ins Spiel: Ein Haushalt mit zwei guten Einkommen kann es sich leisten, mehr Wert auf Gestaltung und Inventar zu legen als Studierende, junge Paare mit dem ersten eigenen Einkommen oder ein Geringverdiener.

Alle diese Beispiele zeigen: Für wen Ihre Immobilie attraktiv ist, hängt vom Zusammenspiel unterschiedlicher Merkmale ab. Versuchen Sie am besten, die Zielgruppe einzugrenzen:

→ Für wie viele Bewohner ist die Immobilie aufgrund der Wohnfläche maximal geeignet?
→ Für welche Personenkonstellationen sind Wohnfläche und Zimmerzahl gut nutzbar?
→ Schränkt der Zuschnitt die Art der Personenkonstellation ein? Das kann beispielsweise bei Durchgangszimmern der Fall sein.
→ Für wen ist das direkte Wohnumfeld attraktiv?
→ Wie sieht die Bewohnerstruktur in der Nachbarschaft aus?
→ Welche Einkommensverhältnisse spricht das Ausstattungsniveau am ehesten an?

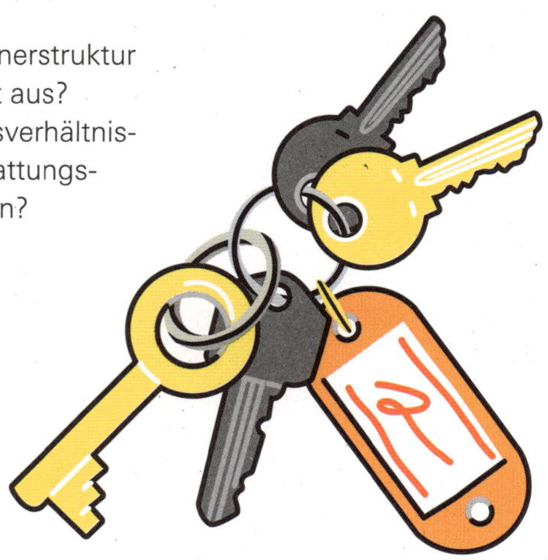

Vermieter-Vorlieben

Das Portal ImmoScout24 hat 1458 Vermieter deutschlandweit gefragt, an wen sie am liebsten vermieten. Eine Mehrfachauswahl von bis zu drei Antworten war möglich.

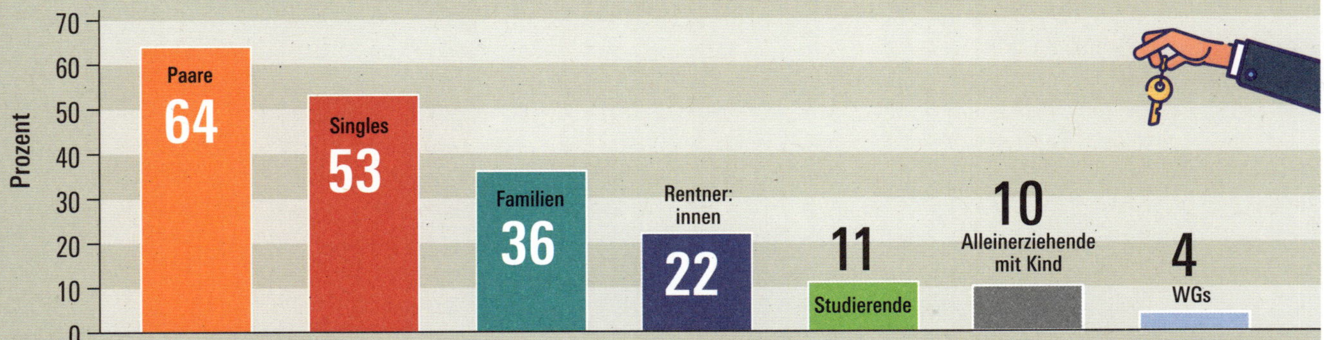

Quelle: ImmoScout24, 12/2023

BEVORZUGTE ADRESSATEN
Anhand dieser Fragen kommen Sie möglicherweise zu dem Ergebnis, dass Ihre Wohnimmobilie den Bedürfnissen unterschiedlicher Zielgruppen entspricht. Die können Sie jetzt mit Ihren persönlichen Vorlieben abgleichen.

Wenn Ihnen ein langjähriges Mietverhältnis für Ihre kleine Wohnung besonders wichtig ist, passt ein älteres Ehepaar vermutlich besser als zwei Studentinnen. Wenn Sie ein Familienmensch und in dem zu vermietenden Haus groß geworden sind, werden Sie dort gerne wieder eine junge Familie sehen. Wer selbst vierbeinige Familienangehörige hat, hat oft keine Berührungsängste mit Mietern mit Haustieren. Und wer mit Begeisterung im Garten werkelt und ein Haus mit einem großen Grundstück zu vermieten hat, wird Pflanzenliebhaber bevorzugen.

Viele private Vermieter haben auch soziale Beweggründe: Sie wollen Menschen mit begrenzten finanziellen Möglichkeiten ein Zuhause bieten, in dem sie sich wohlfühlen. Manche von ihnen fühlen sich auch bestimmten Personengruppen verbunden – beispielsweise kinderreichen Familien, Studierenden oder Auszubildenden.

Anfangsmiete festlegen

Neben einer Zielgruppe müssen Sie für die Suche die angestrebte Miethöhe beziffern. Nicht nur für Erstvermieter ist das eine Herausforderung: Eine sehr geringe Miete heißt nicht nur wenig Gewinn. Sie birgt auch das Risiko, dass Sie keine ausreichenden Rücklagen für größere Reparaturen oder Sanierungen bilden können. Eine sehr hohe Miete beschränkt von vornherein den Kreis der Interessenten. Das hat im Vermietermarkt praktische Vorteile, bringt aber auch eine soziale Ausgrenzung mit sich und die Gefahr, dass die Mieter häufiger wechseln. Wägen Sie also gut ab.

Dabei müssen Sie auch gesetzliche Vorschriften wie die Mietpreisbremse (siehe Seite 55) beachten. In einem engen Markt können Sie diesen Rahmen ausreizen. Ergänzend ist der Blick auf den lokalen Markt unverzichtbar. Überall dort, wo keine Mietpreisbremse gilt, ist er die wichtigste Orientierungsgröße. Und schließlich spielt auch die Wunsch-Mieterschaft eine Rolle. Wer vorzugsweise an junge Leute oder eine große Familie vermieten möchte, wird deren geringere finanzielle Möglichkeiten bei der Miete berücksichtigen.

MIETPREISBREMSE

Seit 2015 dürfen die Bundesländer für Gemeinden und Städte mit angespanntem Wohnungsmarkt eine Mietpreisbremsenverordnung erlassen. Dazu sind die Länder nach § 556d des Bürgerlichen Gesetzbuches (BGB) ermächtigt. Ziel ist, den Anstieg von Mieten in Gebieten mit knappem Wohnraum zu dämpfen. Dafür wird die zulässige Miethöhe bei neu abgeschlossenen Verträgen gedeckelt.

Außer im Saarland, in Sachsen-Anhalt und in Schleswig-Holstein ist in allen übrigen 13 Bundesländern eine Verordnung in Kraft. Darin haben die Länder eine sogenannte Gebietskulisse beschrieben, Gebiete mit angespanntem Wohnungsmarkt definiert und Städte und Gemeinden benannt, in denen die Mietpreisbremse angewandt wird. Dort dürfen Vermieter in Mietverträgen, die nach dem Inkrafttreten der Verordnung geschlossen wurden, höchstens 10 Prozent mehr als die ortsübliche Vergleichsmiete verlangen. Auf laufende Mietverträge hat die Mietpreisbremse keine Auswirkung.

ORTSÜBLICHE VERGLEICHSMIETE

Die ortsübliche Vergleichsmiete, auf die die Mietpreisbremse Bezug nimmt, lässt sich am einfachsten anhand des Mietspiegels der Kommune ermitteln. Er basiert auf den in den letzten sechs Jahren neu vereinbarten oder geänderten Mieten. Diese werden üblicherweise anhand von Wohnraumart, Größe, Ausstattung, Beschaffenheit und Lage sowie energetischen Merkmalen kategorisiert und in einer komplexen Tabelle dargestellt. In den einzelnen Zellen finden sich Angaben zur ortsüblichen Nettokaltmiete von Wohnungen mit den spezifischen Merkmalen. Einige Mietpreisspiegel arbeiten mit Mittelwerten, andere mit Preisspannen aus unteren und oberen Werten.

EIN BEISPIEL: Für Ihre Immobilie finden Sie im Mietspiegel eine ortsübliche Vergleichsmiete von 9,50 Euro pro Quadratmeter. Das zu vermietende Haus hat eine Wohnfläche von 120 Quadratmetern. Ihr Grundpreis beträgt damit 1140 Euro im Monat. Wenn in Ihrer Region keine Mietpreisbremse gilt, sollten Sie sich an der ortsüblichen Vergleichsmiete orientieren. Gibt es hingegen eine Mietpreisbremsen-

VORSCHRIFTEN UND AUSNAHMEN

Bei Neubauten greift die **MIETPREISBREMSE** nicht. Bei öffentlich gefördertem Wohnraum – sogenannten Sozialwohnungen – kommt sie ebenfalls nicht zur Anwendung, da sich deren Miete nach dem Kostenmietprinzip bemisst. Und auch bei Neuvermietungen von Bestandswohnungen gibt es eine Reihe von Ausnahmen:

- → Erstvermietungen nach einer grundlegenden Sanierung auf ein dem Neubau vergleichbares Niveau. Als solche betrachtet die Rechtsprechung eine Sanierung, bei der die Investition von Vermietern etwa einem Drittel der Kosten entspricht, die für die Errichtung einer vergleichbaren Neubauwohnung ohne Grundstück angefallen wären. Außerdem muss die Wohnung in mehreren wesentlichen Bereichen wie beispielsweise Heizung, Sanitär, Fenster, Fußboden, energetischer Beschaffenheit verbessert worden sein.
- → Wohnungen, die erstmals nach dem 1. Oktober 2014 bezogen wurden. Die 2025 gewählte Bundesregierung plant, diesen Stichtag auf Oktober 2019 zu verschieben. Diese Neuerung würde den Anwendungsbereich der Mietpreisbremse deutlich erweitern (Stand: Oktober 2025).
- → Bestehende Wohnungen, für die Vormieter im Jahr vor Beendigung ihres Mietverhältnisses eine Miete über der ortsüblichen Vergleichsmiete gezahlt haben. Wenn diese Miete rechtswirksam vereinbart wurde – also nicht gegen die Mietpreisbremse verstoßen hat –, gilt Bestandsschutz: Die Vermieter müssen die Immobilie bei einer Neuvermietung nicht unter der bisher verlangten Miete anbieten. Sie sind verpflichtet, den neuen Mietern die Miethöhe der Vormieter unaufgefordert schriftlich nachzuweisen.
- → Innerhalb der vergangenen drei Jahre mit kleineren Maßnahmen modernisierte Wohnungen. Vermieter sind berechtigt, 8 Prozent der Modernisierungskosten auf die Jahresmiete umzulegen, auch wenn die neue Miete dann über der Mietpreisbremse liegt.
- → Möblierte Wohneinheiten. Hier ist die Mietpreisbremse nur auf die unmöblierte Wohnung anwendbar. Vermieter dürfen einen Möblierungszuschlag auf die Kaltmiete aufschlagen, der gesetzlich nicht begrenzt ist und im Mietvertrag nicht ausgewiesen werden muss.

SO NUTZEN SIE DEN MIETSPIEGEL

- Viele Kommunen haben eine **ONLINE-ABFRAGE** eingerichtet. Diese Tools funktionieren sehr unterschiedlich. Einige verlangen Basisdaten wie Straße, Baujahr und Wohnfläche, andere ein Flurstück oder geografische Koordinaten, und wieder andere führen die Nutzer durch ein umfangreiches Menü mit einer Vielzahl von Ausstattungsoptionen. Das Ergebnis können exakte Werte oder auch Preisspannen sein.

- Gibt es ein solches Abfrage-Hilfsmittel nicht, müssen Sie sich schrittweise vortasten und die eigene Immobilie in die vorgegebenen Kategorien einordnen. Bei der Wohnfläche werden Balkone oder Terrassen oft nur prozentual berücksichtigt. Der **EIGENTÜMERVERBAND HAUS & GRUND** hat auf seiner Internetseite wertvolle Tipps zur Vorgehensweise zusammengetragen: hausundgrund.de/ortsuebliche-vergleichsmiete-0

verordnung und greift keine der oben genannten Ausnahmen, so dürfen Sie maximal 10 Prozent mehr als die ortsübliche Vergleichswerte verlangen, also 1254 Euro.

In Kommunen ohne Mietspiegel ist es ungleich schwieriger, die ortsübliche Vergleichsmiete zu ermitteln. Dafür kommen zwei Wege infrage:

- Gutachten von Ausschüssen oder Sachverständigen. Die sind nicht überall verfügbar, Eine individuelle Begutachtung ist teuer.
- Orientierung an mindestens drei vergleichbaren Mietobjekten, zum Beispiel mithilfe von Auskünften aus Mietdatenbanken. Aber auch die gibt es nicht überall. Bleibt die individuelle Suche nach Vergleichsobjekten. Zum Streitpunkt wird bei dieser Herangehensweise oft, ob die Vergleichbarkeit tatsächlich gegeben ist. Nicht nur die Wohnfläche, sondern auch der Zuschnitt muss nahezu gleich sein, das Niveau der Ausstattung ebenfalls und auch die Lage der Immobilie.

MARKTNIVEAU BERÜCKSICHTIGEN

Überall dort, wo keine Mietpreisbremse gilt, sind Sie frei, eine Miete deutlich über dem Marktniveau zu verlangen. Empfehlenswert ist das jedoch nicht. Zum einen müssen Sie vermutlich lange suchen. Derweil steht die Wohnung leer, Sie bekommen keine Miete. Wenn Sie Mieter gefunden haben, besteht die Gefahr, dass diese wieder ausziehen, sobald sie preiswerteren Wohnraum gefunden haben. Das bedeutet für Sie nicht nur erneuten Leerstand und damit Mieteinbußen, sondern auch den Aufwand eines zweiten Suchverfahrens. Zum anderen gilt es als Mietpreisüberhöhung (§ 5 Wirtschaftsstrafgesetz) und damit als Ordnungswidrigkeit, wenn die Miete mehr als 20 Prozent über der ortsüblichen Vergleichsmiete liegt.

Gute Anhaltspunkte für das Niveau des lokalen Marktes sind Mietstatistiken der Kommunen sowie Wohnungsangebote und -gesuche. Darüber können Sie sich am einfachsten in Immobilienportalen wie Immoscout24.de oder immowelt.de einen Überblick verschaffen. Nebenbei erfahren Sie so auch, wie viele Immobilien gerade zur Vermietung anstehen, die mit Ihrem Angebot vergleichbar sind. Einzelne Portale bieten gegen Gebühr Hilfe beim Bestimmen der Miethöhe. Darüber hinaus verfügen Maklerbüros und Finanzierer vor Ort meist über gute Kenntnisse des aktuellen lokalen Mietniveaus.

In größeren Städten mit vielen Vermietungsangeboten findet sich auf diese Weise eine recht valide Basis. In kleinen Orten hingegen mangelt es häufig an Vergleichsmöglichkeiten. Das gilt auch für Wohnungen, die Besonderheiten aufweisen.

INTERVIEW MIT DR. MELANIE WEBER-MORITZ

→ Perspektivwechsel: Für ein gutes Miteinander von Vermietern und Mietern ist es hilfreich, die Erwartungen der anderen Seite zu kennen.

Dr. Melanie Weber-Moritz ist seit 2019 Bundesdirektorin und seit 2025 Präsidentin des Deutschen Mieterbundes (DMB). In den lokalen und regionalen Mietervereinen des Dachverbandes sind rund 1,2 Millionen Mitgliedshaushalte organisiert.

„Miethaie" und „Mietnomaden" – woran liegt es, dass Vermieter und Mieter in der öffentlichen Diskussion oft als Gegner präsentiert werden?

Das hat viel mit der aktuellen Situation zu tun: Wir haben vor allem in den Städten ein erhebliches Wohnraumdefizit. Je nach Studie fehlen bundesweit zwischen 500 000 und 900 000 Wohnungen, vor allem bezahlbare Wohnungen und Sozialwohnungen. Das verlockt Vermieter, überhöhte Mieten zu fordern. Zugleich schürt die Lage auf dem umkämpften Markt Ängste bei Mietern, dass sie entweder keine Wohnung finden oder sich keine angemessene Wohnung leisten können. In den unteren Einkommensgruppen liegt die Wohnkostenbelastung – also der Teil des Haushaltseinkommens, der für das Wohnen ausgegeben wird – bei rund 50 Prozent. Das ist dramatisch. Insgesamt ist die Stimmung damit sehr emotional und aufgeheizt.

Welche Rückmeldungen bekommen Sie aus der Beratung – wie konfliktbeladen sind Mietverhältnisse?

Tatsächlich kommen Vermieter und Mieter in aller Regel gut miteinander aus. Doch über die vielen reibungslosen Mietverhältnisse spricht man weniger als über die, bei denen es Ärger gibt. Das ist in der Öffentlichkeit so und auch in unserer Beratung. Zu den klassischen Konfliktthemen gehören Mieterhöhungen und fehlerhafte Betriebskostenabrechnungen.

Was macht einen guten Vermieter aus?

Mieter sind durchaus dankbar, wenn sie nicht gar zu viel mit ihrem Vermieter zu tun haben und dieser nicht unnötig Kontakt zu ihnen aufnimmt. Aber wenn man den Vermieter braucht, sollte er da sein. Gute Kommunikation ist für Mieter enorm wichtig. Sie sind dankbar für einen persönlichen Ansprechpartner. Der sollte gut erreichbar sein und sich bei Bedarf schnell zurückmelden und um Probleme kümmern. Unser Eindruck auch

→ Es gibt im aktuellen Vermietermarkt eine klare Schieflage: Mieter sind in einer Bittstellung.

aus unseren Beratungsstellen ist, dass Telefon und E-Mail nach wie vor die gängigsten Kommunikationswege sind.

Gibt es bei Mietern so etwas wie „die beliebteste Vermieterkategorie"?

Für Mieter spielen abgesehen vom Mietpreis soziale Aspekte in der Vermietung eine große Rolle. Vor allem gemeinnützige Vermieter und genossenschaftliche Unternehmen legen darauf meist viel Wert. Einige haben beispielsweise Regeln aufgestellt, die Mieterhöhungen deutlich stärker zu begrenzen, als das Gesetz es erlaubt.

Welche Vor- und Nachteile haben private Kleinvermieter?

Mieter wissen zu schätzen, dass das Mietverhältnis sehr viel persönlicher und ein direkter Draht meist vorhanden ist. Die Kehrseite davon ist, dass private Vermieter – vor allem diejenigen mit nur einer oder zwei Wohneinheiten – eine enge Bindung an ihre Wohnimmobilie haben. Einige von ihnen schauen öfter mal nach dem Rechten. Da fällt die Abgrenzung manchmal schwer. Die räumliche Nähe kann zu Konflikten führen, vor allem, wenn Mieter und Vermieter im selben Gebäude wohnen. Nachteilig ist mitunter auch, dass Privatvermieter oft weniger professionell sind als große Wohnungsunternehmen. Diese sind häufig fachlich versierter, wissen genau, was sie dürfen und was nicht, und haben effizientere Abläufe.

Wie können Vermieter und Mieter frühzeitig gute Grundlagen für ein gelungenes Mietverhältnis schaffen, zum Beispiel bei der Besichtigung?

Heute ist es eher die Ausnahme als die Regel, dass sich die beiden bei einer Besichtigung begegnen und dann noch die Möglichkeit zu einem längeren Gespräch haben. Gerade in den Städten sind Massenbesichtigungen mit einem dazwischengeschalteten Makler, aber ohne Vermieter an der Tagesordnung. Die Entscheidung sowohl für die Einladung zur Besichtigung als auch für den Mieter wird meist nur anhand von Unterlagen gefällt. Aber natürlich ist es, wenn möglich, unbedingt empfehlenswert, dass sich Vermieter und Mieter persönlich kennenlernen. Bei Privatvermietern wird das sicherlich auch meist der Fall sein. Idealerweise sprechen die Beteiligten dann über alle Besonderheiten des Gebäudes und des Mietvertrages.

Welche Themen sollten unbedingt im Vorfeld auf den Tisch kommen?

Wenn es eine Hausordnung gibt, ist das eine gute Orientierung für ein Gespräch. Darin sind wichtige Fragen des Miteinanders im Alltag geregelt – beispielsweise Müllentsorgung und Ruhezeiten. Das sind die Themen, über die es später oft Streit gibt. Mieter sollten eigentlich auch ihrerseits alles offen ansprechen, was ihnen wichtig ist. Das Problem ist dabei, dass ein solcher Austausch kein Gespräch auf Augenhöhe ist. Es gibt im aktuellen Vermietermarkt eine klare Schieflage: Mieter sind in einer Bittstellung. Sie wollen die Wohnung haben und nicht mit möglicherweise unbequemen Fragen schlafende Hunde wecken. Wenn sie sich beispielsweise erkundigen, ob demnächst eine Modernisierung geplant ist, kann es sein, dass der Vermieter daraus sich potenziell anbahnende Probleme im Mietverhältnis ableitet und sich deshalb für einen anderen Bewerber entscheidet.

Mit der Art des Mietvertrages wird auch eine Richtungsentscheidung bezüglich künftiger Mieterhöhungen getroffen. Was ist Mietern lieber – ein Staffel- oder Indexmietvertrags oder ein Standardmietvertrag, der Erhöhungen im gesetzlichen Rahmen erlaubt?

Grundsätzlich ist der erste entscheidende Punkt, dass sich der Vertrag im Rahmen des Mietrechts befindet. Das ist leider nicht selbstverständlich. Es gibt immer wieder Vermieter, die versuchen, die Mietpreisbremse mit Tricks zu umgehen. Wenn es dann um die konkrete Vertragsgestaltung geht, empfehlen wir Mietern, wenn sie darauf Einfluss haben, weder einen Staffel- noch einen Indexmietvertrag. In beiden Fällen riskieren sie, dass die zulässige Mieterhöhung höher ausfällt, als sie bei einem Standardmietvertrag zulässig wäre. Das haben wir beispielsweise bei Indexmietverträgen gerade erlebt: Mit der Inflation und der Erhöhung der Verbraucherpreise sind auch die Indexmieten in den vergangenen Jahren stark gestiegen.

Die Mieterhöhungsregelungen in einem Standardmietvertrag mit Mietpreisbremse, Kappungsgrenze etc. sind aber doch für Laien – sowohl für Mieter als auch für Vermieter – nicht ganz leicht zu durchschauen, regional unterschiedlich und noch dazu immer wieder Änderungen unterworfen. Das macht sie streitanfällig …

Dafür gibt es ja uns. Und für Vermieter Haus & Grund. Unsere beiden Verbände haben ähnliche Beratungsaufgaben und damit ähnliche Inhalte, nur eben für die jeweils andere Zielgruppe.

Aber einen gemeinsamen Mietvertrag gibt es nicht?

Nein – ein gemeinsam entwickeltes Vertragsformular war bislang nicht Thema.

Was sind Ihre drei wichtigsten Tipps für Vermieter und Mieter?

Beide Seiten sollten die Regeln einhalten, also das geltende Mietrecht und den jeweiligen Mietvertrag beachten. Wenn es Probleme gibt, sollten beide Parteien immer als Erstes das Gespräch suchen. Und bevor sich ein Konflikt einschleicht oder verfestigt, ist der zweite Schritt, eine Beratung aufzusuchen. Das ist wichtig für die fachliche Einordnung des strittigen Punktes. Spätestens im Konfliktfall sollte ein fachlich versierter Mietrechtsberater hinzugezogen werden.

Vielen Dank für das Gespräch.

→ Über die vielen reibungslosen Mietverhältnisse spricht man weniger als über die, bei denen es Ärger gibt.

→ **Vermarktung:** Wenn nicht gerade die bisherigen Mieter Nachfolger empfehlen oder auf anderen Wegen Interessenten auf Sie zukommen, müssen Sie aktiv werden und Ihre Immobilie vermarkten. Dazu gibt es viele Wege.

WAS ERFAHRE ICH?

Manche auszugswilligen Mieter kennen Leute, die an ihrer demnächst frei werdenden Wohnung Interesse haben und dankbar sind, dem Vermieter vorgestellt zu werden. Eine Nachmieterregelung kann eine Win-win-Situation sein: Die Vormieter tun Freunden einen Gefallen und finden in ihnen vielleicht sogar Abnehmer für Einbauten. Vermieter und neue Mieter sparen sich die Suche. Wenn die Chemie stimmt, ist alles wunderbar. Zu beachten ist allerdings – und das wissen viele Mieter nicht –, dass die Neuen nicht automatisch in den bestehenden Vertrag eintreten (siehe Seite 216). An diesem Punkt scheitert das Nachfolgekonzept gerne mal. Manche Mieter nehmen auch an, dass sie drei potenzielle Nachmieter vorschlagen können, der Vermieter einen davon nehmen muss und sie so früher aus dem Mietvertrag herauskommen. Auch das stimmt nicht.

Zeichnet sich keine Nachvermietung über Mundpropaganda ab, müssen sich Vermieter kümmern. Wenn Sie keine größere Modernisierung oder Renovierung planen, werden Sie am besten gleich aktiv, sobald die bisherigen Mieter gekündigt haben. Schließlich ist Ihr Interesse, längeren Leerstand und somit Mietausfälle zu vermeiden. Die meisten Mietverträge beinhalten eine Kündigungsfrist von drei Monaten. Dieser Zeitraum ist nicht allzu üppig für eine zielgerichtete Suche. Zudem müssen Mietinteressenten ihrerseits ebenfalls eine Kündigungsfrist einhalten.

Für die Suche nach neuen Mietern gibt es nicht die einzig richtige Methode, sondern unterschiedliche Wege, die alleine oder auch in Kombination zum Erfolg führen. Wie Sie dabei genau vorgehen, hängt unter anderem von Ihren persönlichen Vorlieben und Fähigkeiten sowie von Ihrem Zeithorizont ab.

Immobilienportale nutzen

Für die Suche nach geeigneten Mietern ist das Internet der einfachste und schnellste Weg. In Portalen wie immobilienscout24.de, immowelt.de, planethome.de und kleinanzeigen.de findet sich eine Vielzahl von Vermietungsanzeigen von Privatpersonen, aber auch von Maklerbüros oder Bauträgern. Vor einigen Jahren hatten sich außerdem diverse Anbieter an Matching-Portalen versucht. Die Idee, passende Vermieter und Mieter zusammenzubringen, war jedoch offenbar wenig gewinnbringend.

Jedenfalls spielen diese Portale heute auf dem Markt keine Rolle mehr.

Die Gestaltung von Inseraten für die genannten gängigen Immobilienportale funktioniert mit den dort hinterlegten einfach handhabbaren Formatvorlagen, durch die Sie Schritt für Schritt geführt werden. Das vorgegebene Raster füttern Sie mit Detailinformationen zu Ihrer Immobilie. Darüber hinaus steht meist Freiraum für eine Beschreibung des Objektes und seiner Lage zur Verfügung. Fotos, Grundriss und Energieausweis können eingebettet werden.

Es lohnt sich, etwas Zeit in die Wortwahl und Präsentation Ihres Angebots zu stecken. Generell gilt: Die Angaben müssen der Wahrheit entsprechen. Aber Sie dürfen Ihr Haus oder Ihre Wohnung natürlich positiv darstellen und sämtliche Vorzüge hervorheben, besonders diejenigen, die Sie bei der Definition Ihrer Zielgruppe als besonders relevant identifiziert haben.

TIPPS ZUR ANZEIGENGESTALTUNG

Der erste Eindruck entscheidet darüber, ob Suchende in der Übersicht auf ein Angebot klicken oder weiterblättern. Entsprechend wichtig ist ein qualitativ hochwertiges, aussagekräftiges Einstiegsfoto. Die Überschrift des Inserats sollte nicht nur Aufmerksamkeit erregen, sondern vor allem Ihre Zielgruppe ansprechen. Hier können Sie wichtige Details einbauen. Mit „Großzügiges Haus im Grünen" können Sie einer Familie mit mittlerem Einkommen Ihr frei stehendes Einfamilienhaus schmackhaft machen. „Gemütliche Wohnung in kinderfreundlichem Mehrfamilienhaus" wird Familien ansprechen, „Wohnen im Uni-Viertel" hingegen eher Studierende interessieren. Die „Mondäne Dachgeschosswohnung mit Weitblick" adressiert berufstätige Paare und Singles. Die „Liebevoll sanierte, ruhige 3-Zimmer-Wohnung" hat gute Chancen, einem älteren Paar ins Auge zu fallen. Es spricht auch nichts dagegen, Ihre Wunschkandidaten in Formulierungen wie „ideal für junge Familie" direkt zu benennen.

Auf die Frage „Exakte Anschrift – ja oder nein?" gibt es keine einfache Antwort. Eine vollständige postalische Anschrift hat für Suchende den Vorteil, dass sie mit einem Blick auf den Stadtplan entscheiden können, ob die Immobilie für sie infrage kommt. Außerdem wird die Anzeige mit dieser Angabe auch über die Umkreissuche gefunden. Manch ein Eigentümer befürchtet jedoch, dass mithilfe der Adresse Mietinteressenten ohne Terminvereinbarung vor der Tür stehen. Und auch die bisherigen Mietenden wünschen sich, dass ihre Privatsphäre gewahrt wird. Sie müssen abwägen, wie Sie damit umgehen wollen. In Makleranzeigen ist es übrigens durchaus üblich, nur eine Postleitzahl zu benennen. Damit erreicht der Dienstleister, dass er mit möglichst vielen Suchenden direkt in Kontakt kommt.

Auch die Auswahl Ihrer Kontaktdaten will wohlüberlegt sein: Telefon? E-Mail? Beides?

DIESE ANGABEN DÜRFEN IM MIETANGEBOT NICHT FEHLEN

Genau wie Vermieter haben auch Mieter das berechtigte Interesse, zielgerichtet zu suchen. Für sie sind dabei möglichst differenzierte Angaben hilfreich:

- → Lage der Immobilie – genaue Anschrift muss nicht sein, Wohnviertel, Vorder- oder Hinterhaus, Etage schon
- → Art des Objektes (Wohnung mit Angaben zum Gebäude, Einfamilienhaus mit Bauweise)
- → Wohnfläche
- → Anzahl und Art der Zimmer
- → Anzahl und Ausstattung von Sanitärräumen
- → Außenbereiche (Balkon, Terrasse, Grundstück)
- → Höhe der Miete
- → Höhe der Nebenkostenvorauszahlung
- → Höhe der Kaution
- → eventuell: Besonderheiten des Mietvertrags (zum Beispiel Staffelmietvertrag)
- → frühestmöglicher Mietbeginn
- → Zustand der Räume und des Gebäudes
- → energetischer Standard (Energieausweis oder Kennzahlen: Art des Energieausweises, Baujahr des Gebäudes, Endenergiebedarf oder -verbrauch, Effizienzklasse, Energieträger)
- → besondere Ausstattungsdetails (Einbauküche, Kamin, Fahrstuhl, Stellplatz)

Datenschutzüberlegungen können durchaus ein Argument sein, keine Telefonnummer zu veröffentlichen. Eine Mailanschrift können Sie sogar bei einem Freemail-Anbieter nur für diesen Zweck einrichten und dann wieder löschen. Ein weiterer Pluspunkt von Mailkontakt ist, dass Sie zeitnah reagieren können, jedoch nicht während der Arbeit gestört werden, wie das per Telefon der Fall wäre. Zudem lässt sich die Kommunikation später gut nachverfolgen.

Im Freitextbereich können Sie selbst Schwerpunkte setzen und alle Vorteile in den Vordergrund stellen, die Ihre Immobilie für Ihre Wunschkandidaten hat. Das ist kein Plädoyer für blumige Beschreibungen in epischer Länge. Die bergen vielmehr die Gefahr, dass Suchende nicht bis zum Schluss lesen. Zielführender ist es, in strukturierter Form mit kurzen Sätzen ein facettenreiches Bild zu entwerfen. Treffende, gerne auch emotionale Adjektive sind dabei erlaubt. Schließlich wollen Sie neugierig machen, den Wunsch nach einer Besichtigung wecken und Suchende zur Kontaktaufnahme bewegen.

Besonderes Augenmerk verdienen Fotos. Auf Seite 24 haben Sie bereits erfahren, was bei der Motivauswahl und beim Fotografieren insgesamt zu beachten ist. Aus Ihrem Fotovorrat stellen Sie jetzt eine Auswahl zusammen, die möglichst alle Aspekte der Immobilie zeigt. Ein Beispiel: Eine Anzeige ohne Außenfotos oder ohne Aufnahmen vom Bad weckt schnell den Verdacht, dass es etwas zu verbergen gibt. Das ist auch der Fall, wenn ein einziger Wohnraum in fünf Varianten gezeigt wird, die anderen drei Wohnräume jedoch nicht präsentiert werden. Für Suchende ist es hilfreich, wenn die Fotos durch kurze Titel den Räumen zugeordnet werden. Dabei müssen natürlich die Beschriftungen von Fotos und Grundriss übereinstimmen. Apropos: Immer wieder finden sich in Immobilienportalen wunderschöne Grundrisse ohne Beschriftung oder handgezeichnete Skizzen mit unleserlichen „Hieroglyphen". Beides ist für Suchende ärgerlich und kann ein Grund sein, keinen Kontakt aufzunehmen.

In den einschlägigen Immobilienportalen können Sie kostenlos eine Basisanzeige schalten. Die Laufzeit ist dabei begrenzt, die Zahl möglicher Kontaktanfragen ebenfalls. Zahlreiche Portale bieten darüber hinaus kostenpflichtige längere Laufzeiten und abgestufte Kostenmodelle an, die erhöhte Aufmerksamkeit versprechen. Dazu gehören beispielsweise die Platzierung vor den Basisanzeigen, besondere Kennzeichnungen oder die Möglichkeit, Fotos größer darzustellen.

MIETHÖHE RICHTIG AUSWEISEN

In einer Vermietungsanzeige darf die Miethöhe nicht fehlen. Wichtig ist dabei die richtige Begrifflichkeit:

- → **NETTOMIETE = KALTMIETE = GRUNDMIETE:** Mit ihr ist allein die Überlassung der Wohnung abgegolten, zum Beispiel Quadratmeter mal örtlicher Mietspiegel.
- → **BRUTTOKALTMIETE:** Neben der Kaltmiete sind alle kalten Betriebskosten, nicht aber Heizung und Warmwasser enthalten.
- → **BRUTTOWARMMIETE:** Neben der Kaltmiete sind alle Kosten – auch Heizung und Warmwasser – enthalten.

Wie Sie die Nettomiete festlegen, haben Sie auf Seite 54 erfahren. Bei den Betriebskosten sind die monatlichen Vorauszahlungen der vergangenen Jahre eine gute Orientierung. Planen Sie dabei einen kleinen Puffer beispielsweise von 5 Prozent ein. Mehr zu Betriebskosten lesen Sie ab Seite 88.

Weitere Suchwege

Neben dem Aufgeben einer Anzeige gibt es noch weitere Möglichkeiten, passende Mieter zu finden. Mit etwas Glück gelingt es beim Stöbern in Wohnungsgesuchen im Internet oder auch in der Lokalpresse. Die Immobilienanzeigen in regionalen Tageszeitungen oder Anzeigenblättern spielen zwar längst eine untergeordnete Rolle, doch vor allem ältere Menschen sind hier nach wie vor unterwegs. Wenn das Ihre Zielgruppe ist, sollten Sie eine Printannonce schalten. Dabei sind die Vermarktungsmöglichkeiten allerdings aufgrund des limitierten Platzes sehr begrenzt. Die wichtigsten Angaben sind hier Wohnfläche, Zimmerzahl, Miete und eine Kontaktmöglichkeit. Kaum

Mietersuche

Private Vermieter nutzen bevorzugt das Internet, um neue Mieter zu finden. Aber auch Empfehlungen spielen eine große Rolle.

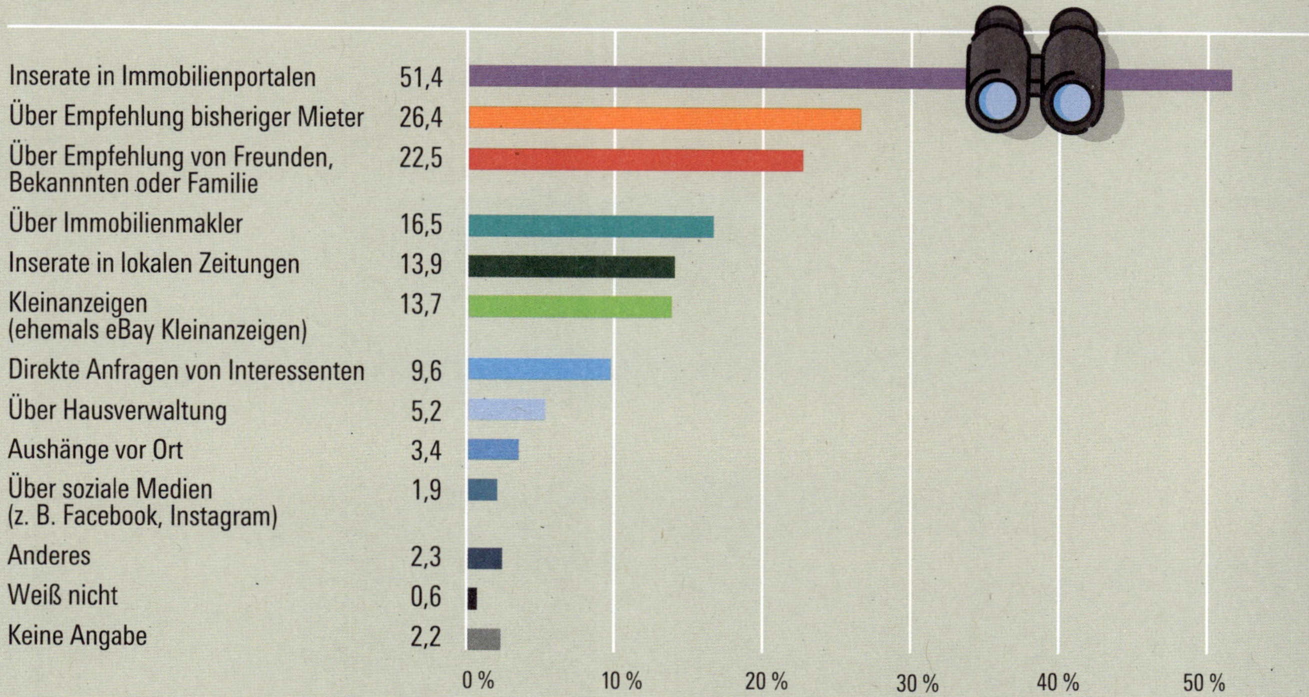

Quelle: Vermieterbefragung 2025, Haus & Grund Deutschland

ein Vermieter wird heute noch ausschließlich auf eine Printanzeige setzen. Wer zweigleisig fährt, kann die Unterlagen, die im Immobilienportal einfließen, als Exposé zusammenfassen und Mietinteressenten, die sich aufgrund einer Printanzeige melden, per Mail oder notfalls per Post zusenden.

Handelt es sich um eine Eigentumswohnung, ist es auf jeden Fall ratsam, eine eventuell vorhandene Verwaltung des Gebäudes zu informieren. Viele Dienstleister führen Wartelisten. Vorsicht ist geboten, wenn der Verwalter zugleich als Makler tätig ist. Was Sie als Information meinen, könnte er als Auftrag interpretieren. Dann ist Streit zu erwarten.

Wenn Sie selbst in der Nähe des Mietobjekts leben oder dort soziale Anknüpfungspunkte haben, können Sie Freunde, Nachbarn und Bekannte informieren und vielleicht von Empfehlungen profitieren. Erzählen Sie von Ihrer Mietersuche – mündlich, aber auch auf digitalem Wege: über Facebook, Twitter, Instagram, auf Ihren Websites und Blogs oder mit einer E-Mail an Ihren gesamten Verteiler. Originell und kostengünstig sind individuelle Gesuche wie eine Anzeige im Intranet des Arbeitgebers, ein Aushang im Quartier, am Schwarzen Brett in der Uni oder im nächstgelegenen Supermarkt. Solche eher abseitigen Wege sind gut geeignet, um eine bestimmte Zielgruppe zu erreichen.

→ **Maklerbüro beauftragen:** Professionelle Immobilienmakler und -maklerinnen können Eigentümern Arbeit abnehmen und sie auch vor Fehlern bewahren. Der Preis dafür ist die Courtage.

WAS ERFAHRE ICH?

Wer eine Maklerin oder einen Makler für die Vermittlung der Vermietung beauftragt, spart Aufwand und Zeit. Je nach Vertrag können die Profis die gesamte Mietersuche bis zur Unterzeichnung des Mietvertrags oder auch einzelne Schritte wie etwa ausschließlich die Vermarktung übernehmen. Wichtig aus Vermietersicht ist also, sich zu überlegen, wo man Unterstützung braucht. Wer beispielsweise geübt darin ist, Unterlagen anschaulich aufzubereiten, kann das Exposé alleine gestalten. Und eine Rechtsanwältin wird den Mietvertrag selbst verfassen. Wenn Sie nicht am Ort der zu vermietenden Immobilie leben, werden Sie vielleicht gerne die Planung und Durchführung von Besichtigungen abgeben. Oder auch dann, wenn Ihre Immobilie in einem engen Markt liegt, wo ein Mietangebot schon mal mehr als hundert Anfragen nach sich ziehen kann. Die wollen gesichtet und beantwortet werden. Letztlich sind die Leistungen eine Frage der Absprache, genau wie die Provision.

Aufgaben und Pflichten

Ein Maklerbüro kann Sie bei der Vermietung auf vielfältige Weise entlasten, etwa durch:

- → Beratung bezüglich Zielgruppe und Vermietungsstrategie
- → Mietpreisanalyse
- → Beschaffung fehlender Dokumente, Erstellung des Energieausweises
- → Gestaltung eines Exposés mit hochwertigen Fotos
- → Vermarktung mit Online- und Printinseraten
- → Bearbeitung von Interessentenrückfragen
- → Durchführung von Besichtigungen
- → Bonitätsprüfung von Interessenten
- → Beratung bei der Mieterauswahl
- → Erstellung eines Mietvertrags
- → Übergabe bei Einzug

Welche Aufgaben übernommen werden, vereinbaren Vermieter und Maklerbüro in einem privatrechtlichen Vertrag (siehe Seite 65). Der Dienstleister ist verpflichtet, seinen Auftraggeber über die Immobilie, den Markt, die Vertragsbedingungen und alle weiteren relevanten Aspekte des Geschäftes zu informieren, so der Immobilienverband Deutschland IVD. Makler dürfen weder falsch noch irreführend informieren, müssen die Interessen des Auftraggebers bestmöglich vertreten und sämtliche Informationen vertraulich behandeln. Eine rechtliche oder steuerliche Beratung gehört normalerweise nicht zu den Leistungen.

Zu den Aufgaben eines Maklerbüros gehört die professionelle Präsentation der Immobilie – auf dem Papier und auch bei Besichtigungen.

Suche nach einem geeigneten Vermittler

Die Bezeichnung „Immobilienmakler" ist nicht geschützt. Das bedeutet: Zur Ausübung dieser Tätigkeit ist keine spezielle Ausbildung erforderlich. Lediglich eine behördliche Erlaubnis nach § 34 c Gewerbeordnung ist vorgeschrieben. Über die fachliche Kompetenz sagt sie allerdings nichts aus. Viele Maklerinnen und Makler haben eine Ausbildung als Immobilienkaufleute, Betriebswirte Grundstücks- und Wohnungswesen oder Kaufleute der Grundstücks- und Wohnungswirtschaft. Hilfreich sind Referenzen oder – besser noch – Empfehlungen aus dem Bekanntenkreis.

Ein wichtiges Kriterium bei der Auswahl ist die Ortsansässigkeit. Wer den regionalen Markt kennt, ist klar im Vorteil – einer der größten Pluspunkte, die Makler für Vermieter mit sich bringen können. Sie kennen den örtlichen Mietspiegel und können Ausstattung, Lage und Energieverbrauchswerte Ihrer Immobilie realistisch einordnen. Das bewahrt Sie vor Fehleinschätzungen. Mit einer zu hoch angesetzten Miete würde sich die Suche unter Umständen in die Länge ziehen und zu Leerstand samt Mietausfall führen. Eine zu niedrige Miete reduziert die Wirtschaftlichkeit unnötig. Hinzu kommt: Makler vor Ort können ihr Netzwerk für die Vermarktung nutzen. Auf der Internetseite des IVD (ivd.net/experten-finden) ist eine Suchmaschine eingerichtet, in vielen Immobilienportalen ebenfalls.

Maklervertrag

Der Vermittlervertrag muss in Textform – also per E-Mail oder Fax, als SMS oder andere digitale Nachricht oder auch per Papier – verfasst sein, so das Gesetz zur Regelung der Wohnraumvermittlung (§ 2 WoVermittG). Eine mündliche Beauftragung ist nicht möglich. Die Branche unterscheidet drei Vertragstypen mit unterschiedlichem Bindungscharakter.

Mit einem **ALLGEMEINEN MAKLERAUFTRAG** (auch einfacher Auftrag) haben Makler das Recht, nach Mietern für die Immobilie zu suchen. Gelingt das, haben sie Anspruch auf die vereinbarte Provision. Die Vermieter behalten sich daneben weitreichende Rechte vor. Sie können selbst nach Mietern suchen oder auch einen weiteren Makler beauftragen. Kommt ohne Mitwirkung von mit einfachem Auftrag gebundenen Maklern ein Mietvertrag zustande, muss keine Provision an sie gezahlt werden.

Mit einem **MAKLERALLEINAUFTRAG** (auch einfacher Alleinauftrag) erhalten Makler exklusiv das Recht zur Mietersuche. Zugleich verpflichten sie sich, tätig zu werden. Weitere Makler dürfen nicht im Spiel sein, die Eigentümer können jedoch eigenständig auf die Suche gehen. Nach Angaben des IVD ist dieses Format seitens der Immobilienmakler der bevorzugte Vertragstyp.

Ein **QUALIFIZIERTER ALLEINAUFTRAG** schränkt Vermieter noch weiter ein. Sie dürfen weder einen anderen Makler beauftragen noch selbst auf die Suche gehen und müssen darüber hinaus Interessenten, die mit ihnen direkt in Kontakt treten, an das Maklerbüro weiterleiten. Das ist in einer Hinzuziehungs- oder Verweisklausel geregelt. Sie ist nur wirksam, wenn sie als Individualvereinbarung getroffen wird. Und das ist in der Regel nicht der Fall, wenn Makler einen Vertrag vorgeben, selbst wenn man danach über einzelne Klauseln spricht. Im Gegenzug verpflichten sich die Makler, sich besonders intensiv um die Vermarktung zu kümmern.

Der Branchenverband IVD stellt seinen Mitgliedern Vertragsmuster zur Verfügung. Darüber hinaus finden sich im Netz zahlreiche Vorlagen. In aller Regel werden Makler Ihnen einen Vertragsentwurf vorlegen. Achten Sie darauf, dass darin neben den kompletten Angaben zu Auftraggeber und Auftragnehmer sowie der Vertragsart folgende Punkte enthalten sind:

- → Benennung der zu vermarktenden Immobilie nebst Miethöhe
- → konkrete Leistungen des Maklerbüros
- → Höhe der Maklerprovision bei Abschluss eines Mietvertrags
- → Vertragslaufzeit (üblich sind drei bis sechs Monate)

Falls Immobilienmakler Unterlagen oder Auskünfte bei Behörden einholen sollen, benötigen sie eine Vollmacht. Auch das sollte im Vertrag vereinbart werden.

Höhe und Fälligkeit der Provision

Seit 2015 gilt bei der Vermietung von Wohnungen das sogenannte Bestellerprinzip (§ 2 Abs. 1a WoVermittG). Das heißt, wer das Maklerbüro beauftragt, muss die Gebühr zahlen. Wenn Sie also einen Vermittler für die Suche nach Mietern einschalten und mit ihm einen Vertag abschließen, müssen Sie die Provision in voller Höhe übernehmen. Sie dürfen sie nicht – auch nicht nachträglich – auf die Mieter umlegen. Haben umgekehrt Mieter einen Makler beauftragt, der dann Ihr Vermietungsangebot in einem Immobilienportal entdeckt und zu Ihnen Kontakt aufnimmt, so müssen die Mieter alleine die Maklergebühr tragen.

Anders als beim Hauskauf ist die Höhe der Provision frei verhandelbar – wenn Vermieter einen Makler beauftragen. Handelt es sich bei den Auftraggebern um Wohnungssuchende, so ist die Gebühr gesetzlich gedeckelt. Das Maklerbüro darf dann nicht mehr als zwei Nettokaltmieten zuzüglich Umsatzsteuer verlangen. Diese Größenordnung ist auch bei der Beauftragung durch Vermieter üblich.

Egal, wer Auftraggeber ist – eine Maklercourtage wird immer erst fällig, wenn die Beteiligten einen Mietvertrag unterzeichnet haben, der durch die Vermittlung des Maklers zustande gekommen ist (§ 652 BGB). Vorschüsse dürfen dem Wohnraumvermittlungsgesetz zufolge nicht gefordert, vereinbart oder angenommen werden.

STEUERTIPP

Sie können die Maklerkosten später als **WERBUNGSKOSTEN** von der Steuer absetzen. Damit reduzieren Sie also die Steuer auf die Einkünfte aus der Vermietung.

→ **Mieter auswählen:** Sobald Ihr Mietangebot öffentlich ist, müssen Sie mit ersten Anfragen rechnen. Dann gilt es, eine Vorauswahl zu treffen, Besichtigungen zu organisieren und passende Mieter auszusuchen.

WAS ERFAHRE ICH?

Nicht nur in engen Märkten ist es ratsam, eine Vermietungsanzeige nicht gerade vor einer Dienstreise oder dem Jahresurlaub in Südafrika zu veröffentlichen. Vor allem in den Tagen direkt nach der Veröffentlichung sollten Sie gut erreichbar sein – entweder für Interessierte oder auch für Ihr Maklerbüro. Am besten planen Sie das Erscheinen der Anzeige entsprechend. Wichtig ist, dass Sie oder Ihr Vermittler zeitnah auf Anfragen reagieren. Vor allem, wenn Interessenten sachliche Nachfragen zu Ihrem Angebot haben, lassen sich die gut auf elektronischem Weg klären. Eine Besichtigung sollten Sie nicht gleich mit jedem vereinbaren, der sich meldet. Es ist Ihr gutes Recht, unter Bewerbungen auszuwählen. Dafür sollten Sie erst mal ein paar Tage lang die eingehenden Anfragen sammeln und dann anhand Ihres Vermietungskonzeptes (siehe Seite 52) eine Prioritätenliste erstellen. Heute schicken viele Interessenten mit ihrer Anfrage Unterlagen, die an eine Job-Bewerbung erinnern. Ergänzend oder alternativ bietet es sich an, in einem ausführlichen Telefonat wechselseitig Wünsche und Bedürfnisse abzugleichen.

Gönnen Sie sich etwas Zeit für diese Vorauswahl. Weder Ihnen noch den Kandidaten ist damit gedient, gemeinsam mit 30 anderen Leuten in der Mietwohnung zu stehen. Und für bisherige Mieter, die womöglich noch in der Immobilie leben, würde dieses Szenario eine unnötige Belastung darstellen.

Besichtigungen planen und durchführen

Wenn die Wohnung noch bewohnt wird, müssen Sie mit den bisherigen Mietern absprechen, wann Sie Interessenten durch die Räume führen dürfen. Mehr als ein bis zwei Besichtigungsdurchgänge für zwei bis drei Stunden pro Woche müssen die bisherigen Mieter nicht dulden. Für Bewerber ist wichtig, die Räumlichkeiten bei Tageslicht zu sehen. Zugleich müssen Sie bei der Terminauswahl im Interesse aller Beteiligten übliche Berufszeiten bedenken. Das läuft dann meist auf Begehungen am Wochenende oder im Sommer am frühen Abend hinaus.

15 bis 20 Minuten pro Besichtigungstermin sind das absolute Minimum. Ideal, aber oft nicht praktikabel sind Einzeltermine. Mehr als vier Interessenten sollten nicht gleichzeitig da

sein. Es ist legitim, bei der Absprache darum zu bitten, dass Interessenten mit maximal einer zweiten Person auftauchen. Für Ihre Wunschkandidaten können Sie zu einem späteren Termin immer noch eine zweite Besichtigung mit der ganzen Familie vorsehen. Sind zu viele Personen zeitgleich vor Ort, ist es für alle Beteiligten schwierig, in einem knappen Zeitfenster alle wichtigen Informationen loszuwerden und zu erfragen. Durch gute Vorbereitung können Sie zu einem effizienten Ablauf der Besichtigungen beitragen.

Wenn es später um die Entscheidung für oder gegen Bewerber geht, brauchen Sie mehr als die Bewerberanfrage, Ihre Eindrücke aus der persönlichen Begegnung und Ihr Bauchgefühl. Auch die Solvenz der künftigen Mieter muss gesichert sein. Sie können den Bewerbern bereits im Vorfeld der Besichtigung eine Liste mit allen Dokumenten zukommen lassen, die Sie sich später von ihnen wünschen, falls sie in die engere Wahl kommen. Dazu gehören beispielsweise eine Schufa-Auskunft oder ein Formular zur Mieterselbstauskunft. Die Wohnungssuchenden haben damit die Möglichkeit, die gewünschten Unterlagen mitzubringen und – wenn die Besichtigung ihr Interesse bestätigt – direkt zu übergeben. Ein solches Verfahren beschleunigt die Abwicklung. Es gibt auch Vermieter, die bereits vor der Besichtigung oder gar vor der Vereinbarung eines Besichtigungstermins die genannten Unterlagen verlangen. Davon sollten Sie absehen, denn nach der Datenschutzgrundverordnung (DSGVO) dürfen Vermieter ausschließlich Daten erheben, an denen sie ein berechtigtes Interesse haben. Zum Zeitpunkt der Absprache eines Besichtigungstermins sind das in der Regel Angaben zur Identifikation (Name, Anschrift) und zur Erreichbarkeit (Telefonnummer, E-Mail). Darüber hinausgehende personenbezogene Daten dürfen Sie erst erheben, wenn Sie diese für die Anbahnung des Mietverhältnisses benötigen.

→ 15 bis 20 Minuten pro Besichtigungstermin sind das absolute Minimum. Ideal, aber oft nicht praktikabel sind Einzeltermine.

Vermieter sollten alle wichtigen Unterlagen, die eventuell nicht im Vermietungsangebot enthalten waren, in ausreichender Stückzahl greifbar haben. Dazu zählen Betriebskostenabrechnungen der letzten Jahre. Mindestens wichtige energetische Kennzahlen waren bereits in der Anzeige enthalten. Spätestens jetzt haben Interessenten einen Anspruch darauf, den Energieausweis zu sehen. Nützlich ist auch, einen Entwurf des Mietvertrags (siehe Seite 76) dabeizuhaben, falls es dazu Fragen gibt.

Persönlichkeitsrechte und Datenschutz beachten

Als Vermieter haben Sie bei Besichtigungen vor allem zwei Ziele: Indem Sie Ihre Immobilie von ihrer besten Seite zeigen, erreichen Sie, dass sich möglichst mehrere Bewerber ernsthaft für sie interessieren. Zugleich ist die persönliche Begegnung ein wichtiger Baustein bei der Auswahl. Hier können Sie am besten herausfinden, welche Personen zu Ihnen und Ihrer Immobilie passen. Nutzen Sie also die Gelegenheit zum Gespräch. Hilfreich ist, wenn Sie von einem Partner, Bekannten oder Makler begleitet werden. Vier Augen sehen mehr als zwei.

Bei aller verständlichen Neugier – allzu Persönliches ist tabu, für Vermieter und auch für Makler, die in Ihrem Auftrag unterwegs sind. Die Grenzen definieren neben der Datenschutzgrundverordnung und dem Bundesdatenschutzgesetz das Allgemeine Gleichbehandlungsgesetz (AGG) und die Rechtsprechung. Wie in einem Bewerbungsgespräch gilt auch bei der Vermietung: Rassische (ein Begriff, der in Gesetzestexten nach wie vor verwendet wird) und ethnische Herkunft, politische Meinungen und Gewerkschaftszugehörigkeit, religiöse oder weltanschauliche Überzeugungen,

DATENVERARBEITUNG UND INFORMATIONSPFLICHTEN

Welche personenbezogenen Daten Vermieter erheben und verarbeiten dürfen, richtet sich nach dem Stadium des Vertragsverhältnisses. Vor der Besichtigung sind das weniger Daten als im fortgeschrittenen Auswahlprozess oder beim Vertragsabschluss.

GRUNDSÄTZLICH GILT: Laut Datenschutzgrundverordnung dürfen Sie immer nur die Informationen erheben und speichern, die Sie aktuell zwingend benötigen oder zu deren Verarbeitung die Mieter zustimmen. Besondere Regeln gelten für den Personalausweis: Sie können zwar die Vorlage des Dokuments verlangen, um die Identität des Interessenten zu prüfen, dürfen jedoch ohne seine Zustimmung keine Kopie anfertigen und speichern.

Die Konferenz der unabhängigen Datenschutzaufsichtsbehörden des Bundes und der Länder (DSK) hat 2024 in einer **ORIENTIERUNGSHILFE** zusammengetragen, welche Auskünfte Vermieter in welchem Stadium des Vermietungsprozesses von Interessenten einholen dürfen. Sie finden sie als PDF-Datei auf der Website datenschutz-berlin.de, wenn Sie ins Suchfeld den Begriff „Mietinteresse" eingeben. Auf Seite 72 dieses Buches finden Sie ein Muster für eine DSGVO-konforme Mieterselbstauskunft.

WICHTIG IST AUSSERDEM: Sie sind verpflichtet, Ihre potenziellen Mieter unaufgefordert zum Zeitpunkt der Datenerhebung über die Rechtsgrundlage für die Datenverarbeitung, deren Zweck und Dauer zu informieren, beispielsweise in Form von Hinweisen auf der Mieterselbstauskunft. Sie müssen den Bewerbern auch mitteilen, dass sie ein Recht auf Auskunft, Löschung, Berichtigung und Einschränkung der Datenverarbeitung haben und gegen diese Widerspruch einlegen können.

Gesundheitsdaten und die sexuelle Orientierung sind Privatsache. Wenn der Vermieter bei der Wohnungsbesichtigung ganz nebenbei fragt: „Wollen Sie mal Kinder?", darf die Interessentin Nein sagen, selbst wenn sie bereits schwanger ist. Sie hat rechtlich nichts zu befürchten – selbst wenn demnächst tatsächlich Nachwuchs geplant sein sollte. Mieter müssen außerdem nicht ehrlich antworten, ob sie Mitglied in einem Mieterverein sind oder eine Rechtsschutzversicherung besitzen. Auch Musikgeschmack und Hobbys haben Sie nicht zu interessieren. Zu den Fragen, die nicht im Zusammenhang mit dem Mietverhältnis stehen, gehören auch: „Haben Sie Vorstrafen?", und: „Läuft ein Ermittlungsverfahren gegen Sie?". Das geht Sie nichts an.

Zusammenfassend gilt: Verzichten Sie besser auf sehr persönliche Fragen, sowohl mündlich als auch in einer Mieterselbstauskunft. Sie haben nichts davon, wenn potenzielle Mieter ihr Recht zur Lüge nutzen. Außerdem erweckt Ihr Verhalten bei Interessenten schnell den Eindruck, dass Sie ihre Grenzen missachten und sich auch nach Einzug intensiver einmischen könnten. Schlimmstenfalls wäre das ein Grund, die Wohnung nicht zu mieten.

MIETERSELBSTAUSKUNFT

Eine standardisierte Erfassung von bestimmten Informationen erleichtert Ihnen später den Überblick und den Vergleich. Dazu dient eine schriftliche Mieterselbstauskunft (siehe Seite 72/73). Für sie gelten dieselben Regeln wie für das Gespräch: Die Informationen dürfen nicht zu weit gehen. Sie haben jedoch ein Recht darauf, alle Angaben zu bekommen, die für das spätere Mietverhältnis relevant sein könnten. Das heißt, Sie dürfen etwa Fragen stellen nach

- der Anzahl der künftigen Bewohner, differenziert nach Erwachsenen und Kindern,
- Beruf und Arbeitgeber,
- Nettoeinkommen und Betrag, der nach Abzug der laufenden monatlichen Belastungen für die Miete zur Verfügung steht,
- einem eröffneten Insolvenzverfahren,
- der beabsichtigten Haltung von großen Haustieren (siehe Seite 188).

Nur von denjenigen Kandidaten, die am Schluss die Wunschmieter sind, dürfen Sie noch weitere Angaben verlangen. Dabei kann es sich beispielsweise um Kontaktinformationen aktueller oder früherer Vermieter sowie Auskünfte zu Pflichtverletzungen aus dem vorherigen Miet-

Viele personenbezogene Daten müssen vernichtet werden.

verhältnis handeln. Außerdem sind Vermieter erst zu diesem Zeitpunkt – also unmittelbar vor Abschluss des Mietvertrages – berechtigt, Nachweise über das Einkommen und die wirtschaftliche Bonität zu fordern, um die vorherigen Auskünfte der Bewerber zu überprüfen (siehe unten).

DATEN LÖSCHEN NICHT VERGESSEN

Am Ende eines Auswahlverfahrens haben Vermieter oft von einer Vielzahl von Bewerbern sehr persönliche Daten eingesammelt. Die Daten all jener Interessenten, die nicht zum Zuge kamen, müssen Sie löschen, allerdings nicht sofort. Sie dürfen die Unterlagen für einen Zeitraum von etwa sechs Monaten aufbewahren. Es könnte nämlich sein, dass nicht berücksichtigte Bewerber Schadenersatz oder Entschädigungsansprüche nach dem AGG geltend machen, beispielsweise weil sie den Verdacht haben, dass sie aufgrund ihrer Hautfarbe diskriminiert wurden. Das dürfen sie innerhalb einer Frist von zwei Monaten. Hinzu käme dann noch die Dauer für eine Klagezustellung, sodass eine Gesamtspeicherdauer von etwa sechs Monaten nach Erteilung der Absage entsteht.

Ein Sonderfall gilt bei der Schufa-Abfrage: Falls nach einer solchen Abfrage kein Mietvertrag zustande kommt, müssen Sie dennoch die zugehörigen, von den Interessenten vorgelegten Unterlagen zwölf Monate lang aufbewahren. Nur so können Sie gegenüber der Schufa auf deren Nachfrage dokumentieren, dass ein berechtigtes Interesse an der Abfrage bestanden hat. Auch von denjenigen, die den Zuschlag bekommen, dürfen Sie nicht einfach alle Unterlagen speichern, die Sie im Bewerbungsverfahren erhalten haben. Wenn der Mietvertrag unterschrieben ist, müssen Sie alles löschen, was nur für die Bewerbung, nicht aber zur Abwicklung des Mietverhältnisses relevant ist. Dazu gehören beispielsweise Einkommensnachweise.

Generell gilt: Neben elektronischen Daten müssen auch Daten auf Papier – wie schriftliche Verträge, Visitenkarten, Notizzettel mit personenbezogenen Daten – sowie Fotos vernichtet werden. Denken Sie auch daran, Anzeigen in Onlineportalen zu löschen, sobald die Immobilie vergeben ist.

Zahlungsfähigkeit von Bewerbern prüfen

Für Vermieter ist dieses Szenario ein Albtraum: sogenannte Mietnomaden, die in eine Wohnung einziehen mit dem Vorsatz, keine Miete zu zahlen. Sobald ihre Zahlungsunwilligkeit auffliegt, ziehen sie weiter, ohne ihre Schulden zu begleichen. Nicht selten gleicht die Immobilie dann einem Trümmerfeld. Über solche Fälle wird in den Medien häufig berichtet, eine verlässliche Statistik gibt es jedoch nicht. Der Eigentümerverband Haus & Grund geht von 15 000 Mietnomaden im Jahr aus, der Mieterbund von 1 000. Das sind zwar im Verhältnis zu den knapp 20 Millionen Mietverhältnissen in Deutschland geringe Zahlen, den Betroffenen hilft das allerdings wenig. Auch wer zahlungsunwillige Mieter erst nach einem langwierigen Räumungsprozess zum Auszug zwingt, hat erhebliche wirtschaftliche Einbußen. Und dann gibt es noch all jene Bewohner, die im Laufe der Mietzeit irgendwann die Miete oder einen Teil davon nicht mehr zahlen können.

All diese Varianten von Mietausfallrisiken können Sie durch eine Mietsicherheit verringern. Genauso wichtig ist jedoch, sich vor der Unterzeichnung eines Mietvertrages so gut es geht zu vergewissern, dass die potenziellen neuen Mieter wirklich zahlen können. Dazu gibt es mehrere Wege. Doch Vorsicht: Nachweise zur Zahlungsfähigkeit dürfen Sie nicht pauschal von allen Bewerbern, sondern nur von Ihrem Favoriten verlangen.

BONITÄTSNACHWEIS DURCH DIE SCHUFA

Weit verbreitet sind Bonitätsnachweise der Schutzgemeinschaft für allgemeine Kreditsicherung, kurz: Schufa. Diese privatwirtschaftliche Wirtschaftsauskunftei sammelt von ihren Vertragspartnern – Kreditinstituten, Handelsunternehmen und sonstigen Dienstleistern – Informationen zur Zahlungsfähigkeit von Menschen. Dazu zählen etwa Daten zur Eröffnung eines Girokontos, zu Kreditkartenausgaben oder zum Abschluss eines Kreditvertrags, aber auch Zahlungsausfälle, gerichtliche Vollstreckungsmaßnahmen und andere sogenannte Negativmerkmale. Die Schufa stellt kostenpflichtige Bonitätsnachweise in zwei Formaten aus: Den digitalen Schufa-BonitätsCheck können Verbraucher online bei der Schufa oder dem Tochterunternehmen bonify bestellen. Das digitale Zertifikat ist sehr schnell verfügbar. Es beinhaltet neben der Anschrift des Antragstellers und einem Ausstellungsdatum in der Regel die Bestätigung, dass nur positive Vertragsinformationen vorliegen. Die Papiervariante heißt Schufa-BonitätsAuskunft. Sie kann nur bei der Schufa direkt angefordert werden. Die Postzustellung dauert einige Werktage. Die BonitätsAuskunft enthält neben dem Zertifikat zur Vorlage bei Vermietern ein zweites Dokument, mit dem sich die Interessenten einen Überblick über alle zu ihrer Person gespeicherten Informationen verschaffen können und das sie den Vermietenden in aller Regel nicht vorlegen werden. Achten Sie darauf, dass der Schufa-Nachweis aktuell ist.

AUSKUNFT DES BISHERIGEN VERMIETERS

In manchen Gegenden sind Bescheinigungen des bisherigen Vermieters üblich, dass keine Mietschulden bestehen (Mietschuldenfreiheitsbescheinigung, siehe Seite 233). Vermieter können, müssen die Mietschuldenfreiheit aber nicht bestätigen, so ein Urteil des Bundesgerichtshofs (Az. VIII ZR 238/08). Tun sie es nicht, können Mieter die regelmäßigen Zahlungen durch Kontoauszüge belegen. Darin dürfen sie Kontobewegungen, die den Vermieter nichts angehen, schwärzen. Eine weitere Möglichkeit ist, den Bewerber um Kontaktdaten des Vorvermieters zu bitten und telefonisch bei diesem Auskünfte über den Kandidaten einzuholen. Interessenten können selbst entscheiden, ob sie diesen Kontakt herstellen möchten.

EINKOMMENSNACHWEISE

Ein Nachweis der Schufa oder einer anderen Auskunftei und eine Mietschuldenfreiheitsbescheinigung sagen immer nur etwas über die Zahlungsfähigkeit in der Vergangenheit aus. Sie dokumentieren darüber hinaus die Zahlungsmoral. Für Sie geht es jedoch auch darum, sicherzustellen, dass die Interessenten künftig in ausreichendem Umfang solvent sind. Ein guter Beleg dafür sind Einkommensnachweise wie Lohnabrechnungen oder eine Arbeitgeberbescheinigung. Bei Selbstständigen ist in der Regel der jüngste Steuerbescheid aussagekräftig. Fragen nach der Dauer einer Beschäftigung sind nach Auffassung der Datenschutzkonferenz unzulässig. Die Dauer einer Beschäftigung biete in einer mobilen Gesellschaft keine Gewissheit über die Fortdauer und Beständigkeit des Beschäftigungsverhältnisses und sei daher ungeeignet, das Sicherungsbedürfnis der Vermieter zu erfüllen.

Entscheidungsfindung

Mit den Eindrücken aus der Anfrage und der Besichtigung sowie allen ergänzenden Unterlagen von den Kandidatinnen und Kandidaten der engeren Wahl haben Sie eine gute Grundlage, um sich für eine Mietpartei zu entscheiden. Mit ihr besprechen Sie als Nächstes die Details des Vertrags. Sagen Sie den übrigen Bewerbern erst ab, wenn Ihr Favorit den Mietvertrag unterschrieben hat.

Schließlich bewerben sich Suchende in der Regel zeitgleich für mehrere Wohnungen. Unter Umständen hat Ihr Favorit gerade einen anderen Vertrag unterzeichnet. Dann kann Ihr Nachrücker zum Zuge kommen.

MUSTER: FRAGEBOGEN ZUR EINHOLUNG VON SELBSTAUSKÜNFTEN

Vermieter:innen dürfen sich von Mietinteressent:innen vor dem Abschluss eines Mietvertrags eine **Mieterselbstauskunft** einholen. Diese Mieterselbstauskunft enthält Informationen, die für die Entscheidung über die Begründung eines Mietverhältnisses von Bedeutung sind. Bitte beantworten Sie daher die nachfolgenden Fragen.

Bitte beachten Sie auch, dass die Fragen jeweils **nur zu bestimmten Zeiten im Vermietungsprozess datenschutzrechtlich zulässig sind und dass keine Verpflichtung zur Beantwortung vorab besteht**.

Ich interessiere mich für folgende Wohnung: ....
(Adresse der Wohnung)

....
Bezeichnung der Wohnung (in Mehrfamilienhäusern)

zu folgendem Einzugstermin: ....

A) Besichtigungstermin

Bitte machen Sie zu diesem Zeitpunkt nur die folgenden Angaben:

....
Name, Vorname

....
entweder aktuelle postalische Anschrift* (Straße | PLZ | Ort)

....
und/oder Telefonnummer (Festnetz/mobil)*

....
und/oder E-Mail-Adresse*

* Es wird lediglich eine Angabe zu den genannten Kontaktdaten gefordert, die Angabe weiterer Kontaktdaten ist freiwillig. Sofern mehrere Personen als Mietinteressent:in infrage kommen, sollten mehrere Bögen ausgefüllt werden.

Im Falle einer Sozialwohnung: Haben Sie einen Wohnberechtigungsschein? ....

B) Anmietungsinteresse der/des Mietinteressent:in

Bitte machen Sie die folgenden Angaben/legen die folgenden Unterlagen nur vor, wenn Sie die Entscheidung getroffen haben, die Wohnung anmieten zu wollen:

1. Wie viele Personen sollen in die Wohnung einziehen? ....
2. Im Falle von Sozialwohnungen: Bitte übergeben Sie mir den Wohnberechtigungsschein.
3. Derzeitige:r Arbeitgeber:in: ....
4. Derzeit ausgeübter Beruf: ....
5. Angabe der Einkommensverhältnisse (nachfolgende Fragen sind nur zulässig, sofern die Mietzahlung nicht vollständig von einer öffentlichen Stelle übernommen wird)
   a) Angabe der Höhe des monatlichen Nettoeinkommens bzw. desjenigen Betrags, der nach Abzug der laufenden monatlichen Belastungen für die Tilgung des Mietzinses zur Verfügung steht: .... €

b) Alternativ bitte ich um Angabe, ob Ihnen zur Tilgung des Mietzinses mindestens ein Betrag in Höhe von .... € monatlich zur Verfügung steht. ☐ Ja ☐ Nein (Zutreffendes bitte ankreuzen)

6. Nur sofern die Tierhaltung nicht ohnehin im Mietvertrag als zulässig vereinbart wird: Sollen in der Wohnung Haustiere gehalten werden? Wenn ja, welche Tiere sind das? Ausgenommen von der Frage sind Kleintiere, die in abgeschlossenen Behältnissen gehalten werden (z. B. Hamster, Wellensittiche, Hauskaninchen, Meerschweinchen, Rennmäuse, Zierfische).

   ....

7. Wurde gegen Sie ein Insolvenzverfahren eröffnet, welches noch nicht abgeschlossen ist?
   ☐ Ja ☐ Nein (Zutreffendes bitte ankreuzen)

8. Ist gegen Sie in den letzten 5 Jahren ein Räumungstitel hinsichtlich Ihres Wohnraums ergangen?
   ☐ Ja ☐ Nein (Zutreffendes bitte ankreuzen)

C) Entscheidung des/der Vermieter:in für Sie als zukünftige:r Mieter:in

Bitte machen Sie die folgenden Angaben/legen die folgenden Unterlagen erst vor, wenn der/die Vermieter:in sich für Sie als Mietvertragspartei entschieden hat (unmittelbar vor Abschluss des Mietvertrags):

1. Bitte legen Sie einen Nachweis über Ihr derzeitiges Monatseinkommen vor bzw. einen Nachweis, aus dem sich ergibt, dass Sie die monatlichen Mietzinszahlungen leisten können (z. B. Lohn- oder Gehaltsabrechnung*, Kontoauszüge* oder Einkommenssteuerbescheid). *Auf den entsprechenden Unterlagen können nicht erforderliche Angaben geschwärzt werden.
2. Bitte legen Sie einen Nachweis über Ihre wirtschaftliche Bonität vor. Ansonsten werde ich eine Abfrage zu Ihrer Bonität bei einer Auskunftei durchführen, soweit diese für das Mietverhältnis erforderlich ist.
3. Haben Sie Ihre Mietzahlungspflicht im bestehenden Mietverhältnis für zwei aufeinander folgende Monate in der Höhe von mehr als einer Monatsmiete verletzt? ☐ Ja ☐ Nein (Zutreffendes bitte ankreuzen)
4. Haben Sie Ihre Mietzahlungspflicht im bestehenden Mietverhältnis innerhalb eines Zeitraums von mehr als zwei Monaten in Höhe von mindestens zwei Monatsmieten verletzt? ☐ Ja ☐ Nein (Zutreffendes bitte ankreuzen)
5. Wurde das letzte Mietverhältnis wegen einer tatsächlich vorliegenden, erheblichen Verletzung des Mietvertrags rechtswirksam oder aufgrund einer solchen Pflichtverletzung rechtskräftig festgestellt gekündigt (siehe die Orientierungshilfe der DSK unter C. 1.)? Wenn ja, um welche Pflichtverletzung handelte es sich?

   ....

   ....

Sofern Sie mindestens eine der Fragen unter Abschnitt C) Nr. 3 bis 5 mit „Ja" beantwortet haben:

Sie haben hier die Möglichkeit, Gründe dafür vorzutragen, warum die benannte Pflichtverletzung im angestrebten Mietverhältnis nicht erneut zu erwarten ist (z. B. höheres Nettoeinkommen usw.).

....

....

....

DER MIETVERTRAG

3

Ein sorgfältig formulierter Vertrag, der alle Aspekte der Vermietung rechtssicher regelt, gibt sowohl Vermietern als auch Mietern Sicherheit. Außerdem hilft er Ihnen, im Streitfall Ihre Rechte effektiv durchzusetzen.

→ **Grundlegendes:** Am Anfang des Mietvertrags geht es um Rahmendaten: Wer mietet was von wem und wie lange? Schon an dieser Stelle gibt es zahlreiche Gestaltungsmöglichkeiten.

WAS ERFAHRE ICH?

Ein Mietvertrag bringt immer Arbeit mit sich, vor allem bei der Erstvermietung, aber auch bei jeder Neuvermietung. Es ist keine gute Idee, einfach den alten Mietvertrag der bisherigen Mieter zu kopieren und mit neuem Namen und Datum zu versehen. Das Risiko ist groß, dass einige Klauseln mittlerweile unwirksam sind, zum Beispiel weil sich die Rechtsprechung geändert hat. Genauso wenig empfiehlt es sich, einen Mietvertrag selbst zu formulieren. Damit laufen Sie ebenfalls Gefahr, veraltete Klauseln einzubauen. Zugleich kann es schnell passieren, dass Formulierungen missverständlich oder gar unwirksam sind. Theoretisch kann ein Mietvertrag auch mündlich geschlossen werden. Er wäre für beide Parteien bindend. Nur: Es ließe sich nicht beweisen, was Sie miteinander besprochen haben. Wählen Sie also lieber die schriftliche Form, auch falls Sie unter Zeitdruck sind.

Am besten kümmern Sie sich rechtzeitig um ein aktuelles rechtssicheres Vertragsmuster. Bei einem solchen standardisierten Vordruck handelt es sich rechtlich um Allgemeine Geschäftsbedingungen (AGB). Sie müssen ausgewogen sein und dürfen den Mieter nicht unangemessen benachteiligen. Die Formulierungen müssen klar, eindeutig und in allgemein verständlicher Sprache gehalten sein. Mitglieder von Branchenverbänden (siehe Seite 10) erhalten dort – manchmal gegen einen Kostenbeitrag – entsprechende Formulare, die regelmäßig überprüft werden. Auch Nichtmitgliedern stehen diese teils gegen Gebühr zur Verfügung.

Ein solches Vertragsmuster ist nicht nur rechtssicher, es hat zudem den Vorteil, dass Sie es nur noch ausfüllen müssen. Das tun Sie am besten vor den Besichtigungsterminen. So sind Sie gut gewappnet und können auf Rückfragen zum Thema Vertrag sicher antworten. Und Sie geraten nicht unter Zeitdruck, wenn die Wunschmieter überraschend schnell gefunden sind.

Dabei gilt eine wichtige Grundregel: Erst der Vertrag, dann die Übergabe, dann der Einzug. Wenn Sie Mietern schon vorab den Schlüssel geben, können Sie sich viel Ärger einhandeln. Sind sie einmal eingezogen, kann es schwierig werden, diesen Schritt wieder rückgängig zu machen. Falls sich dann herausstellt, dass die Mieter mit einer bestimmten Vertragsklausel nicht einverstanden sind, ist Ihre Position schwach.

Auf den folgenden Seiten lesen Sie, was im Vertrag festgehalten werden muss und welche Ergänzungen möglich sind. Auch wenn es lästig ist und unnötig erscheint – möglichst alle Aspekte, die im Mietverhältnis relevant werden könnten, sollten geregelt sein. Wo immer der Mietvertrag Lücken hat, greift das Gesetz. Und das ist nicht gerade vermieterfreundlich. Fehlt beispielsweise eine Schönheitsreparaturklausel oder ist sie falsch formuliert, so sind Vermieter für alle Schönheitsreparaturen zuständig.

Vertragspartner benennen

Im Kopf des Mietvertragsformulars werden die Vertragsparteien genannt. So banal es klingt: Es ist sinnvoll, sich im Vorfeld eines Vertragsschlusses Gedanken dazu zu machen, wer die Vertragspartner sind – sowohl auf der einen als auch auf der anderen Seite. Denn nur wer Vermieter beziehungsweise Mieter ist, hat auch alle Rechte und Pflichten aus dem Mietverhältnis.

Wenn eine Immobilie einen Eigentümer hat, ist die Sache klar: Diese Person ist der Vermieter. Sie kommt in den Kopf des Vertrags und unterschreibt ihn. Gehört die Immobilie mehreren Personen gemeinsam – etwa einem Ehepaar oder Erben –, gibt es unterschiedliche Möglichkeiten. In der Regel werden diese Personen gemeinsam Vermieter. Dann sind zwei Punkte wichtig: Sämtliche Vermieter müssen im Kopf des Vertrags genannt werden, und alle müssen unterzeichnen. Grundsätzlich müssen die Vermieter aber nicht nur beim Vertragsabschluss, sondern auch im weiteren Verlauf des Mietverhältnisses gegenüber den Mietern gemeinschaftlich handeln. Vertragsänderungen, Mieterhöhungsverlangen oder Kündigungsschreiben brauchen die Unterschriften aller Vermieter. Alternativ kann auf die Unterschrift eines Vermieters verzichtet werden, wenn der unterzeichnende Vermieter eine auf ihn ausgestellte Originalvollmacht vorlegt. Bei gemeinsamer Vermietung haben auch alle Vermieter gemeinschaftlich den Anspruch auf den Mietzins. Und die Mieter haben gegenüber allen Ansprüche etwa auf Rückzahlungen, Mietminderung oder Mängelbeseitigung.

Denkbar ist auch, dass mehrere Eigentümer entscheiden, dass nur einer von ihnen Vermieter wird. Dann taucht auch nur diese Person im Vertrag auf. Nur sie darf alleine handeln, muss es aber auch. Und nur ihr steht der Mietzins zu. Eine solche Konstellation kann schwierig werden – bei langen Dienstreisen, im Falle einer Trennung und auch im Todesfall (siehe Seite 156). Beide Konstruktionen haben also Vor- und Nachteile, die vor Vertragsschluss bedacht werden sollten.

Beim Blick auf die Mieterseite hingegen gibt es eine klare Empfehlung: Für Sie ist es günstig, so viele Vertragspartner wie möglich zu haben. Denn alle Mieter, die im Vertrag stehen, haften gesamtschuldnerisch. Das heißt: Wenn einer sein Einkommen verliert, muss der andere einspringen. Bei Eheleuten oder Partnerschaften sollten daher möglichst beide Personen als Mieter im Mietvertrag stehen. Bei einer Wohngemeinschaft ist es unter wirtschaftlichen Gesichtspunkten vorteilhaft, wenn alle Bewohner als Hauptmieter auftreten. Es ist dann Sache der WG-Mitglieder, alle Belange untereinander zu klären. In der Praxis kann dieses Modell beschwerlich werden. Im Alltag haben die Vermieter auf der Mieterseite unterschiedliche Ansprechpartner mit nicht klar geteilten Kompetenzen. Und falls ein Bewohner auszieht, muss ein neuer Mietvertrag her. Eine oft gewählte Alternative in Wohngemeinschaften ist daher, einen Hauptmieter vertraglich in die Verantwortung zu nehmen und diesem das Recht zur Untervermietung einzuräumen. Dieses kann dann beispielsweise auf einzelne Räume oder eine Personenzahl begrenzt werden (siehe Seite 185). Aus Vermietersicht unattraktiv ist die dritte Variante, nämlich mit mehreren Personen einzelne Mietverträge abzuschließen, die dann jeweils das alleinige

UMGANG MIT BÜRGSCHAFTEN

Eine Bürgschaft durch eine dritte Person hat als Mietsicherheit für Vermieter einige Nachteile (siehe Seite 98). Wenn Sie sich dennoch entscheiden, diese Methode zu akzeptieren, ist es empfehlenswert, die Bürgen im Kopf des Mietvertrags als **ZUSÄTZLICHE MIETER** aufzuführen und am besten auch unterschreiben zu lassen. Dann haften diese für alle Ansprüche aus dem Mietverhältnis. Genau genommen sind die Personen in dieser Konstruktion keine Bürgen mehr, sondern Mieter.

Nutzungsrecht für einen Raum und das Recht auf Mitnutzung von Bad, Küche, Flur und weiteren Gemeinschaftsräumen beinhalten. Dieses Konzept bringt Vermietern zwar viel Sicherheit, aber auch viel Arbeit beim Mieterwechsel. Und auch dem harmonischen Miteinander in der WG ist es nicht zuträglich, wenn der Vermieter über ihre Zusammensetzung entscheidet.

Mit der Frage, ob als Vermieter beziehungsweise Mieter zu betrachten ist, wer im Kopf des Vertrages steht oder wer unterschrieben hat oder beides, befassen sich immer wieder Gerichte. Späterer Streit lässt sich vermeiden, indem Sie bei der Vertragsunterzeichnung darauf achten, dass die genannten Vertragspartner und die Unterschriften übereinstimmen.

Mietgegenstand beschreiben

In § 1 des Mietvertrags wird das Mietobjekt beschrieben, und zwar so detailliert wie möglich. Der erste wichtige Punkt wird gerne überlesen – die Zweckbestimmung. Achten Sie darauf, dass der Vertrag eine Formulierung wie „Der Vermieter vermietet dem Mieter zu Wohnzwecken" enthält. Aus der Zweckbestimmung ergeben sich Art und Umfang der Nutzungsrechte des Mieters und der Leistung des Vermieters. Falls die Räume auch teilgewerblich genutzt werden dürfen, empfiehlt es sich, an dieser frühen Stelle im Vertrag einen Verweis unterzubringen und die Details in einer Anlage zu regeln (siehe Seite 115).

Dann folgt die korrekte und vollständige postalische Anschrift. Bei einer Wohnung darf eine Angabe zur Lage im Haus nicht fehlen, zum Beispiel „im Vorderhaus zweite Etage links". Die Zahl der Wohnräume, Küchen, Bäder, Flure, Terrassen und Balkone muss genannt sein, die der Abstellräume, Keller- oder Dachräume ebenfalls. Bei einem Mehrparteienhaus ist eine Spezifizierung etwa durch eine Nummer notwendig. Den Zustand der Räume und ihre Ausstattung können Sie später im Übergabeprotokoll festhalten. Zumindest eine mitvermietete Küche, ein Herd und eine Spüle sollten auch im Vertrag direkt stehen. Dies sind unter Umständen wichtige Merkmale für die Einordnung der Wohnung in den Mietspiegel.

VORSICHT BEI ANGABEN ZUR WOHNFLÄCHE

Ebenfalls Teil der Beschreibung des Mietobjekts ist häufig die Wohnfläche. Zu ihrer Berechnung haben Sie ab Seite 20 schon viel gelesen. Eine Quadratmeterangabe birgt – sobald sie falsch formuliert ist – ein hohes Mietminderungsrisiko (siehe Seite 169). Wenn Sie die Fläche beziffern, müssen Sie darauf achten, neben der exakten Quadratmeterzahl auch die Berechnungsmethode – also Wohnflächenverordnung oder DIN 277 – zu benennen. Im Idealfall können Sie die Berechnung nachweisen. Mit ihrer Unterschrift unter den Vertrag bestätigen die Mieter, dass sie damit einverstanden sind.

Wenn im Mietvertrag keine Berechnungsmethode genannt wird, ist seit dem 1. Januar 2004 die Wohnflächenverordnung anzunehmen (BGH, Az. VIII ZR 244/08). Sie wird dann etwa in Streitfällen um Mietminderung oder Betriebskosten von Gerichten herangezogen.

SO HABEN MIETER KEIN RECHT AUF MIETMINDERUNG

Vermieter können die Flächenangabe im Mietvertrag mit einer ergänzenden Klausel relativieren. Damit verlieren die Mieter das Recht, die Miete unter Bezugnahme auf die Flächenangabe im Vertrag zu reduzieren.

Der Bundesgerichtshof hat folgende Klausel als wirksam erachtet (BGH, Az. VIII ZR 306/09): „Vermietet werden (...) folgende Räume: Die Wohnung (...) bestehend aus (...) zur Benutzung als Wohnraum, deren Größe ca. XX Quadratmeter beträgt. Diese Angabe dient wegen möglicher Messfehler nicht zur Festlegung des Mietgegenstandes. Der räumliche Umfang der gemieteten Sache ergibt sich vielmehr aus der Anzahl der vermieteten Räume."

Eine andere Möglichkeit besteht darin, im Vertrag etwas als Wohnfläche zu bestimmen, was nach der Wohnflächenverordnung eigentlich keine Wohnfläche sein kann. Dann verdrängt die Vereinbarung die Verordnung. So stufte der BGH zum Beispiel vom Mieter als Wohnraum genutzte Kellerräume ausnahmsweise doch als Wohnfläche ein. Im Mietvertrag war festgehalten worden, dass die Kellerräume „zur Benutzung als Wohnraum" mitgemietet sind. Die als Wohnraum vereinbarte Kellerfläche wird in einem solchen Fall zwar bei der Umlage der Betriebskosten und bei der Berechnung einer möglichen Mietminderung wegen einer großen Flächenabweichung mitgezählt, aber nicht bei Mieterhöhungen. Für deren Umfang nach der Formel „Quadratmeterpreis mal Wohnfläche" ist stets nur die tatsächliche Wohnfläche maßgeblich.

AUSSENANLAGEN UND GEMEINSCHAFTSBEREICHE

Bei einem Einfamilienhaus, einer Doppelhaushälfte oder einem Reihenhaus gilt es darüber hinaus, den Umgang mit Außenanlagen zu regeln. Ein Garten kann ganz oder teilweise mitvermietet oder die Gartennutzung gestattet werden. Das macht einen erheblichen Unterschied: Bei einem mitvermieteten Garten können Vermieter dem Mieter die Gartenpflege auferlegen, müssen ihm dafür allerdings auch eine gewisse Gestaltungsfreiheit einräumen. Regelungen dazu werden meist weiter hinten im Vertrag getroffen.

Bei einem Mehrfamilienhaus muss differenziert werden: Welche Bereiche werden den Mietern zur alleinigen Nutzung überlassen beziehungsweise vermietet? Welche zur Mitbenutzung? Außenanlagen wie ein Garten oder ein Hof sind manchmal parzelliert, sodass konkrete Flächen den einzelnen Wohnungen zur alleinigen Nutzung zugeordnet sind. In solchen Fällen fällt die Beschreibung oft schwer. Ein als Anlage beigefügter Lageplan mit eingezeichneten Flächen bringt Klarheit. Ohne klare räumliche Begrenzung werden Grünanlagen in der Regel gemeinsam genutzt. Das gilt auch für Gemeinschaftseinrichtungen wie die Waschküche oder den Fahrradkeller.

EINBAUKÜCHE UND MÖBLIERUNG

Viele Vermieter überlassen ihren Mietern eine Einbauküche oder auch Möbel zur Nutzung in der Annahme, dass die Mieter dann für etwaige Reparaturen zuständig sind. Das ist jedoch nicht automatisch der Fall. Die Instandhaltungspflicht für Einbauten und Möblierung liegt meist beim Vermieter. Im Zweifel müssen Gerichte über die genaue Formulierung im Vertrag befinden. Das Amtsgericht Neukölln wies etwa die Klage eines Mieters ab, der vom Vermieter die Reparatur einer Geschirrspülmaschine verlangt hatte. Im Mietvertrag hatten die Parteien ausdrücklich vereinbart, dass die Einbauküche nur zur Nutzung überlassen wird und eine Instandsetzungs- und Instandhaltungspflicht des Vermieters nicht besteht (AG Neukölln, Az. 18 C 192/17). In einem anderen Fall entschied dasselbe Gericht, Vermieter haben auch bei einer Beteiligung der Mieter eine Instandhaltungspflicht für eine mitvermietete Einbauküche (AG Neukölln, Az. 6 C 303/19). Eine AGB-Klausel, wonach die technischen Geräte einer Einbauküche „als nicht mitvermietet" gelten, ist nach Auffassung des Landgerichts Berlin nicht klar genug (LG Berlin, Az. 67 S 144/24). Diese Klausel könne bedeuten, dass

Im Mietvertrag sollte die Nutzung der Außenanlagen klar geregelt sein – mit Vereinbarungen von Rechten und Pflichten.

sich die Vermieterin von ihrer Instandhaltungspflicht befreien will. Sie könne jedoch auch bedeuten, dass für die Geräte kein gesonderter Mietzins geschuldet ist. Die Unsicherheit bei der Auslegung der AGB geht gemäß § 305c Abs. 2 BGB zulasten des Verwenders – im Streitfall zulasten der Vermieterin, so das Gericht. Sie ist verpflichtet, den streitgegenständlichen defekten Geschirrspüler reparieren oder austauschen zu lassen.

Das Amtsgericht Besigheim wiederum musste über einen Mietvertrag mit folgendem Passus befinden: „Die Einbauküche ist nicht Bestandteil des Mietvertrags. Sie gehört dem

→ Die Instandhaltungspflicht für Einbauten und Möblierung liegt meist beim Vermieter. Im Zweifel müssen Gerichte über die genaue Formulierung im Vertrag befinden.

Vermieter und wird dem Mieter kostenlos zum Gebrauch überlassen. Für Instandhaltungen und Reparaturen muss der Mieter aufkommen." Die Richter entschieden: Diese Klausel ist nach § 307 Abs. 1, Abs. 2 Nr. 1 BGB unwirksam. Sie benachteiligt den Mieter unangemessen. Die Vereinbarung als Leihe widerspreche zudem dem Grundsatz des Mietrechts, wonach der Vermieter die Instandhaltungspflichten zu tragen hat (AG Besigheim, Az. 7 C 442/22). Möglich ist jedoch die Übertragung von Kücheneinbauten in das Eigentum der Mieter. Sie dürfen die Einbauten dann nach Ende des Mietverhältnisses mitnehmen.

STELLPLATZ UND GARAGE

Die Vermietung eines Stellplatzes oder einer Garage kann Teil des Wohnungsmietvertrags sein oder in einem gesonderten Mietvertrag geregelt werden. Für beides gibt es gute Argumente.

Wenn der Stell- beziehungsweise Garagenplatz in den Wohnraummietvertrag aufgenommen wird, sind die beiden Mietobjekte aneinander gebunden. Keiner der Vertragspartner kann separat eine Kündigung nur für den Stellplatz oder nur für die Wohnung aussprechen. Für Vermieter heißt das: Auch eine Teilkündigung des Stellplatzes wegen Eigenbedarf ist nicht möglich. Hinzu kommt: Vermieter dürfen eine Mieterhöhung nur für beide Objekte zusammen aussprechen. Sobald eine Wohnraummieterhöhung nicht zulässig ist, können sie auch die Stellplatzmiete nicht anheben.

Werden hingegen zwei getrennte Mietverträge für die beiden Objekte geschlossen, dann können sowohl Mieter als auch Vermieter den Stellplatz mit einer Frist von drei Monaten oder auch einem anderen im Vertrag festgeschriebenen Vorlauf kündigen. Wenn Sie die Miete für den Stellplatz erhöhen wollen, können Sie eine Änderungskündigung aussprechen und eine Folgemietvertrag mit einem höheren Mietzins anbieten. Den dürfen die Mieter dann natürlich auch ausschlagen.

Dass jemand anders als die Mieter – nämlich der Eigentümer oder eine dritte Partei – einen zur Immobilie gehörigen Stellplatz nutzt, mag bei einer Eigentumswohnung durchaus praktikabel sein. Hier lässt sich beispielsweise der Zugang zu Stellplätzen im Hof oder einer Tiefgarage für Nichtbewohner organisieren. Bei einem Einfamilienhaus hingegen, wo sich der Stellplatz meist auf dem Grundstück neben dem vermieteten Haus befindet, gestaltet sich eine solche Konstellation schwierig.

Mietdauer und Befristung

Das Datum des Mietbeginns darf in keinem Vertrag fehlen. Empfehlenswert ist, an dieser Stelle eine Einschränkung einzufügen und festzulegen, dass die Immobilie frühestens nach der Räumung durch die Vormieter übergeben wird und wenn die erste Rate der Mietkaution bezahlt ist oder eine Bürgschaftserklärung vorliegt (siehe Seite 98). Wenn Sie ein großes

Sicherheitsbedürfnis haben, können Sie sogar noch einen Schritt weiter gehen und die Übergabe von der Zahlung der ersten Monatsmiete abhängig machen.

Ein Mietvertrag gilt üblicherweise unbefristet – also so lange, bis er von einem Vertragspartner gekündigt wird. Dafür gilt dann die gesetzliche Kündigungsfrist von knapp drei Monaten (§ 573c BGB). Mehr dazu lesen Sie ab Seite 206.

Es ist möglich, einen Mietvertrag zu befristen, sodass er zu einem festgelegten Termin endet. Doch ein solcher Zeitmietvertrag ist seit der Mietrechtsreform 2001 nur noch unter sehr eng begrenzten Bedingungen möglich. Entscheidend ist: Es muss einen bestimmten Grund für die Befristung geben. Drei Gründe rechtfertigen laut § 575 BGB eine Befristung:

- **EIGENBEDARF**: Die Vermieter wollen die Immobilie für sich, einen Angehörigen oder einen Angehörigen des Haushaltes – etwa eine Pflegeperson – nutzen (siehe Seite 208).
- **UMBAU**: Die Vermieter planen, die Immobilie zu beseitigen, erheblich umzugestalten oder zu sanieren. Dadurch würde die Fortsetzung des Mietverhältnisses erheblich beeinträchtigt.
- **VERMIETUNG AN EINEN ZUR DIENSTLEISTUNG VERPFLICHTETEN**: Die Vermieter beabsichtigen, die Räume an einen Hausmeister, Angestellten oder Werksangehörigen zu vermieten.

Der jeweilige Grund muss Mietern bereits beim Abschluss des Mietvertrages schriftlich angekündigt werden, entweder im Mietvertrag oder in einem gesonderten Dokument. Eine allgemeine Formulierung wie „wegen Eigenbedarf" reicht dabei nicht aus. Die Mieter sollen die Möglichkeit haben, später zu kontrollieren, ob der genannte Grund überhaupt eingetreten ist.

Zu dem im Zeitmietvertrag genannten Datum endet das Mietverhältnis automatisch, eine Kündigung ist nicht notwendig. Wenn die Mieter eine Verlängerung des Mietvertrages über diesen Termin hinaus wünschen, müssen sie tätig werden. Frühestens vier Monate vor Ablauf der Frist dürfen sie Auskunft verlangen, ob der Grund für die Befristung noch besteht. Vermieter haben einen Monat Zeit für die Antwort. Versäumen sie diese Frist, haben die Mieter einen Anspruch darauf, dass sich das Mietverhältnis um den Zeitraum der Verzögerung verlängert. Falls der ursprünglich für die Befristung genannte Grund hinfällig ist, dürfen die Mieter auf einem unbefristeten Vertrag bestehen. Das gilt auch, wenn möglicherweise jetzt ein anderer gesetzlich zulässiger Grund für die Befristung greift.

Vermieter dürfen Gründe weder austauschen noch nachliefern. Umgekehrt entfällt für Mieter die Sozialklausel. Sie können nicht unter Berufung auf soziale Gründe eine Verlängerung des Mietverhältnisses erreichen. Falls sich der Grund der Befristung verschiebt, etwa weil sich der Umbautermin verzögert, dür-

WANN DARF EIN STELLPLATZ SEPARAT GEKÜNDIGT WERDEN?

Diese Frage hat auch die Gerichte schon mehrfach beschäftigt. Der Bundesgerichtshof entschied: Sind Wohnung und Garage Bestandteile eines einheitlichen Mietverhältnisses, so ist das gesamte Mietverhältnis nur nach den Kündigungsvorschriften für Wohnraum kündbar; eine Teilkündigung des Mietverhältnisses über die Garage ist bei einem einheitlichen Mietverhältnis unzulässig. Gibt es hingegen zwei separate Mietverträge, so lasse das eine rechtliche Selbstständigkeit der beiden Vereinbarungen vermuten, sodass entsprechend der Stellplatz separat gekündigt werden kann. Wenn jedoch Wohnung und Garage auf demselben Grundstück liegen, sei in der Regel anzunehmen, dass die beiden Mietverhältnisse nach dem Willen der Beteiligten eine **RECHTLICHE EINHEIT** bilden sollten (BGH, Az. VIII ZR 251/10). Das heißt jedoch nicht, dass bei zwei getrennten Verträgen und Standort des Stellplatzes auf dem gemeinsamen Grundstück immer nur eine gemeinsame Kündigung nach den Vorschriften für Wohnraum zulässig ist. Vielmehr zählen die Details, so der BGH in einem späteren Urteil: Wenn der Stellplatzmietvertrag keinen Bezug zum Wohnraummietvertrag nimmt und zudem die Kündigungsmöglichkeiten unterschiedlich sind, ist der Stellplatzmietvertrag separat kündbar (BGH, Az. VIII ZR 245/12).

fen Vermieter die Fortsetzung des Mietverhältnisses bis zu diesem späteren Zeitpunkt verlangen.

KÜNDIGUNGSVERZICHT – BIS MAXIMAL VIER JAHRE

Sowohl in einem Zeitmietvertrag als auch in einem unbefristeten Vertrag können die Vertragsparteien einen befristeten gegenseitigen Kündigungsausschluss vereinbaren. In diesem Zeitraum dürfen weder Vermieter noch Mieter eine ordentliche Kündigung aussprechen. Das ist vor allem für Vermieter vorteilhaft, weil Mieter mehr Kündigungsmöglichkeiten haben. Mit einem Kündigungsausschluss haben Sie die Sicherheit, dass die Bewohner zumindest für diesen Zeitraum in der Wohnung bleiben und nicht allzu kurzfristig die Neuvermietung ansteht.

Außerordentliche Kündigungen sind dennoch möglich, wenn die entsprechenden Gründe vorliegen. Ein Kündigungsverzicht ist formularvertraglich maximal für vier Jahre ab Abschluss des Mietvertrags zulässig. Maßgeblich sind das Datum des Vertragsbeginns und der Zeitpunkt, zu dem die Mieter den Vertrag erstmals beenden können. Das hat der Bundesgerichtshof entschieden (BGH, Az. VIII ZR 86/10).

Handelt es sich bei den Mietern um Studierende oder Auszubildende, ist eine Formularklausel über einen Kündigungsausschluss generell unwirksam (BGH, Az. VIII ZR 307/08). Das entschieden die obersten Richter zumindest bezüglich der Anmietung eines Zimmers. Sie verwiesen in ihrer Begründung darauf, dass studentische Mieter ein besonderes Bedürfnis an Mobilität und Flexibilität haben. Ein Kündigungsverzicht bedeute für sie eine unangemessene Benachteiligung.

TAGEWEISE VERMIETUNG

Wer seine Wohnung ganz oder teilweise über Onlineportale wie Airbnb und Wimdu vermieten möchte, sollte sich zuvor bei der Gemeindeverwaltung oder dem Bezirksamt der Stadt informieren, ob und welche Beschränkungen bestehen. Eventuell ist auch eine Genehmigung erforderlich.

Vor allem Metropolen und Städte mit Wohnungsknappheit beschränken in Zweckentfremdungssatzungen die tageweise Vermietung von Wohnraum. Diese Wohnungen stehen dann nicht zur dauerhaften Vermietung zur Verfügung. Die Regeln in diesen Verordnungen sind unterschiedlich. Mancherorts ist die tage- und wochenweise Vermietung erlaubt, sofern mehr als die Hälfte der Wohnung weiter durch den Wohnungsinhaber genutzt wird. Andernorts ist die tageweise Vermietung der kompletten Wohnung an Feriengäste unzulässig. Wieder andere Kommunen beschränken die vorübergehende kurzzeitige Vermietung auf zweimal im Jahr. Bei Verstößen gegen die Satzungen – etwa einer Vermietung als Ferienwohnung ohne behördliche Genehmigung – drohen hohe Bußgelder von bis zu 50 000 Euro, in Berlin sogar bis zu 100 000 Euro.

VORÜBERGEHENDER GEBRAUCH

Von der tage- und wochenweisen Vermietung nicht ganz einfach abzugrenzen ist die Kurzzeitvermietung: Vermieter überlassen ihre Immobilie zum „vorübergehenden Gebrauch“ etwa an Monteure, Geschäftsreisende oder Pendler. Dabei muss die Vermietung zum tatsächlichen Wohnen erfolgen. Die Wohnung darf jedoch nicht der Mittelpunkt der Lebensführung der Mieter sein. Im Mietvertrag muss eine Frist genannt sein. Eine bundeseinheitliche gesetzliche Regelung gibt es nicht. Die gängige Rechtsprechung bewertet eine Mietdauer von weniger als einem Monat als tage- oder wochenweise Vermietung. Bei mehr als sechs Monaten handelt es sich nach Auffassung der Gerichte nicht mehr um eine überschaubare Dauer. Inhalt des Mietvertrags muss auch der Zweck der Kurzzeitmiete sein, zum Beispiel ein Praktikum oder eine Montagetätigkeit. In einem Kurzzeitmietverhältnis gelten weder Kündigungsschutzvorschriften noch die Mietpreisbremse (§ 549 BGB). Für Vermieter ist ein solches Modell spannend, wenn es etwa darum geht, einen Zeitraum bis zum eigenen Einzug zu überbrücken und die Wohnung nicht leer stehen zu lassen. Sie sollten sich jedoch bei der Kommune vergewissern, dass diese nicht unter ein Zweckentfremdungsverbot fällt.

→ Die Miethöhe festlegen: Im Mietvertrag gilt es nicht nur die Ausgangsmiete zu beziffern. Auch künftige Mieterhöhungen müssen Sie mitdenken. Sie bestimmen die Form des Vertrags.

WAS ERFAHRE ICH?

Zum Zeitpunkt des Mietvertrags müssen Sie nicht nur festlegen, wie hoch der Mietzins und die Nebenkostenvorauszahlungen am Anfang sein sollen. Sie stellen auch die Weichen dafür, ob und wie Sie künftig die Miete erhöhen wollen. Mit einem Standardmietvertrag sind Sie dabei an gesetzliche Vorgaben gebunden, vor allem an die ortsübliche Vergleichsmiete und an die Mietpreisbremse. Mit einem Staffelmietvertrag hingegen fixieren Sie sogar die Termine und Beträge künftiger Mieterhöhungen. Und mit einem Indexmietvertrag koppeln Sie die Entwicklung Ihrer Miete an die der Lebenshaltungskosten. Diese werden im Verbraucherpreisindex abgebildet.

Welche Vertragsform für Vermieter die günstigste ist, lässt sich nicht pauschal sagen. Wenn die Mieten vor Ort schnell und stark steigen, ist die Orientierung an der ortsüblichen Vergleichsmiete rentabel. Im Falle einer Inflation steigt der Verbraucherpreisindex, was sich günstig bei einer Indexmiete auswirkt. Doch solche Entwicklungen lassen sich bestenfalls grob vorhersehen, aber keinesfalls in genaue Zahlen fassen. Viel hängt auch davon ab, wie viel Aufwand Sie betreiben wollen. Sowohl ein Staffel- als auch ein Indexmietvertrag sind bequem handhabbar und ersparen manche Diskussion mit Mietern. Allerdings will sich nicht jeder Mieter auf eine solche Konstruktion einlassen. Sie kann bedeuten, dass sich die eigene Miete stärker als die im Wohnumfeld erhöht. Wenn umgekehrt die Miete in der Umgebung rückläufig ist, ist ein solcher Vertrag für Sie nachteilig.

Ausgangsmiete

Über die Bestimmung der Ausgangsmiete und die Regeln, die dabei zu beachten sind, haben Sie ab Seite 54 schon viel erfahren. Bevor Sie konkrete Zahlen in ein Mietvertragsformular eintragen, sollten Sie sich vergewissern:

- → Gilt in Ihrer Kommune eine Mietpreisbremse? Die verlangte Miete darf maximal 10 Prozent über der ortsüblichen Vergleichsmiete liegen.
- → In der Kommune gilt eine Mietpreisbremse, doch in Ihrem Fall handelt es sich um eine Erstvermietung nach grundlegender Sanierung? Die Mietpreisbremse greift nicht.
- → In Ihrer Kommune gilt eine Mietpreisbremse, der vorherige Mieter hat rechtmäßig mehr als die ortsübliche Vergleichsmiete gezahlt? Sie dürfen die Vormiete fordern.

Wenn es vor Ort keine Mietpreisbremse gibt, sind Sie an keine Beschränkungen gebunden und können gefahrlos den Mietzins im Vertrag festlegen, mit dem Sie die Immobilie beworben haben.

Übertreiben sollten Sie es allerdings nicht – und zwar nicht nur mit Blick auf ein faires Miteinander. Übersteigt der Betrag die ortsübliche Vergleichsmiete um mehr als 20 Prozent, handelt es sich um eine Mietpreisüberhöhung gemäß § 5 Wirtschaftsstrafgesetz. Für diese Ordnungswidrigkeit kann eine Geldbuße bis zu 50 000 Euro erhoben werden. Eine Miete, die mehr als 50 Prozent über dem ortsüblichen Niveau liegt, gilt als **MIETWUCHER** und kann mit einer Freiheitsstrafe oder einer Geldstrafe geahndet werden.

Standardmietvertrag

Eine Mieterhöhung ist in einem solchen Mietvertrag erst mal nicht vorgesehen. Wenn Vermieter im laufenden Mietverhältnis die Miete erhöhen wollen, müssen sie nachweisen, dass die neue Miete nicht mehr als die ortsübliche Vergleichsmiete beträgt. Dafür können sie entweder einen Mietspiegel heranziehen oder die Zahlen von drei Vergleichswohnungen vorlegen. Auch eine umfangreiche Modernisierung oder Verbesserung der Qualität der Ausstattung berechtigt zur Mieterhöhung (siehe Seite 142).

Viele Mieter wünschen sich in einem Standardmietvertrag eine Klausel, die besagt, dass die Miete für einen bestimmten Zeitraum nicht erhöht werden darf. Eine solche Einschränkung können Sie aufnehmen, müssen es jedoch nicht.

Ein unbefristeter Standardmietvertrag hat einen entscheidenden Nachteil: Wenn die Immobilie in einer Gemeinde ohne Mietspiegel liegt oder wenn der Mietspiegel keine Anwendung findet, weil es sich um ein vermietetes Einfamilienhaus oder Reihenhaus handelt, lässt sich eine Mieterhöhung später nur schwer und mit viel Aufwand durchsetzen. In einem solchen Fall ist ein Staffel- oder Indexmietvertrag eine Überlegung wert. Diese beiden Formate regeln die Mieterhöhung bereits zum Zeitpunkt des Vertragsabschlusses.

Staffelmietvertrag

In einem Staffelmietvertrag vereinbaren Vermieter und Mieter über einen bestimmten Zeitraum, dass und wie die Miete erhöht wird. Dabei muss sich die Entwicklung der Miete nicht an der der ortsüblichen Vergleichsmiete orientieren.

In der Praxis werden bei der Formulierung von Staffelmietverträgen häufig Formfehler gemacht. Das führt dann dazu, dass die Vereinbarung über die Staffelung unwirksam ist und es bei der anfänglichen Höhe der Miete bleibt. Fehlt die Angabe des Betrags für spätere Jahre, dann bleiben die für die ersten Jahre des Mietvertrags als Betrag angegebenen Mietstaffeln aber wirksam. Das hat der Bundesgerichtshof entschieden (BGH, Az. VIII ZR 197/11).

Folgendes müssen Sie beachten:

→ Der Staffelmietvertrag muss in Schriftform geschlossen werden. Es braucht also die Unterschriften von allen Beteiligten (§ 557a Abs. 1 BGB).
→ Die neue Miete oder die Mieterhöhung müssen als Geldbetrag ausgewiesen sein. Eine prozentuale Angabe ist nicht zulässig (§ 557a BGB).
→ Die einzelnen Zeitabschnitte müssen exakt benannt sein, also mit dem Datum der Mieterhöhung und dem Datum, zu dem diese Stufe endet.
→ Zwischen den Schritten muss mindestens ein Jahr liegen.

Parallel zur Staffelerhöhung sind weitere Mieterhöhungen nicht zulässig, wohl aber nach Auslaufen der Staffel. Sobald die letzte Staffel mindestens ein Jahr gezahlt worden ist, können Vermieter die Miete wieder wie bei Mietverträgen sonst erhöhen – im Rahmen der möglicherweise vor Ort geltenden Begrenzungen.

Ein Staffelmietvertrag hat für beide Parteien einen Vorteil: Sie wissen auf lange Sicht, was auf sie zukommt. Vermieter müssen sich nicht mühsam mit komplizierten Mieterhöhungsverfahren befassen, Mieter werden vor überraschenden Erhöhungen bewahrt. Die Festlegung der konkreten Erhöhungen ist allerdings eine Gratwanderung. Es kann sein, dass sich

MIETPREISBREMSE UND ABGESENKTE KAPPUNGSGRENZE

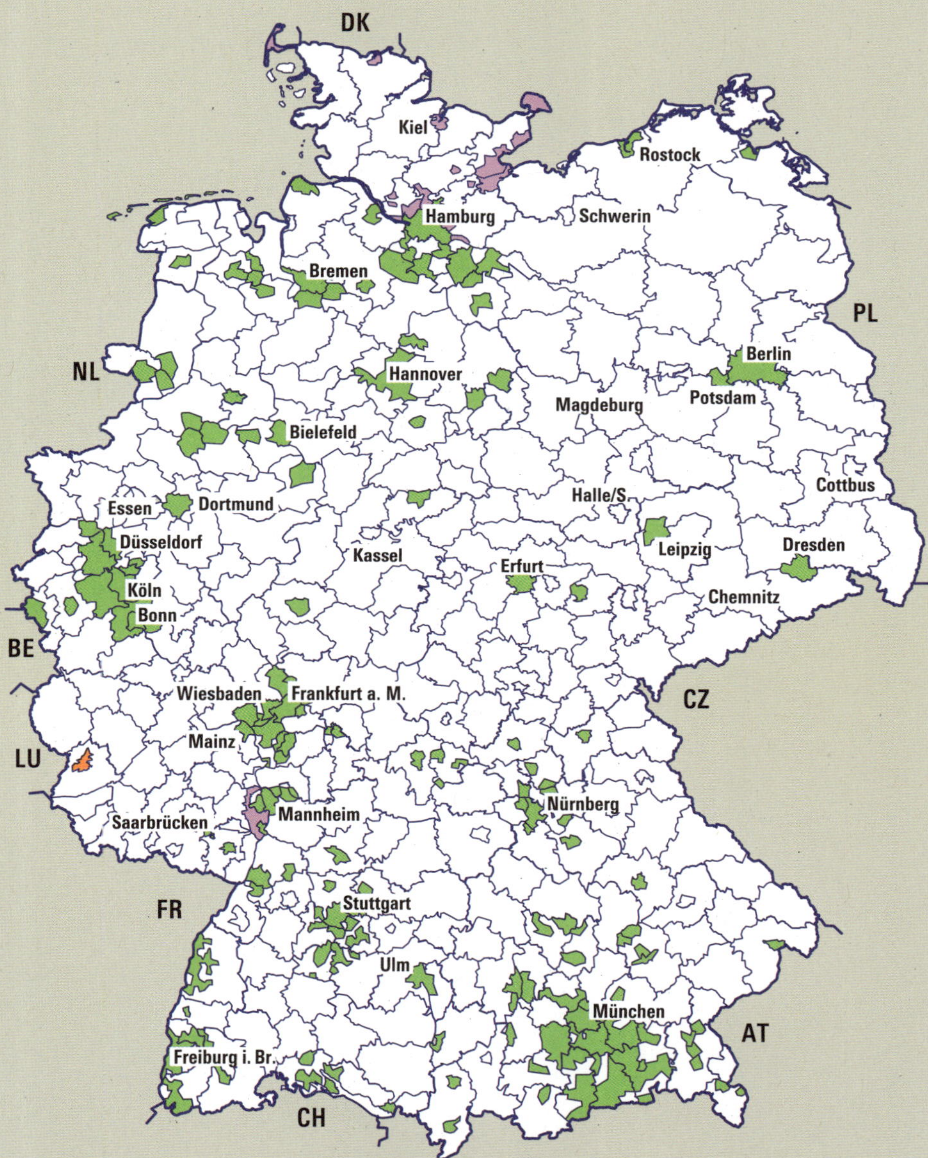

Gemeinden mit einer Mietpreisbremse und/oder einer abgesenkten Kappungsgrenze

- nur Mietpreisbremse
- nur abgesenkte Mietpreisbremse
- Mietpreisbremse und abgesenkte Kappungsgrenze

Quelle: Bundesinstitut für Bau-, Stadt- und Raumforschung (BBSR) 2025

Vor allem in Ballungsräumen gelten häufig eine Mietpreisbremse und eine abgesenkte Kappungsgrenze.

STAFFELMIETE UND MIETPREISBREMSE

Dort, wo die Mietpreisbremse gilt, darf die Ausgangsmiete maximal 10 Prozent über der ortsüblichen Vergleichsmiete liegen. Außerdem gilt die Mietpreisbremse für jede einzelne Staffel, die im Vertrag festgehalten ist. Entscheidend ist dabei die **ORTSÜBLICHE VERGLEICHSMIETE** zu dem Zeitpunkt, wenn die jeweilige Staffel in Kraft tritt. Der Haken dabei ist: Die kennen Sie zum Zeitpunkt des Mietvertragsabschlusses noch nicht. Sie können nun zwar bei der Festlegung der Staffelungen zurückhaltend sein, es kann aber dennoch passieren, dass die Staffel zum Zeitpunkt x über dem dann zulässigen Betrag liegt. Dann ist sie unwirksam und muss auf die maximal zulässige Summe herabgesetzt werden – 10 Prozent über der ortsüblichen Vergleichsmiete. Eine Kappungsgrenze gibt es übrigens bei Staffelmietverträgen nicht (siehe Seite 145). Aber auch hier darf natürlich kein Mietwucher betrieben werden.

im Laufe der Jahre Veränderungen ergeben, die zum Zeitpunkt der Vereinbarung der Mietstaffeln nicht absehbar und damit in den Beträgen nicht abbildbar waren.

Wenn etwa in direkter Nachbarschaft ein Gewerbegebiet erschlossen wird oder auch die Nachbarschaft nach und nach von Leerstand betroffen ist, mindert das den Wert der Immobilie. Ein ursprünglich vereinbarter Mietanstieg scheint dann unter Umständen nicht mehr oder nicht in der vorgesehenen Höhe angemessen.

In einer solchen Situation können Sie sich als Vermieter natürlich auf Ihren vertraglichen Mieterhöhungsanspruch zurückziehen. Sie können jedoch auch im Interesse eines harmonischen Miteinanders einen Kompromiss suchen und die vorgesehenen Mieterhöhungen reduzieren.

Umgekehrt ist es durchaus denkbar, dass Ihr Wohnviertel durch einen Infrastrukturausbau erheblich aufgewertet wird, sodass Sie bereuen, keine größeren Erhöhungen vereinbart zu haben. Dann müssen Sie in den sauren Apfel beißen und bis zum Vertragsende an der vereinbarten Regelung festhalten.

Indexmietvertrag

Bei einem Indexmietvertrag vereinbaren die Parteien, die Miete an den Verbraucherpreisindex (VPI) zu koppeln. Die Miete steigt dann parallel zu den Lebenshaltungskosten. Dabei kennen Vermieter und Mieter im Vorfeld keine konkreten Beträge. Die Planungssicherheit ist also für beide geringer als bei einem Staffelmietvertrag. Viele Jahre lang stiegen die Lebenshaltungskosten sehr langsam. Ebenso langsam stiegen Indexmieten. Doch dann kamen der Ukraine-Krieg und mit ihm rasante Preissteigerungen. So lag der VPI im Oktober 2022 satte 10,4 Prozent höher als im Vorjahresmonat. Inzwischen hat sich die Entwicklung wieder etwas beruhigt. Im Januar 2026 lagen die Verbraucherpreise um 2,1 Prozent über denen des Vorjahresmonats.

Für die Ausgestaltung eines Indexmietvertrags macht § 557b BGB Vorgaben:

- Die Vereinbarung muss schriftlich erfolgen.
- Als Maßstab darf ausschließlich der offizielle, vom Statistischen Bundesamt veröffentlichte Verbraucherpreisindex (VPI) herangezogen werden.
- Die Miete muss nach einer Erhöhung mindestens ein Jahr unverändert bleiben.

Außerdem hat das Landgericht Berlin klargestellt: Die Modalitäten der Indexmiete dürfen sich nicht im Vertrag unter „Sonstige Vereinbarungen" finden, sie müssen in dem Paragrafen mit der Überschrift „Miete" formuliert sein, üblicherweise in Absatz 3 (LG Berlin, 63 S 138/24).

In Gebieten mit Mietpreisbremse ist diese für die Ausgangsmiete zu beachten, nicht aber für spätere Erhöhungen. Beim Vertragsschluss darf die Miete also maximal 10 Prozent über der ortsüblichen Vergleichsmiete liegen. Kappungsgrenzen gelten nicht. Genau wie bei Staffelmietverträgen sind auch bei Indexmietverträgen die sonst zulässigen und oft heftig umstrittenen Mieterhöhungen bis zur ortsüblichen Vergleichsmiete oder wegen Modernisierungen ausgeschlossen. Zulässig sind jedoch Mieterhöhungen wegen baulicher Veränderungen, die Vermieter nicht zu vertreten haben, etwa aufgrund von Rechtsvorschriften zum Klimaschutz. Anders als Staffelmieten steigen Indexmieten jedoch nicht automatisch. Eine Regelung im Mietvertrag, wonach sich die Miete automatisch um die Inflationsrate erhöht, ist unwirksam. Erst wenn Sie erklären, dass die Miete nunmehr an die Entwicklung des VPI anzupassen ist, führt das zur Mieterhöhung. Üblich ist eine Anhebung alle ein bis zwei Jahre über einen Zeitraum von bis zu zehn Jahren, so das IW Köln in einer Studie im Jahr 2025.

Wie Sie die Indexmiete ermitteln und was beim Mieterhöhungsverlangen zu beachten ist, lesen Sie ab Seite 144.

WANN ERHÖHEN?

Der VPI wird monatlich erhoben und veröffentlicht. Es steht Ihnen frei, jeden gesetzlich möglichen Termin zu nutzen. Dann passen Sie die Miete erstmals zwölf Monate nach Vertragsschluss an und erhöhen sie in der Folge jährlich. Es ist jedoch auch möglich, im Mietvertrag einen anderen Rhythmus festlegen – beispielsweise alle zwei Jahre – oder auch zu regeln, dass die Anpassung erst dann erfolgt, wenn der Verbraucherpreisindex auf eine gemeinsam festgelegte Höhe gestiegen ist.

STAFFELMIETE MIT INDEX

Eine Indexmietklausel ist auch in einem Staffelmietvertrag zulässig. Sie darf aber nur für die Zeit gelten, in der keine neuen Staffelmieten mehr vorgesehen sind. Die erste Indexmieterhöhung ist frühestens ein Jahr nach Inkrafttreten der letzten Mietstaffel erlaubt (AG Hamburg-Wandsbek, Az. 713 C 106/22).

Vereinbarte Mieterhöhungen

Mehr als zwei Drittel der Vermieter haben in ihren Mietverträgen keine gesonderte Vereinbarung zu Mieterhöhungen getroffen. Sie erhöhen oft nur bei Neuvermietung.

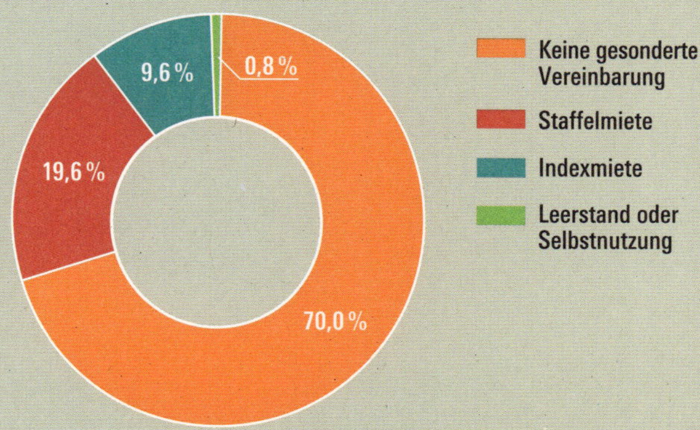

Quelle: Vermieterbefragung 2025, Haus & Grund Deutschland

Fälligkeit der Mietzahlung

Gemäß § 556b ist die Miete spätestens am dritten Werktag des Mietmonats fällig. In Mustermietverträgen ist das entsprechend standardmäßig enthalten. Eine anderslautende Vereinbarung ist zulässig. Vor allem dann, wenn das Mietverhältnis nicht am ersten Tag eines Monats beginnt, sondern beispielsweise am 15., ist es durchaus üblich, eine andere Regelung zu treffen. In einem solchen Fall wird entweder vereinbart, dass die anteilige Miete für die verbleibenden Tage des Monats bis zum dritten Tag nach dem Mietbeginn – in unserem Beispiel: bis zum 18. – zu zahlen ist und ab dem ersten vollen Monat die gesetzliche Regelung gilt. Alternativ kann auch generell ein anderer Fälligkeitstermin – also etwa immer der 18. – vereinbart werden. Das scheint auf den ersten Blick vorteilhaft, erschwert jedoch Jahresabrechnungen, da dann ein Mietmonat zwei Jahre betrifft.

Für die Zahlung braucht der Mieter Ihre Kontoverbindung. Achten Sie sorgsam darauf, dass sich keine Zahlendreher einschleichen.

Sie können im Mietvertrag darüber hinaus vereinbaren, dass die erste Miete bereits vor der Wohnungsübergabe auf Ihrem Konto eingegangen sein muss. Das gibt Ihnen eine zusätzliche Sicherheit. Eine solche Vereinbarung stellt keine unangemessene Benachteiligung der Mieter dar, so ein Urteil des Landgerichts Bonn (LG Bonn, Az. 6 T 25/09).

→ **Betriebskosten:** Welche regelmäßigen Kosten aus der Vermietung können Sie auf die Mieter umlegen? Und wie hoch sollen deren monatliche Vorauszahlungen ausfallen? Auch das regelt der Mietvertrag.

WAS ERFAHRE ICH?

Die Bewirtschaftung einer Immobilie kostet viel Geld. Alle laufenden, regelmäßig anfallenden Nebenkosten, die im Zusammenhang mit der Vermietung stehen – die sogenannten Betriebskosten –, dürfen Sie auf die Mieter umlegen. Alle anderen Nebenkosten – zum Beispiel für Instandsetzungen oder Verwaltung – müssen Sie selbst übernehmen.

Im Abrechnungsjahr 2024 mussten Mieterhaushalte durchschnittlich 2,67 Euro pro Quadratmeter und Monat zahlen, so der Betriebskostenspiegel des Deutschen Mieterbundes. Falls alle denkbaren Betriebskosten abgerechnet wurden, waren es sogar 3,68 Euro pro Quadratmeter und Monat. Für eine Wohnung von 80 Quadratmetern summierte sich das im Jahr 2024 auf durchschnittlich 3 533 Euro, wenn alle Betriebskostenarten anfielen. Kein Wunder, dass häufig von „der zweiten Miete" die Rede ist. Und die bietet genauso viel Streitpotenzial wie die Nettokaltmiete.

Schon im Mietvertrag legen Sie den Grundstein für spätere saubere Abrechnungen und ein faires Miteinander. Dazu müssen Sie sich zunächst damit beschäftigen, welche Nebenkosten anfallen und bei welchen Posten es sich um Betriebskosten handelt, die per Gesetz auf die Mieter umgelegt werden dürfen. Dann müssen Sie entscheiden, nach welcher Methode Sie die Nebenkosten künftig abrechnen wollen.

Umlagefähigkeit von Betriebskosten

Nicht alle Kosten, die durch die Vermietung von Wohnimmobilien entstehen, dürfen Sie an Ihre Mieter weiterreichen. Umlagefähig sind ausschließlich Betriebskosten, die durch das Eigentum und den bestimmungsgemäßen Gebrauch des Gebäudes und des Grundstücks regelmäßig anfallen (§ 556 Abs. 1 BGB). Dazu zählen beispielsweise Straßenreinigung, Gartenpflege und die Wohngebäudeversicherung, Gerätewartungen sowie verbrauchsabhängige Kosten wie Heizung und Wasser. Aufwendungen für Instandhaltungen sowie die Hausverwaltung dagegen müssen Sie allein tragen. Im Katalog der Betriebskostenverordnung (BetrKV) sind 17 umlagefähige Betriebskostenarten aufgeführt.

Die Verordnung bestimmt dabei sowohl die Inhalte der einzelnen Betriebskostenarten als auch den Umfang der möglichen Umlage.

EIN BEISPIEL: Zu den umlagefähigen Betriebskosten der Wasserversorgung zählen neben den Kosten des Wasserverbrauchs und den Grundgebühren auch die Kosten für An-

Betriebskosten und ihre Verteilung

Der jährlich vom Deutschen Mieterbund veröffentlichte Betriebskostenspiegel liefert einen Überblick über die Durchschnittskosten (in Euro) pro Quadratmeter und Monat. So sahen die Positionen im Jahr 2024 aus.

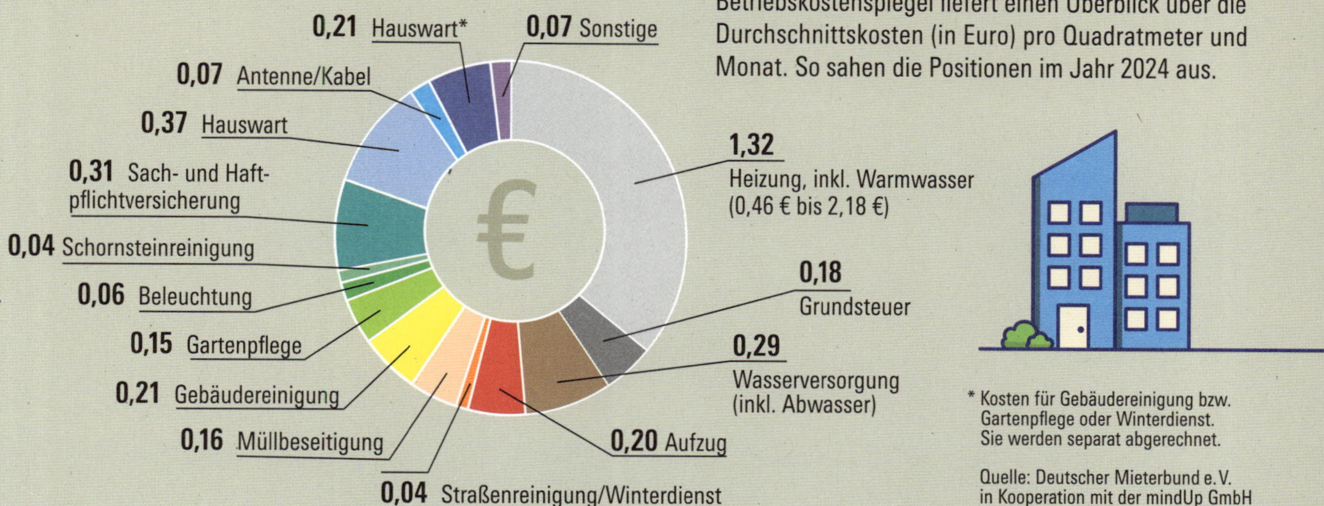

* Kosten für Gebäudereinigung bzw. Gartenpflege oder Winterdienst. Sie werden separat abgerechnet.

Quelle: Deutscher Mieterbund e. V. in Kooperation mit der mindUp GmbH

mietung von Wasserzählern, ihre Verwendung und Eichung, Kosten der Berechnung und Aufteilung, der Wartung von Wassermengenreglern sowie Kosten des Betriebs einer hauseigenen Wasserversorgungsanlage und/oder Wasseraufbereitungsanlage.

In der Tabelle auf der folgenden Seite finden Sie die Kategorien im Überblick, dazu einige Beispiele für Posten, die nicht zu den Betriebskosten zählen und damit nicht umlegbar sind. Veränderungen gab es in der jüngsten Vergangenheit bei zwei klassischen Betriebskosten – der Grundsteuer und dem Kabelanschluss.

VERSICHERUNGSBEITRÄGE

Als Vermieter dürfen Sie die Beiträge für eine Gebäudeversicherung in voller Höhe als Betriebskosten auf die Mieter umlegen. Das gilt nach einem Urteil des Bundesgerichtshofs selbst dann, wenn die Versicherung auch Mietausfälle abdeckt, die durch einen Gebäudeschaden verursacht werden. Die Kosten für eine separate Mietausfallversicherung dürfen Sie hingegen nicht umlegen (BGH, Az. VIII ZR 38/17).

NEUE GRUNDSTEUER

Vermieter dürfen die Grundsteuer zu 100 Prozent auf ihre Mieter umlegen. Manchmal ändert sich an diesem Posten über Jahre nichts. Die gesetzliche Neuregelung der Grundsteuerberechnung hat zwar an der Umlagefähigkeit nichts geändert, jedoch dazu geführt, dass die Eigentümer im Jahr 2025 neue Bescheide erhalten haben (siehe Seite 34). Diese finden erstmalig in die Nebenkostenabrechnung für 2025 Eingang. Mieter können von Ihnen die Vorlage des Grundsteuerbescheids und des Messbescheids, auf dessen Basis die neue Grundsteuer berechnet wurde, verlangen.

KABELANSCHLUSS

Seit 1. Juli 2024 dürfen Vermieter die monatlichen Kosten für einen TV- beziehungsweise Breitbandanschluss nicht mehr auf ihre Mieter umlegen. Bis dato war das zulässig, und zwar unabhängig davon, ob die Mieter den Anschluss tatsächlich genutzt haben oder nicht. Mit der Novelle des Telekommunikationsgesetzes (TKG) ist dieses sogenannte Nebenkostenprivileg gefallen. Hintergrund der Gesetzesänderung war die wachsende Zahl alternativer,

WELCHE NEBENKOSTEN SIE UMLEGEN KÖNNEN

Nicht alle Nebenkosten können Sie an die Mieter weiterreichen. Welche von ihnen als Betriebskosten gelten und damit umgelegt werden dürfen, regelt die Betriebskostenverordnung in § 2 BetrKV. Hier ein Überblick.

	Abgerechnet werden können nur die 17 genannten Betriebskostenarten:	**Nicht abrechnen können Sie folgende Posten (Beispiele):**
1	laufende öffentliche Lasten des Grundstücks, zum Beispiel Grundsteuer	Erschließungsbeiträge, Straßenbau- und -ausbaubeiträge
2	Wasserversorgung	Instandhaltungen
3	Entwässerung	Reparaturen
4	zentrale Wärmeerzeugung oder Reinigung und Wartung von Etagenheizungen	Rücklagen, Zinsen
5	zentrale Warmwassererzeugung oder Reinigung und Wartung von Warmwassergeräten	Hausverwaltung, Bank- und Kontoführungsgebühren
6	verbundene Heizungs- und Warmwasserversorgungsanlagen	Nutzerwechselgebühr und Zwischenablesung bei Auszug eines Mieters
7	Betrieb eines Personen- oder Lastenaufzugs	Rechtsschutzversicherung, Mietausfallversicherung
8	Straßenreinigung, Müllbeseitigung	Anschaffung oder Miete und Installation von Rauchwarnmeldern und Feuerlöschern
9	wiederkehrende Gebäudereinigung, regelmäßige Ungezieferbekämpfung	einmalige Reinigungskosten, einmalige Schädlingsbeseitigung
10	Gartenpflege, Baumfällung	Neuanlage des Gartens, Anschaffung von Gartengeräten
11	Beleuchtung im Außenbereich und in gemeinsam genutzten Bereichen	Notdienstpauschale des Hausmeisters
12	Schornsteinreinigung	
13	Gebäude-, Sach- und Haftpflichtversicherung	
14	Hauswart	
15	Betrieb einer Gemeinschaftsantennenanlage oder der mit einem Breitbandnetz verbundenen privaten Verteilanlage oder einer gebäudeinternen Verteilanlage	
16	Betrieb der Einrichtungen für Wäschepflege	
17	sonstige im Mietvertrag oder der Anlage aufgeführte Betriebskosten, die regelmäßig am und durch das Eigentum anfallen (zum Beispiel Wartung von Rauchmeldern)	

digitaler Möglichkeiten, Fernsehen zu empfangen. Mieter, die diese bevorzugten, mussten in der Vergangenheit oft doppelt Fernsehgebühren zahlen.

Das heißt, Sie können sich nun zurücklehnen und es den Mietern überlassen, bei Bedarf einen Kabelvertrag mit dem Telekommunikationsanbieter ihrer Wahl abzuschließen und den Anschluss bei ihm zu bezahlen.

Dabei ist wichtig zu wissen: Die Kosten für den Betrieb einer Gemeinschafts-Antennenanlage oder für eine mit einem Breitbandnetz verbundenen Verteilanlage sowie die Kosten für die Bereitstellung einer gebäudeinternen Infrastruktur zur Nutzung eines Glasfaseranschlusses dürfen Sie weiterhin als Betriebskosten umlegen. Diese Umlage darf allerdings höchstens 60 Euro im Jahr und insgesamt maximal 540 Euro je Wohneinheit betragen (§ 72 TKG). Der erstmalige Anschluss an ein Glasfasernetz gilt als Modernisierungsmaßnahme und berechtigt zu einer Modernisierungsmieterhöhung.

SONSTIGE BETRIEBSKOSTEN

Die Ziffern 1 bis 16 der Betriebskostenverordnung lassen nur begrenzt Interpretationsspielraum. Heikel ist hingegen Ziffer 17 mit der Überschrift „sonstige Betriebskosten". Im Mietvertrag muss konkretisiert sein, was unter dieser Überschrift zu verstehen ist. Nur die vertraglich vereinbarten sonstigen Betriebskostenarten können Sie auf Ihre Mieter umlegen. In jeder späteren Betriebskostenabrechnung müssen Sie diese Kosten differenziert, Posten für Posten, auflisten (siehe Seite 124).

Natürlich können Sie aber in Ihrem Mietvertrag nicht nach Belieben „sonstige Betriebskosten" deklarieren. Gängige sonstige Betriebskosten sind:

- → turnusmäßige Reinigung von Dachrinnen, Glasdächern, Rollläden
- → Wartung von Lüftungs- und Alarmanlagen, Brandmeldern, Feuerlöschern und Sprinkleranlagen, Prüfung von Blitzschutz und Elektroinstallationen, Wartung von Fenstern, Türen und Toren
- → Betriebskosten für Gemeinschaftseinrichtungen (Fitnessräume, Sauna etc.)

Die Kosten für die Reinigung des Treppenhauses und anderer Gemeinschaftsbereiche können Sie als Betriebskosten umlegen.

Über ein ungewöhnliches Beispiel entschied der BGH im Jahr 2022: Wenn ein Eigentümer einen externen Dienstleister beauftragt, die Mülltrennung zu kontrollieren und bei Bedarf nachzusortieren, so darf er diese Kosten unter der Überschrift „Kosten der Müllbeseitigung" fassen und weiterreichen (BGH, Az. VIII ZR 117/21).

WIEDERKEHRENDE KOSTEN

Bei der Zuordnung eines Postens in die Rubrik „umlagefähig" oder „nicht umlagefähig" kommt es immer auf die Regelmäßigkeit an. Die monatliche Reinigung des Treppenhauses ist umlagefähig, eine einmalige Fassadenreinigung nicht. Die regelmäßige Gartenpflege müssen Mieter finanzieren, nicht aber eine Neuanlage. In welchen Zeitabständen die Kosten wiederkehren – monatlich, jährlich oder auch im Mehrjahresturnus – ist dabei unerheblich. Auch darf die Höhe der Kosten unterschiedlich ausfallen.

Bei allen Wartungstätigkeiten ist die Abgrenzung zur Instandhaltung entscheidend. Achten Sie deshalb an allen drei Stellen – bei der Beauftragung von Dienstleistern, in ihrer Abrechnung und im Mietvertrag – auf den genauen Wortlaut, um Konflikte und Unstimmigkeiten zu vermeiden. Sonst entbrennt schnell Streit darüber, ob die Kosten für den Dach-

WENN DIE MIETER DIREKT ZAHLEN …

Kosten, die Mieter **UNMITTELBAR** tragen, gehören nicht zu den Betriebskosten. Das kommt in zwei Konstellationen vor:

- Mieter sind Vertragspartner zum Beispiel eines Energielieferanten und zahlen die Kosten für den innerhalb der Wohnung gemessenen Verbrauch direkt an das Unternehmen.
- Mancherorts ist die gewohnheitsmäßige Kostenübernahme zum Beispiel von Müllabfuhr oder Straßenreinigung durch die Mieter üblich.

In beiden Fällen können Vermieter die jeweiligen Kosten nicht als Betriebskosten ansetzen.

deckerbetrieb tatsächlich nur die Rinnenreinigung oder auch die Beseitigung einer Verstopfung in einem Fallrohr beinhalten.

Betriebskosten im Mietvertrag ausweisen

Damit Vermieter Betriebskosten an ihre Mieter weiterreichen können, müssen die Vertragsparteien im Mietvertrag eine wirksame Vereinbarung zur Kostenübernahme treffen. Wenn diese fehlt, sind alle Betriebskosten mit der Grundmiete abgegolten. Das ist jedoch die absolute Ausnahme. In nahezu allen Standardmietverträgen finden sich entsprechende Formulierungen, die regeln, welche Kosten die Mieter übernehmen. Teil der Vereinbarung ist auch die Festlegung eines Abrechnungszeitraums (siehe Seite 125).

Beide Vertragsparteien haben ein Interesse daran, dass Mieter mit der monatlichen Miete auch realistische Abschläge der umlagefähigen Betriebskosten zahlen: Sie wollen Summen dieser Größenordnung keinesfalls vorstrecken, und Mieter wiederum möchten nach der Jahresabrechnung nicht auf einen Schlag einen hohen Betrag begleichen. Das BGB erlaubt, dass die Betriebskosten im Mietvertrag als Vorauszahlung oder als Pauschale ausgewiesen werden. Wichtig ist in beiden Fällen das Wording: Achten Sie sorgsam darauf, dass immer nur von Betriebskosten und nirgends von Nebenkosten die Rede ist. Der Begriff „Nebenkosten" ist – anders als der Begriff „Betriebskosten" – rechtlich nicht geklärt.

VORAUSZAHLUNGEN

Weit verbreitet ist die Vereinbarung einer Nettokaltmiete zuzüglich Vorauszahlungen für Betriebs- und Heizkosten. Bei diesem Verfahren müssen Vermieter später jeweils eine Abrechnung erstellen, in der sie die Betriebskostenvorauszahlungen der Mieter mit den tatsächlich entstandenen Betriebskosten verrechnen (siehe Seite 126).

Übersteigen die Abschläge die tatsächlich entstandenen Kosten, haben die Mieter Anspruch auf eine Rückzahlung. Waren die Vorauszahlungen hingegen niedriger als die tatsächlichen Kosten, dürfen Vermieter eine Nachzahlung verlangen. In der Folge können Vermieter die monatlichen Vorauszahlungsbeträge anpassen.

PAUSCHALE

Alternativ können die Vertragspartner eine Betriebskostenpauschale vereinbaren. In diesem Fall sind Vermieter nicht zu einer späteren Abrechnung der Betriebskosten verpflichtet. Das reduziert den Verwaltungsaufwand deutlich. Auf dieses Verfahren sollten Sie sich jedoch nur nach einer genauen Kalkulation der anfallenden Kosten einlassen. Der Grund: Sie können keine Nachforderungen geltend machen. Umgekehrt haben allerdings auch die Mieter keinen Anspruch auf Rückzahlungen.

Außerdem müssen Sie sich Gedanken dazu machen, wie Sie mit den Kosten für Heizung und Warmwasser verfahren wollen. Das übliche Verfahren sieht so aus: Sie beziffern eine Pauschale für die sogenannten kalten Betriebskosten – also für alle Posten außer Heizung und Warmwasser. Für die müssen Sie dann auch keine Abrechnung vornehmen. Für Heizung und Warmwasser hingegen verlangen Sie Vorauszahlungen, die Sie im Zuge der Heizkostenabrechnung verrechnen. Alternativ können Sie auch eine (Gesamt-)Betriebskostenpauschale vereinbaren und festlegen, dass darin auch ein Anteil für Heizung und Warmwasser enthalten ist. In allen Mehrfamilienhäusern mit einem zentralen Wärmeerzeuger sind Sie dennoch gesetzlich verpflichtet, die Heizkosten nach dem Verbrauch und den Regeln der Heizkostenverordnung abzurechnen (siehe Seite 96). Die Erleichterung, die eine Pauschale bringen kann, wird dann also zunichtegemacht. Schlimmer noch – Sie müssen mit einer Pauschale für alle Posten und zusätzlich mit einer Abrechnung für Heizung und Warmwasser jonglieren.

Generell gilt für Pauschalen in Mietverträgen: Spätestens, wenn Sie feststellen, dass die von Ihnen verauslagten Betriebs- und gegebenenfalls auch Heizungskosten deutlich über der Summe der Pauschale(n) in allen betroffenen Wohneinheiten liegen, sollten Sie genauer nachrechnen. Eine Veränderung der Pauschale ist dann jedoch nur unter bestimmten Voraussetzungen möglich (siehe Seite 132). Auf jeden Fall muss die Möglichkeit einer Erhöhung der Betriebs- und eventuell auch Heizkostenpauschale bereits im Mietvertrag vorgesehen sein. Der Mietvertrag muss dann eine sogenannte Öffnungsklausel enthalten, die dem Vermieter das Recht zur Anpassung der Pauschale einräumt.

BRUTTOWARMMIETE

Die dritte Variante ist die Vereinbarung einer Bruttowarmmiete, auch Inklusivmiete genannt. In ihr sind sämtliche warmen und kalten Betriebskosten enthalten. Die zugrunde liegenden Pauschalen sind dabei jedoch nicht mehr erkennbar. Auch bei einer Bruttowarmmiete müssen Vermieter keine Betriebskostenabrechnung vornehmen.

Eine solche Vereinbarung ist – außer in Gebäuden mit nicht mehr als zwei Wohneinheiten, von denen eine die Vermieter selbst nutzen – nicht erlaubt, denn sie widerspricht der Heizkostenverordnung. Das hat der Bundesgerichtshof entschieden (BGH, Az. VIII ZR 212/05). Für Einfamilienhäuser oder die genannten Zweifamilienhäuser ist ein Mietvertrag mit einer Bruttowarmmiete zwar möglich, er hat jedoch für Vermieter einen erheblichen Nachteil: Wenn Sie den Mietzins erhöhen möchten, müssen Sie zunächst die Betriebskosten herausrechnen, um die Nettokaltmiete zu ermitteln. Die dürfen Sie dann entsprechend den Vorgaben vor Ort erhöhen und anschließend die konkret zu tragenden Betriebskosten wieder hinzufügen.

HÖHE VON VORAUSZAHLUNGEN ODER PAUSCHALEN

Zu hoch kalkulierte Betriebskosten können Mieter schon im Stadium der Wohnungssuche abschrecken. Zu niedrig angesetzte Beträge sorgen für höhe Nachforderungen und damit meist für Ärger mit den Mietern.

Gesucht ist also eine möglichst realistische Größe. Um die zu beziffern, können Sie das bisherige Mietverhältnis oder eine vergleichbare Wohnung im Gebäude als Orientierung nutzen. Verbraucherverhalten und klimatische Schwankungen gleichen Sie aus, indem Sie das Mittel aus den Betriebskostenabrechnungen der letzten drei Jahre zugrunde legen. Es gibt allerdings einen Haken: Haben sich in diesem Zeitraum Energiepreise deutlich erhöht, ist ein solcher Durchschnittswert wenig hilfreich. Dann müssen Sie wohl oder übel mit den Beträgen aus der aktuellsten Abrechnung arbeiten.

Schwierig gestaltet sich das Benennen von Vorauszahlungsbeträgen bei einer erstmaligen Vermietung – etwa nach dem Kauf einer Immobilie. Im besten Fall gibt der vorherige Eigentümer Auskunft über die angefallenen Betriebskosten. Notfalls können Sie auch für das erste Jahr die Durchschnittswerte aus dem Betriebskostenspiegel

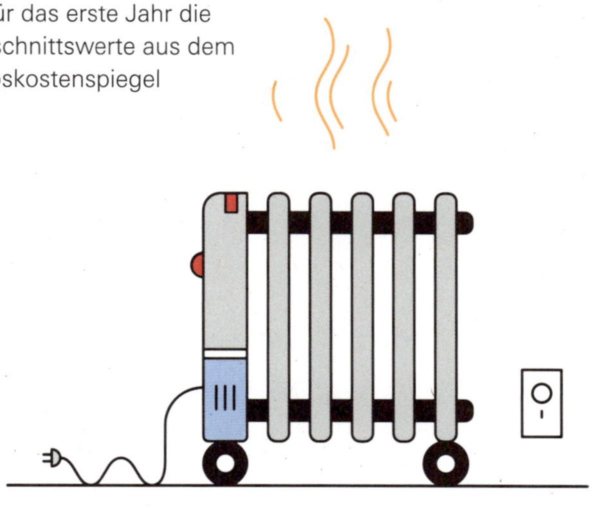

des Deutschen Mieterbundes verwenden und nach der ersten Abrechnung entsprechend nachjustieren.

KOSTEN EINZELN IM VERTRAG NENNEN?

Früher mussten alle Betriebskosten, für die Mieter aufkommen sollten, explizit im Mietvertrag aufgelistet werden. Das ist heute nicht mehr zwingend erforderlich. Der Bundesgerichtshof hat im Jahr 2016 geurteilt: „In der Wohnraummiete genügt zur Übertragung der Betriebskosten auf den Mieter die – auch formularmäßige – Vereinbarung, dass dieser ‚die Betriebskosten' zu tragen hat. Auch ohne Beifügung des Betriebskostenkatalogs oder ausdrückliche Bezugnahme auf § 556 Abs. 1 Satz 2 BGB und die Betriebskostenverordnung vom 25. November 2003 (BGBl. I. S. 2347) ist damit die Umlage der in § 556 Abs. 1 Satz 2 BGB definierten und in der Betriebskostenverordnung erläuterten Betriebskosten vereinbart." Zur Begründung verwies das Gericht auf die seit Jahrzehnten gängige Praxis, wonach die Umlage sämtlicher Betriebskosten in Mietverträgen vereinbart wird. Der Begriff „Betriebskosten" könne daher als bekannt vorausgesetzt werden und bedürfe keiner zusätzlichen Erläuterung oder Aufschlüsselung (BGH, Az. VIII ZR 137/15). Allein mit dem Satz „Der Mieter trägt die Betriebskosten" ist also sichergestellt, dass Vermieter die gesetzlich umlegbaren Betriebskosten abrechnen können. Umgekehrt birgt die detaillierte Aufzählung Risiken: Es können Betriebskosten hinzukommen, etwa weil sich Bedingungen vor Ort ändern oder neue Kategorien in die BetrKV aufgenommen werden. Diese gelten dann nicht als vereinbart und damit nicht als abrechenbar. Wenn Sie dennoch lieber einzelne Posten aufzählen möchten, halten Sie sich unbedingt an die Formulierungen aus der Betriebskostenverordnung. Alle „sonstigen Betriebskosten", die Sie umlegen möchten, müssen Sie allerdings ganz konkret im Vertrag benennen.

→ Bei einer Wohnung in einem Mehrfamilienhaus gilt: Die Zuordnung der Betriebskosten und der Verteilschlüssel richten sich nach der Betriebskostenart.

Verteilung der Kosten

Handelt es sich bei dem Mietobjekt um ein Einfamilienhaus, ist die Sache klar: Die Mieter tragen sämtliche Betriebskosten. Bei einer Wohnung in einem Mehrfamilienhaus ist das anders. Dort müssen die Kosten auf alle Mietparteien verteilt werden. Die Zuordnung und der Verteilschlüssel richten sich nach der Betriebskostenart.

- → Alle Kosten, die nachweislich durch eine Mietpartei verursacht sind, werden dieser zugeordnet.
- → Für alle Betriebskosten, deren Verbrauch erfasst wird, gilt dieser als Maßstab.
- → Sämtliche verbrauchsunabhängigen Kosten, die sich auf das gesamte Gebäude beziehen, müssen die einzelnen Parteien anteilig zahlen.
- → Die Kosten für eine zentrale Heizung und Warmwasseraufbereitung müssen zwingend nach der Heizkostenverordnung abgerechnet werden.

Für die beiden Verteilungsfälle – verbrauchsunabhängige Betriebskosten und Heizkosten/Warmwasser bei einer zentralen Versorgung – braucht es klare Regelungen. Die werden im Mietvertrag festgeschrieben.

VERBRAUCHSUNABHÄNGIGE BETRIEBSKOSTEN

Das Gesetz sieht dafür die Verteilung nach Wohnfläche, also proportional zur Quadratmeterzahl der jeweiligen Wohneinheit vor. Mieter einer größeren Wohnung zahlen einen höheren Anteil an den Betriebskosten als die einer kleineren. Wenn im Mietvertrag keine Vereinba-

rung zur Verteilung der Kosten getroffen wird, gilt also die Wohnfläche als Maßstab.

Es steht den Vertragsparteien jedoch frei, eine andere Aufteilung zu vereinbaren. Denkbar ist beispielsweise eine Verteilung nach der Anzahl der Wohneinheiten. Oder nach der Zahl der im Haushalt lebenden Personen. Dieses Verfahren bietet sich vor allem für Kosten an, deren Höhe von der Anzahl der Nutzer abhängt, wie etwa Müllentsorgungsgebühren.

Dieser Schlüssel hat allerdings eine deutliche Schwäche: Wenn sich die Zahl der Bewohner in einer Wohneinheit verändert, muss der Aufteilungsschlüssel für alle angepasst werden. Je nach Größe der Immobilie und Bewohnerstruktur hat das häufige Veränderungen in den Abrechnungsschlüsseln zur Folge.

Unfaire Belastungen können im Übrigen dann entstehen, wenn ein Haushalt über Wochen Besuch hat. Ebenfalls möglich, aber bei Wohnimmobilien wenig gebräuchlich ist ein Umlageschlüssel nach dem umbauten Raum. Eine solche Verteilung trägt unterschiedlichen Raumhöhen beispielsweise bei Dachgeschosswohnungen Rechnung. Eine Kombination von mehreren Verteilschlüsseln ist möglich. Dann muss allerdings im Mietvertrag detailliert dargestellt werden, welcher Schlüssel sich auf welche Betriebskostenart(en) bezieht.

Wer ein Mehrfamilienhaus vermietet, muss sich in der Regel für eine Verteilmethode entscheiden und diese dann für alle Wohneinheiten anwenden, um die dauerhafte Verteilung von einhundert Prozent der Betriebskosten sicherzustellen. Ein Wechsel des Verteilschlüssels mit Beginn eines einzelnen neuen Mietverhältnisses ist nur mit hohem Aufwand möglich. Er würde die Änderung aller Mietverträge erfordern.

Wer eine Wohneinheit in einer Eigentümergemeinschaft vermietet, muss sich mit dem Thema Umlageschlüssel kaum befassen. Dort ist der Verteilschlüssel für die Eigentümer in der Teilungserklärung festgehalten. Wird im Mietvertrag nicht ausdrücklich etwas anderes vereinbart, gilt dort automatisch der Umlageschlüssel der Wohnungseigentümergemeinschaft.

ZENTRALE HEIZUNG UND WARMWASSERVERSORGUNG

Die Betriebskosten sind das eine, die Kosten für Heizung und Warmwasser das andere. Sie sind in vielen Mietverhältnissen nach den Vorgaben der Heizkostenverordnung (HeizKV) zu ermitteln und abzurechnen. Diese Verordnung gilt unabhängig vom Energieträger für alle Mehrfamilienhäuser mit einer zentralen oder gemeinschaftlichen Heizung und Warmwasseranlage. Seit 2024 greift die Verordnung auch für Gebäude, die überwiegend mit einer Wärmepumpe geheizt und mit Warmwasser versorgt werden. Einfamilienhäuser, Mehrfamilienhäuser mit Etagenheizungen oder eigenen Heizungssystemen und Passivhäuser sind von der HeizKV ausgenommen, Zweifamilienhäuser, in denen Vermieter eine Wohneinheit selbst bewohnen, ebenfalls. Für alle anderen Wohnungen ist die Verordnung rechtlich bindend. Sie hat Vorrang auch vor eventuellen anderweitigen vertraglichen Absprachen.

Die Heizkostenverordnung unterscheidet bei den Kosten zwischen einem **VERBRAUCHSANTEIL** und einem **FESTKOSTENANTEIL**. Der Verbrauchsanteil muss zwischen 50 und 70 Prozent der Gesamtkosten ausmachen. Eine Ausnahme gibt es von dieser Regel: Wenn in einem Gebäude mit einer Öl- oder Gasheizung, die vor Inkrafttreten der Wärmeschutzverordnung 1994 errichtet wurde, die freiliegenden Leitungen überwiegend gedämmt sind, muss der Verbrauchsanteil zwingend 70 Prozent betragen. Er wird anhand ihres tatsächlichen, individuellen Verbrauchs auf die Mietparteien verteilt. Der Festkostenanteil wird nach dem mietvertraglichen Verteilschlüssel umgelegt.

Die Regeln der Verordnung kommen nicht erst bei der Abrechnung zum Tragen. Sie müssen sie bereits bei der Formulierung des Mietvertrags mitdenken. Dort wird nicht nur vereinbart, ob die Mieter Vorauszahlungen leisten müssen oder die Kosten für Wärme und Warmwasser – im Ausnahmefall – in einer Betriebskostenpauschale enthalten sind. Sobald die Heizkostenverordnung greift, sind im Mietvertrag darüber hinaus erstens das Verhältnis des Verbrauchsanteils zum Festkostenanteil und zweitens ein Verteilschlüssel für den Festkostenanteil zu benennen. Üblicherweise nimmt der Schlüssel auf die Wohnfläche Bezug. Aber genau wie bei den übrigen Betriebskosten ist auch eine andere Aufteilung möglich – beispielsweise nach der Zahl der Bewohner oder dem umbauten Raum bei unterschiedlich hohen Geschossen.

Ziel der Heizkostenverordnung ist es, Mieterinnen und Mieter zum Energiesparen anzuhalten. Das funktioniert jedoch nur, wenn diese ihren Verbrauch kennen und zeitnah ändern können. Deshalb sind Vermieter seit der Novelle der Verordnung in 2021 verpflichtet, fernablesbare, an einen Smart-Meter-Gateway (SMGW) angebundene Messeinrichtungen zu installieren und ihren Mietern monatliche Verbrauchsinformationen zur Verfügung zu stellen. Die Umstellung auf fernablesbare Geräte muss bis Ende 2026 erfolgt sein, die Kompatibilität mit SMGW bis Ende 2031.

Wenn Vermieter nicht verbrauchsabhängig abrechnen, dürfen Mieter die Heizkosten um 15 Prozent kürzen. Ist kein Smart Meter installiert, ist eine Kürzung um 3 Prozent zulässig. Wird der monatliche Verbrauch nicht mitgeteilt, sind 3 Prozent erlaubt. Die drei Kürzungsbeträge können sich addieren. Sie sind zulässig ab dem Zeitpunkt, zu dem der Vermieter seine Pflichten nicht erfüllt.

PLÄDOYER FÜR TRANSPARENZ

Betriebskosten sind ein wichtiges Thema, auch für Mieter. Missverständnisse und Streit lassen sich vermeiden, indem Sie neuen Mietern Ihre Abrechnungsmethode im persönlichen Gespräch erläutern. Und auch die aktuelle Fassung der Betriebskostenverordnung sollten Sie ihnen aushändigen und auf Wunsch erklären. Die **KLARE KOMMUNIKATION** aller finanziellen Aspekte stellt nicht nur sicher, dass die wirtschaftliche Abwicklung reibungslos erfolgt. Sie trägt auch zur beidseitigen Zufriedenheit und zu einer langen Dauer des Mietverhältnisses bei.

→ **Kaution:** Wer eine Immobilie vermietet, riskiert, dass er sie nicht in dem Zustand zurückbekommt, in dem er sie übergeben hat. Für diesen Fall gibt Ihnen eine Kaution Sicherheit. Alle Details dazu halten Sie im Mietvertrag fest.

WAS ERFAHRE ICH?

Eine gesetzliche Regelung, dass Mieter eine Sicherheit stellen müssen, gibt es nicht. Dennoch wird sie in aller Regel vereinbart. Die Kautionssumme dient Vermietern als Pfand. Insbesondere nach dem Auszug dürfen sie diese als Ausgleich verwenden, etwa wenn Mieten nicht gezahlt, Nebenkostenabrechnungen nicht beglichen oder Schäden in der Wohnung angerichtet wurden. Während der Mietzeit dürfen Vermieter nur dann auf die Kaution zugreifen, wenn sie eine Forderung gegen die Mieter haben, die diese bestreiten und die ein Gericht festgestellt hat.

EIN BEISPIEL: Gibt es während der Mietzeit Streit über eine Betriebskostennachzahlung, dürfen sich Vermieter nicht einfach aus der Kaution bedienen. Haben sie jedoch wegen der Forderung gegen die Mieter geklagt und gewonnen, dürfen sie die Kaution zum Ausgleich verwenden. Anschließend müssen die Mieter die Kaution wieder auf den alten Betrag auffüllen. Vermieter dürfen eine Kaution oder eine andere Sicherheitsleistung nicht ohne Weiteres verlangen. Sie muss im Mietvertrag vereinbart werden.

Höhe und Fälligkeit

Das Bürgerliche Gesetzbuch gibt wenig Spielraum für die Gestaltung einer Mietkaution: Sie darf bei Wohnimmobilien höchstens drei Nettokaltmieten (Monatsmieten ohne Vorauszahlungen für Heiz- und Betriebskosten) betragen (§ 551 Abs. 1 BGB). Und: Mieter dürfen die Geldsumme in drei Raten zahlen (§ 551 Abs. 2 BGB). Die Ratenzahlung darf im Mietvertrag nicht ausgeschlossen werden. Eine anderslautende Vereinbarung zum Nachteil von Mietern ist unwirksam (§ 551 Abs. 4 BGB).

Im Interesse der Vermieter ist, die Kaution zum Beginn des Mietverhältnisses zu erhalten. Zwar haben Sie gemäß § 273 Abs. 1 ein Zurückbehaltungsrecht, dürfen also die Ihrerseits geschuldete Wohnungsübergabe verweigern, bis die Mieter ihrer Verpflichtung zur Kautionszahlung nachkommen, doch wenn die genauen Zahlungsmodalitäten nicht im Vertrag fixiert sind, entsteht leicht Streit darüber, wer was wann schuldet. Ratsam ist deshalb, schriftlich zu vereinbaren, dass die Wohnung erst übergeben wird, wenn die erste Kautionsrate überwiesen ist. So kommen die Mieter gar nicht erst in die Wohnung hinein, ohne gezahlt zu haben. Haben sie die Räume nämlich erst mal bezogen, ist es schwer, das Mietverhältnis wieder zu beenden. Die Raten zwei und drei sind dann spätestens bis zum dritten Werktag des zweiten beziehungsweise dritten Mietmonats fällig. Beim Einzug zur Monatsmitte können Sie festlegen, dass die erste Rate zum Einzug und die beiden weiteren jeweils zur Monatsmitte erfolgen.

Sobald die Mieter mit einem Teil der Kaution im Rückstand sind, sollten Sie schnell nachfragen, woran es liegt. Hat sich der Rückstand auf mindestens die zweifache Höhe der Nettokaltmiete angehäuft, sind Vermieter zur fristlosen Kündigung berechtigt (§ 569 Abs. 2a BGB). In einem solchen Fall sollten Sie tatsächlich nicht zögern: Wenn die Mieter schon zu Beginn des Mietverhältnisses in Zahlungsverzug sind, lässt das künftige Mietrückstände befürchten.

Wohin mit der Kautionssumme?

Eine Kaution kann in unterschiedlicher Form gestellt werden. Weit verbreitet ist die Barkaution: Die Mieter übergeben oder überweisen den Vermietern eine Geldsumme – natürlich gegen eine Quittung. Diese müssen das Geld getrennt von ihrem eigenen Vermögen und damit insolvenzsicher anlegen. Das Gesetz schreibt darüber hinaus – außer für Studierenden- und Jugendwohnheime – eine verzinsliche Anlage vor. Das kann entweder eine Spareinlage mit dem bei dreimonatiger Kündigungsfrist üblichen Zinssatz oder auch eine andere Anlageform sein (§ 551 Abs. 3 BGB).

ELTERN ALS BÜRGEN

Studierende und Berufseinsteiger bieten gerne an, dass ihre Eltern für sie bürgen. Empfehlenswert ist in einem solchen Fall, die Eltern als Mieter mit in den Kopf des Mietvertrags aufzunehmen und diesen auch von ihnen unterschreiben zu lassen. Dann haften sie **GESAMTSCHULDNERISCH** mit den Kindern für alle Ansprüche aus dem Mietverhältnis.

Mieter können ihren Vermieter also bitten, die Kaution in andere Anlageformen zu investieren, die mehr Rendite bringen, aber gleichzeitig die nötige Sicherheit bieten – etwa Tagesgeldkonten. Riskantere Anlageformen wie Aktien sind aufgrund der möglichen Kursverluste nicht geeignet. Die Zinserträge stehen den Mietern zu. Abgerechnet werden sie am Ende des Mietverhältnisses, zusammen mit der Kaution.

Statt einer Geldzahlung können Mieter und Vermieter aber auch eine andere Form der Mietsicherheit vereinbaren: Die Summe kommt auf ein Konto des Mieters, und das Guthaben wird an den Vermieter verpfändet. Bei der Kontoeröffnung wird eine Abtretungserklärung zugunsten der Vermieter unterzeichnet, er erhält auch das Sparbuch. Sind sich beim Auszug beide Seiten einig, dass die Vermieter keine Ansprüche an die Mieter haben, wird die Abtretungserklärung aufgelöst. Der Vermieter gibt das Sparbuch zurück (siehe Seite 232).

Alternative Bürgschaft

Statt einer Kautionszahlung als Sicherheit können die Beteiligten auch eine Mietbürgschaft oder Mietkautionsbürgschaft in Höhe von drei Nettokaltmieten vereinbaren. Oft sind Familienangehörige – beispielsweise Eltern für Kinder – bereit, die Zahlung zu übernehmen. Das ist für Sie nicht die beste Lösung. Wenn Mieter das anbieten, sollten Sie die Hinweise im Kasten links und auf Seite 77 beachten.

Die Mieter können auch gegen eine jährliche Gebühr eine Bürgschaft bei einer Bank oder einer Versicherungsgesellschaft beantragen, die gegenüber dem Vermieter haftet, falls der Mieter später auszieht, ohne seine Schulden aus dem Mietverhältnis zu begleichen. Üblicherweise schließen die Mieter dafür mit dem Bürgen einen Bürgschafts- oder Avalkreditvertrag ab. Die Bank oder das Versicherungsunternehmen stellt eine Bürgschaftsurkunde aus, die der Vermieter erhält. Hat der Vermieter rechtskräftig festgestellte, offensichtlich begründete oder unstreitige Ansprüche gegen den Mieter aus dem Mietverhältnis (etwa wegen Mietrückständen oder nicht be-

Besonders bei jungen Mietern stehen Eltern gerne als Bürgen zur Verfügung. Ratsam ist, sie in den Mietvertrag aufzunehmen.

zahlter Betriebskosten), kann er unter Vorlage der Bürgschaftsurkunde vom Bürgen Geld verlangen, maximal die Summe von drei Nettokaltmieten. Hat der Bürge gezahlt, holt er sich das Geld vom Mieter im Regressverfahren wieder.

Für Mieter besteht der Vorteil einer solchen Bürgschaft darin, dass sie beim Einzug keine Mietkaution übergeben müssen, also bares Geld sparen. Dafür zahlen sie jedoch eine Gebühr. Da es sich bei Mietavalen um eine besondere Form der Kreditvergabe handelt, prüfen Banken in der Regel die Bonität der Kunden. Genau das ist für Vermieter eine zusätzliche Sicherheit. Für sie geht eine solche Bürgschaft zudem mit weniger Verwaltungsaufwand einher als ein klassisches Sparbuch: Sie müssen sich nicht um die Anlage kümmern und sparen sich die jährliche Information an die Mieter über die Zinsabrechnung.

Mietbürgschaften werden etwa über Internetseiten wie Eurokaution.de, Kautionskasse.de, Kautionsfrei.de oder Kautionsfuchs.de beworben und vertrieben. Die Anbieter kooperieren mit Versicherungsgesellschaften wie der Allianz oder der R+V. Diese bieten die Bürgschaften auch direkt an, viele Banken wie die DKB ebenfalls.

Mietkaution und Steuer

Eine Mietkaution ist eine Sicherheit, aber noch keine Einnahme aus der Vermietung. Sie können über das Geld nicht verfügen. Entsprechend müssen Sie die Kaution auch nicht als Einnahme in der Steuererklärung angeben.

Das ändert sich jedoch unter Umständen bei Mietende. Wenn Sie die Mietsicherheit ganz oder teilweise einbehalten, um Mietrückstände auszugleichen oder Schäden zu reparieren, gilt die Kaution steuerlich als Einnahme (Finanzgericht München, Az. 9 K 1013/01). Sie muss in Ziffer 15 der Anlage V aufgeführt werden. Das heißt jedoch nicht, dass sich damit die Steuer erhöht. Denn: Die Ausgaben für Reparaturen gelten als Werbungskosten und mindern wiederum die Steuer. Innerhalb dieser Steuererklärung findet also eine Verrechnung statt.

Übrigens: Auch mit der Besteuerung von Zinserträgen im Falle einer Barkaution haben Vermieter nichts zu tun. Das sind Einnahmen der Mieter, die sie selbst zu versteuern haben. Von der kontoführenden Bank erhalten Sie jährlich eine Steuerbescheinigung. Diese reichen Sie an die Mieter weiter.

→ **Rechte und Pflichten:** Ausgefeilte Vertragsklauseln zu Befugnissen und Aufgaben von Vermietern und Mietern sind zwar keine Garanten dafür, dass es keinen Streit gibt, aber sie helfen, ihn zu vermeiden.

WAS ERFAHRE ICH?

Die wesentlichen Rechte und Pflichten der Vertragspartner sind im Bürgerlichen Gesetzbuch umrissen. „Durch den Mietvertrag wird der Vermieter verpflichtet, dem Mieter den Gebrauch der Mietsache während der Mietzeit zu gewähren. Der Vermieter hat die Mietsache dem Mieter in einem zum vertragsgemäßen Gebrauch geeigneten Zustand zu überlassen und sie während der Mietzeit in diesem Zustand zu erhalten. Er hat die auf der Mietsache ruhenden Lasten zu tragen." So heißt es in § 535 Abs. 1 BGB. In Absatz 2 ist die zentrale Aufgabe der Mieter formuliert: „Der Mieter ist verpflichtet, dem Vermieter die vereinbarte Miete zu entrichten." Was diese zentralen Pflichten im Einzelnen beinhalten, lässt sich im Mietvertrag festlegen.

In manch einem Dokument umfassen diese Vereinbarungen fünf, zehn oder mehr Seiten. Je nach Vertragsvorlage sind unterschiedliche Schwerpunkte gesetzt und einzelne Aspekte umfangreicher behandelt als andere. Für Erstvermieter ist es anstrengend, manchmal auch verwirrend, sich durch Mustervorlagen mit diversen Alternativen zu den einzelnen Paragrafen durchzuarbeiten. Wenn Sie mehrere Vorlagen vergleichen, kommt erschwerend hinzu, dass vergleichbare Inhalte gerne mit leicht abgewandelten Überschriften und in unterschiedlicher Reihenfolge dargestellt werden. Das folgende Kapitel liefert – ohne Anspruch auf Vollständigkeit – einen Überblick zu den wichtigsten Inhalten. Einzelne Punkte werden für Ihre Situation irrelevant sein. Wer beispielsweise ein Einfamilienhaus vermietet, muss keine Regelung zur Nutzung einer gemeinschaftlichen Waschküche treffen. Umgekehrt gibt es vielleicht Punkte, die Ihnen am Herzen liegen und für die Sie sich differenzierte Absprachen wünschen. Lassen Sie sich anwaltlich beraten oder erkundigen Sie sich bei einem Branchenverband, welche Vereinbarungen für Ihr Mietverhältnis wichtig sind.

Zustand der Mieträume

Nicht immer übergeben Vermieter das Haus oder die Wohnung in frisch renoviertem Zustand. Das ist auch nicht notwendig. Falls jedoch Renovierungsbedarf besteht, ist es wichtig, dass die Parteien vereinbaren, wie damit

DOKUMENTIEREN

Fotografieren Sie den Zustand des Gebäudes und der Mieträume vor dem Einzug der Mieter. Achten Sie außerdem bei der Übergabe darauf, dass das **PROTOKOLL** korrekt und vollständig ist. Diese Unterlagen sind in einem eventuellen Streitfall wichtige Belege.

umzugehen ist. Dafür gibt es unterschiedliche Möglichkeiten. Üblich ist beispielsweise, Mietern einen Ausgleich zu gewähren, der den geschätzten Renovierungskosten entspricht. Der kann beispielsweise darin bestehen, dass für eine bestimmte Zeit keine Grundmiete anfällt, sondern nur Betriebskosten. Bei einer solchen Regelung können Sie den Mietern die Pflicht übertragen, die erforderlichen Schönheitsreparaturen während der Mietdauer auf eigene Kosten ausführen zu lassen. Mehr zu Schönheitsreparaturen lesen Sie auf Seite 108 und Seite 226. Denkbar ist auch, eine unrenovierte Wohnung ohne Ausgleichszahlung zu übergeben und festzulegen, dass weder Vermieter noch Mieter während des Mietverhältnisses zu Renovierungen verpflichtet sind. Bei der späteren Rückübergabe ist lediglich die Endreinigung durch die Mieter vorgesehen.

Ein dritter Weg besteht darin, dass sich Vermieter verpflichten, bestimmte Arbeiten vor Mietbeginn auf ihre Kosten vorzunehmen. Eher selten werden Mieter auf eigene Kosten Maßnahmen veranlassen wollen. Wenn sie das tun, sollte das natürlich auch im Vertrag festgehalten werden.

Falls es in der Immobilie Schäden gibt, über welche die Mieter informiert wurden, so ist es ratsam, sie im Vertrag bestätigen zu lassen, dass ihnen die Mängel bekannt sind und sie keinen Anspruch auf deren Beseitigung haben. Damit ist sichergestellt, dass die Mieter nicht zu einem späteren Zeitpunkt wegen dieser Mängel mahnen und die Miete mindern.

Nutzung der Immobilie

Sie können die Art der Nutzung Ihrer Immobilie einschränken oder bestimmte Aspekte ausdrücklich gestatten. Das betrifft die Bewohner und auch deren Haustiere.

GEWERBLICHE NUTZUNG

Unstrittig ist in der Regel, dass die Nutzung zu Wohnzwecken im Vordergrund steht. Doch soll darüber hinaus auch eine gewerbliche Nutzung erlaubt sein? Ganz frei sind Sie bei Ihrer Entscheidung dazu nicht.

Zum einen ist zu berücksichtigen, ob sich die Immobile in einem reinen Wohngebiet oder in einem ausgewiesenen Mischgebiet befindet. In einem reinen Wohngebiet kann das Bauamt die Ausübung eines Gewerbes nach der Baunutzungsverordnung untersagen. Das müssen Vermieter an ihre Mieter weitergeben.

Für bestimmte Berufe wie etwa Notare, Schriftstellerinnen und Hebammen gibt es eine Ausnahme. Für sie gilt das Recht auf freie Berufsausübung. Doch auch das hat Grenzen: Die gewerbliche Nutzung darf das Wohnen der übrigen Parteien nicht mehr als die zweckbestimmte Nutzung zu Wohnzwecken stören. Was das bedeutet, beschäftigt regelmäßig die Gerichte. Die müssen im Einzelfall die Beeinträchtigung durch Lärm, aber auch durch Publikumsverkehr bewerten.

Bei einer Eigentumswohnung kann darüber hinaus die Teilungserklärung beziehungsweise die Gemeinschaftsordnung eine gewerbliche Nutzung einschränken. Ist die Nutzungsart dort ausdrücklich auf Wohnzwecke beschränkt, muss die Wohnungseigentümergemeinschaft der Nutzungsänderung zustimmen. Wenn keine Baunutzungsverordnung im Wege steht, es sich um eine der erwähnten Ausnahmen handelt und Sie den eventuell notwendigen Aufwand, eine Nutzungsänderung in der WEG durchzusetzen, nicht scheuen, können Sie Ihren Mietern eine teilgewerbliche Nutzung gestatten. Eine Blanko-Erlaubnis sollten Sie im Mietvertrag jedoch nicht erteilen. Empfehlenswert ist eine Klausel wie „Eine Nutzung zu anderen als Wohnzwecken bedarf der Zustimmung des Vermieters." Damit behalten Sie ein

Mitspracherecht und können im Einzelfall entscheiden. Zugleich erfahren Sie auf diesem Wege von Nutzungsänderungen. Die inzwischen weitverbreitete Telearbeit und Homeoffice sollten Sie von einer solchen Einschränkung allerdings ausnehmen. Generell verbieten dürfen Sie Homeoffice übrigens nicht. Sie dürfen jedoch eine Tätigkeit untersagen, die andere Bewohner stört – etwa durch erhöhten Lärmpegel – oder die mit Kundenverkehr einhergeht.

ÜBERBELEGUNG VERMEIDEN

Zum Zeitpunkt der Vertragsunterzeichnung steht in aller Regel fest, wer die Bewohner sein werden. Sie können in diesem Moment beurteilen, ob eine Überbelegung (siehe Seite 16) vorliegt. In einem solchen Fall sollten Sie keinen Vertrag unterzeichnen. Doch die Anzahl und Zusammensetzung der Bewohnerschaft kann sich im Laufe des Mietverhältnisses verändern. Es ist keine Seltenheit, dass Kinder geboren werden, Paare sich trennen oder neue Partner mit einziehen möchten. Falls dadurch eine Überbelegung entsteht, verstößt das gegen das Mietrecht. Dem können Sie vorbeugen, indem Sie im Mietvertrag eine maximale Bewohnerzahl festlegen, mit der die Grenze der Überbelegung ausgereizt wäre.

UNTERVERMIETUNG ODER ÜBERLASSUNG

Die Gefahr der Überbelegung ist auch ein bedenkenswerter Aspekt, wenn es um die Frage der Untervermietung oder Gebrauchsüberlassung von Wohnräumen an Dritte geht. Eine Klausel, wonach Mieter dazu nicht ohne vorherige Genehmigung der Vermieter berechtigt sind, ist in den meisten Formularmietverträgen Standard. Allerdings müssen Sie die Untervermietung oder Überlassung erlauben, sobald Mieter daran ein berechtigtes Interesse haben. Wenn beispielsweise eine Studentin ihren Nebenjob in der Examensphase reduziert und weniger verdient, kann sie die Wohnung halten, indem sie ein freies Zimmer untervermietet. Vermieter können ihre Genehmigung auch von einem angemessenen Zuschlag auf die Nettokaltmiete abhängig machen und diese beispielsweise mit zusätzlicher Abnutzung begründen (siehe Seite 186).

TIERHALTUNG

Über tierische Mitbewohner wird viel und emotional diskutiert und gestritten. Pauschale Verbote aller Arten von Haustieren sind im Mietvertrag unwirksam. Mieter dürfen grundsätzlich harmlose Kleintiere in angemessener Zahl und ohne Genehmigung der Vermieter halten. Nach einer Faustregel des Bundesgerichtshofs sind das Tiere, die in geschlossenen Behältnissen gehalten werden können. Sie stellen keine Beeinträchtigung für die Wohnung dar und stören niemanden, beispielsweise Zierfische, Schildkröten oder Hamster (BGH, Az. VIII ZR 340/06).

Anders sieht es bei größeren Haustieren aus. Sie können die Haltung von Hund oder Katze zwar nicht pauschal verbieten, aber vertraglich verlangen, dass Ihre Zustimmung eingeholt wird. Unter Umständen müssen Sie dann allerdings sogar zustimmen.

Das Halten einer Katze beispielsweise gehört nach gängiger Rechtsprechung zum mietvertraglichen Gebrauch der Wohnung. Bei einem Hund hingegen hängt die Erlaubnis vom Einzelfall und einer Interessenabwägung aller Beteiligten ab. Der Bundesgerichtshof hat dafür eine lange Liste aufgestellt. Es zählen etwa Art, Größe und Anzahl der Haustiere, die Interessen der anderen Mietparteien sowie Lage und Zustand von Wohnung und Wohnhaus (BGH, Az. VIII ZR 340/06). Mehr dazu lesen Sie ab Seite 188.

Auch wenn Sie die Haltung eines Haustiers vertraglich erlaubt und eventuell an Ihre Zustimmung geknüpft haben, kann es später Ärger geben. Verursacht ein Vierbeiner zum Beispiel anhaltenden Lärm oder sorgt für Geruchsbelästigungen und stört damit die Nachbarn, ist es hilfreich, wenn im Mietvertrag verabredet wurde, dass Sie Ihre Erlaubnis widerrufen dürfen.

ACHTUNG BEI REINIGUNGSPFLICHTEN

Verpflichten Vermieter ihre Mieter im Mietvertrag und in einer Hausordnung, die Bestandteil des Vertrags ist, zur Gebäudereinigung, so dürfen sie nicht ihrerseits eine externe Reinigungsfirma beauftragen und die Kosten dafür dann als Betriebskosten auf die Mieter umlegen.

Falls die Mieter ihrer Reinigungspflicht nicht nachkommen, können Vermieter die Kosten einer anderweitigen Reinigung jedoch als Schadenersatz von den Mietern verlangen. Das hat das Amtsgericht Leipzig entschieden (AG Leipzig, Az.168 C 5604/17).

GARTENNUTZUNG UND PFLEGE

Bei Einfamilien-, Doppel- und Reihenhäusern überlassen Vermieter ihren Mietern meist auch einen Garten. Bei einer Eigentumswohnung kann eine Grünfläche zur alleinigen Nutzung dazugehören. Es reicht jedoch nicht aus, im Mietvertrag lediglich die Nutzung zu gestatten. Denn wenn dort nichts zur Gartenarbeit steht, ist sie Vermietersache. Auch die Pflege des Gartens muss also geklärt sein: Wer übernimmt welche Arbeiten? Und wer trägt die Kosten?

In manch einem Formularmietvertrag findet sich dazu ein allgemeiner Satz wie „Gartenpflege übernimmt der Mieter". Doch Vorsicht: Eine solche Klausel verpflichtet die Mieter nur zu einfachen Arbeiten wie Rasenmähen, Unkrautjäten oder Entfernen von Laub, die ohne große Kosten und Fachkenntnisse zu erledigen sind, so das Oberlandesgericht Düsseldorf (OLG Düsseldorf, Az. 10 U 70/04). Um größere Arbeiten wie das Vertikutieren und Düngen des Rasens oder das Fällen eines Baumes müssen sich die Vermieter selbst kümmern. Und: Vermieter können Mietern nicht vorschreiben, wie oft sie Rasen mähen und Laub harken müssen. Die Mieter dürfen den Garten aber nicht verwildern lassen.

Die eben erwähnte Klausel bedeutet jedoch auch: Mieter dürfen sich um die Gartenpflege kümmern und dazu auch Entscheidungen treffen. So haben Mieter in einem solchen Fall dem Landgericht Berlin zufolge auch das Recht, Bäume zu fällen, weil sie ihnen nicht gefallen (LG Berlin, Az. 67 S 100/19). Die unklare Formulierung im Mietvertrag gehe zulasten des Vermieters.

Eine zu allgemeine Regelung kann also in jeder Hinsicht nachteilig für Vermieter werden. Ratsam ist daher, im Vertrag festzulegen, welche Arbeiten die Gartenpflege der Mieter umfassen soll und welche nicht.

Vor allem, wenn es sich bei den Mietern um Gartenliebhaber handelt, kann es sein, dass sie einen morschen Baum fällen oder den defekten Gartenzaun selbst reparieren wollen. Allerdings sind solche Arbeiten nicht nur mit Aufwand, sondern auch mit Kosten verbunden, und darüber muss vorab Klarheit herrschen. Viele Vermieter fühlen sich zudem am wohlsten, wenn sie ihren Garten in professionellen Händen wissen.

Sie müssen also im Einzelfall entscheiden, welche Konstellation für Ihre Immobilie optimal ist. Falls Sie einen Dienstleister beauftragen und damit regelmäßig Pflegekosten entstehen, vergessen Sie nicht, diese als Betriebskosten an die Mieter weiterzugeben.

HAUS- UND GEMEINSCHAFTSORDNUNG

Viele Details der alltäglichen Nutzung werden nicht im Mietvertrag, sondern in einer Hausordnung festgelegt. Typische Beispiele dafür sind Ruhezeiten, Brandschutzbestimmungen, Reinigung und Müllentsorgung sowie Sorgfaltspflichten bei der Nutzung der Gemeinschaftsflächen und der Mieträume.

Bei einem Einfamilienhaus mag eine Hausordnung verzichtbar sein, bei einem Mehrfamilienhaus ist sie jedoch unbedingt empfehlenswert. Alle Bewohner wünschen sich ein harmonisches Zusammenleben, und auch als Vermieter haben Sie ein großes Interesse an einem geordneten Miteinander im Haus.

HAUSORDNUNG IN DER WEG

In Wohnungseigentümergemeinschaften kann eine Hausordnung Bestandteil der Teilungserklärung sein. Oder die Eigentümer beschließen eine Gemeinschaftsordnung. Diese gilt dann für alle Bewohner. Als Eigentümer sind Sie gegenüber der Gemeinschaft in der Pflicht, dafür zu sorgen, dass sich Ihre Mieter an die Regeln halten. Auch hier sollte die Hausordnung also **TEIL DES MIETVERTRAGS** und als Anlage beigefügt sein. Die Mieter sollten unterschreiben, dass sie der Hausordnung nachkommen, auch wenn die Eigentümergemeinschaft im Laufe der Mietzeit Änderungen vornimmt.

Zu den Verkehrssicherungspflichten von Immobilien-Eigentümern gehört auch die winterliche Räumpflicht.

Das funktioniert am besten, wenn sich alle an einige Grundregeln halten. Ziel einer Hausordnung ist, sicherzustellen, dass sich niemand über das normale Maß hinaus gestört fühlt. Eine Vorlage finden Sie im „Vermieter-Set" der Stiftung Warentest. Mehr zu den Inhalten einer Hausordnung lesen Sie ab Seite 115.

Damit sich alle Bewohner an die Hausordnung gebunden fühlen, reicht es nicht aus, sie im Flur auszuhängen oder im Büro der Verwaltung zur Einsicht auszulegen. Besser ist, wenn die Mieter in einer Klausel im Mietvertrag bestätigen, dass sie sich an die Hausordnung halten. Diese sollte außerdem als Anlage Bestandteil des Mietvertrags sein. Nur dann dürfen Sie den Mietern über die Hausordnung Reinigungs- und andere Pflichten auferlegen.

Haftung der Mieter

Wenn Sie den Mietern Ihre Immobilie zur Nutzung überlassen, wollen Sie sie in dem Zustand zurückbekommen, in dem Sie sie übergeben haben. Deshalb verpflichten viele Mietverträge die Mieter, das Mietobjekt schonend und pfleglich zu behandeln. Außerdem müssen die Bewohner für Schäden haften, wenn diese dadurch entstehen, dass sie, ihre Untermieter oder auch Besucher und Handwerker die Fürsorge- oder Sorgfaltspflicht verletzt haben. Darüber hinaus wird üblicherweise vereinbart, dass die Mieter den Vermietern eventuelle Schäden am Mietobjekt wie etwa defekte Türgriffe oder Rohrverstopfungen sowie das Auftreten von Ungeziefer sofort mitteilen müssen.

RÄUMPFLICHTEN

Handelt es sich bei der Immobilie um ein Einfamilien-, Reihen- oder Doppelhaus, so übertragen Eigentümer ihren Mietern gerne Räumpflichten. Dann müssen die Mieter im Winter Eis und Schnee sowie Glätte auf dem Grundstück beseitigen und – je nach den örtlichen Bestimmungen für Anlieger – den Winterdienst und die Reinigung der an das Grundstück angrenzenden Gehwege und Fahrbahnen übernehmen. Wenn Sie damit einverstanden sind, dass die Mieter die Arbeit nicht selbst erledigen, sondern dass diese einen Dienstleister beauftragen, können Sie diesen Aspekt in den Mietvertrag aufnehmen. Zwingend erforderlich ist das nicht. Unbedingt ratsam ist allerdings, auch die Haftungsfrage im Mietvertrag abzusichern mit dem Ziel, dass nicht Sie, sondern die Mieter – beziehungsweise deren Privathaftpflichtversicherung – Opfer von Glätteunfällen entschädigen, wenn sie nicht rechtzeitig geräumt haben.

Falls Sie die Räumpflichten nicht delegieren und selbst einen Winterdienst anheuern, gelten die Kosten dafür als Betriebskosten. Sie können dafür eine Vorauszahlung verlangen und im Zuge der Jahresabrechnung verrechnen. Alternativ berücksichtigen Sie den Betrag bei der Kalkulation der Betriebskostenpauschale.

Unterschiede bei Reparaturen

Vermieter müssen für den vertragsgemäßen Zustand der Immobilie sorgen. Sie müssen die Wohnung und alles, was dazugehört, stets in einer benutzbaren und betriebssicheren Qualität halten. Dazu gehört beispielsweise, dass Sie notwendige Instandhaltungsarbeiten veranlassen, also beispielsweise die Fenster am Ende ihrer Lebensdauer austauschen oder

Heizung und Rauchmelder regelmäßig warten lassen und die Kosten dafür übernehmen. Auch die Instandsetzung ist grundsätzlich Sache der Vermieter. Wenn Mängel auftreten, müssen Sie sie beseitigen lassen. Tun Sie das nicht, dürfen Mieter ihre Zahlung kürzen (siehe Seite 169).

Von dieser Regel gibt es aber zwei wichtige Ausnahmen: Zum einen tragen Mieterinnen und Mieter für ihr eigenes Mobiliar die Verantwortung und müssen damit auch eventuelle Reparaturkosten übernehmen. Zum anderen müssen sie für Schäden aufkommen, wenn sie diese nachweislich selbst verursacht haben. Das gilt beispielsweise, wenn sie die Duschwanne beschädigen oder wenn ein Fenster zu Bruch geht, weil die Sprösslinge der Mieter Fußball gespielt haben. Häufig greift in solchen Fällen die Privathaftpflichtversicherung der Mieter.

Darüber hinaus wird im Mietvertrag üblicherweise geregelt, dass sich Mieter um bestimmte Kleinreparaturen selbst kümmern und diese auch bezahlen (siehe Seite 106).

WAS IST WAS?

Die Abgrenzung von verschiedenen handwerklichen Tätigkeiten im Mietobjekt beschäftigt regelmäßig die Gerichte. Der Grund dafür: Nach der Kategorie – und nach den zugehörigen Regelungen im Mietvertrag – richtet sich, wer die Kosten zu tragen hat. Die unten stehenden Beispiele machen die Herangehensweise deutlich.

Instandhaltung	Instandsetzung	Schönheitsreparaturen
Aufrechterhaltung des Zustandes und der Funktionen des Gebäudes	Beseitigung von Mängeln, Reparatur von Defekten	Beseitigung von Abnutzungserscheinungen durch alltäglichen Gebrauch
Austausch der Fenster am Ende ihrer Lebensdauer	Reparatur von undichten Fenstern	Anstrich von Holzfenstern und Außentüren (Innenseite)
Wartung der Heizung	Austausch der defekten Umwälzpumpe	Anstrich von Heizkörpern und Heizungsrohren
Abschleifen von Parkett	Reparatur/Austausch von kaputten Bodenfliesen	Anstrich von Holzfußböden
Erneuerung des Fassadenanstrichs	Beseitigung von Rissen in Decke und Wänden	Tapezieren und Anstreichen von Wänden und Decken
↓	↓	↓
Vom Vermieter durchzuführen und zu bezahlen, steuerlich absetzbar.	Vom Vermieter durchzuführen und zu bezahlen, steuerlich absetzbar.	Vom Vermieter durchzuführen und zu bezahlen, steuerlich absetzbar.
↓	↓	↓
Regelmäßig wiederkehrende Kosten, zum Beispiel für Wartungen, sind als Betriebskosten auf die Mieter umlegbar.	Mit einer wirksamen Kleinreparaturklausel im Formularmietvertrag sind bestimmte Reparaturen unter Benennung von Höchstgrenzen der Kosten auf Mieter übertragbar.	Mit einer wirksamen Schönheitsreparaturklausel im Formularmietvertrag sind diese Kosten auf Mieter übertragbar.

DAS GILT BEI MÖBLIERTER VERMIETUNG

Wer eine Wohnung samt Inventar vermietet, ist auch für die Instandhaltung der Möbel verantwortlich, wenn sie bei normaler Benutzung Schaden nehmen. Gegen mögliche Kosten können sich Vermieter mit einem Möblierungszuschlag absichern. Viele Gerichte sehen 2 Prozent des Inventarwerts zum Beginn des Mietverhältnisses als angemessenen Möblierungszuschlag an.

EIN BEISPIEL: Sie kaufen zum Mietbeginn Möbel im Wert von 10 000 Euro für die Wohnung. Dann dürfen Sie monatlich 200 Euro auf die ortsübliche Vergleichsmiete „draufschlagen". (Ortsübliche Vergleichsmiete plus Möblierungszuschlag) x 110 Prozent ergibt dann die Grenze für die Mietpreisbremse. Beträgt die Vergleichsmiete in unserem Beispiel 1 000 Euro, dürfen Sie maximal 1 200 Euro x 110 Prozent, also 1 320 Euro an Miete verlangen.

Behalten Sie dabei aber die Gesetzgebung im Blick. Es gibt Überlegungen, den Möblierungszuschlag ab 2027 auf 1 Prozent des Inventarwerts zu begrenzen.

WICHTIG: Wenn Sie einen Möblierungszuschlag fordern, sollten Sie Fotos vom Zustand der Möbel bei Einzug machen, Einkaufsquittungen aufheben, sämtliche Möbel in einer Inventarliste aufführen und diese dem Mietvertrag beilegen.

SO KÖNNTE EINE WIRKSAME KLEINREPARATURKLAUSEL AUSSEHEN

„Der Mieter trägt ohne Rücksicht auf eigenes Verschulden die Kosten kleinerer Instandsetzungsarbeiten an denjenigen Gegenständen und Einrichtungen, die seinem direkten und häufigen Zugriff unterliegen. Zu diesen Gegenständen gehören insbesondere die in der zweiten Berechnungsverordnung (§ 28 II, BV. Absatz 3 Satz 2) aufgezählten Gegenstände. Die Kosten der Einzelreparatur dürfen maximal 100 Euro betragen. Die Summe der den Mietenden durch mehrere Reparaturen entstehenden jährlichen Kosten darf 8 Prozent der jeweiligen Jahresnettokaltmiete nicht übersteigen."

KLEINREPARATUREN

Als Kleinreparaturen werden Reparaturen bezeichnet, mit denen Bagatellschäden durch alltäglichen Gebrauch behoben werden. Sie können in einer Kleinreparaturklausel definieren, dass Sie die Kosten dafür auf die Mieter umlegen. Damit eine solche Klausel in einem Formularmietvertrag wirksam ist, muss sie drei Bedingungen erfüllen. Die hat der Bundesgerichtshof bereits 1989 in einem Urteil (BGH, Az. VIII ZR 91/88) dargelegt:

- → Die Klausel muss sich auf Gegenstände beziehen, auf die Mieter häufig und unmittelbar Zugriff haben (siehe Tabelle auf Seite 107). Der Grund: Der Zustand und die Lebensdauer solcher Gegenstände hängen vom Umgang der Mieter mit ihnen ab.
- → Für jede einzelne Reparatur muss eine Kostengrenze genannt sein.
- → Für den Fall, dass innerhalb eines bestimmten Zeitraums – beispielsweise eines Jahres – mehrere Reparaturen erforderlich sind, ist für diesen Zeitraum ebenfalls eine Höchstgrenze zu nennen.

Nur wenn eine Kleinreparaturklausel alle drei Regeln berücksichtigt, ist sie wirksam. Verletzt der Wortlaut der Klausel nur eine dieser Vorgaben, müssen die Mieter Kosten für Kleinreparaturen nicht übernehmen.

Die Gegenstände, auf die sich die Klausel beziehen soll, müssen genannt sein. Ausdrücklich zulässig, so der BGH, sind die in der zweiten Berechnungsverordnung (§ 28 II, BV. Absatz 3 Satz 2) aufgezählten Gegenstände. Auf der sicheren Seite sind Sie also, indem Sie die Verordnung zitieren.

Auch zu den geforderten Höchstgrenzen gibt es eine umfangreiche Rechtsprechung. Der BGH hielt in seinem oben erwähnten Urteil 1989 einen Betrag von 100 DM pro Reparatur für vertretbar. Im Jahr 1992 nannte das oberste Gericht einen Betrag von 150 DM (BGH, Az. VIII ZR 129/91). Diesen Rahmen haben die Gerichte im Laufe der Jahre an die Entwicklung der Preise angepasst. Im Jahr 2010 hielt das Amtsgericht Würzburg eine Mieterbeteiligung von 110 Euro für angemessen (AG Würzburg, Az. 13 C 670/10).

FÜR WELCHE GEGENSTÄNDE IST EINE KLEINREPARATURKLAUSEL ZULÄSSIG?

Mieter dürfen nur zur Zahlung von Reparaturkosten verpflichtet werden für Gegenstände, die ihrem häufigen und unmittelbaren Zugriff unterliegen. Als Faustregel gilt: Für die Reparatur von Installationsgegenständen dürfen sie herangezogen werden, nicht aber für die Installationen selbst, also im Mauerwerk verlegte Rohre und Leitungen.

Bezeichnung in der II. Betriebskostenverordnung	Beispiele
Installationsgegenstände für Elektrizität	Lichtschalter, Steckdosen und Anschlussdosen, Klingel und Raumstrahler innerhalb der Mietwohnung
Installationsgegenstände für Wasser	Wasserhähne, Ventile, Mischbatterien, Duschköpfe und Brauseschläuche, Spülkästen und offen verlegte Spülrohre, Warmwasserbereiter, Wasch-, Spül- und Toilettenbecken
Installationsgegenstände für Gas	Gasabsperrhahn
Heiz- und Kocheinrichtungen	Öfen in der Wohnung, Heizkörper, Kochplatten, Kochherde, elektrische Grillgeräte
Fenster- und Türverschlüsse	Verschlussgriffe, -riegel, Dreh-Kipp-Beschläge, Türschlösser, Hebetürvorrichtungen, elektrische Türöffner, hydraulische Türschließer
Verschlussvorrichtungen von Fensterläden	Riegel/Sicherungsstangen für Klappläden, Rollladengurte und -sicherungen, elektrische Rollladenöffner und -schließer

Das Amtsgericht Berlin-Mitte hatte 2020 keine Bedenken gegen einen maximalen Betrag von 100 bis 150 Euro pro Reparatur (AG Berlin-Mitte, Az. 15 C 256/19). Und das Amtsgericht Völklingen hielt im Jahr 2023 einen Höchstbetrag von 150 Euro für wirksam (AB Völklingen, Az. 5 C 188/22). Welche Summe das im Einzelfall zuständige Amtsgericht für gerechtfertigt hält, lässt sich schwer vorhersagen. Als gesichert dürfte derzeit gelten, dass eine Höchstgrenze von 100 Euro pro Reparatur angemessen ist. Ob auch 120 Euro noch in Ordnung sind, wird noch eine Weile lang umstritten sein.

Übrigens: Ist eine Reparatur teurer als die Kostengrenze, müssen Sie die Gesamtsumme tragen.

Weil die Handwerker- und Materialpreise steigen, erhöhen im Laufe der Jahre auch die Gerichte die anerkannten Kostengrenzen. Doch Sie können die vertraglich vereinbarten Grenzen immer nur bei Neuvermietungen anpassen. Im laufenden Mietverhältnis lässt sich eine Kostengrenze nicht einfach eigenmächtig auf den heute zulässigen Wert anheben. Die vertraglich vereinbarte 100-Euro-Kostengrenze pro Einzelreparatur haben Sie also selbst dann zu beachten, wenn heute bei Neuverträgen 120 Euro als Grenze zulässig sind.

Die zweite Höchstgrenze für die Summe von Reparaturen in einem bestimmten Zeitraum wird in Kleinreparaturklauseln in der Regel für einen Zeitraum von einem Jahr benannt. Üblich ist die Angabe eines Prozentsatzes der Jahresmiete. Sie kann sich auf die Jahresnettokaltmiete, die Jahresbruttokaltmiete oder die Jahresbruttowarmmiete beziehen. Das muss jedoch klar formuliert sein. Der BGH fand 6 Prozent der Jahresbruttokaltmiete zumutbar (BGH, Az. VIII ZR 129/91) und hatte keine Einwände gegen 8 Prozent der Jahresnettokaltmiete (BGH, Az. VIII ZR 119/12).

Ist eine Kleinreparaturklausel gültig, so haften Mieter verschuldensunabhängig. Das heißt:

Ob sie den Schaden vorsätzlich oder fahrlässig verursacht haben, spielt dann keine Rolle.

Im Mietvertrag dürfen immer nur die Kosten einer Kleinreparatur, nicht deren Durchführung auf Mieter abgewälzt werden. Klauseln, die vorschreiben, dass die Mieter Handwerksbetriebe beauftragen, Schäden in Eigenarbeit beseitigen oder anderweitig selbst tätig werden müssen, sind unwirksam. Das ist durchaus in Ihrem Interesse: Auf diese Weise können Sie die fachgerechte Umsetzung sicherstellen und im Falle einer unsachgemäßen Ausführung einen Dienstleister in Haftung nehmen.

SCHÖNHEITSREPARATUREN

Der Begriff „Schönheitsreparaturen" bezeichnet Instandsetzungsarbeiten zur Beseitigung von Abnutzungserscheinungen, die durch den alltäglichen Gebrauch hervorgerufen wurden. Solche Renovierungen dürfen Sie auf Ihre Mieter übertragen.

Was genau unter Schönheitsreparaturen zu verstehen ist, hat der Gesetzgeber in § 28 Absatz 4 Satz 2 der Zweiten Berechnungsverordnung definiert: „Schönheitsreparaturen umfassen nur das Tapezieren, Anstreichen oder Kalken der Wände und Decken, das Streichen der Fußböden, Heizkörper einschließlich Heizrohre, der Innentüren sowie der Fenster und Außentüren von innen." Ergänzend hat der Bundesgerichtshof in zahlreichen Urteilen entschieden, bei welchen Arbeiten es sich nicht um Schönheitsreparaturen handelt. Dazu gehören unter anderem Außenanstriche von Fenstern und Türen sowie das Abziehen und Versiegeln von Parkettfußböden (BGH, Az. ZR 48/09).

In einem Formularmietvertrag können Vermieter ausschließlich Renovierungsarbeiten auf die Mieter abwälzen, die im Katalog der oben zitierten Verordnung aufgelistet sind. Enthält die Schönheitsreparaturklausel dagegen eine Arbeit, die das Gericht als nicht zulässig beurteilt hat, so ist die gesamte Klausel unwirksam, weil sie die Mieter unangemessen benachteiligt. Dann gilt die gesetzliche Regelung: Die Vermieter müssen renovieren und das auch bezahlen. Wenn dann die Farbe vom Türrahmen blättert, können Mieter von Ihnen die Beseitigung des Mangels verlangen und – falls Sie nicht reagieren – die Miete kürzen. Bei den Formulierungen von Schönheitsreparaturklauseln schauen die Gerichte übrigens sehr genau hin: Das Landgericht Hamburg befand eine Klausel mit der Formulierung „Zu den Schönheitsreparaturen gehören: [...,] das Streichen der Innentüren, der Fenster und Außentüren von innen" für unwirksam. Grund: Der Wortlaut „von innen" beziehe sich nicht zweifelsfrei auch auf die Fenster (LG Hamburg, Az. 316 T 44/20).

Maßstab für die Instandhaltung ist der Zustand der Wohnung bei Einzug. Hat sich dieser Zustand verschlechtert und ist keine wirksame Schönheitsreparaturklausel vereinbart, müssen Vermieter auf ihre Kosten renovieren. Auch wenn Mieter in eine unrenovierte Wohnung gezogen sind und der Vertrag dazu keine Regelung enthält, müssen Vermieter tätig werden. Dann jedoch haben sich die Mieter an den Kosten zu beteiligen, in der Regel zur Hälfte (BGH Az. VIII ZR 163/18 und VIII ZR 270/18).

Allerdings: Welche Renovierungen erforderlich sind, darüber lässt sich trefflich streiten. Mieter sind erst verpflichtet, die Renovierungen vorzunehmen, wenn sie wirklich nötig sind (BGH, Az. V III ZR 339/03). Jahrzehntelang haben Vermieter und Mieter Klauseln wie die folgende vereinbart: „Der Mieter muss Küche und Bad alle drei Jahre, Wohnräume und Flure alle fünf Jahre und Nebenräume alle sieben Jahre renovieren." Eine solche Klausel, die starre Fristen vorsieht und den tatsächlichen Abnutzungszustand der Wohnung nicht berücksichtigt, ist jedoch unwirksam. Das hat der Bundesgerichtshof in mehreren Verfahren entschieden (BGH, Az. VIII ZR 308/02, Az. VIII ZR. 361/03, Az. VIII ZR 152/05, Az. VIII ZR 178/05).

Maßgeblich ist nach Auffassung der Richter, ob die genannten Fristen starr sind und keine Ausnahmen zulassen. Werden sie hingegen durch Formulierungen wie „sind in der Regel nach ... Jahren durchzuführen" oder „sind im Allgemeinen nach ... Jahren durchzuführen" relativiert, so ist die Klausel wirksam (BGH, Az. VIII ZR 361/03 und VIII ZR 351/04).

Genau wie starre Fristenregeln nehmen Klauseln, die beim Auszug eine Endrenovierung vorschreiben, keine Rücksicht auf den tatsächlichen Renovierungsbedarf. Auch sie sind nach Auffassung des BGH unwirksam (BGH, Az. VIII ZR 109/05). Unzulässig sind darüber hinaus sogenannte Quotenabgeltungsklauseln. Sie verpflichten Mieter, bevor Renovierungsbedarf besteht, sich anteilig an den für eine spätere Renovierung anfallenden Kosten zu beteiligen (BGH, Az. VIII ZR 242/13). Sie dürfen Ihren Mietern auch nicht vorschreiben, in welcher Farbe sie die Wände während der Mietzeit streichen müssen (BGH, Az. VIII ZR 224/07). Nur bei Rückgabe der Wohnung können Sie eine neutrale Farbe fordern. Und schließlich ist eine Klausel, die verlangt, dass Schönheitsreparaturen von Fachleuten auszuführen sind, unwirksam. Mieter haben das Recht, selbst zu renovieren. Sie müssen das aber fachgerecht tun, so der Bundesgerichtshof (BGH, Az. VIII ZR 294/09).

Die Liste der für unwirksam erklärten Klauseln ließe sich noch lange fortsetzen. Und es kommen aktuelle Urteile hinzu. Schon allein die Schönheitsreparaturklausel ist ein gewichtiges Argument dafür, einen Mietvertrag juristisch prüfen zu lassen. In den Details können sich viele Fallstricke verbergen. Und wenn Sie als Vermieter – womöglich nach einem Rechtsstreit – allein für die Renovierung aufkommen müssen, kann es teuer werden.

SO KÖNNTE EINE WIRKSAME SCHÖNHEITSREPARATURKLAUSEL AUSSEHEN

„Der Mieter ist verpflichtet, auf seine Kosten die Schönheitsreparaturen im Sinn von § 28 Abs. 4 II. Berechnungsverordnung im Mietobjekt auszuführen, soweit sie erforderlich sind."

Bauliche Veränderungen

Modernisierungsmaßnahmen sind Sache der Vermieter. Sie allein entscheiden, ob, wann und wie Sie umfangreiche bauliche Maßnahmen durchführen lassen. Mieter können ohne eine vertragliche Vereinbarung keine Modernisierung verlangen. Sie haben auch keinen Anspruch darauf, dass Sie ihnen eine Modernisierung auf eigene Kosten genehmigen (BGH, Az. VIII ZR 10/11). Von dieser Regel gibt es gesetzliche Ausnahmen: Mieter haben das Recht, ein Steckersolargerät zu installieren (§ 554 BGB). Sie dürfen dieses Ansinnen nur aus triftigem Grund ablehnen. Das gilt auch für Barrierereduzierungen, die Installation einer Wallbox (siehe Seite 15) und Maßnahmen zum Einbruchschutz. Mieter haben allerdings keinen Anspruch darauf, diese Maßnahmen selbst durchzuführen, wenn Sie die Installation vornehmen möchten.

Mieter dürfen auch ihrerseits nicht ohne Ihre Zustimmung bauliche Veränderungen vornehmen, die den vertragsgemäßen Zustand der gemieteten Immobilie grundlegend verändern und erheblich in die Substanz des Gebäudes eingreifen. Tun sie es doch, können Sie ihnen kündigen. Das hat beispielsweise das Amtsgericht Berlin-Kreuzberg im Fall eines Mieters entschieden, der ohne Zustimmung des Vermieters eigenmächtig eine Badewanne und einen Boiler einbaute, Wasserleitungen verlegte und Verfliesungen vornahm. Nach Auffassung des Gerichts hat der Mieter damit seine mietvertraglichen Pflichten nicht unerheblich verletzt (AG Berlin-Kreuzberg, Az. 13 C 285/18). Auch die Errichtung eines betonierten Schwimmbeckens ohne Einverständnis des Vermieters rechtfertigt die fristlose Kündigung, so ein Urteil des Oberlandesgerichts Frankfurt am Main (OLG Frankfurt/Main, Az. 2 U 9/18).

In den meisten Formularmietverträgen ist eine Klausel Standard, nach der es den Mietern untersagt ist, ohne vorherige schriftliche Zustimmung des Vermieters bauliche Veränderungen vorzunehmen. Sie kann, muss aber nicht präzisiert werden, etwa indem bestimmte Maßnahmen genannt sind. Auf der sicheren Seite sind Sie, indem Sie vertraglich fixieren, dass die Mieter bei Durchführung der Maßnahmen im Falle Ihrer Genehmigung alle öffentlich-rechtlichen Vorschriften zu beachten und eventuell erforderliche Genehmigungen auf eigene Kosten einzuholen haben. Wichtig ist ebenfalls der Zusatz, dass die Mieter etwaige bauliche Veränderungen bei Beendigung

Eigentümer, die sich ohne Räumungstitel eigenmächtig Zugang zu den vermieteten Räumen verschaffen, riskieren eine Strafanzeige.

des Mietvertrags zurückzubauen haben und der ursprüngliche Zustand wiederherzustellen ist. Auch eine Klausel zum sogenannten Wegnahmerecht findet sich in vielen Verträgen. Sie besagt: Mieter sind berechtigt, einen Einbauschrank oder eine andere Einrichtung, mit der sie die Wohnung versehen haben, wegzunehmen (§ 539 Abs. 2 BGB). Wenn ein Mieter jedoch daran kein berechtigtes Interesse hat und der Vermieter eine angemessene Entschädigung für das Inventar zahlt, verliert der Mieter sein Wegnahmerecht (§ 552 BGB). Noch differenziertere Verträge regeln darüber hinaus die Höhe der Entschädigung, welche Vermieter bei Übernahme von Einbauten oder baulichen Veränderungen zahlen werden. Üblich ist an dieser Stelle, einen Abschlag für Abnutzung von den vom Mieter nachgewiesenen investierten Kosten zu vereinbaren.

WOHNEN IM DENKMAL

Wer im Denkmal zur Miete wohnt, hat grundsätzlich die gleichen Rechte und Pflichten wie andere Mieter auch. Es können jedoch Auflagen hinzukommen. So dürfen Vermieter beispielsweise Satellitenschüsseln, Markisen und auch Balkonsolaranlagen aus Rücksicht auf das äußere Erscheinungsbild untersagen. Auch für den Innenbereich können sie gegebenenfalls Vorgaben für Wandfarbe oder Tapeten machen.

Soll ein Denkmal baulich verändert werden, ist Vorsicht geboten. Selbst wenn Vermieter zustimmen, ist eine Erlaubnis der Denkmalschutzbehörde erforderlich – auch bei baulichen Änderungen im Innenbereich der Entfernung von Zwischenwänden oder dem Austausch von Türen. Fehlt die Genehmigung, kann das Amt verlangen, den Ursprungszustand wiederherzustellen. Außerdem drohen empfindliche Bußgelder.

Betreten der Wohnung durch Vermieter

Dass sich Eigentümer für ihre Immobilie verantwortlich fühlen, ist nachvollziehbar. Dass sie gerne ab und zu nach dem Rechten sehen würden, auch. Dennoch: Die Bewohner haben ein Recht auf ihre Privatsphäre. Vermieter haben in der Regel keinen Anspruch, ihre vermietete Immobilie eigenmächtig nach der Übergabe zu betreten oder zu besichtigen. Wenn Sie sich ohne Räumungstitel Zugang zu einem Mietobjekt verschaffen, riskieren Sie eine Strafanzeige wegen Hausfriedensbruchs. Es gibt jedoch Situationen, in denen es sinnvoll oder gar dringend notwendig ist, die Räume zu betreten. Dafür gilt es im Mietvertrag Vorsorge zu treffen.

Sie müssen Ihren Mietern sämtliche existierenden Schlüssel der Wohnung und zugehöriger Nebengebäude oder Nutzungseinheiten übergeben. Im Übergabeprotokoll wird das genau festgehalten. Es kann vorkommen, dass Mieter längere Zeit verreisen und schwer oder gar nicht erreichbar sind und dass die Wohnung in diesem Zeitraum wegen eines Brandes, eines Rohrbruchs oder eines anderen Notfalls unverzüglich betreten werden muss. Sie haben kein Recht, vor einer längeren Abwesenheit der Mieter oder aus anderem Anlass nachträglich einen Schlüssel zurückzufordern. Die Mieter müssen allerdings dafür sorgen, dass bei begründeten Notfällen Dritte auf Verlangen Zutritt zur Wohnung gewähren können. Es schadet nicht, in den Mietvertrag eine entsprechende Formulierung aufzunehmen: „Ist der Mieter länger abwesend, hat er sicherzustellen, dass die Räume zur Abwendung drohender Gefahren unverzüglich betreten werden können."

Eine bewährte Methode ist, dass die Mieter einen Schlüssel bei Nachbarn oder Bekannten deponieren. Achten Sie bei der Wohnungsübergabe darauf, dass Ihre Mieter Ihnen die Kontaktdaten dieser Vertrauensperson übergeben. Sinnvoll ist eine ergänzende Regelung wie „Zur Abwendung drohender Gefahren darf der Vermieter oder sein Beauftragter die Mieträume auch ohne vorherige Ankündigung zu jeder Tages- und Nachtzeit betreten." Im Streitfall müssen Gerichte nachträglich entscheiden, ob das Handeln des Vermieters durch die konkrete Situation gerechtfertigt war.

Auch in weniger dringlichen Situationen kann es notwendig sein, dass Sie oder von Ihnen beauftragte Personen das Mietobjekt betreten. Wasser-, Strom- oder Gaszähler müssen abgelesen, vorgenommene Reparaturen kontrolliert und Modernisierungsmaßnahmen geplant werden. Für eine Neuvermietung oder einen Verkauf stehen Besichtigungen an. Für diese Fälle können die Modalitäten des Zugangs ebenfalls im Mietvertrag geklärt werden, zum Beispiel mit einer solchen Klausel: „Dem Vermieter oder seinen Beauftragten steht die Besichtigung des Mietgegenstands nach rechtzeitiger Ankündigung mit einer Frist von mindestens 48 Stunden zu angemessener Tageszeit frei."

Im Mietvertragsformular des Deutschen Mieterbundes findet sich dazu eine weitere deutliche Einschränkung: „Besichtigungen sind im Regelfall auf 3 Stunden an einem Tag pro Woche zu beschränken." Auf eine solche Klausel sollten Sie besser verzichten: Wenn Sie beispielsweise eine umfangreiche Modernisierung planen, die auch die Innenräume betrifft, sind oft mehrere Gewerke betroffen, und die Handwerker müssen aufwendig Maß nehmen. Bei einem engen Zeitrahmen können sich allein die Vorbereitungsmaßnahmen über Wochen hinziehen.

BGH-URTEIL ZUM ZUTRITTSVERLANGEN

Eine Klausel im Mietvertrag, die dem Vermieter eine jederzeitige Besichtigung „zur Überprüfung des Wohnzustandes" und ohne konkreten Anlass gestattet, ist unwirksam. Der Vermieter darf den Zutritt verlangen, wenn er einen konkreten und berechtigten Grund hat (BGH, Az. VIII ZR 289/13).

Ende des Mietverhältnisses

In manch einem Formularmietvertrag finden sich Regelungen bezüglich der Kündigung des Mietverhältnisses. Notwendig sind die eigentlich nicht, denn dazu machen das Gesetz und die Rechtsprechung umfangreiche Vorgaben: Die gesetzliche Frist für eine ordentliche Kündigung beträgt knapp drei Monate. Die ordentliche Kündigung kann von Vermietern nur unter bestimmten Voraussetzungen ausgesprochen werden (siehe Seite 206). Auch für die fristlose Kündigung sieht das Mietrecht enge Grenzen vor. Und ein Kündigungsverzicht kann maximal für vier Jahre vereinbart werden.

Wichtig sind dagegen Festlegungen für den Auszug. Weit verbreitet sind in Formularmietverträgen Klauseln wie „Bei Beendigung des Mietverhältnisses sind die Mieträume vollständig geräumt und besenrein zurückzugeben." Dabei sollten Sie klarstellen, dass die vorher im Mietvertrag vereinbarten Regelungen zu Schönheitsreparaturen und baulichen Veränderungen von den Absprachen zu Räumung und Reinigung unberührt bleiben. Auch eine Klausel, dass der Mieter alle Schlüssel – auch selbst beschaffte – zurückzugeben hat, gehört in den meisten Mietverträgen zum Standard.

→ **Besonderheiten im Wohnungseigentum:** Bei der Vertragsgestaltung haben alle Eigentümer immer das Mietrecht zu beachten, unabhängig von der Art der Immobilie. Wohnungseigentümer müssen jedoch noch einige Extras im Blick haben.

WAS ERFAHRE ICH?

Als Eigentümer von Wohneigentum sind Sie Teil der Eigentümergemeinschaft und an deren Vorgaben gebunden. Die Richtschnur ist das Wohnungseigentumsgesetz. Hinzu kommen Beschlüsse der Gemeinschaft. Sie müssen sich selbst an die Regeln der WEG halten und dafür sorgen, dass Ihre Mieter das auch tun. Denn die leben zwar im Haus, sind aber nicht per se an die WEG-Regeln gebunden. Im Mietverhältnis sind die einzelnen vermietenden Eigentümer Vertragspartner der Mieter. Sie müssen das Mietrecht einhalten und sicherstellen, dass ihre Mieter alle Rechte umsetzen können, die der Mietvertrag ihnen zugesteht.

Diese Dreieckskonstellation birgt unzählige Fallstricke. Auf unterschiedlichen Ebenen können Konflikte auftreten – zwischen Ihnen und den übrigen Eigentümern, zwischen Ihnen und Mietern, zwischen anderen Wohnungseigentümern und Ihren Mietern oder auch zwischen den Mietern unterschiedlicher Eigentümer.

Schon bei der Gestaltung des Mietvertrags sollten Sie darauf achten, dass keine Widersprüche zu den WEG-Regeln entstehen. Denn ist der Vertrag einmal unterzeichnet, sind Sie genau wie die Mieter daran gebunden. In manch einem Formularmietvertrag sind WEG-Aspekte nicht berücksichtigt. Auf welche Stellen es ankommt, lesen Sie in diesem Kapitel. Ein ausgefeilter Mietvertrag ist eine gute Grundlage, aber keine Garantie, dass es im laufenden Mietverhältnis nicht doch Schwierigkeiten in der Dreiecksbeziehung gibt, etwa wenn die WEG einen Beschluss fasst, der mit Vereinbarungen aus dem Mietvertrag nicht kompatibel ist.

Abgleich mit der Teilungserklärung

Zuallererst gilt es zu klären, ob die WEG Regelungen zur Vermietung aufgestellt hat. Manchmal ist eine Zustimmung der Verwaltung erforderlich, manchmal beinhaltet die Teilungserklärung Einschränkungen für die Vermietung. Es gibt sogar Gemeinschaften, in denen per Teilungserklärung keine Vermietung zulässig ist.

Im Mietvertrag beschreiben Sie zunächst das Mietobjekt. Als Wohnungseigentümer können Sie nur die Räume und Flächen vermieten, die Ihnen in der Teilungserklärung als Sondereigentum zugewiesen sind. Stellen Sie also sicher, dass Sie ausschließlich Mieträume aus Ihrem Sondereigentum in den Mietvertrag aufnehmen.

Bei den Wohnräumen ist das in der Regel eindeutig. Bei Dachböden, Kellern, Stellplätzen müssen Sie genau hinschauen. Schon ein Tippfehler bei der Bezeichnung einer Fläche kann später für viel Ärger sorgen. Die Mietfläche sollte im Mietvertrag genau festgelegt werden. Sinnvoll ist, einen Plan des Hauses und der Außenbereiche als Anlage in den Mietvertrag aufzunehmen. Darin kennzeichnen Sie die vermieteten Flächen.

Auch die Zweckbestimmung und Nutzungsbeschränkungen müssen Sie beachten. Wenn die WEG ausschließlich Wohnnutzung erlaubt, dürfen Sie Ihren Mietern nicht gestatten, eine Kinderbetreuung einzurichten – selbst wenn Sie selbst gar nichts dagegen haben und auch das kommunale Baurecht nicht dagegenspricht. Andernfalls hat die WEG einen Anspruch auf Unterlassung. In der Folge müssten Sie die Mieter einschränken. Dann könnten diese den Mietgegenstand nicht mehr nach dem im Mietvertrag vereinbarten Zweck nutzen und hätten wiederum Gewährleistungsansprüche. Das lässt sich nur vermeiden, indem Sie die Vorgaben der WEG eins zu eins im Mietvertrag festhalten.

Auch für die Gestaltung oder Nutzung von Gartenflächen, die den einzelnen Eigentümern zugewiesen sind, kann die WEG Einschränkungen festlegen, die Sie dann im Mietvertrag an Ihre Mieter weiterreichen sollten. Gleiches gilt für einen zum alleinigen Gebrauch mitvermieteten Kellerraum, der im Gemeinschaftseigentum steht.

Dann geht es an Gemeinschaftsflächen, die Ihre Mieter mitbenutzen dürfen. Die Gemeinschaft kann den Nutzungszweck eines Fahrradkellers, einer Waschküche oder eines Hobbyraums durch Beschluss ändern. Mit entsprechenden Vorbehalten in Mietvertrag bauen Sie für solche Fälle vor. In manch einer WEG gibt es freie Kfz-Stellplätze. Im Mietvertrag muss die zugehörige Nutzungsregelung aufgenommen werden.

Vorsicht mit Rechten und Pflichten

Die Möglichkeiten und Grenzen der Einzelnen kann eine Eigentümergemeinschaft vor allem durch Gebrauchsbeschlüsse und durch eine Hausordnung definieren. Häufig finden sich dort Regelungen zu Ruhezeiten, Gartennutzung, Rauch- und Grillverboten auf Balkonen und zur Tierhaltung. Jede einzelne dieser Vorgaben muss im Mietvertrag auftauchen. Die Hausordnung der Gemeinschaft gehört als Anlage dazu. Um sicherzustellen, dass immer die aktuelle Hausordnung der WEG gilt, könnte man versuchen, eine entsprechende Klausel aufzunehmen. Ob das vor Gericht hält, ist fraglich.

Umlageschlüssel vereinbaren

In der Eigentümergemeinschaft können die Kosten für Grundsteuer, Gebäudeversicherung und die Betriebskosten für das Gemeinschaftseigentum etc. nach unterschiedlichen Verteilschlüsseln auf die Einzelnen umgelegt werden. Das Gesetz sieht die Verteilung nach Miteigentumsanteilen vor, also danach, welcher prozentuale Anteil am Grundstück und dem gemein-

ÄRGER MIT DEM HUND

Ein typisches Beispiel für eine Schnittstelle zwischen Mietrecht und Wohnungseigentumsrecht ist die **TIERHALTUNG:**

Angenommen, Ihre künftigen Mieter haben einen kleinen Hund. Sie haben kein Problem damit, dass er mit einzieht, und nehmen eine entsprechende Klausel in den Mietvertrag auf. Vergessen haben Sie, dass die Eigentümergemeinschaft beschlossen hat, dass in der Anlage keine Hunde gehalten werden dürfen. Sie sind nun gegenüber beiden Seiten in der Pflicht. Miteigentümer verweisen auf die Beschlussfassung und drohen mit gerichtlichen Schritten, gegen Sie oder auch gegen die Mieter. Diese werden sich auf den Mietvertrag berufen und erklären, sie wären nie ohne Hund eingezogen. Sie können die Miete mindern, Schadensersatz von Ihnen verlangen oder fristlos kündigen. Um das zu verhindern, sorgen Sie im Vorfeld für Klarheit und sichern sich ab.

schaftlichen Eigentum dem jeweiligen Eigentümer zugerechnet wird (§ 16 Abs. 1 Satz 2, Abs. 2 WEG). Dieser rechnerische Wert ist in der Teilungserklärung festgelegt und im Grundbuch eingetragen. In der Gemeinschaftsordnung können die Eigentümer jedoch auch einen anderen Schlüssel festlegen. Weit verbreitet ist dafür die Quote der Wohn- und Nutzfläche. Für unterschiedliche Kostenarten dürfen auch unterschiedliche Schlüssel vereinbart werden. Für die Miete hingegen schreibt das Gesetz das Verhältnis der Wohnflächen als Umlagemaßstab vor (§ 556a Abs. 2 BGB). Dieser Schlüssel ist üblich, andere Vereinbarungen sind jedoch möglich.

In der Vergangenheit waren Probleme vorprogrammiert, wenn die WEG die Miteigentumsanteile angewandt hat. Seit 2020 ermöglicht eine Neuregelung eine unkomplizierte Nutzung des gleichen Abrechnungsmaßstabs auf beiden Ebenen: „Ist Wohnungseigentum vermietet und haben die Vertragsparteien nichts anderes vereinbart, sind die Betriebskosten abweichend von Absatz 1 nach dem für die Verteilung zwischen den Wohnungseigentümern jeweils geltenden Maßstab umzulegen." (§ 556a Abs. 3 BGB).

Entscheidend ist also auch hier: Sie müssen darauf achten, dass der Umlageschlüssel im Mietvertrag mit dem der WEG übereinstimmt. Die Schlüsselanpassung hat zwei Vorteile: Die Abrechnungen werden weniger fehleranfällig. Und Sie sparen sich aufwendige Umrechnungen. Dabei ist zwischen den Betriebskosten des Sondereigentums (Grundsteuer, Abfallentsorgung, Betriebskosten im Sondereigentum, zum Beispiel Wartung Etagenheizung, Reinigung Warmwassergerät) und den Betriebskosten des Gemeinschaftseigentums (zum Beispiel Beleuchtung und Heizung in Flur und Gemeinschaftsräumen) zu unterscheiden. Für beides braucht es eine Verteilregelung im Mietvertrag.

Eine Sonderrolle spielen die Heizkosten, die nach der Heizkostenverordnung abzurechnen sind (siehe Seite 96). Relevant sind das Verhältnis von Festkostenanteil zu Verbrauchsanteil und der Verteilschlüssel für den Festkostenanteil auf die einzelnen Wohneinheiten. Für beides muss der Verteilungsmaßstab der WEG im Mietvertrag angesetzt werden. Bewährt hat sich zudem, den Abrechnungszeitraum in den Mietvertrag zu übernehmen. Das erspart mühsames Rechnen mit zwei WEG-Abrechnungen.

Wenn die WEG Kosten nach den Miteigentumsanteilen aufteilt und Sie diesen Schlüssel in der Vermietung übernehmen, sollten Sie das nicht nur im Vertrag festschreiben, sondern die Teilungserklärung als Anlage zum Bestandteil des Vertrags machen.

Für spätere Änderungen vorsorgen

So sorgsam Sie den Mietvertrag auch zum Zeitpunkt des Abschlusses mit den WEG-Regeln synchronisieren – die Eigentümerversammlung kann jederzeit Änderungen beschließen. Aus dem Waschraum soll ein Pelletlager werden, der Verteilschlüssel für die Heizkosten wird verändert, oder mit der Einführung von Wallboxen organisiert man die Nutzung der Stellplätze neu. Dann weicht Ihr Mietvertrag im laufenden Mietverhältnis von den Vorgaben in der WEG ab.

Für solche Fälle ist es ratsam, im Mietvertrag eine Anpassungsklausel einzubauen. Sie kann lauten: „Die Bestimmungen der Teilungserklärung beziehungsweise Gemeinschaftsordnung sowie die Beschlüsse der Wohnungseigentümer sind für die Mieter bindend. Das gilt sowohl für alle zum Zeitpunkt des Vertragsabschlusses vorliegenden Bestimmungen und Beschlüsse als auch für spätere Veränderungen der Bestimmungen und zu einem späteren Zeitpunkt getroffene Beschlüsse." Zugleich empfiehlt es sich, den Mietern Abschriften der jeweiligen Dokumente zuzusichern. Die Sache hat allerdings einen Haken: Es kann sein, dass eine solche Anpassungsklausel nicht trägt, wenn durch Änderungen in der WEG Benachteiligungen für die Mieter entstehen.

→ Anlagen zum Mietvertrag: Alle grundsätzlichen Fragen des Mietverhältnisses müssen die Parteien im Mietvertrag vereinbaren. Ergänzende Unterlagen können Sie als Anlage einbinden.

WAS ERFAHRE ICH?

Der BGH hat entschieden: Es ist nicht notwendig, sämtliche Betriebskosten, die auf den Mieter umgelegt werden sollen, explizit im Mietvertrag oder einer Anlage dazu aufzulisten. Vielmehr reicht eine Vereinbarung, dass der Mieter „die Betriebskosten" zu tragen hat. Diese Formulierung umfasst auch ohne ausdrückliche Bezugnahme auf die Betriebskostenverordnung die Positionen, die dort in § 2 Nummer 1 bis 16 aufgelistet sind (BGH, Az. VIII ZR 137/15). Anders verhält es sich mit „Sonstigen Betriebskosten" nach § 2 Nr. 17 BetrKV. Was darunter zu verstehen ist, muss im Detail im Mietvertrag genannt sein (siehe Seite 127). Entweder tun Sie das direkt in der entsprechenden Klausel im Vertrag, oder Sie verweisen von dort auf eine Anlage. Generell gilt: Für sonstige Betriebskosten, die nicht bezeichnet sind, können Sie keine Vorauszahlungen verlangen und auch später keine Verrechnung vornehmen. Dafür müssten Sie den Mietvertrag ändern.

Es gibt noch weitere Dokumente, die sinnvollerweise als Anlagen dem Mietvertrag beigefügt werden. Das gilt beispielsweise für die Hausordnung und für eine Vereinbarung zum Lüften und Heizen. Auch das Übergabeprotokoll sollten Sie immer zum Bestandteil des Mietvertrags machen.

Hausordnung erstellen

Lautstarke nächtliche Partys, intensiver Grillgeruch vom Nachbarbalkon oder im Hausflur untergebrachte Schuhlager können manch eine Hausgemeinschaft entzweien. Damit das Zusammenleben aller Bewohner gut funktioniert, braucht es wechselseitige Rücksichtnahme und verbindliche Regeln. Die werden üblicherweise in einer Hausordnung zusammengefasst. Sie beinhaltet Rechte und Pflichten, die für alle gelten.

Für Eigentümergemeinschaften schreibt das Wohnungseigentumsgesetz eine Teilungserklärung mit Gemeinschaftsordnung vor. Sie regelt zunächst das Miteinander der Eigentümer. Sie kann als Grundlage für eine Hausordnung dienen und ist dort genau wie in anderen Mehrfamilienhäusern sinnvoll, und zwar nicht nur als Mittel, um Streit vorzubeugen. Fühlen sich Mieter durch andere belästigt, können sie unter Umständen die Miete mindern oder gegen den Eigentümer Schadensersatzansprüche geltend machen. Haben Mieter gegen die Hausordnung verstoßen, so können Sie sie in die Pflicht nehmen.

AUSHANG ODER TEIL DES MIETVERTRAGS?

Damit die Bewohner die Bestimmungen einhalten können, müssen sie diese kennen. Was viele Eigentümer nicht wissen: Es macht einen erheblichen Unterschied, ob Sie die Hausordnung einseitig mitteilen – etwa durch einen Aushang am Schwarzen Brett – oder ob die Verhaltensregeln als Bestandteil der einzelnen Mietverträge zwischen Eigentümern und Mietern vereinbart sind.

Wird die Hausordnung lediglich als Aushang veröffentlicht oder getrennt vom Mietvertrag überreicht, dann darf sie nur sogenannte ordnende Regelungen beinhalten. Dazu gehören beispielsweise Regelungen zu Ruhezeiten oder zur Benutzung von Gemeinschaftsräumen. An diesen Vorgaben können Sie als Vermieter jederzeit einseitig rechtlich zulässige Änderungen vornehmen. Wichtig ist dann, dafür zu sorgen, dass alle Bewohner die Veränderung mitbekommen. Ein Rundbrief ist zur Kommunikation gut geeignet.

Wollen Sie Ihren Mietern jedoch bestimmte Pflichten wie Schneeschippen oder die Treppenhausreinigung übertragen und wollen Sie außerdem, dass sämtliche Regelungen für die Mieter rechtlich bindend sind, so muss die Hausordnung entweder im Mietvertrag erwähnt oder diesem als Anhang beigefügt werden. Eine körperliche Verbindung der beiden Schriftstücke durch Anleimen oder einen Faden ist nicht erforderlich, wohl aber eine gedankliche Verbindung, die erkennen lässt, dass die Schriftstücke in ihrer Gesamtheit den Vertrag bilden. Das lässt sich folgendermaßen umsetzen: Im Mietvertrag gibt es einen Paragrafen „Hausordnung". Er kann beispielsweise so formuliert sein: „Die als Anlage 2 beigefügte Hausordnung ist Bestandteil des Mietvertrags." Sie können die Verbindung zwischen den beiden Dokumenten auch in der Überschrift festhalten, zum Beispiel „Hausordnung – Anlage Nr. X zum Mietvertrag mit ______________ vom ___________". Sämtliche Mieter und Vermieter sollten neben dem Mietvertrag dann auch die Hausordnung unterzeichnen. Damit ist sichergestellt, dass die Mieter sich im Streitfall nicht darauf berufen können, sie hätten die Hausordnung nicht gekannt.

UNSER TIPP: ZWEIGLEISIG FAHREN

Auf der sicheren Seite sind Sie, indem Sie die Hausordnung zum Teil des Mietvertrags machen. Ergänzend sollten Sie das Dokument jedoch auch im Eingangsbereich des Gebäudes oder im Treppenhaus aushängen. Auf diesem Wege erreichen Sie auch alle Besucher von Bewohnern.

Nachteil einer Hausordnung als Teil des Mietvertrags ist: Wenn Sie die einmal vereinbarte Hausordnung später modifizieren möchten, brauchen Sie die Zustimmung jeder einzelnen Mietpartei.

Zusammenfassend gilt, dass Sie gut abwägen sollten, was Ihnen wichtiger ist – die rechtliche Bindung oder die einfache Handhabung. Der juristische Unterschied ist: Missachten Mieter eine vertragliche Hausordnung, so kommt das einem Vertragsbruch gleich. Sie können die „Quertreiber" abmahnen und ihnen nach wiederholter Verletzung der Hausordnung sogar fristlos kündigen. Wenn Mieter gegen eine einseitig verkündete Hausordnung verstoßen, stören sie zwar den Hausfrieden, handeln aber nicht vertragswidrig. Es ist damit schwieriger, Konsequenzen gegen sie durchzusetzen.

ÜBLICHE INHALTE EINER HAUSORDNUNG

Verbindliche Vorlagen für Hausordnungen gibt es nicht. Grundsätzlich dürfen die in einer Hausordnung enthaltenen Vorgaben nicht gesetzeswidrig sein. Und sie müssen stimmig sein mit den gültigen Mietverträgen. Eine Hausordnung darf keinen Mietvertrag ausweiten oder beschränken oder ihm widersprechen. Ansonsten richten sich die Inhalte vor allem nach dem Gebäude und der Bewohnerstruktur. Im „Vermieter-Set" der Stiftung Warentest – erhältlich über test.de/shop – finden Sie ein Formular als Orientierungshilfe.

Folgende Punkte werden in einer Hausordnung üblicherweise geregelt:

ORDNUNGSBESTIMMUNGEN

- Brandschutzbestimmungen
- Lärm und Ruhezeiten
- Nutzung von Balkonen und Terrassen
- Haustiere
- Reinigung und Müllentsorgung
- Schließen der Haustür
- Rauchverbote in den allgemein zugänglichen Flächen

SORGFALTSPFLICHTEN

- Schließen von Fenstern und Türen im Hausflur, Treppenhaus, Keller und in Gemeinschaftsräumen
- Nutzung der Gemeinschaftsflächen und -räume
- Nutzung der Mieträume

Mieter dürfen auf dem Balkon Wäsche trocknen, selbst wenn es im Haus einen Trockenraum gibt, sagen die Gerichte.

Bei der konkreten Formulierung der Bestimmungen gilt es darauf zu achten, dass sie die Persönlichkeitsrechte der Einzelnen nicht zu stark einschränken dürfen.

GERICHTSURTEILE ZU UNWIRKSAMEN VORSCHRIFTEN

→ **BADEN UND DUSCHEN**: Körperpflege gehört auch nachts zu sozialadäquatem Verhalten und zum normalen Mietgebrauch (LG Köln, Az. 1 S 304/96). Aus Rücksicht auf die Nachbarn darf nächtliches Duschen auf eine Dauer von 30 Minuten begrenzt werden (OLG Düsseldorf, 5 Ss (Owi) 411/90 – (Owi) 181/90 I). Hat aber eine WEG mehrheitlich beschlossen, dass Baden oder Duschen zwischen 22 und 5 Uhr verboten ist, müssen sich alle Eigentümer daran halten (BayObLG pAz. BReg 2 Z 7/91). Ob das auch auf Mieter übertragbar ist, ist nicht geklärt.

→ **TIERHALTUNG**: Der Bundesgerichtshof (BGH) entschied 2013, dass eine Klausel im Mietvertrag, die eine generelle Tierhaltung verbietet, den Mieter unangemessen benachteiligt (BGH, Az. VII ZR 168/12). Weil die Klausel im Mietvertrag unzulässig ist, ist sie es auch in der Hausordnung.

→ **WÄSCHE TROCKNEN**: Das Trocknen von Wäsche in der Wohnung bewerten Gerichte als normalen und vertragsgemäßen Gebrauch der Mietsache. Ein entsprechendes Verbot in der Hausordnung oder im Mietvertrag ist daher unwirksam, urteilten das Landgericht Frankfurt am Main (LG Frankfurt/Main, Az. 2/13 O 474/89) und das Landgericht Düsseldorf (LG Düsseldorf, Az. 21 T 38/08). Wäsche in der Wohnung zu trocknen, ist selbst dann zulässig, wenn es im Keller des Hauses einen Trockenraum gibt, so die Düsseldorfer Richter. Für den Balkon gilt: Vermieter dürfen Mietern allenfalls verbieten, große, über die Brüstung hinausragende Wäsche auf dem Balkon zu trocknen. Selbst wenn es die Hausordnung ausdrücklich untersagt, ist gegen das gelegentliche Auslüften von Sportkleidung und das Trocknen von kleinen Wäschestücken nichts auszusetzen, so das Amtsgericht Euskirchen (AG Euskirchen, Az. 13 C 663/94).

→ **ALLEINIGE VERPFLICHTUNG EINZELNER MIETER**: Eine Regelung, die einzelnen Mietern mehr Pflichten auferlegt als anderen, verstößt gegen den Gleichbehandlungsgrundsatz (§ 9 Abs. 1 AGBG) und ist unwirksam. Eine Hausordnung darf demnach nicht ausschließlich den/die Erdgeschossmieter zum Winterdienst verpflichten (AG Köln, Az. 221 C 170/11).

→ **MUSIZIEREN**: In der Wohnung Musik zu machen, gehört zum Grundrecht auf freie Persönlichkeitsentfaltung und den sozialadäquaten und üblichen Formen der Freizeitbeschäftigung. Ein generelles Verbot darf es deshalb in der Hausordnung nicht geben. Allerdings ist eine formularmäßige zeitliche Einschränkung zulässig. Als Richtwert formulierte der Bundesgerichtshof eine Begrenzung auf zwei bis drei Stunden an Werktagen und ein bis zwei Stunden an Sonn- und Feiertagen, jeweils unter Einhaltung der üblichen Ruhezeiten in der Mittags- und Nachtzeit (BGH, Az. V ZR 143/17). Im Einzelfall beurteilen Gerichte, welche Störungen durch das Musizieren entstehen.

→ Im Streitfall müssen Sie belegen, dass die Mieter die in der Anlage zum Mietvertrag festgehaltenen Regeln zur Beheizung und Lüftung nicht befolgt haben.

→ **REINIGUNGSPFLICHTEN**: Vermieter dürfen ihren Mietern Arbeiten auferlegen und auch Verkehrssicherungspflichten übertragen – zum Beispiel die winterliche Räum- und Streupflicht. Allerdings reicht eine Übertragung nur per Hausordnung nicht aus. Vielmehr ist nach Auffassung des Amtsgerichts Köln eine grundsätzliche Regelung im Mietvertrag notwendig (AG Köln, Az. 210 C 107/10).

Merkblatt zu sachgemäßem Lüften und Heizen

Ein häufiges Streitthema zwischen Vermietern und Mietern ist Schimmelbefall der Wohnräume. Nicht selten weisen sich die Parteien in Gerichtsstreitigkeiten wechselseitig die Schuld zu: Eigentümer sind überzeugt, dass ihre Mieter zu wenig gelüftet haben. Mieter bestehen darauf, für ausreichend Luftaustausch zu sorgen. Wenn das Lüften erst zu diesem Zeitpunkt zum Thema wird, ist es zu spät. Mit dem Mietvertrag sollten Sie auch ein paar grundsätzliche Hinweise zum Lüften und Heizen festhalten. Ziel ist zum einen, Schäden durch Kälte, Feuchtigkeit und Schimmel an der Mietsache und ihrer Einrichtung zu vermeiden. Zum anderen geht es darum, ein gesundes Raumklima für die Bewohner sicherzustellen. Darüber hinaus spart effizientes Heizen und Lüften Energie und verringert damit die Betriebskosten.

Es bietet sich an, ein Merkblatt zu formulieren und nach dem gleichen System wie die Hausordnung als Anlage dem Vertrag beizufügen: In einem Vertragsparagrafen verweisen Sie auf die Anlage, bei der Vertragsunterzeichnung achten Sie darauf, dass alle Unterschriften auch auf diese Anlage kommen.

VERHALTENSHINWEISE

Nach der Rechtsprechung des BGH kann die Frage, welche Beheizung und Lüftung einer Wohnung Mietern zumutbar ist, nicht abstrakt-generell und unabhängig insbesondere von dem Alter und der Ausstattung des Gebäudes sowie dem Nutzungsverhalten der Mieter, sondern nur unter Berücksichtigung der Umstände des Einzelfalls bestimmt werden (BGH, Az. VIII ZR 271/17). Eine Anlage zum Mietvertrag kann drei Aspekte behandeln: Hinweise zum Lüftungsverhalten, zum Heizverhalten und zur Möblierung. Die folgenden Formulierungen können als Orientierungshilfe dienen:

- → Die Mieter sind verpflichtet, während der Heizperiode dreimal täglich mindestens fünf Minuten lang alle Zimmer zu lüften. Das kann entweder mit weit geöffneten Fenstern im Raum (Stoßlüftung) oder mittels Durchzugs von Fenstern und gegenüberliegenden Türen (Querlüftung) geschehen. Nach dem Kochen oder Baden/Duschen ist die anfallende Feuchtigkeit durch zusätzliche Lüftung abzuführen. Dauerlüften ist zu unterlassen.
- → In der kalten Jahreszeit sollte die Temperatur in Wohnzimmer, Schlafzimmer, Kinder-

zimmer, Flur und ähnlichen Räumen tagsüber zwischen 6 und 23 Uhr mindestens 20 °C betragen, nachts mindestens 17 °C.
- Um ausreichend Luftzirkulation zu ermöglichen, muss beim Platzieren von Möbeln ein Abstand von 5 bis 10 Zentimetern zu den Außenwänden eingehalten werden.

Im Streitfall müssen Sie belegen, dass die Mieter diese Regeln nicht befolgt haben (siehe Seite 169). Doch mit einer solchen von beiden Seiten unterzeichneten Vereinbarung können Mieter zumindest nicht behaupten, ein anderes Verständnis von sachgemäßem Lüften und Heizen gehabt zu haben.

Übergabe – nur mit Protokoll

Ein Übergabeprotokoll ist weder beim Einzug noch beim Auszug gesetzlich vorgeschrieben. Dringend zu empfehlen ist es jedoch in beiden Fällen. Dabei gibt es Unterschiede im Detail.

In diesem Dokument wird beim Einzug der Zustand der Immobilie zum Zeitpunkt der Übergabe dokumentiert, samt Details zu übergebenen Gegenständen und Zählerdaten. Das Protokoll ist hilfreich, wenn es zu klären gilt, ob die alten oder neuen Mieter die hohe Stromrechnung begleichen müssen, oder wenn fraglich ist, ob ein Schlüssel fehlt. Und es kann als Beleg und als Argumentationshilfe dienen, wenn es darum geht, ob das Parkett im Wohnzimmer schon beim Einzug zerkratzt war oder das Waschbecken zu diesem Zeitpunkt bereits einen Sprung hatte. Im Schadensfall haben Sie mit dem Übergabeprotokoll ein wichtiges Beweismittel in der Hand. Das kann in einem eventuellen Rechtsstreit entscheidend sein oder – besser noch – zur Vermeidung eines Gerichtsverfahrens beitragen.

Am besten haben Sie zwei vorbereitete Formulare beim Übergabetermin dabei. Die füllen Sie zusammen mit den Mietern bei einem Rundgang durch die Wohnung oder das Haus aus. Nehmen Sie sich dafür ausreichend Zeit. Ideal ist ein Termin bei Tageslicht.

Die folgenden Punkte dürfen in einem aussagekräftigen Übergabeprotokoll nicht fehlen:
- Anschrift des Mietobjekts
- Termin der Übergabe
- Name, Anschrift und Funktionen der Anwesenden
- Anzahl der Schlüssel für Haus- und Wohnungstür, Briefkasten, Keller, Dach, Nebengebäude, Garage und Gartenpforte
- Auflistung der vom Vermieter übernommenen Ausstattungsgegenstände (Einbauküche, Handtuchhalter im Bad etc.)
- Benennung der vom Vormieter übernommenen Einbauten und Einrichtungen
- Zählerstände für Strom, Wasser und – falls vorhanden – Gas oder Heizkostenverteiler, Inhalt des Heizöltanks oder Pelletlagers
- Beschreibung des Zustands des Mietobjekts
- gegenseitige Absprachen
- Unterschriften

Vor allem der drittletzte Punkt, die Beschreibung des Zustands, hat es in sich. Gemeint ist damit zum einen, ob die Wohnung renoviert oder unrenoviert übergeben wird. Bei einer renovierten Übergabe ist es ratsam, den Zeitpunkt der letzten vollständigen Renovierung festzuhalten. Bei einer unrenovierten Übergabe wird in der Regel ein Ausgleich für den Mieter vereinbart. Das geschieht jedoch im Mietvertrag, nicht im Übergabeprotokoll (siehe Seite 100). Darauf können Sie an dieser Stelle natürlich verweisen.

Unter der Überschrift „Zustand" sind außerdem sämtliche Schäden und Mängel aufzuführen. Elektrische Geräte und Leitungen, Wasserhähne, Duschen, WC-Spülungen und Heizkörper müssen funktionieren, Kücheneinbauten ebenfalls. Fenster, Türen und Schlösser

UNSER TIPP: NUTZEN SIE UNSER FORMULAR

Eine detaillierte Vorlage für ein Übergabeprotokoll ist im „Vermieter-Set" der Stiftung Warentest enthalten, das Sie über **TEST.DE/SHOP** erhalten.

Der Zustand der Wohnung lässt sich am besten beurteilen, wenn die Räume leer sind.

dürfen nicht klemmen. Fliesen sollten keine Risse und Teppiche keine Löcher haben. Im Idealfall gibt es nichts zu beanstanden. Dann genügt ein Kreuz im Formular bei „Bei der Übergabe stellten beide Parteien gemeinsam keine Schäden/Mängel fest." Es kann aber durchaus vorkommen, dass Ihre Mieter Dinge bemängeln, die Sie nicht gesehen haben oder nicht beanstandenswert fanden. Dafür sollten Sie beziehungsweise Ihr Formular gewappnet sein. Üblich ist eine tabellarische Darstellung aller Räume mit einer Spalte, in der Besonderheiten, Mängel oder notwendige Reparaturen eingetragen werden. Dahinter wird notiert, wer jeweils die Umsetzung übernimmt. In aller Regel wird das der Vermieter sein. Halten Sie einen Termin fest, bis zu dem die Arbeiten ausgeführt sein müssen. Sinnvoll ist, den Zustand sämtlicher Räume mit Fotos zu dokumentieren. Bitten Sie die Mieter, die beiden Exemplare gemeinsam mit Ihnen zu unterschreiben. Sie können sie aber nicht zwingen.

Weitere wichtige Dokumente

Es gibt eine ganze Reihe weiterer Unterlagen, die Sie Ihren Mietern bei der Übergabe aushändigen sollten. Noch verbindlicher ist es, wenn Sie die Informationen als Anlagen an den Mietvertrag koppeln. Dann können Sie nachweisen, dass die Mieter alle wichtigen Papiere erhalten haben.

Dazu gehört zunächst der Energieausweis. Den mussten Sie bei der Besichtigung präsentieren. Die Mieter sollten spätestens mit der Übergabe eine Kopie erhalten. Im Alltag vermutlich noch wichtiger sind die Bedienungsanleitungen von Heizung, Küchengeräten und Haustechnik. Zur Türöffnung sind eventuell Codes notwendig, für die Nutzung einer PV- oder Heizungs-App brauchen die Bewohner unter Umständen Zugangsdaten.

Ein Dokument müssen Sie zeitnah nach der Übergabe nachreichen: Seit 2015 verpflichtet das Bundesmeldegesetz (§ 19) Vermieter, ihren Mietern innerhalb von zwei Wochen eine schriftliche oder elektronische Meldebestätigung (Wohnungsgeberbestätigung) auszustellen. Sie ist Voraussetzung dafür, dass Mieter ihren neuen Wohnsitz beim Einwohnermeldeamt anmelden können. Aus der Meldebestätigung müssen hervorgehen:

- → Name und Anschrift des Wohnungsgebers (Vermieter)
- → Art des meldepflichtigen Vorgangs (Einzug oder Auszug) mit Datum
- → Anschrift der Wohnung
- → Namen der meldepflichtigen Personen

Unser Muster auf Seite 121 zeigt, wie ein solches Formular üblicherweise aufgebaut ist. Die meisten Meldeämter haben auf ihrer Internetseite eine Vorlage veröffentlicht. Wenn das bei Ihnen vor Ort der Fall ist, sollten Sie unbedingt das offizielle Dokument nutzen. Halten Sie sich dabei an die Frist von 14 Tagen ab Einzug der Mieter, sonst drohen Ihnen Bußgelder von bis zu 1 000 Euro.

MUSTER: WOHNUNGSGEBERBESTÄTIGUNG NACH § 19 DES BUNDESMELDEGESETZES (BMG)

Hiermit wird ein Einzug in folgende Wohnung bestätigt:

____
Postleitzahl, Ort, Straße, Hausnummer mit Zusatz

____
Stockwerk, Wohnungsnummer bzw. Lagebeschreibung der Wohnung im Haus

In die vorher genannte Wohnung ist/sind am ________________ folgende Person/en eingezogen:

1.____

2.____

3.____

4.____

5. ☐ weitere Personen siehe Rückseite

Name und Anschrift des **Wohnungsgebers** lauten:

____
Name des Wohnungsgebers

____
Postleitzahl, Ort, Straße und Hausnummer, des Wohnungsgebers

____
Ggf. Name der durch den Wohnungsgeber beauftragten Person

☐ Der Wohnungsgeber ist gleichzeitig **Eigentümer** der Wohnung oder

☐ Der Wohnungsgeber ist nicht Eigentümer der Wohnung
Name und Anschrift des **Eigentümers** lauten:

____
Name des Eigentümers der Wohnung

____
Postleitzahl, Ort, Straße und Hausnummer, des Eigentümers der Wohnung

☐ **Selbsterklärung bei Eigentum**
Ich erkläre hiermit, dass ich der Eigentümer der oben genannten Immobilie bin, die von mir und den oben aufgeführten Personen zu eigenen Wohnzwecken genutzt wird.

Ich bestätige mit meiner Unterschrift, dass die oben gemachten Angaben den Tatsachen entsprechen. Mir ist bekannt, dass es verboten ist, eine Wohnanschrift für eine Anmeldung einem Dritten anzubieten oder zur Verfügung zu stellen, obwohl ein tatsächlicher Bezug der Wohnung durch diesen weder stattfindet noch beabsichtigt ist. Ein Verstoß gegen das Verbot stellt ebenso eine Ordnungswidrigkeit dar wie die Ausstellung dieser Bestätigung, ohne dazu als Wohnungsgeber oder dessen Beauftragter berechtigt zu sein (§ 54 i. V. m. § 19 BMG).

____
Ort, Datum

____
Unterschrift des Wohnungsgebers oder der beauftragten Person / des Eigentümers

4

Betriebskostenabrechnungen, Modernisierungs- und Erhaltungsmaßnahmen sowie Mieterhöhungen sind Zäsuren und oft auch Reibungspunkte im Miteinander. Für diese Anlässe gibt es klare Regeln. Sie helfen bei der Versachlichung.

→ **Betriebskostenabrechnung:** Die jährliche Abrechnung der Betriebskosten ist an vielen Stellen anfällig für Ungenauigkeiten und Fehler. Mit dem nötigen Grundwissen können auch wenig erfahrene Vermieter Mängel und damit Konflikte vermeiden.

WAS ERFAHRE ICH?

Die meisten Vermieter haben im Mietvertrag Vorauszahlungen auf die Betriebskosten vereinbart. Gemäß § 556 Abs. 3 S. 1 BGB müssen sie ihren Mietern dann jährlich eine Abrechnung über die tatsächlichen Ausgaben vorlegen und diese mit den Vorauszahlungsbeträgen abgleichen. Ist im Mietvertrag hingegen eine Pauschale oder eine Warmmiete vereinbart, gibt es eine solche Abrechnungspflicht nicht.

Ein zentraler Bestandteil der Betriebskostenabrechnung ist meist die Heizkostenabrechnung. Die müssen Vermieter in vielen Fällen auch dann vorlegen, wenn sie vertraglich eine Pauschale vereinbart haben (siehe Tabelle auf Seite 125). Die Abrechnung der Heizkosten nach Verbrauch ist gesetzlich vorgeschrieben für Mehrfamilienhäuser mit einer zentralen Heizungs- und Warmwasserversorgung. Keine Pflicht zur Heizkostenabrechnung gibt es hingegen für Vermieter von Einfamilienhäusern und von einer Wohneinheit in einem Zweifamilienhaus, in dem sie selbst die zweite Einheit bewohnen, wenn sie eine Betriebskostenpauschale inklusive Heizungs- und Warmwasserkosten oder auch eine Bruttowarmmiete erhalten. Auch bei Gebäuden mit dezentralen Wärmeerzeugern ist die Heizkostenabrechnung nicht obligatorisch.

Bei der Erstellung dieser Abrechnungen müssen Sie umfangreiche Vorgaben beachten. Dabei kommen diverse Regelwerke zum Tragen. Grundregeln beispielsweise zu Fristen oder zur Anpassung von Vorauszahlungen oder Pauschalen sind im Bürgerlichen Gesetzbuch festgeschrieben. In der Betriebskostenverordnung findet sich unter anderem die Differenzierung, welche Kosten umlagefähig sind. Die Heizkostenverordnung macht Vorgaben zur Verbrauchserfassung und der Aufteilung von festen und verbrauchsabhängigen Kosten für Heizung und Warmwasser. Darüber hinaus haben die Gerichte zu unzähligen Einzelfällen entschieden.

Es ist kaum möglich, sämtliche Details und noch dazu Veränderungen bei den genannten rechtlichen Vorschriften und Gerichtsurteilen im Blick zu haben. Nach einer Untersuchung von Mineko, einer Berliner Plattform zur Überprüfung von Nebenkostenabrechnungen, waren

ABRECHNUNGSPFLICHTEN

Welche Abrechnungen Sie vorlegen müssen, richtet sich danach, was im Mietvertrag vereinbart ist.

	Vereinbarung im Mietvertrag			
	Nettokaltmiete + Vorauszahlung für Betriebskosten + Vorauszahlung für Heizung und Warmwasser	**Nettokaltmiete + Betriebskostenpauschale inklusive Heizung und Warmwasser**	**Nettokaltmiete + Betriebskostenpauschale + Vorauszahlung für Heizung und Warmwasser**	**Bruttowarmmiete inklusive Betriebskosten inklusive Heizung und Warmwasser [1)]**
Betriebskostenabrechnung	ja	nein	nein	nein
Heizkostenabrechnung	ja	in Mehrfamilienhäusern mit zentraler Heizung und Warmwasserversorgung	ja	nein

1) Nur zulässig in Einfamilienhäusern, Zweifamilienhäusern mit selbst nutzendem Vermieter sowie in Mehrfamilienhäusern mit dezentraler Wärmeversorgung

im zweiten Quartal des Jahres 2023 mehr als 90 Prozent von über 1 000 Abrechnungen von gewerblichen Vermietern fehlerhaft.

Bei Weitem nicht jede falsche Abrechnung landet vor Gericht, doch angesichts der gestiegenen Betriebs- und Nebenkosten finden sie zunehmend Beachtung. Und wie immer, wenn es ums Geld geht, ist das Konfliktpotenzial hoch. In der Rechtsberatung des Deutschen Mieterbundes sind Betriebskostenabrechnungen seit Jahren das Thema Nummer eins. Wenn Sie unsicher sind, holen Sie einen Profi zu Hilfe. Über Grundlegendes und die wichtigsten Fallstricke lesen Sie mehr auf den folgenden Seiten.

Frist und Form

Häufige und zugleich leicht vermeidbare Fehler bei Betriebskostenabrechnungen betreffen Fristen und formale Anforderungen.

ABRECHNUNGSZEITRAUM

Der Abrechnungszeitraum muss grundsätzlich ein Jahr betragen. Beginn und Ende sind im Mietvertrag geregelt. Sie müssen nicht mit dem Kalenderjahr übereinstimmen, doch es bietet sich an. Bei Wohnungseigentum ist ratsam, den Abrechnungszeitraum der vermieteten Wohnung an den der Gemeinschaft anzupassen. Das spart mühsames Auseinanderrechnen und verringert Fehlerrisiken. Auch ein kürzerer Zeitraum ist – etwa bei unterjährigem Einzug – zulässig. Eine einmalige Verlängerung des Abrechnungszeitraums können Mieter und Vermieter gemeinsam vereinbaren (BGH, Az. VIII ZR 316/10). Sinnvoll und vielleicht sogar notwendig ist eine solche Regelung etwa, wenn durch die Verlängerung eine Umstellung auf einen Kalenderjahr-Turnus ermöglicht wird. Ein solcher Fall kann vor allem den Beginn eines Mietverhältnisses mitten im Jahr betreffen.

Für die Mieter geht ein verlängerter Abrechnungszeitraum mit einem erhöhten Prüfungsaufwand und eventuell mit der verzögerten Auszahlung eines Guthabens einher. Doch nach Einschätzung der obersten Richter überwiegen die Vorteile – durch eine künftige übersichtliche Abrechnung nach Kalenderjahren.

FRISTGERECHTE ZUSTELLUNG

Vermieter haben die Abrechnung spätestens bis zum Ablauf des zwölften Monats nach Ende des Abrechnungszeitraums zu erstellen und ihren Mietern zuzustellen. Für das Jahr 2025 muss das also spätestens bis zum 31. Dezember 2026 geschehen. Nach Ablauf dieser Frist können Mieter Nachzahlungen verweigern. Die Frist gilt nur dann als gewahrt, wenn der Brief rechtzeitig im Briefkasten des Mieters liegt. Nach Auffassung des Landgerichts Hamburg ist es bei einem Abrechnungszeitraum nach Kalenderjahren ausreichend, wenn das Dokument bis 18 Uhr am Silvestertag eingeworfen ist und die Mieter somit die Abrechnung zur Kenntnis nehmen können (LG Hamburg, Az. 316 S 77/16). Besser ist jedoch eine frühere Abrechnung. Damit umgehen Sie mögliche Nachweisprobleme.

Vermieter können weitere Nachforderungen unter Umständen geltend machen, wenn sie eine Verspätung nicht zu vertreten haben. Denkbar ist das beispielsweise, wenn rückwirkend Steuern erhoben werden.

Über einen solchen Fall hatte der BGH zu befinden: Eine Vermieterin hatte Betriebskostenabrechnungen für die Jahre 2002 bis 2006 erstellt und sich darin eine Nachberechnung vorbehalten, da eine rückwirkenden Neufestsetzung der Grundsteuer durch das Finanzamt zu erwarten war. Als diese vorlag, übersandte die Vermieterin eine entsprechende Nachberechnung der Grundsteuer. Die Mieterin verweigerte die Nachforderung. Zu Unrecht, entschied der BGH (BGH, Az. VIII ZR 264/12).

Auch wenn ein Rechtsstreit zwischen den Wohnungseigentümern um die Heizkosten in der Wohnanlage der Grund für eine nicht fristgerechte Betriebskostenabrechnung ist, darf der Vermieter diese verspätet vorlegen. Der Mieter muss auch in einem solchen Fall zahlen, wenn sich eine Nachzahlung ergibt. Diese Ansicht vertrat das Landgericht München (LG München, Az. 31 S 11267/17).

Nicht entschuldigt ist dagegen ein vermietender Wohnungseigentümer, wenn er gegenüber seinem Mieter verspätet abrechnet, weil der Verwalter der Eigentümergemeinschaft die Hausgeldabrechnung zu spät erstellt hat. Rein interne Gründe rechtfertigen keine verspätete Abrechnung, so der Bundesgerichtshof (BGH, Az. VIII ZR 249/15). In einem solchen Fall muss der Vermieter notfalls selbst in die Belege bei der Hausverwaltung schauen, die auf den Mieter entfallenen Nebenkosten ermitteln und die Betriebskostenabrechnung für ihn anfertigen.

FÜR STREITFÄLLE VORSORGEN

Achten Sie darauf, dass Sie die Abrechnung nicht nur fristgerecht zustellen, sondern dies auch **BEWEISEN** können. Denkbar, aber eher unüblich ist die Übergabe der Abrechnung vor Zeugen. Eine andere sichere, kostengünstige und praktikable Methode ist die Übermittlung durch einen Boten – etwa den Verwalter oder Hausmeister –, der das Dokument vollständig gelesen hat und bestätigen kann, dass die Abrechnung in einem Briefumschlag hinterlegt wurde und dass er diesen zu einem fristgerechten Zeitpunkt in den Briefkasten des Mieters eingeworfen hat.

ANFORDERUNGEN AN DIE FORM

Eine bestimmte Form schreiben weder das BGB noch die Betriebskostenverordnung vor. Wichtig ist jedoch: Die Abrechnung muss nach § 259 BGB so gestaltet und formuliert sein, dass sie auch für juristisch und/oder betriebswirtschaftlich nicht versierte Mieter gedanklich und rechnerisch nachvollziehbar und prüfbar ist. Dazu muss die Abrechnung zum einen im Allgemeinen schriftlich erfolgen. Das muss nicht zwingend in Schriftform – also mit eigenhändiger Unterschrift – geschehen. Aber es muss erkennbar sein, dass die Abrechnung vom Vermieter stammt, mindestens anhand seiner Anschrift im Briefkopf.

Wird die Abrechnung durch eine Hausverwaltung oder einen anderen Vertreter vorgenommen, der dem Mieter gegenüber zuvor noch nicht in Erscheinung getreten ist, muss der Abrechnung eine entsprechende originale Vollmacht beigelegt werden. Außerdem muss die Abrechnung ordnungsgemäß an die Mieter adressiert sein. Nach gängiger Rechtsprechung genügt bei mehreren Mietern die Adressierung an einen Mieter.

Eine Betriebskostenabrechnung ist nur dann formell wirksam, wenn sie folgende Mindestangaben enthält:

- korrekte Bezeichnung des Mietobjekts (Anschrift, Lage der Wohnung im Haus und Wohnungsnummer)
- Benennung des Abrechnungszeitraums
- Zusammenstellung der Gesamtkosten für jede Kostenart
- Angabe und Erläuterung des oder der verwendeten Umlageschlüssel (gemäß Mietvertrag)
- Berechnung des auf die Mieter entfallenden Kostenanteils
- Abzug der Vorauszahlungen der Mieter von ihrem Kostenanteil

Dabei gilt als goldene Regel: Die Betriebskostenabrechnung darf an keinem Punkt vom Mietvertrag abweichen. Die Wohnfläche sowie der oder die Verteilschlüssel müssen zwingend übereinstimmen.

Aufstellung der Betriebskosten

Sie dürfen ausschließlich Betriebskosten abrechnen, deren Umlage mietvertraglich vereinbart ist, beispielsweise durch Verweis auf die Betriebskostenverordnung. Diese sind übersichtlich und getrennt nach den Betriebskostenarten auszuweisen. Dafür ist laut BGH-Rechtsprechung eine Aufschlüsselung nach den einzelnen Ziffern des Betriebskostenkatalogs ausreichend. Die einzelnen Positionen müssen dabei nicht differenziert sein (BGH, Az. VIII ZR 285/15). Unterschiedliche Positionen dürfen jedoch nur zusammengefasst werden, wenn es einen engen Zusammenhang gibt (unter anderem BGH, Az. VIII ZR 371/19). Entscheidet ein Vermieter, die jeweiligen Einzelbeträge anzugeben, so ist es nicht notwendig, für jede Kostenart eine Summe zu bilden (BGH, VIII ZR 237/16).

Typische Fehler bei der Aufstellung der Kostenarten, die Sie leicht vermeiden können, sind:

- Sie beziffern „sonstige Betriebskosten", die nicht explizit im Mietvertrag benannt sind.
- Sie vergessen einzelne umlagefähige Kosten, etwa weil Sie einen Beleg verlegt haben.
- Sie ordnen Einzelposten versehentlich einer falschen Kostenart zu.
- Sie führen Nebenkosten auf, die nicht umlagefähig sind, beispielsweise Verwaltungskosten.
- Sie machen Kostenarten geltend, die zwar theoretisch umlagefähig, aber nicht im Mietvertrag vereinbart sind. Das kann aber nur passieren, wenn dort nicht auf die Betriebskostenverordnung verwiesen wird.
- Sie nutzen einen anderen Verteilschlüssel als den im Mietvertrag genannten.
- Sie machen Rechenfehler.

Sie können entscheiden, welche Rechnungen wann in die Abrechnung Eingang finden. Aber Sie müssen ein einheitliches Prinzip nutzen. Nach dem **LEISTUNGSPRINZIP** werden alle Rechnungen für Leistungen im Abrechnungszeitraum einbezogen, unabhängig vom Datum der Rechnung. Hat ein Dienstleister seine Rechnung im Januar für das Vorjahr gestellt, dann wird diese in Ihrer Abrechnung für das Vorjahr berücksichtigt.

Sie können sich auch für das **ABFLUSSPRINZIP** entscheiden und alle Rechnungen, die Sie im Abrechnungszeitraum erhalten haben, einbeziehen (BGH, Az. VIII ZR 49/07). Das bedeutet: Wenn ein Dienstleister eine Rechnung im Dezember stellt, Sie diese jedoch erst im Januar des Folgejahres bezahlen, wird die Rechnung in der Betriebskostenabrechnung des Folgejahres berücksichtigt.

Bei Heizkosten müssen Sie das Leistungsprinzip anwenden. Wenn Sie eine Heizkostenabrechnung erstellen (müssen), bietet es sich schon im Interesse der Übersichtlichkeit in der eigenen Buchhaltung an, diese Methode auch für die übrigen Betriebskosten anzuwenden. Handelt es sich beim Mietobjekt um Wohnungseigentum, kommen Sie nicht darum herum, zu differenzieren: Auch hier ist für Heizkosten das Leistungsprinzip vorgeschrieben. Die übrigen Betriebskosten müssen jedoch innerhalb der WEG nach dem Abflussprinzip abgerechnet werden. Von diesem Verfahren sollten Sie dann auch für Ihre Wohneinheit Gebrauch machen.

Für die Berechnung des auf die Wohneinheit entfallenden Kostenanteils ist der mietvertraglich vereinbarte Schlüssel maßgeblich. Gibt es dort keine entsprechende Klausel, sind die Kosten nach dem Verhältnis der Wohnfläche zur Gesamtfläche des Hauses oder nach einem anderen von der WEG vereinbarten Schlüssel aufzuteilen. Es kann beispielsweise sein, dass die WEG entschieden hat, die Kosten nach der Zahl der Wohneinheiten oder auch der Bewohner zu verteilen. Bei verbrauchsabhängigen Kosten, die durch Messeinrichtungen wie zum Beispiel Wasseruhren erfasst wurden, zählt der Verbrauch. Im Idealfall werden die Verbrauchsdaten möglichst genau am Anfang und Ende des Abrechnungszeitraums abgelesen.

ZUSAMMENFASSUNG VON KOSTENARTEN

In der Abrechnung dürfen eng zusammenhängende Kostenarten zusammengefasst werden. So können etwa dem BGH zufolge die Sach- und Haftpflichtversicherung in einer Summe als „Versicherungen“ aufgeführt werden. Es ist jedoch nicht zulässig, diverse Einzelposten ohne Aufschlüsselung als „sonstige Betriebskosten“ auszuweisen (BGH, Az. VIII ZR 371/19). Ein häufiger Fehler ist beispielsweise die nicht erlaubte Zusammenlegung von Gartenpflege und Hausmeister.

SONDERFALL EIGENTUMSWOHNUNG

So verlockend einfach es auf den ersten Blick erscheinen mag – Sie können nicht einfach die Nebenkosten der Eigentumswohnung, die Ihnen über die Jahresabrechnung der Verwaltung in Rechnung gestellt werden, als Betriebskosten an die Mieter weiterreichen. Denn in der Jahresabrechnung stecken diverse **POSTEN, DIE MIETER NICHT ZAHLEN MÜSSEN.** Dazu zählen Verwaltungskosten, Kosten für Reparaturen am Gemeinschaftseigentum und die Erhaltungsrücklage der Eigentümer. Umgekehrt sind in der Jahresabrechnung der WEG einige Posten nicht erfasst, die Sie zu entrichten haben und auf Ihre Mieter umlegen dürfen. Das betrifft etwa Wartungskosten für Rauchmelder.
Sie müssen also eine eigene Betriebskostenabrechnung erstellen. **AUSNAHME:** Ihre Hausverwaltung hat die Abrechnung speziell für vermietende Eigentümer aufbereitet.

WIRTSCHAFTLICHKEITSGEBOT

Generell sind Sie verpflichtet, den Grundsatz der Wirtschaftlichkeit zu beachten, auch bei den Vorauszahlungen und Anpassungen von Betriebskosten (§ 556 Abs. 3 Satz 1, § 560 Abs. 5 BGB). Sie müssen also ein entsprechendes Kosten-Nutzen-Verhältnis einhalten.

In Bezug auf Glasfaser hebt das BGB diesen Aspekt besonders hervor (§ 556 Abs. 3a BGB): Kosten für die Bereitstellung von Glasfaser nach § 72 Absatz 1 des Telekommunikationsgesetzes müssen Mieter nur bei wirtschaftlicher Umsetzung der Maßnahme zu tragen. Wenn es sich um eine aufwendige Maßnahme im Sinne von § 72 Absatz 2 Satz 4 des Telekommunikationsgesetzes handelt, bei der die Gesamtkosten pro Wohneinheit 300 Euro überschreiten, müssen Mieter nur dann zahlen, wenn der Vermieter vor Vereinbarung der Glasfaserbereitstellung möglichst drei Angebote eingeholt und das wirtschaftlichste ausgewählt hat. Auf Verlangen der Mieter müssen Sie das nachweisen.

KOSTEN EINER LEER STEHENDEN WOHNUNG

Wenn eine Wohnung im Haus im Abrechnungsjahr ganz oder teilweise leer stand, haben Vermieter sämtliche Betriebskosten für diese Wohneinheit zu übernehmen. Sie dürfen sie nicht auf andere Mietparteien umlegen (BGH, Az. VIII ZR 159/05).

BELEGEINSICHT GEWÄHREN

Ein wesentliches Ziel der Betriebskostenabrechnung ist, dass Mieter die anstehenden Kostenpositionen erkennen und den auf sie entfallenden Anteil nachprüfen können. Ob die Abrechnung inhaltlich (materiell) korrekt ist, können Mieter jedoch letztlich nur anhand der Abrechnungsunterlagen kontrollieren. Vermieter haben deshalb die Einsicht in die Belege zu ermöglichen.

Seit 2025 gibt es dabei eine wesentliche Erleichterung: Das Gesetz erlaubt seither, dass Vermieter elektronische Kopien und Scans zur Verfügung stellen (§ 556 Abs. 4 Satz 2 BGB). Mit dieser Neuregelung hat der Gesetzgeber der Tatsache Rechnung getragen, dass immer mehr Dienstleister mittlerweile ausschließlich digitale Rechnungen versenden, sodass Vermieter gar nicht über Originale verfügen.

Lassen Sie sich also nicht verwirren, wenn Sie in älteren Publikationen etwas anderes lesen. Bis dato galt: Mieter haben einen Anspruch darauf, die Originalbelege zu sehen. Sie müssen dazu kein besonderes Interesse darlegen. Das hat der BGH entschieden (BGH, Az. VIII ZR 66/20). Nur im Ausnahmefall reichte es aus, dass Vermieter Kopien oder Scans vorlegten. Schwierig gestaltete sich die Einsichtnahme vor allem für Vermieter, die weit entfernt vom Mietobjekt leben. Viele Jahre beschäftigte die Gerichte die Frage, welche Entfernungen für Mieter zwecks Einsichtnahme zumutbar waren.

Wenn Vermieter keine hinreichende Einsicht in die Unterlagen gewähren, haben Mieter ein Leistungsverweigerungsrecht. Sie dürfen laufende Vorauszahlungen einbehalten. Die Rückzahlung von bereits gezahlten Betriebskostenvorauszahlungen können Mieter allerdings nicht verlangen, so der BGH (BGH, Az. VIII ZR 150/20).

Gemäß Heizkostenverordnung müssen mindestens 50 und höchstens 70 Prozent der Kosten nach dem Verbrauch abgerechnet werden.

Heizkostenabrechnung

Für die Abrechnung der Kosten von Wärme und Warmwasser gelten die gleichen Fristen sowie formalen und inhaltlichen Anforderungen wie für die übrigen Betriebskosten. Sinnvoll ist, mietvertraglich für die Heizkostenabrechnung denselben Abrechnungszeitraum festzulegen wie für die übrigen Betriebskosten. Dann können Sie beide Abrechnungen zum selben Zeitpunkt erstellen.

Bei der Kostenaufteilung ist in den meisten Mietverhältnissen die Heizkostenverordnung zu beachten. Das heißt zunächst: Der anteilige Verbrauch der Wohneinheiten muss mit Wärmezählern oder Heizkostenverteilern beziehungsweise Warmwasserzählern gemessen werden. Seit 1. Dezember 2021 dürfen nur noch fernauslesbare Geräte zur Verbrauchserfassung installiert werden. Ältere Messeinheiten müssen bis zum 31. Dezember 2026 gegen fernauslesbare Einheiten ausgetauscht werden. Seit 1. Dezember 2022 müssen alle neu installierten fernauslesbaren Erfassungssysteme mit den Ausstattungen anderer Hersteller interoperabel sein (§ 5 HeizkostenV). Für die Ablesung beauftragen viele Vermieter einen Dienstleister. Die Kosten dafür sind als Betriebskosten umlagefähig.

Mieter müssen sowohl die Installation der Messeinrichtungen dulden als auch der Ablesefirma den Zugang zur Wohnung gewähren. Den Termin dafür müssen Sie mindestens eine Woche vorher ankündigen.

DARSTELLUNG UND AUFTEILUNG DER KOSTEN

Eine Heizkostenabrechnung beginnt mit Angaben zum Verfasser der Abrechnung, dem abzurechnenden Objekt und dem Abrechnungs- und Nutzungszeitraum. Die eigentliche Abrechnung besteht aus zwei Teilen. Darin sind Heizungs- und Warmwasserkosten gesondert aufzuführen.

Im ersten Teil sind die Gesamtkosten aufgelistet, die im Abrechnungszeitraum für das gesamte Gebäude entstanden sind. Das sind beispielsweise:

→ Aufstellung der Gesamtkosten für verbrauchte Brennstoffe und ihre Lieferung, CO_2-Kostenaufteilung Vermieter/Mieter
→ Betriebsstrom

Aufteilung der CO_2-Umlage zwischen Vermietern und Mietern

Mit dem Stufenmodell wird die prozentuale Aufteilung der CO_2-Kosten zwischen den Parteien geregelt. Grundlage ist der **jährliche CO_2-Ausstoß des Gebäudes in Kilogramm pro Quadratmeter Wohnfläche.**

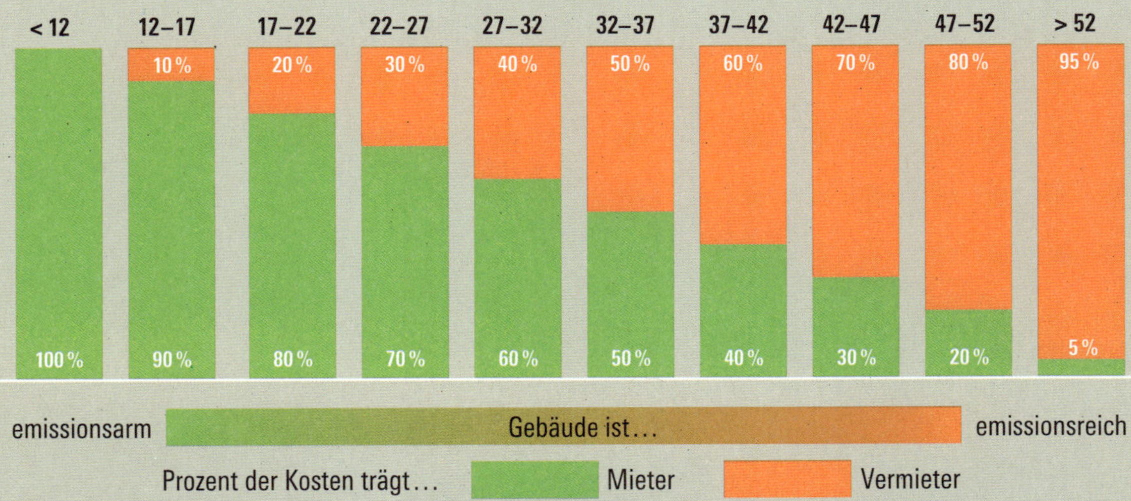

Quelle: Gesetz zur Aufteilung der Kohlendioxidkosten (CO_2KostAufG)

- Bedienung, Überwachung, Pflege und Wartung der Anlage durch eine Fachkraft, Reinigung der Anlage und des Betriebsraums
- Messungen nach dem Bundesimmissionsschutzgesetz, Schornsteinfegerkosten
- Anmietung oder andere Arten der Gebrauchsüberlassung einer Ausstattung zur Verbrauchserfassung sowie Kosten der Ausstattung zur Verbrauchserfassung einschließlich Kosten der Eichung, der Berechnung, Aufteilung und Verbrauchsanalyse, sowie Kosten der Abrechnungs- und Verbrauchsinformation.

Im zweiten Teil findet sich die Abrechnung für die einzelne Wohneinheit. Dort sind zum einen die Verbrauchsdaten der Wohneinheit im Verhältnis zum Gesamtgebäude aufgeführt. Laut Heizkostenverordnung sind mindestens 50 und höchstens 70 Prozent der Gesamtkosten im Haus nach dem tatsächlichen Verbrauch umzulegen. Der Rest entfällt auf die verbrauchsunabhängigen Kosten, die Grundkosten. Den in Ihrer Immobilie gültigen Schlüssel haben Sie im Mietvertrag vereinbart. Er muss in der Heizkostenabrechnung genannt, gegebenenfalls erläutert und für die Aufteilung angewandt werden.

EIN BEISPIEL: Sie haben festgelegt, dass der Anteil der verbrauchsabhängigen Kosten 70 Prozent ausmacht. Die Gesamtheizkosten im Gebäude betragen 5 000 Euro. Dann sind 5 000 Euro : 100 x 70 = 3 500 Euro nach den Verbräuchen auf die Wohneinheiten umzulegen. Auf eine Wohneinheit, die 35 Prozent der Gesamtenergie verbraucht hat, entfallen dann 1 000 Euro. Der verbleibende Anteil der Gesamtkosten – 1 500 Euro in unserem Beispiel – sind die Grundkosten. Sie werden nach dem ebenfalls im Mietvertrag vereinbarten Verteilschlüssel oder – falls kein Schlüssel vereinbart wurde – nach der Wohnfläche auf die Einheiten umgelegt.

Ziel der stark am Verbrauch orientierten Aufteilung der Kosten ist, Mieter zum Energiesparen zu ermuntern. Deshalb muss die Abrechnung einige Vergleichswerte enthalten,

HIER GEHT ES WEITER: KOSTENLOSER ONLINERECHNER DES BUNDESMINISTERIUMS FÜR WIRTSCHAFT UND KLIMASCHUTZ (BMWK)
→ CO2KOSTENAUFTEILUNG.BUNDESWIRTSCHAFTSMINISTERIUM.DE/SCHRITT1

nämlich den Verbrauch eines Durchschnittsnutzers und den Vorjahresverbrauch unter Berücksichtigung von Klimadaten.

Die von den Mietern getätigten Vorauszahlungen müssen ebenfalls aufgeführt und mit den tatsächlichen Kosten verrechnet werden. Das Ergebnis ist ein vom Vermieter zu erstattender oder von den Mietern nachzuzahlender Betrag.

CO_2-UMLAGE

Die Rechnungen von Energielieferanten weisen seit 2021 Kosten für CO_2-Emissionen des Gebäudes aus. Ihre Höhe richtet sich einerseits nach einem vom Brennstoff abhängigen Emissionsfaktor und andererseits nach dem aktuell gültigen CO_2-Preis. Zunächst mussten Mieter die CO_2-Abgabe komplett zahlen. Am 1. Januar 2023 ist das Kohlendioxidkostenaufteilungsgesetz (CO_2KostAufG) in Kraft getreten. Das beteiligt Vermieter an der Abgabe, und zwar je nach energetischem Standard des Hauses. Dafür gibt es ein Stufenmodell. Je besser die energetische Qualität der Immobilie, umso niedriger fällt der Vermieteranteil aus. Die Berechnung und Aufteilung der Kohlendioxidkosten haben im Regelfall Vermieter in der jährlichen Betriebskosten- beziehungsweise Heizkostenabrechnung durchzuführen.

Abrechnungstechnisch kompliziert ist der Fall, dass Mieter mit einem Versorger einen eigenen Vertrag abgeschlossen haben. Von diesem erhalten sie dann direkt ihre Rechnung und tragen damit zunächst die gesamten Kohlendioxidkosten. Mieter dürfen jedoch von ihren Vermietern die Erstattung des Anteils verlangen, den diese nach dem gesetzlichen Stufenmodell zu tragen haben. Dazu ermitteln sie den jährlichen CO_2-Ausstoß der Wohnung in Kilogramm CO_2 pro Quadratmeter Wohnfläche und ordnen die Wohnung in die zutreffende Stufe ein. Mieter müssen ihren Anspruch innerhalb von zwölf Monaten in Textform beim Vermieter geltend machen. Die Frist beginnt, sobald sie die Rechnung ihres Brennstoff- oder Wärmelieferanten erhalten. Für die Erstattung haben Vermieter zwölf Monate Zeit. Sie können den Betrag also beispielsweise mit der nächsten Betriebskostenabrechnung verrechnen.

Nach der Abrechnung

Sobald die Betriebskostenabrechnung vorliegt, sind die Mieter am Zug. Sie werden prüfen, ob die Abrechnung erstens formell und zweitens materiell wirksam ist. Gibt es keine Einwände, sind meist Nachzahlungen oder Rückerstattungen fällig. Und oft verlangt eine der beiden Seiten nun eine Anpassung der Vorauszahlungen.

EINWENDUNGEN

Genügt die Abrechnung nicht den formellen Mindestanforderungen, so ist sie unwirksam. Das hat vielfältige Folgen: Mieter haben den Anspruch auf Nachbesserung. Vermieter müssen in einem solchen Fall eine vollständig neue Abrechnung vorlegen. Damit sollten Sie sich beeilen, denn sobald der Abrechnungszeitpunkt vorbei ist, verlieren Sie Ihren Anspruch auf Nachzahlungen. Mieter dürfen bis zur Vorlage der korrigierten Abrechnung die Vorauszahlungen auf die Betriebskosten einstellen.

Erst wenn eine formell ordnungsgemäße Abrechnung vorliegt, beginnt die gesetzliche Einwendungsfrist der Mieter (BGH, Az. VIII ZR 27/10). Sie haben nach § 556 Abs. 3 bis zum Ablauf des zwölften Monats nach Zugang der formell wirksamen Abrechnung Zeit, um Einwendungen gegen deren materielle Wirksamkeit vorzubringen. Dazu müssen sie konkret mitteilen, welche einzelnen Posten sie beanstanden.

NACHZAHLUNGEN

Für Nachzahlungen haben Mieter mindestens bis zu dem vom Vermieter genannten Termin Zeit. Es liegt in Ihrem Interesse, einen zeitnahen Termin zu benennen. Er muss jedoch für die Mieter umsetzbar sein. Dienstleistungsunternehmen setzen in ihren Rechnungen üblicherweise eine Zahlungsfrist von zwei Wochen. Wenn Sie den Mietern mehr Spielraum geben wollen, wählen Sie eine dreiwöchige Frist. Nennen Sie keinen Termin, geraten Mieter frühestens 30 Tage nach Zugang der Abrechnung in Verzug, zuzüglich einer sogenannten Überlegungszeit. Wie lange diese Überlegungszeit ist, legen Gerichte im Einzelfall fest, je nachdem wie kompliziert die Abrechnung ist. Oft

ANPASSUNG EINER BETRIEBSKOSTENPAUSCHALE

Wenn Sie eine Betriebskostenpauschale vereinbart haben, so fällt Ihre Abrechnungspflicht weg. Doch auch eine Pauschale muss unter Umständen angepasst werden. Ist dies im Mietvertrag verankert, sind Sie berechtigt, Erhöhungen der Betriebskosten anteilig an Ihre Mieter weiterzugeben. Notwendig ist dazu eine **ERKLÄRUNG IN TEXTFORM** samt Begründung und Erläuterung der Umlage (§ 560 Abs. 1 BGB). Die Mieter müssen die erhöhte Pauschale mit Beginn des auf die Erklärung folgenden übernächsten Monats zahlen. Wenn Sie beispielsweise am 20. August eine Erhöhung der Pauschale erklären, haben die Mieter den verlangten Betrag ab 1. Oktober zu zahlen. Unabhängig vom Mietvertrag sind Sie generell verpflichtet, im Falle eine Ermäßigung der Betriebskosten die vereinbarte Pauschale unverzüglich zu verringern (§ 560 Abs. 3 BGB).

dürften weitere vier bis sechs Wochen angemessen sein.

Unter Umständen führt eine Betriebskostenabrechnung zu einer für die Mieter vielleicht überraschenden drei- oder gar vierstelligen Nachforderung. Das kann passieren, wenn die Mieter im Laufe eines Jahres deutlich mehr verbraucht haben als im Vorjahr – oder auch, wenn Preise stark angestiegen sind, Sie die Vorauszahlungen jedoch nicht angepasst haben. Ein moderater Umgang mit einer solchen Forderung trägt auf jeden Fall zu einem harmonischen Miteinander bei. Je nach Vertragsverhältnis und Situation ist es eine Überlegung wert, den Mietern Ratenzahlungen zu ermöglichen.

ANPASSUNG VON VORAUSZAHLUNGEN

Wenn eine Betriebskostenabrechnung deutliche Abweichungen zwischen den geleisteten Vorauszahlungen und den tatsächlich angefallenen Kosten aufweist, steht meist eine Anpassung des Vorauszahlungsbetrags an. Waren die Vorauszahlungen zu niedrig angesetzt, haben beide Seiten daran ein Interesse: Sie wollen nicht in Vorleistung gehen, Mieter zahlen lieber in gleichmäßig übers Jahr verteilten Portionen als in einem großen Batzen nach der Abrechnung. Auch der umgekehrte Fall ist denkbar: Die wenigsten Mieter leisten gern wissentlich zu hohe Vorauszahlungen. Beide Vertragspartner haben das Recht, eine Anpassung der vereinbarten Vorauszahlung auf eine angemessene Höhe vorzunehmen (§ 560 Abs. 4). Das geht immer nur nach einer inhaltlich korrekten Abrechnung und muss in Textform geschehen. Außerdem muss der Grundsatz der Wirtschaftlichkeit gewahrt bleiben. Vermieter können in der Regel ein Zwölftel des Ergebnisses der Jahresabrechnung als neuen monatlichen Vorauszahlungsbetrag ansetzen (BGH, Az. VIII ZR 294/10).

Die Anpassung darf auch erfolgen, wenn der auf die Abrechnung folgende Abrechnungszeitraum bereits abgelaufen, aber noch nicht abgerechnet ist. Vorauszahlungsanpassungen sind grundsätzlich nur für die Zukunft möglich (BGH, Az. VIII ZR 271/10).

Überblick über die eigenen Finanzen

Die jährliche Betriebskostenabrechnung bietet sich an, um im Anschluss Kassensturz zu machen und die Ausgaben und Einnahmen des Jahres zusammenzutragen. Ein solcher Überblick dient der Evaluation: Gestaltet sich die Vermietung so wirtschaftlich, wie Sie es sich zum Zeitpunkt des Mietvertragsabschlusses vorgestellt haben? Zugleich brauchen Sie eine aktuelle Übersicht, um künftige Ausgaben zu planen.

Es gibt viele Wege, eine solche Aufstellung vorzunehmen. Manch eine Buchhaltungssoftware stellt dafür Instrumente zur Verfügung. Alternativ können Sie Ihre Steuerberaterin beauftragen. Das empfiehlt sich auf jeden Fall, wenn Sie größere Investitionen tätigen wollen und dafür eine belastbare Grundlage brauchen.

Auch mit Bordmitteln können Sie die eigenen Finanzen im Blick behalten. Im Folgenden finden Sie Anregungen zur Vorgehensweise. Im Einzelfall können jedoch zusätzliche oder abweichende Posten relevant sein. Sinnvoll ist, zu Beginn der Vermietung einmalig externe Beratung in Anspruch zu nehmen.

EINNAHMEN VERSUS AUSGABEN

Den größten Anteil an den Einnahmen im Zusammenhang mit der Vermietung haben die monatlichen Kaltmieten und die vereinnahmten Umlagen. Hinzu kommen folgende Einnahmen:

- Nachzahlungen der Mieter aus den Betriebskostenabrechnungen
- Steuerrückerstattungen
- Fördermittel

Ihre Aufwendungen für die Vermietung setzen sich aus den Betriebskosten, den nicht umlegbaren regelmäßigen Nebenkosten und aus einmaligen Posten – beispielsweise für die Erhaltung und Modernisierung der Immobilie – zusammen.

Zu den regelmäßig anfallenden Ausgaben, die Sie nicht als Betriebskosten auf Ihre Mieterinnen und Mieter umlegen dürfen, gehören vor allem:

- Verwaltervergütung
- Bank- und Kontoführungsgebühren
- Rücklagen
- Zinsen
- Vermieteranteil an den CO_2-Kosten
- Rechtsschutzversicherung
- Mietausfallversicherung
- Notdienstpauschale Hausmeister
- Wach- und Schließgesellschaft
- Miete von Rauchwarnmeldern und Feuerlöschern
- Mitgliedsbeiträge in einem Branchenverein
- eventuell Steuerberatung

In den meisten Mietverhältnissen tauchen die genannten Posten Jahr für Jahr auf. Es lohnt sich also für Sie als Vermieter, eine entsprechende Tabelle vorzubereiten und immer im Zusammenhang mit der Betriebskostenabrechnung auszufüllen.

Bei einmaligen Aufwendungen funktioniert dieses System allerdings nicht, weil von Jahr zu Jahr unterschiedliche Beträge zusammenkommen. Aber Sie können in Ihrer Ausgabenliste Leerzeilen vorsehen und die Summen eintragen, sobald Sie die Ausgaben tätigen. So gehen Sie auf Nummer sicher, und es besteht nicht die Gefahr, dass Sie etwas vergessen.

Einnahmen und Ausgaben

Gut die Hälfte der privaten Vermieter erzielt mit der Vermietung einen Überschuss.

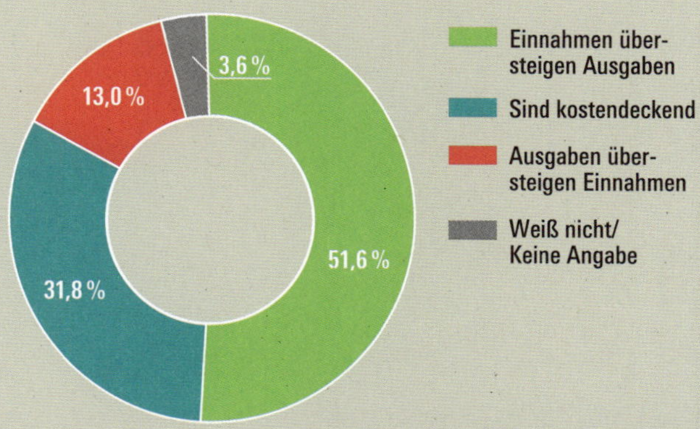

Quelle: Vermieterbefragung 2025, Haus & Grund Deutschland

Zu den einmaligen Belastungen zählen:

- Betriebskostenerstattungen an die Mieter
- Erschließungs-, Straßenbau- und Straßenausbaubeiträge
- sämtliche Kosten für Reparaturen, Instandhaltungen und bauliche Maßnahmen
- Aufträge, die Sie einmalig an Dienstleister vergeben. Einmalige Reinigungskosten, der Einsatz eines Kammerjägers oder auch Neuanlagen im Garten sind typische Beispiele.
- Ausgaben für Mietersuche bei einem Mieterwechsel
- Honorare für Beratung oder Gutachten, etwa bei Unsicherheiten und Streitigkeiten

Und dann ist da noch die Steuer, die Sie auf die Einnahmen aus der Vermietung zahlen. Für Laien kann es schwierig sein, aus dem Steuerbescheid zu erkennen, welcher Anteil der Einkommenssteuer sich auf die Vermietung bezieht und welcher auf weitere Einnahmen. Mit dem Steuerrechner des Bundesfinanzministeriums (bmf-steuerrechner.de) nehmen Sie einen groben Überschlag vor, indem Sie ausschließlich die Mieteinnahmen eingeben.

→ Erhaltungs- und Modernisierungsmaßnahmen: Reparaturen und Instandhaltungen können notwendig werden. Und nicht alle Modernisierungen lassen sich bei einem Mieterwechsel durchführen. Bei allen Baumaßnahmen gilt es, die Spielregeln zu beachten.

WAS ERFAHRE ICH?

Im laufenden Mietverhältnis wird es mehr als einmal notwendig sein, dass Sie beziehungsweise von Ihnen beauftragte Dienstleistungs- und Handwerksbetriebe die vermietete Immobilie betreten. Je nachdem, um was es geht, sind solche Termine für Sie, aber auch für die Mieter mit unterschiedlichen Herausforderungen verbunden.

Regelmäßige Wartungen sowie Ablesungen von Zählerständen bereiten noch den geringsten Aufwand. Solche Anlässe sind zudem recht gut planbar. Wenn es hingegen um Reparaturen und Instandsetzungen geht, sieht das anders aus. Fällt die Heizung aus oder gibt es ein Leck in einem Wasserrohr, müssen Sie schnell handeln. Derartige Defekte verursachen bei Mietern einen hohen Leidensdruck. Zugleich können sie erhebliche bauliche Schäden nach sich ziehen. Hilfreich ist, wenn Sie für solche Fälle einen Notfallplan mit Handwerksbetrieben Ihres Vertrauens in der Schublade haben.

Ist im Mietvertrag keine Schönheitsreparaturklausel enthalten, kommen – zumindest bei längeren Mietverhältnissen – vermutlich auch Renovierungen auf Sie zu. Die bedeuten für die Bewohner unter Umständen mehrtägige Einschränkungen bei der Nutzung ihrer Räume. Umso wichtiger ist eine gute Vorbereitung. Hilfreich für die Planung ist eine mehrjährige Übersicht, in der Sie durchschnittliche Renovierungszyklen vormerken.

Bei einer Modernisierung wie etwa dem Fenstertausch oder der Heizungserneuerung handelt es sich um ein besonders komplexes und anspruchsvolles Vorhaben. Oft sind mehrere Firmen beteiligt, die koordiniert werden wollen. Als Eigentümer müssen Sie sich mit baulichen oder technischen Aspekten befassen, von denen Sie unter Umständen keine Ahnung haben. Dabei geht es meist um hohe Investitionssummen. Die Mieter müssen mit Lärm, Dreck und anderen Beeinträchtigungen leben und haben unter Umständen das Recht, die Miete zu mindern. Und im Anschluss gilt es meist, eine Modernisierungsmieterhöhung durchzusetzen.

In der Praxis lässt sich eine Modernisierung am einfachsten beim Wechsel von Mietern realisieren. Doch in einem Mehrfamilienhaus, wo von allen großen Vorhaben mehrere Einheiten betroffen sind, gelingt die Synchronisierung selten.

Zwei Grundregeln sollten Sie bei all diesen Maßnahmen beachten:

- → Eine gründliche Planung erleichtert die Abläufe auf der Baustelle.
- → Und die frühzeitige Einbindung der Mieter erhöht die Akzeptanz.

Im Folgenden erfahren Sie, wo bei Erhaltungsmaßnahmen und Modernisierungen rechtliche Fallstricke lauern, welche Fristen Sie beachten müssen und welche Besonderheiten bei unterschiedlichen Projekten relevant sind.

Erhaltungsmaßnahmen

Wenn es um die Erhaltung einer vermieteten Immobilie geht, nimmt das Bürgerliche Gesetzbuch beide beteiligten Parteien in die Pflicht: Vermieter haben den vertragsgemäßen Zustand der vermieteten Immobilie zu erhalten. Sie müssen Schäden vorbeugen, dafür sorgen, dass die Haustechnik funktioniert und dass Mängel beseitigt werden. Mieter haben ihrerseits Erhaltungsmaßnahmen zu dulden. (§ 535 und § 555a BGB)

REGELMÄSSIGE WARTUNGEN

Vor allem Wärmeerzeuger, aber auch die Photovoltaikanlage, die Lüftungstechnik oder die Einbruchmeldeanlage sollten Sie regelmäßig von einer Fachfirma prüfen, bei Bedarf reinigen und optimieren lassen. Damit stellen Sie sicher, dass die Technik einwandfrei funktioniert und eine möglichst lange Lebensdauer hat.

Viele Dienstleister bieten dafür Wartungsverträge an. Das hat für Sie mehrere Vorteile: Die Handwerker kennen das Gebäude und die Technik. Sie haben den Wartungstermin verlässlich eingeplant, oft auch einen Erinnerungsservice. Und falls mal ein Defekt zwischen den Prüfterminen auftritt, haben Sie eine Firma an der Hand.

REPARATUREN UND IHRE KOSTEN

Im Idealfall beinhaltet Ihr Mietvertrag eine gültige Kleinreparaturklausel (siehe Seite 106). Dann haben die Mieter die darin vereinbarten Kosten zu übernehmen, wenn Ausstattungsgegenstände kaputtgehen, auf die sie häufig und direkt zugreifen. Das betrifft beispielsweise die Waschtischarmatur, einen Lichtschalter oder den Griff der Balkontür. Kümmern müssen Sie sich allerdings. Eine anderslautende Klausel im Mietvertrag ist eine unwirksame Vornahmeklausel.

Es gibt allerdings viele Fälle, die von einer Kleinreparaturklausel nicht gedeckt sind. Dann müssen Sie handeln, vorhandene Mängel beheben (lassen) und zahlen. Das gilt für alle Gegenstände, die nicht dem regelmäßigen Zugriff der Mieter ausgesetzt sind, sowie für alle Ausstattung außerhalb der Mietwohnung wie etwa die Beleuchtung im Treppenhaus. Auch wenn eine Instandsetzung teurer ist als die in der Kleinreparaturklausel festgelegte Höchstgrenze, haben Sie die Kosten zu tragen – und zwar in voller Höhe.

TERMINE MIT HANDWERKERN

Wenn Sie einen konkreten sachlichen Grund haben, der sich zum Beispiel aus der ordnungsgemäßen Bewirtschaftung der Immobilie ergibt, müssen Mieter dulden, dass Sie oder ein von Ihnen beauftragter Handwerksbetrieb die Wohnung betreten und Arbeiten durchführen (BGH, Az. VIII ZR 289/13). Dabei sind Rechte und Pflichten der Beteiligten klar geregelt: Es ist allein Ihre Sache, zu entscheiden, wie die erforderlichen Maßnahmen umgesetzt werden. Sie legen fest, ob zum Beispiel ein kaputtes Fenster repariert wird oder ob es komplett ausgetauscht wird.

Mieter haben auch keinen Anspruch darauf, dass Wartungs- oder Reparaturarbeiten von einem bestimmten Anbieter oder einer bestimmten Person durchgeführt werden, so das Amtsgericht Frankfurt am Main (AG Frankfurt/Main, Az. 33055 C 113/24). Für Baufreiheit haben Sie zu sorgen. Mieter müssen nicht aktiv mitwirken, etwa indem sie Möbel beiseiteschieben oder Schränke leer räumen (LG Berlin I, AZ: 63 S 373/13).

WANN DÜRFEN MIETER EINE REPARATUR BEAUFTRAGEN?

Ist im Haus etwas kaputt, müssen Mieter Ihnen Gelegenheit geben, den Schaden zu prüfen und selbst zu beseitigen. Nur in Notfällen dürfen sie ausnahmsweise selbst einen Handwerker beauftragen. Ein solcher Fall ist der Ausfall der Heizung bei Frost, so eine Entscheidung des Amtsgerichts Münster. Im strittigen Fall musste der Vermieter seiner Mieterin die Reparaturkosten erstatten (AG Münster, Az. 4 C 2725/09). **ALLERDINGS:** Bei der provisorischen Reparatur der Gastherme stellte der Monteur fest, dass das Abgasrohr aus Sicherheitsgründen erneuert werden musste. Daher rückte er ein paar Tage später erneut an. Auf den Kosten für diesen Einsatz blieb die Mieterin sitzen. Denn das waren keine sofort fälligen Arbeiten. Sie hätte Zeit gehabt, den Vermieter zu informieren.

Allerdings dürfen Sie nicht einfach eine Firma beauftragen und losschicken. Gemäß BGB sind Erhaltungsmaßnahmen den Mietern rechtzeitig anzukündigen (§ 555a). Eine pauschale Regel, was „rechtzeitig" ist, gibt es nicht. Entscheidend ist unter anderem die Dringlichkeit der Maßnahme. Reparaturarbeiten nach einem Wasserrohrbruch können Sie nicht zwei Wochen im Voraus ankündigen, die Wartung der Rauchmelder hingegen schon. Mindestens drei, besser zehn oder 14 Tage vor einer geplanten Wartung oder Reparatur sollten Sie den Mietern den Termin kundtun. Wenn die Maßnahme nicht dringlich ist, können Sie auch zunächst bei den Mietern mögliche Termine erfragen und diese dann der Handwerksfirma vorschlagen. In vielen Fällen wird jedoch die Handwerksfirma den Termin benennen, und die Beteiligten müssen sich danach richten. Generell gilt: Je früher die Mieter Bescheid wissen, umso besser können sie sich auf Beeinträchtigungen einstellen. Das ist umso wichtiger, je umfangreicher die Maßnahmen sind.

Der Handwerkertermin sollte an einem Werktag stattfinden. Für einfache Instandsetzungsarbeiten veranschlagen Sie ein Zeitfenster von rund zwei Stunden oder fragen die Firma nach der üblichen Arbeitsdauer. Für die Ankündigung gibt es keine Formvorschriften. Eine mündliche Information reicht also aus. Empfehlenswert ist jedoch die Textform – also per Mail oder Schreiben –, am besten mit einem Beleg des Zugangs. Dann sind Sie im Streitfall auf der sicheren Seite. Die Bewohner können zwar keinen Ersatztermin verlangen, falls sie den avisierten Zeitraum nicht einrichten können, aber es ist in Ihrer beider Interesse, dass die Arbeiten reibungslos durchgeführt werden. Daher sollten Sie sich in einem solchen Fall um eine Verschiebung bemühen.

Eine deutliche Erleichterung ist, wenn Handwerker und Bewohner den Termin direkt miteinander abstimmen. Zumindest bei Maßnahmen, die nur eine Mietpartei betreffen, ist das eine praktikable Alternative. Natürlich wäre es am einfachsten, dem Handwerksbetrieb die Rufnummer(n) der betroffenen Mieter direkt zu übermitteln, damit er Kontakt zum Mieter aufnimmt. Das kann jedoch unter Datenschutzaspekten problematisch sein. Das Bayerische Landesamt für Datenaufsicht hält ein solches Vorgehen für zulässig, da Vermieter ein berechtigtes Interesse an der Datenweitergabe haben (Art. 6 Abs. 1 DSGVO). Andere Landesbehörden sehen das anders.

Auf der sicheren Seite sind Sie als Vermieter, wenn Sie sich bereits im Mietvertrag zusichern lassen, dass Mieter mit der Weitergabe von Kontaktinformationen an Handwerks- und andere Dienstleistungsbetriebe einverstanden sind.

Renovierungen

Wurde im Mietvertrag eine wirksame Schönheitsreparaturklausel (siehe Seite 108) vereinbart – prima. Dann stellt sich die Frage der Renovierung für Sie im laufenden Mietverhältnis in aller Regel nicht. Gibt es jedoch keine oder eine unwirksame Klausel dazu, kann es gut sein, dass die Mieter irgendwann die Beseitigung von Abnutzungserscheinungen verlangen und Sie auffordern, die Wände neu zu tapezieren oder die Innentüren mit einem neuen Anstrich aufzufrischen. Dazu sind Sie dann verpflichtet.

Sie haben jedoch unterschiedliche Möglichkeiten, die Renovierungsarbeiten in Angriff zu nehmen. Natürlich können Sie eine Fachfirma beauftragen. Dann stehen unter Umständen die oben geschilderten Terminabsprachen an. Und die Rechnung wird sich auch sehen lassen. Sie können den Mietern jedoch auch anbieten, dass diese gegen Zahlung eines angemessenen Betrags auf die Ausführung der Schönheitsreparaturen durch Sie verzichten und die Arbeiten selbst erledigen. Das wird in aller Regel erheblich billiger sein, als Handwerksbetriebe zu beauftragen. Vermeiden Sie es, die Mieter eine nicht von Juristen Ihres Vertrauens sorgfältig geprüfte Formularvereinbarung über ein solches Vorgehen unterzeichnen zu lassen. Die wird oft unwirksam sein. Die Beteiligten können sich jedoch auch auf ein weniger aufwendiges Verfahren einigen: Häufig reicht es aus, sich von den Mietern eine Quittung geben zu lassen über den Betrag, den diese als Gegenleistung für die selbst vorgenommenen Schönheitsreparaturen erhalten haben. Dann gibt es keine schriftliche Vereinbarung, die als allgemeine Geschäftsbedingung betrachtet würde und damit unwirksam und streitanfällig sein könnte.

Umbauten durch Mieter

In einer gemieteten Immobilie dürfen die Bewohner nur sehr begrenzt bauliche Veränderungen vornehmen. Dabei sind zwei Kategorien zu unterscheiden:

- **KLEINE VERÄNDERUNGEN**, die nicht in die Bausubstanz eingreifen und beim Auszug reversibel sind, können Mieter auch ohne Ihre ausdrückliche Erlaubnis in Angriff nehmen. Sie dürfen Bilder und Regale aufhängen oder auch ein Hochbett aufbauen, das nicht fest mit der Bausubstanz verbunden ist.
- Sobald es sich um einen **EINGRIFF IN DIE BAUSUBSTANZ** handelt oder die Nutzung wesentlich verändert wird, müssen sie in der Regel Ihre Zustimmung einholen. Das ist etwa beim Einziehen einer neuen Trennwand oder dem Austausch von fest installierten Sanitäreinrichtungen der Fall.

Sie können in vielen Fällen frei entscheiden, ob Sie die Veränderung gestatten oder nicht. Wenn die Sicherheit der Wohnung gefährdet, die Bausubstanz geschädigt oder eine Wertminderung der Immobilie zu befürchten ist, sind das berechtigte Gründe für eine Ablehnung. Es gibt aber auch Umbauten, die für den vertragsmäßigen Gebrauch der Mietsache erforderlich sind. Dann dürfen Sie Ihre Erlaubnis nicht verweigern.

EINIGE BEISPIELE: Das Amtsgericht München hat einem Mieter recht gegeben, der eine Markise anbringen wollte, um den stark sonnenexponierten Balkon nutzen zu können (AG München, Az. 411 C 4836/13). Ähnlich entschied das Landgericht Berlin: Vermieter müssen das Anbringen einer Markise erlauben, wenn die Montage fachgerecht erfolgt und keine besonderen Gründe dagegen sprechen. Allerdings dürfen sie die Erlaubnis der Markise von der Vorlage einer Privathaftpflichtversicherung und der Zahlung einer Zusatzkaution in Höhe von 1 500 Euro abhängig machen (LG Berlin, Az. 64 S 322/20). Mieter dürfen auch in einen Fensterrahmen Löcher bohren, wenn es anders nicht möglich ist, Gardinen anzubringen, so das Amtsgericht Bremen. Das ist häufig bei Dachschrägenfenstern der Fall.

Die Montage von Markisen sorgt häufig für Streit zwischen Vermietern und Mietern.

Bestimmte bauliche Veränderungen müssen Sie Ihren Mietern erlauben. Dazu gehört der Einbau einer elektrischen Ladestation.

In Schlaf- oder Kinderzimmern, wo ein Verdunkeln üblich und erforderlich ist, gehört die Montage von Vorhängen zum vertragsgemäßen Gebrauch der Mietsache. Mieter brauchen dafür keine Genehmigung von Ihnen und müssen Sie auch nicht vorher informieren. Allerdings sind Mieter auf Verlangen des Vermieters verpflichtet, beim Auszug die Bohrlöcher fachgerecht zu verschließen (AG Bremen, Az. 6 C 285/14).

AUF DIESE MASSNAHMEN HABEN MIETER ANSPRUCH

Seit 2020 beziehungsweise 2024 haben Mieter den Anspruch, dass Sie bestimmte bauliche Veränderungen der Mietsache erlauben. In § 554 BGB ist aufgelistet, um welche Maßnahmen es geht:

- Barrierereduzierung
- E-Mobilität
- Einbruchschutz
- Steckersolargeräte

Solche Umbauten dürfen Sie als Vermieter also nicht ablehnen. Es sei denn, sie können Ihnen „auch unter Würdigung der Interessen des Mieters nicht zugemutet werden". Was genau zumutbar ist, wird die Rechtsprechung in den kommenden Jahren entscheiden müssen. Klar ist jedoch: Vermieter bestimmen nach wie vor das Wie des Umbaus. Sie können also beispielsweise den Standort eines Solarpaneels festlegen und Vorgaben zur Art der Befestigung machen.

In der Umsetzung kann ein solcher Umbau-Anspruch im Wohneigentum aufwendig werden. Sobald das Gemeinschaftseigentum betroffen ist, hat die Eigentümergemeinschaft Mitsprache. Immerhin hat der Gesetzgeber an dieser Stelle das Mietrecht und das Wohnungseigentumsrecht synchronisiert. Der einzelne Eigentümer hat ebenfalls seit 2020 beziehungsweise 2024 gegenüber der Gemeinschaft dieselben Ansprüche wie ein Mieter gegen seinen Vermieter (§ 20 Abs. 2 WEG). Wohnungseigentümer können also verlangen, dass die Gemeinschaft sogenannten privilegierten Maßnahmen wie einer Barrierereduzierung, dem Einbau einer elektrischen Ladestation oder einer einbruchhemmenden Wohnungstür sowie der Installation eines Balkonkraftwerks zustimmt. Die Gemeinschaft darf nicht ohne triftigen Grund ablehnen.

Wollen Mieter eine solche Veränderung vornehmen, ist also ein zweistufiges Verfahren notwendig: Als Eigentümer brauchen Sie das Einverständnis der anderen Eigentümer und müssen Ihrerseits dann den Anspruch Ihrer Mieter gestatten.

Modernisierungen

Bei einer Modernisierung handelt es sich um ein wesentlich umfangreicheres und komplexeres Vorhaben als bei den zuvor dargestellten. Ziel jeder Modernisierung ist die Anpassung des Wohn- und Nutzwertes an einen zeitgemäßen Standard. Das BGB definiert in § 555b, welche baulichen Veränderungen als Modernisierungen betrachtet werden:

- Maßnahmen, die der Einsparung von Energie oder Wasser und dem Klimaschutz dienen
- Maßnahmen, die den Gebrauchswert der Immobilie nachhaltig erhöhen
- erstmaliger Anschluss mittels Glasfaser an ein öffentliches Netz
- dauerhafte Verbesserungen der Wohnverhältnisse
- Schaffung von neuem Wohnraum

Auch Maßnahmen, die keine Erhaltungsmaßnahmen sind, die Sie jedoch durchführen müssen, ohne dass Sie sie zu vertreten haben, gelten als Modernisierung. So sind Eigentümer beispielsweise nach dem Gebäudeenergiegesetz (GEG) verpflichtet, einen über 30 Jahre alten fossilen Heizkessel auszutauschen. Relevant ist diese Definition und damit die Abgrenzung zu anderen Bauvorhaben vor allem, weil nur die genannten Modernisierungen später zu einer Modernisierungsmieterhöhung berechtigen (siehe Seite 150). Auch die Heizungserneuerung begründet oft eine Mieterhöhung. Dafür können Vermieter unter Umständen ein anderes Verfahren nach § 559e BGB anwenden (siehe Seite 151).

Typische Modernisierungen sind die Dämmung der Gebäudehülle, der Einbau einer neuen Heizungsanlage und die Umstellung auf erneuerbare Energieträger, aber auch der Einbau eines Fahrstuhls oder der Umbau des Bades. Sowohl für Vermieter als auch für Mieter bringen solche Modernisierungen erhebliche Vorteile: Der Wert der Immobilie, ihre Funktionalität und der Wohnkomfort werden erhöht. Betriebskosten und Umweltbelastungen werden verringert. Allerdings bedeuten die Umbauten auch für alle Beteiligten Aufwand.

ORDNUNGSGEMÄSSE ANKÜNDIGUNG

Als Vermieter müssen Sie eine Modernisierung spätestens drei Monate vor der Durchführung der Arbeiten in Textform, also beispielsweise per Mail, ankündigen. Ein Dreizeiler mit einer Terminankündigung und zwei Stichworten zum Vorhaben reicht dafür nicht. Das Gesetz verlangt differenzierte inhaltliche Angaben (§ 555c BGB). Sie müssen zunächst

- die Art sowie den voraussichtlichen Umfang der Modernisierungsmaßnahmen beschreiben,
- den voraussichtlichen Beginn und die voraussichtliche Dauer der Umsetzung benennen.
- Wenn Sie eine Modernisierungsmieterhöhung planen, müssen Sie den Mietern den Betrag der zu erwartenden Mieterhöhung mitteilen und die voraussichtlichen künftigen Betriebskosten beziffern, es sei denn, es handelt sich um eine Modernisierung nach dem vereinfachten Verfahren (siehe Seite 140).

Bei den beiden ersten Punkten können Sie sich auf die Darstellungen der ausführenden Unternehmen und deren Einschätzungen zum zeitlichen Ablauf stützen. Nur: Die exakten Angaben werden Sie erst mit den Angeboten der Fachfirmen in der Hand halten. Die frühe Ankündigungspflicht gegenüber den Mietern verpflichtet Sie zwangsläufig zu einem relativ großen zeitlichen Vorlauf. Achten Sie unbedingt darauf, mit den Firmen eine ausreichend lange Bindung an die Kostenangebote zu vereinbaren. Soweit möglich, sollten Sie Aufträge erst nach Ablauf von einem Monat nach Zugang der Modernisierungsankündigung erteilen. Erst dann können Sie sicher sein, dass Ihr Plan aufgeht und kein Mieter Härtefalleinwendungen vorbringt (siehe unten).

> → Ziel jeder Modernisierung ist die Anpassung des Wohn- und Nutzwertes an einen zeitgemäßen Standard.

Schwierig gestaltet sich oft die Darstellung von Kostenaspekten im Ankündigungsschreiben an die Mieter. Falls Sie keinen Staffel- oder Indexmietvertrag vereinbart haben, sind Sie berechtigt, 8 Prozent der angefallenen Kosten auf die Jahresmiete umzulegen. Diese sogenannte Modernisierungsumlage ist also eine Sonderform der Mieterhöhung. Sie darf nicht mehr als 3 Euro pro Quadratmeter innerhalb von sechs Jahren betragen (§ 559 BGB). Beträgt die monatliche Miete vor der Mieterhöhung weniger als 7 Euro pro Quadratmeter Wohnfläche, greift eine Kappungsgrenze: Die Miete darf sich nicht um mehr als 2 Euro je Quadratmeter Wohnfläche erhöhen. Für die Heizungserneuerung gelten seit 1. Januar 2024 Sonderregeln (§ 559e BGB). Wie eine Modernisierungsmieterhöhung genau funktioniert und was Sie beachten müssen, lesen Sie ab Seite 150.

VEREINFACHTES VERFAHREN

Mit dem Mietrechtsanpassungsgesetz wurde im Jahr 2019 das sogenannte vereinfachte Verfahren bei Modernisierungen neu in § 559c BGB verankert. Gemeint sind kleine Modernisierungen, deren Kosten innerhalb von fünf Jahren eine Höchstgrenze von 10 000 Euro nicht überschreiten. Dabei werden alle Maßnahmen innerhalb dieses Zeitraums angerechnet. Vermieter, die dieses Verfahren nutzen, dürfen von den Investitionskosten pauschal Instandhaltungskosten in Höhe von 30 Prozent abziehen und den Rest auf die Mieter umlegen. Damit wird die Berechnung der Modernisierungsmieterhöhung im Vergleich zum normalen Verfahren erheblich vereinfacht. Mehr dazu lesen Sie ab Seite 150.

Die Sache hat zwei Haken: Bereits für die Ankündigung der Modernisierung müssen Sie entscheiden, ob Sie das vereinfachte Verfahren anwenden, und das dann auch den Mietern kundtun. Zudem können Sie – von wenigen Ausnahmen abgesehen – innerhalb der fünf Jahre keine weitere Modernisierungsmieterhöhung vornehmen, sobald die 10 000 Euro ausgeschöpft sind. Das ist insofern problematisch, als nicht alle Modernisierungen über mehrere Jahre hinweg planbar sind. Unter Umständen blockieren Sie sich damit also selbst.

HÄRTEFALL KIPPT BAUVORHABEN

Mieter haben Modernisierungen in aller Regel zu dulden. Es gibt jedoch eine Ausnahme, den sogenannten Härtefall wegen persönlicher oder finanzieller Härte. Teil der Ankündigung ist auch, die Mieter darüber zu informieren, dass und wie sie einen Härtefall geltend machen können. Innerhalb eines Monats nach Zugang der Modernisierungsankündigung dürfen Mieter in Textform einen Härteeinwand erklären. Ein Beispiel: Im Haushalt lebt eine bettlägerig kranke Person, der weder Beeinträchtigungen durch die Baustelle noch ein Umzug in ein Hotel oder eine andere Wohnung zugemutet werden können. Bei Modernisierungen im vereinfachten Verfahren sind Einwendungen wegen finanzieller Härte ausgeschlossen.

RECHTE DER MIETER

Ebenfalls innerhalb von einem Monat nach Zugang der Modernisierungsankündigung haben Mieter ein Sonderkündigungsrecht. Sie dürfen das Mietverhältnis zum Ende des übernächsten Monats beenden (§ 555e BGB). Gerade in engen Märkten werden Mieter diese Möglichkeit eher selten nutzen. Allerdings haben Mieter auch das Recht, die Miete zu mindern, wenn ihnen durch eine Modernisierung Nachteile entstehen, so das Landgericht Berlin (LG Berlin, Az. 65 S 121/15).

Um wie viel Sie die Miete kürzen dürfen, hängt davon ab, wie stark die Bewohner in der Nutzung der Immobilie durch die Modernisierung eingeschränkt sind. Ist etwa ein Raum

MIT DEN BEWOHNERN IN EINEM BOOT

Für Ihre Mieter bringt eine Modernisierung zwei große Belastungen mit sich – Bauarbeiten mit Lärm, Dreck und anderen Beeinträchtigungen des alltäglichen Lebens sowie eine spätere Mieterhöhung. Oft sind Mieter davon wenig begeistert. Doch wenn die Stimmung erst mal gekippt ist und die Mieter erreichen, dass sich Arbeiten verzögern oder gar ein Baustopp verfügt wird, dann haben Sie nicht nur erhebliche organisatorische Probleme, sondern auch Mehrkosten, die größtenteils zu Ihren Lasten gehen.

Empfehlenswert ist daher, sich bei jeder größeren Baumaßnahme **FRÜHZEITIG MIT DEN MIETERN AN EINEN TISCH ZU SETZEN,** die konkreten Pläne und ihre Notwendigkeit zu erläutern und auch über finanzielle Aspekte zu sprechen. So nehmen Sie Ängste und tragen zur Entspannung bei. Möglicherweise lassen sich Modernisierungswünsche der Mieter berücksichtigen und gemeinsame terminliche Vorüberlegungen anstellen. Manchmal sind Mieter handwerklich versiert. Dann können sie eventuell einzelne Arbeiten oder auch die anschließende Renovierung übernehmen, und Sie reduzieren im Gegenzug die Mieterhöhung.

aufgrund der Bauarbeiten nicht bewohnbar, so kann der Minderungsbetrag anhand des Verhältnisses der Raumfläche zur Gesamtfläche berechnet werden. Bei energetischen Modernisierungen sind Mietminderungen erst ab dem vierten Monat der Bauarbeiten zulässig (§ 536 Abs. 1a BGB).

Entstehen während einer Modernisierung Schäden, beispielsweise an Einrichtungsgegenständen, haben Sie diese zu ersetzen. Sie müssen auch für Kosten aufkommen, die den Mietern wegen der Modernisierung entstehen. Ein Beispiel: Durch einen Küchenumbau müssen die Mieter häufiger auswärts essen und haben erhöhte Verpflegungskosten. Auch die Reinigung nach den Bauarbeiten müssen Sie zahlen.

Wenn sich Vermieter bei Modernisierungsarbeiten pflichtwidrig verhalten, können Mieter unter Umständen Schadenersatz verlangen. Ein solches Fehlverhalten kann etwa sein:

- monatelanges Verhängen von Fenstern mit einer blickdichten Plane, ohne dass ein Baufortschritt zu erkennen ist
- das längerfristige Abstellen von Wasser
- das langfristige Aushängen der Haustür
- laute Bauarbeiten, die ohne Grund sehr früh morgens oder sehr spät ausgeführt werden

In solchen Fällen wird ein schuldhaftes Verhalten der Vermieter vermutet. Das können Sie unter Umständen entkräften, indem Sie nachvollziehbare Gründe nennen, warum zum Beispiel die Bauarbeiten so früh oder so spät stattfanden.

Umgang mit den Kosten

Erhaltungsmaßnahmen, Instandsetzungen und erst recht Modernisierungen gehen für Vermieter mit teils sehr hohen Investitionskosten einher. Damit eine bauliche Veränderung nicht zum wirtschaftlichen Debakel wird, ist eine solide Finanzplanung notwendig. Die darzustellen, sprengt den Rahmen unseres Handbuchs. Umfangreiche Informationen und praktische Formulare finden Sie unter anderem im „Sanierungs-Set" der Stiftung Warentest, erhältlich unter test.de/shop.

WAS TUN, WENN SICH MIETER QUERSTELLEN?

Baumaßnahmen im Wohnumfeld sieht niemand mit Freude entgegen. Im Einzelfall lehnen Mieter eine ordnungsgemäß angekündigte Erhaltungsmaßnahme oder Modernisierung vehement ab. Versuchen Sie, mit ihnen zu reden und sie von den Vorteilen zu überzeugen. Nehmen Sie es ernst, wenn sie Widerstand ankündigen, weil sie eine unzulässige Luxussanierung fürchten oder die Durchführung der Arbeiten für eine unzumutbare besondere Härte halten. Lassen Sie die Einwände im Zweifel prüfen. Sie können die Mieter auch daran erinnern, dass sie **ZUR DULDUNG VERPFLICHTET** sind.

Bringt auch das kein eindeutiges Ergebnis, können Sie die Mieter – vor Erteilung der Aufträge an die Baufirmen und/oder Handwerker – zur Duldung verklagen. Dann prüft das Gericht inzident, also nebenbei, ob die Maßnahme rechtmäßig ist. Ratsam ist, die Mieter zusätzlich abzumahnen und darauf hinzuweisen, dass eine unberechtigte Weigerung eine fristlose Kündigung des Mietverhältnisses zur Folge haben kann. Die lässt der Bundesgerichtshof ausdrücklich zu (BGH, Az. VIII ZR 281/13).

Die Finanzplanung ist das eine, die Abrechnung nach dem Abschluss der Arbeiten das andere. Bei großen Bauvorhaben gilt es jetzt, Zuschüsse abzurufen und die Modernisierungsmieterhöhung auf den Weg zu bringen. Wenn Sie unsicher sind, suchen Sie sich fachliche Beratung, zum Beispiel in einem Eigentümerverband. Schließlich geht es oft um viel Geld. Am Ende des Jahres steht dann noch die Steuererklärung an. Unter Umständen sind Abschreibungen möglich. Auf jeden Fall können Sie Handwerkerkosten geltend machen (siehe Seite 34).

→ **Mieterhöhung:** Wann und in welcher Höhe Sie die Miete erhöhen dürfen, dazu macht das Gesetz umfangreiche Vorgaben. Und auch der Mietvertrag spielt eine Rolle.

WAS ERFAHRE ICH?

Als Vermieterin oder Vermieter sind Sie gut beraten, Instandsetzungen zeitnah umzusetzen und darüber hinaus kontinuierlich für den Erhalt der Immobilie zu sorgen. Und immer mal wieder stehen Modernisierungen und damit Großinvestitionen an. Damit die Vermietung dennoch wirtschaftlich tragfähig ist, brauchen Sie ein solides Finanzkonzept. Ein Baustein sind dabei die Mieteinnahmen. Die haben Sie zum Zeitpunkt des Mietvertrags kalkuliert und festgelegt. Doch steigende Kosten betreffen auch alle Dienstleistungen, die Sie als Vermieter in Anspruch nehmen. Es ist völlig legitim, dass Sie diese in Form von Mieterhöhungen an Ihre Mieter weitergeben.

In der Vermieterbefragung 2025 von Haus & Grund Deutschland gaben 40,6 Prozent der Befragten an, im letzten Jahr Veränderungen bei den Mietpreisen in bestehenden Mietverhältnissen vorgenommen zu haben. 32,5 Prozent von ihnen erhöhen die Miete moderat alle drei bis fünf Jahre.

Sie haben zwei Wege, eine Mieterhöhung durchzusetzen: mithilfe einer Vereinbarung oder nach den geltenden gesetzlichen Regelungen. Wenn Sie und die Mieter sich einig sind, ist eine Erhöhung jederzeit möglich. Allerdings dürfte dieser Fall Seltenheitswert haben. Eher die Ausnahme sind auch Mietvertragsklauseln, die zukünftige Mieterhöhungen ausschließen. Ansonsten haben Sie mit dem Mietvertragstyp (siehe Seite 84) eine Richtung eingeschlagen: Im Staffelmietvertrag sind Erhöhungen zu bestimmten Zeitpunkten festgeschrieben. Die Umsetzung ist damit vergleichsweise einfach und wenig streitanfällig.

Aufwendiger ist die Erhöhung nach einem Indexmietvertrag, bei dem Sie die Miete an die Entwicklung der Lebenshaltungskosten anpassen. Mit Abstand am schwierigsten gestaltet sich die Mieterhöhung bei Standardmietverträgen, also in all jenen Mietverhältnissen, wo keine vertragliche Regelung zur Mieterhöhung getroffen wurde. Das ist einer Studie des Instituts der Deutschen Wirtschaft (IW Köln) zufolge in 92,2 Prozent aller Vermietungen der Fall. Dann sind die komplexen Vorgaben des Mietrechts sowie regionale Besonderheiten zu beachten. Um einen Sonderfall handelt es sich in diesen Mietverhältnissen bei einer Erhöhung nach einer Modernisierung. Auch dafür stellt das Gesetz komplizierte Bedingungen.

Egal, um welche Mieterhöhung es geht – das Thema ist sehr sensibel. Manche Mieter können sich eine höhere Miete zwar leisten, würden ihr Geld jedoch lieber für andere Dinge ausgeben. Für andere hingegen ist eine höhere Miete nur schwer bezahlbar. Mangels Alternati-

Gründe für Mietanpassungen

Private Vermieter erhöhen vor allem aus wirtschaftlichen Gründen die Miete.

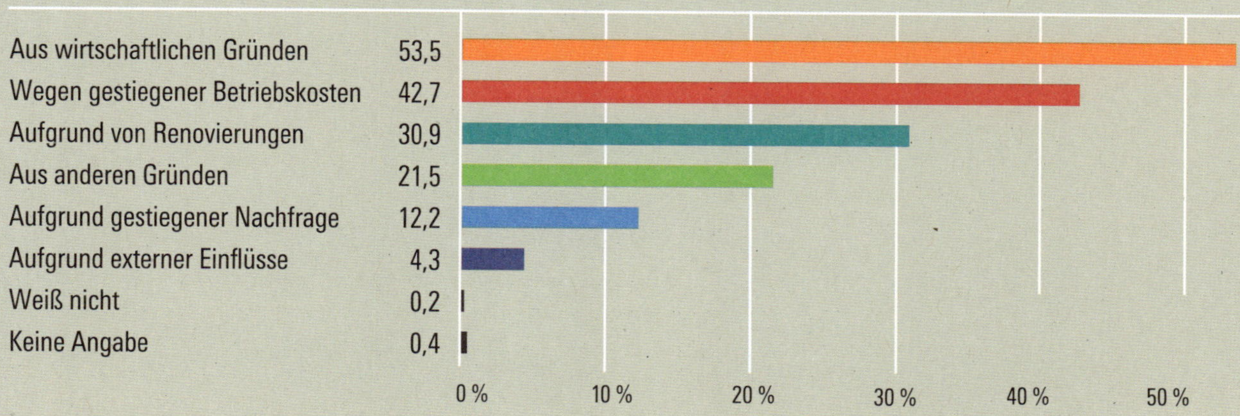

Mehrfachnennungen möglich.

Quelle: Vermieterbefragung 2025, Haus & Grund Deutschland

ven auf dem angespannten Mietmarkt fühlen sie sich hilflos und haben womöglich Angst, ihr Zuhause zu verlieren. Diese emotionale Seite einer Mieterhöhung sollten Sie nicht unterschätzen – sie ist der Nährboden für Konflikte.

Dem können Sie mit zwei Strategien begegnen: Zum einen ist bei der Höhe der Mieterhöhung das richtige Maß gefragt. Wer immer den höchstmöglichen Preis einfordert, darf sich nicht wundern, wenn Mieter von „Wucher" sprechen. Machen Sie sich also Gedanken dazu, was angemessen ist, und nehmen Sie sich die Zeit, mit den Mietern zu besprechen, wie die Summe x entstanden ist und dass sie unter der zulässigen Obergrenze liegt. Mindestens genauso wichtig ist sachlich korrektes Vorgehen: Die Regeln für Mieterhöhungen haben es in sich, sowohl was die Höhe als auch die Fristen und die Form angeht.

In diesem Kapitel informieren wir über die wichtigsten, aktuell geltenden Grundlagen. Scheuen Sie sich jedoch nicht, sich vor einer Mieterhöhung in einem Eigentümerverein oder bei einem Fachanwalt beraten zu lassen. Mit einem korrekt vorgebrachten Mieterhöhungsverlangen schließen Sie eine große Zahl potenzieller Angriffs- und Streitpunkte aus.

Geplante Staffeln

In einem Staffelmietvertrag haben die Beteiligten Steigerungen fest vereinbart (siehe Seite 84). Für bestimmte Termine sind dazu feste Beträge genannt. Nachträgliche Mieterhöhungen sind bei einem solchen Vertrag ausgeschlossen. Das gilt auch für Modernisierungsmieterhöhungen, allerdings mit einer Ausnahme: Wenn Sie die Heizung tauschen, um den Anforderungen des Gebäudeenergiegesetzes zu genügen, dürfen Sie seit 1. Januar 2024 die Kosten dafür auf die Kaltmiete umlegen. Zuvor müssen Sie Fördermittel und eine 15-prozentige Instandhaltungspauschale abziehen (§ 559e BGB). Unabhängig von der Staffelung der Kaltmiete dürfen Sie übrigens steigende Betriebskosten an die Mieter weiterreichen.

Im Idealfall läuft in einem Staffelmietverhältnis alles automatisch: Zum vereinbarten Zeitpunkt überweisen die Mieter jeweils die höhere Miete. Darum müssen sie sich allein und ohne Aufforderung Ihrerseits kümmern. Die konkreten Termine sollten Sie jedoch im Blick haben und kontrollieren, dass die Zahlung angepasst wurde. Falls die Mieter das vergessen haben und Sie es erst sehr viel später merken, müssen die Mieter unter Umständen nicht den gesamten säumigen Betrag nachzahlen. Ihre Ansprüche darauf verjähren nämlich nach drei Jahren. Haben die Mieter Ihnen eine Einzugsermächtigung gegeben und Sie haben es unterlassen, den Betrag zu erhöhen, so haben Sie einem Urteil des Landgerichts Hamburg zufolge keinen Anspruch auf Nachzahlung (LG Hamburg, Az. 334 S 118/96).

Schwierig wird es, wenn eine einzelne Staffel gegen eine vor Ort geltende Mietpreisbremse verstößt. Dann haben Mieter das Recht, die Erhöhung zu rügen. Sie müssen den erhöhten Betrag nicht zahlen und auch die künftigen Staffeln nicht erneut rügen. Die einmalige Rüge gilt auch für sämtliche nachfolgenden Erhöhungsschritte, so der Bundesgerichtshof (BGH, Az. VIII ZR 279/21).

Am Ende der letzten im Vertrag vereinbarten Staffel – und zwar dann, wenn diese mindestens ein Jahr gezahlt wurde – dürfen Sie die Miete erhöhen, im Rahmen der gesetzlichen Vorgaben. Dabei gelten dieselben Regeln, wie wenn es die vorherige Staffelung nicht gegeben hätte. Es ist nicht zulässig, einseitig neue Staffeln festzulegen.

SO BERECHNEN SIE DIE NEUE INDEXMIETE

Häufig ziehen Indexmietverträge den **VERBRAUCHERPREISINDEX (VPI)** als Maßstab heran. Den errechnet das Statistische Bundesamt aus den zu Lebenshaltungskosten gesammelten Daten und veröffentlicht ihn monatlich. Der Bundesgerichtshof hat geklärt, wie zu verfahren ist (BGH, Az. VIII ZR 42/20): Entscheidend für die Mieterhöhung sind der VPI im Monat des Mietbeginns beziehungsweise der letzten Mietanpassung und der aktuelle veröffentlichte VPI. Da die Behörde für die Erhebung und Auswertung der Daten sowie die Berechnung und Veröffentlichung jeweils 10 bis 22 Tage braucht, ist das entweder der Wert für den Vormonat oder der für den Vorvormonat.

Die prozentuale Veränderung lässt sich nach dieser Formel berechnen:

$$\left(\frac{\text{AKTUELLER VPI}}{\text{VORHERIGER VPI}} \times 100\right) - 100 = \text{PROZENTSATZ DER MIETERHÖHUNG}$$

Das Statistische Bundesamt stellt auf seiner Website einen **WERTSICHERUNGSRECHNER** als Hilfsmittel zur Verfügung: www.destatis.de/DE/Themen/Wirtschaft/Preise/Verbraucherpreisindex/Methoden/Internetprogramm.html. Aufgrund des oben geschilderten Zeitverzugs bei der Veröffentlichung des Indexwertes kann es jedoch vorkommen, dass Sie sich in Ihrem Erhöhungsverlangen auf den Wert des Vormonats berufen, Ihr Schreiben aber nach der Veröffentlichung des Folgeindex bei den Mietern ankommt, der unter Umständen geringer ausfällt. Ihnen steht dann nur die Erhöhung auf Basis des aktuelleren, niedrigeren Indexwertes zu.

Nachvollziehbarer Index

In einem Indexmietvertrag ist vereinbart, dass die Kaltmiete steigen darf, wenn sich die Verbraucherpreise erhöhen. Weder der Zeitpunkt noch der Veränderungsbetrag stehen beim Vertragsschluss fest, wohl aber der Preisindex, nach dem sich der Mietpreis richten soll (siehe Seite 86). Eine Erhöhung ist nur möglich, wenn dieser Index im vergangenen Jahr oder seit der letzten Mieterhöhung gestiegen ist.

Die Erhöhung der Indexmiete geschieht nicht automatisch, sondern nur auf Verlangen der Vermieter. Sie können tätig werden, wenn die Miete mindestens ein Jahr unverändert war, der Verbraucherpreisindex VPI veröffentlicht wurde und Sie der Auffassung sind, dass die Indexerhöhung eine Mietanpassung rechtfertigt. Dann teilen Sie den Mietern in Textform die eingetretene Änderung des Index mit. Außerdem listen Sie die Höhe des bisherigen Mietzinses, die Anpassung und den künftig zahlbaren Betrag auf. Es kann sein, dass die Miete nach diesem Anpassungsschema über die Grenze einer vor Ort gültigen Mietpreisbremse steigt. Das ist bei einer Indexmieterhöhung erlaubt. Lediglich die Anfangsmiete muss den Vorgaben der Mietpreisbremse entsprechen.

Auf die Zustimmung der Mieter kommt es dann nicht mehr an. Ab dem übernächsten Monat nach dieser Information müssen sie den erhöhten Betrag entrichten. Wenn Sie also die Erhöhung in einem Schreiben am 25. Mai verlangen, müssen die Mieter ab 1. Juli mehr zahlen. Falls der vereinbarte Index sinkt, dürfen Mieter in Textform eine Reduzierung der Miete verlangen.

Genau wie bei Staffelmietverträgen sind weitere Erhöhungen im laufenden Mietverhältnis nicht zulässig, auch nicht nach Modernisierungen. Nur für den Heizungstausch gilt die oben erwähnte Ausnahme. Außerdem berechtigen bauliche Maßnahmen, die Vermieter nicht zu vertreten haben, sondern etwa aufgrund von gesetzlichen Anforderungen umsetzen müssen, zur Mieterhöhung.

Anpassung an die ortsübliche Vergleichsmiete

Bei der ganz großen Mehrheit aller Wohnraummietverträge handelt es sich um Standardmietverträge. Hier kommt für Vermieter die gesetzliche Mieterhöhung in Betracht, nämlich die Anhebung bis zur ortsüblichen Vergleichsmiete. Dabei sind Höchstgrenzen und Fristen zu berücksichtigen.

Als Begründung für ein solches Mieterhöhungsverlangen reicht es nicht aus, darauf zu verweisen, dass andere Wohnungen noch teurer sind. Sie müssen erläutern, wie Sie darauf kommen, dass andere Mieter für vergleichbare Wohnungen mehr bezahlen. Um die ortsübliche Vergleichsmiete zu ermitteln, dürfen Sie gemäß § 558 a Abs. 2 BGB unterschiedliche Quellen nutzen:

- einen kommunalen Mietspiegel
- die Auskunft aus einer Mietdatenbank
- das Gutachten eines vereidigten Sachverständigen
- Mieten von mindestens drei Vergleichswohnungen

Anhand der Angaben sollen Mieter die Möglichkeit haben, zumindest ansatzweise zu prüfen, ob die Mieterhöhung berechtigt ist.

MIETSPIEGEL ALS REFERENZ

Mietspiegel wurden bereits 1974 als Begründungsmittel in Mieterhöhungsverfahren eingeführt. Dieses Instrument zur Bestimmung der ortsüblichen Vergleichsmiete hat jedoch in den vergangenen Jahren erheblich an Bedeutung gewonnen. Das liegt vor allem an den enger werdenden Märkten in Ballungsräumen und den damit einhergehenden Verschärfungen des Mietrechts. Eine Pflicht zur Erstellung eines Mietspiegels gibt es bislang nur für Städte mit über 50 000 Einwohnern.

Das Bundesinstitut für Bau-, Stadt- und Raumforschung (BBSR) liefert mit seiner Mietspiegelsammlung einen bundesweiten Überblick darüber, wo in Deutschland es Mietspiegel gibt und nach welcher Methode sie wann erstellt wurden. Danach wiesen im August 2025 insgesamt 722 Mietspiegel die ortsübliche Vergleichsmiete für 1 382 Kommunen aus.

Ein Mietspiegel basiert auf den in den letzten sechs Jahren neu vereinbarten oder geänderten Mieten. Diese werden üblicherweise gemäß § 558 anhand von Gebäudeart, Wohnungsgröße, Ausstattung, Beschaffenheit und Lage kategorisiert und in einer komplexen Tabelle dargestellt. In den einzelnen Zellen finden sich Angaben zur ortsüblichen Nettokaltmiete von Wohnungen mit den spezifischen Merkmalen. Einige Mietpreisspiegel arbeiten mit Mittelwerten, andere mit Preisspannen und unteren und oberen Werten. Ein Mietspiegel muss alle zwei Jahre an die Marktentwicklung angepasst werden.

Mietspiegel können nach unterschiedlichen Methoden erstellt werden. In einem **EINFACHEN MIETSPIEGEL** finden sich die in der Kommune üblichen Mieten, die von den zuständigen Behörden oder von Interessenvertretern von Vermietern und Mietern zusammengetragen oder von diesen anerkannt wurden (§ 558c BGB). Ein **QUALIFIZIERTER MIETSPIEGEL** hingegen wird nach wissenschaftlichen Grundsätzen erarbeitet und von den Behörden oder den Interessenvertretern anerkannt (§ 558d BGB). Laut BBSR nutzten 948 Kommunen einfache Mietspiegel und 434 Kommunen qualifizierte Mietspiegel (Stand: August 2025).

Am leichtesten haben es Vermieter in Städten, für die es einen Online-Mietspiegelrechner gibt. Sie geben die Basisdaten ihrer Wohnung ein, und der Rechner zeigt an, wie viel die Wohnung laut Mietspiegel durchschnittlich kostet. Gibt es den Mietspiegel nur als Text, ist es schwieriger, die ortsübliche Vergleichsmiete

In Städten mit mehr als 50 000 Einwohnern ist ein Mietspiegel Pflicht.

herauszufinden. Dann müssen Sie sich schrittweise vortasten und Ihre Immobilie in die vorgegebenen Kategorien einordnen. Bei der Wohnfläche werden Balkone oder Terrassen oft nur prozentual berücksichtigt (siehe Seite 20).

Die Einordnung einer Immobilie in einen Mietspiegel bietet reichlich Potenzial für Streitigkeiten. Dabei geht es weniger um harte Fakten wie die Wohnfläche oder das Baujahr, sondern vielmehr um wohnwerterhöhende und wohnwertvermindernde Merkmale wie „moderne Entlüftung", „Wohnräume überwiegend schlecht belichtet" oder „aufwendig gestaltetes Wohnumfeld". Wie solche Formulierungen zu interpretieren sind, da können die Meinungen auseinandergehen. Wenn Sie sich mit Ihren Mietern nicht einigen können, hat das zuständige Gericht das letzte Wort.

GERICHTSURTEILE ZUM UMGANG MIT MIETSPIEGELN

Die Erhöhung der Miete ist eines der häufigsten Themen in Mietrechtsstreitigkeiten. Auch die Handhabung von Mietspiegeln beschäftigt regelmäßig die Gerichte. Mittlerweile liegen zahlreiche Entscheidungen der obersten Instanz, des Bundesgerichtshofs (BGH), vor:

Sie müssen den Mietspiegel, auf den Sie sich mit Ihrem Mieterhöhungsverlangen beziehen, nicht unbedingt vorlegen. Es genügt, wenn dieser allgemein zugänglich ist (BGH, Az. VIII ZR 167/20). Als allgemein zugänglich betrachtet das BGH auch einen Mietspiegel, der nur gegen eine geringe Schutzgebühr erhältlich ist. Im strittigen Fall belief sich diese auf 4 Euro (BGH, Az. VIII ZR 276/08). Bei der Bezugnahme auf den Mietspiegel reicht es aus, wenn Sie angeben, auf welchen Typ Wohnung Sie sich beziehen. Sie müssen nicht detailliert erklären, von welchen wohnwerterhöhenden Merkmalen Sie bei der Herleitung der Vergleichsmiete ausgehen (BGH, Az. VIII ZR 361/20).

Im speziellen Fall hatte die beklagte Vermieterin eine Mieterhöhung unter Bezugnahme auf ein konkretes Mietspiegelfeld (H7) verlangt und den darin genannten Mittelwert durch einen Zuschlag erhöht. Diesen Zuschlag begründete sie damit, dass die Wohnung mindestens drei von fünf im Mietspiegel genannten Merkmalgruppen wohnwerterhöhender Merkmale aufweise. Die drei Merkmalgruppen führte sie nicht im Einzelnen auf. Nach Auffassung der obersten Richter war das auch nicht notwendig, denn die Mieter konnten aufgrund des Vorhandenseins erkennen, um welche Merkmale es sich handelte.

ALTERNATIVE BEGRÜNDUNGEN

Angesichts der Verbreitung von Mietspiegeln haben Sie vermutlich nicht das Problem, andere Bezugsgrößen für Ihr Mieterhöhungsverlangen nutzen zu müssen. Wenn doch, gibt es drei gesetzlich erlaubte Alternativen. Alle drei haben Haken und Ösen.

→ Zur Begründung der Mieterhöhung kann eine **MIETDATENBANK** herhalten – wenn sie als solche anerkannt ist. Eine bundesweit anerkannte Mietdatenbank gibt es jedoch bislang nicht. Zwar bieten zahlreiche Immobilienportale Preisübersichten und Vergleichsmieten an. Doch darauf dürfen Sie sich nicht stützen. Das hat das Amtsgericht München entschieden (AG München, Az. 472 C 23258/17).

→ Sie können die Erhöhung auch mit dem **GUTACHTEN** eines öffentlich bestellten und vereidigten Sachverständigen untermauern. Dies muss in verständlicher und nachvollziehbarer Weise erklären, weshalb die neue Miete dem ortsüblichen Vergleich standhält. Nach Auffassung des BGH ist die Vorlage eines Typengutachtens ausreichend, für das eine Wohnungsbesichtigung nicht erforderlich ist (BGH, Az. VIII ZR 136/17). Allerdings: Ein Gutachten ist aufwendig, die Kosten müssen Sie tragen. Haus & Grund hat in einer nicht repräsentativen Untersuchung Gutachterkosten zwischen 400 und 2 500 Euro ermittelt.

→ Bei der dritten Methode, dem **VERWEIS AUF VERGLEICHBARE WOHNUNGEN**, kommt es aufs Detail an. Die Vergleichsobjekte müssen sich in der Regel in derselben Kommune befinden und identifizierbar bezeichnet werden, sodass Mieter die Immobilien finden und die Angaben überprüfen können. Die Wohnungen müssen in Wohnfläche und Anzahl der Räume, Baujahr, Lage und Ausstattung vergleichbar sein. Sie dürfen sich im selben Gebäude befinden und auch demselben Vermieter gehören. Die geforderte neue Miete darf dann nicht so hoch sein wie der Durchschnitt der drei Referenzmieten, sondern nur maximal den niedrigsten der drei Beträge erreichen (LG Berlin, AZ 67 S 269/03).

Bei einer solchen Begründung mit Vergleichswohnungen können Sie viele Fehler machen. Die Einheiten müssen in allen wesentlichen Merkmalen wie etwa Lage, Gebäudetyp, Größe, Art und Qualität der Ausstattung, Energiebilanz und Baujahr vergleichbar sein. Beispielsweise ist eine Doppelhaushälfte nicht mit einer Wohnung im Mehrfamilienhaus vergleichbar, eine Erdgeschosswohnung nicht mit einer Dachgeschosswohnung. Bewertet ein Gericht im Streitfall auch nur eine der präsentierten Vergleichswohnungen als ungeeignet, ist das Mieterhöhungsverlangen unwirksam.

HÖCHSTGRENZEN UND FRISTEN

Sowohl die Höhe als auch die Häufigkeit einer Anpassung an die ortsübliche Vergleichsmiete sind gesetzlich geregelt. Der Mietzins darf maximal um 20 Prozent innerhalb von drei Jahren steigen (§ 558 Abs. 3 BGB). In Ballungsgebieten, wo „die ausreichende Versorgung der Bevölkerung mit Mietwohnungen zu angemessenen Bedingungen (…) besonders gefährdet ist", gilt eine Kappungsgrenze von 15 Prozent. In welchen Gebieten diese Regel greift, können die Landesregierungen in Rechtsverordnungen für die Dauer von jeweils maximal fünf Jahren bestimmen. Für die allermeisten Großstädte und die umliegenden Kommunen gibt es solche Kappungsgrenzenverordnungen.

Nach einer Mieterhöhung muss mindestens ein Jahr vergehen, bis Sie erneut einen höheren Betrag fordern können. Diese Erhöhung tritt dann aber frühestens nach drei

weiteren Monaten in Kraft. Im Extremfall darf die Miete also alle 15 Monate steigen. Erhöhungen wegen Betriebskosten und/oder Modernisierungen blieben sowohl bei den Fristen als auch bei der Kappungsgrenze außer Betracht.

FORMALE ANFORDERUNGEN

Um eine Mieterhöhung zu verlangen, genügt die Textform. Das Dokument – siehe Muster auf Seite 149 – muss an alle im Mietvertrag genannten Mieter adressiert und korrekt datiert sein. Im Schreiben sind der Erhöhungsbetrag und der neue Mietbetrag zu benennen, außerdem der Termin, ab dem die neue Miete gilt. Das kann frühestens der Beginn des dritten folgenden Kalendermonats sein.

Darüber hinaus ist die Mieterhöhung plausibel darzulegen, und Sie müssen erläutern, welches der vier zulässigen Begründungsmittel (siehe Seite 145) Sie gewählt haben. Beim Mietspiegel ist der Verweis ausreichend, bei Vergleichswohnungen die genaue Benennung. Liegt ein Sachverständigengutachten vor, fügen Sie es bei.

Für alle Mietverträge ohne ausdrückliche Vereinbarungen zu Mieterhöhungen gilt: Sie allein können die Miete nicht erhöhen. Das ist eine Änderung des Mietvertrags und erfordert daher die Zustimmung der Mieter. Aber: Sie dürfen die Zustimmung zu einer Mieterhöhung – nach Ablauf der oben dargestellten Zeiten und unter Beachtung der Obergrenzen – fordern. Auf diese Zustimmung dürfen Sie auch vor Gericht klagen. Diesen Umstand müssen Sie den Mietern in Ihrem Mieterhöhungsverlangen erläutern. Am besten fügen Sie gleich eine Zustimmungserklärung bei, welche die Mieter nur noch unterschreiben müssen.

Ihre Mieter reagieren nicht? Bevor Sie sie verklagen, fragen Sie nach, ob diese möglicherweise stillschweigend bereits den Dauerauftrag geändert, es nur schlicht versäumt haben, der Erhöhungsforderung zuzustimmen. Ein solches Versehen lässt sich leicht klären, ohne das künftige Mietverhältnis unnötig zu belasten.

Wichtig zu wissen ist in diesem Zusammenhang, dass Ihre Mieter der höheren Miete nicht zustimmen müssen. Sie haben ein Sonderkündigungsrecht und dürfen bis zum Ablauf des zweiten Monats nach Zugang der Mieterhöhung außerordentlich kündigen, und zwar zum Ablauf des übernächsten Monats.

EIN BEISPIEL: Wenn Ihre Mieter das Schreiben am 10. Februar erhalten, dürfen sie bis zum 30. April die Kündigung erklären. Das Mietverhältnis endet dann am 30. Juni.

ZUGANG ZÄHLT

Maßgeblich für alle Fristen ist der Werktag, an dem die Erhöhungserklärung den Mietern zugeht. Das ist nicht immer unbedingt der Tag, an dem sie das Schreiben im Briefkasten finden. Es kommt vielmehr darauf an, wann damit zu rechnen war, dass sie den Brief lesen. Entscheidend ist also, wann normalerweise die Post kommt. Ist der Brief mit der Erhöhungserklärung bis zu dieser Uhrzeit im Briefkasten, ist er an diesem Tag zugegangen. Kommt der Postbote ungewöhnlich spät oder werfen Sie selbst oder ein Bote den Brief erst später nachmittags oder gar abends ein, dann ist Zugang des Schreibens erst am folgenden Werktag.

Wenn sich nicht klären lässt, wann genau der Zugang war, geht das zu Ihren Lasten. Sie müssen darlegen und beweisen, dass die Erklärung so rechtzeitig eingetroffen ist, dass Ihre Forderung berechtigt ist. Auf solche Spitzfindigkeiten sollten Sie es besser gar nicht erst ankommen lassen. Sorgen Sie einfach dafür, dass Ihre Forderung mit einem zeitlichen Puffer von mehreren Tagen zugeht, indem Sie das Schreiben beispielsweise fünf Werktage vor dem Stichtag in die Post geben.

TIPP: BERATUNG NUTZEN

Bereiten Sie Mieterhöhungen gut vor. Lassen Sie im Zweifel die Forderungsschreiben von den Juristen eines Vermieter- oder Eigentümerverbands oder einer Fachanwältin für Mietrecht prüfen. Besonders ärgerlich sind formale Fehler, die zur Unwirksamkeit Ihres Forderungsschreibens führen.

MUSTER: ANSCHREIBEN MIETERHÖHUNG AN DEN MIETER

Mieterhöhung auf die ortsübliche Vergleichsmiete nach § 558 BGB

zur Wohnung ....
(Ort, Wohnungsangabe, Mietvertrag vom ...)

....

....
(Name und Anschrift des Vermieters/der Vermieter) (Ort, Datum)

Sehr geehrte(r) .... (sämtliche im Mietvertrag genannten Mieter),

nach § 558 Abs. 3 BGB kann der Vermieter die Zustimmung zu einer Mieterhöhung verlangen, wenn diese innerhalb eines Zeitraums von drei Jahren nicht mehr als 20 Prozent (in Gebieten mit Kappungsgrenze: 15 Prozent) beträgt. Ihre Nettokaltmiete wurde seit dem .... nicht mehr erhöht. Ich bitte daher um Verständnis, dass ich Sie gemäß § 558 b BGB um Zustimmung zu folgender Erhöhung der Nettokaltmiete bitten muss.

Zur Begründung verweise ich auf den aktuellen Mietspiegel der Stadt .... vom .... Darin wird die ortsübliche Vergleichsmiete für vergleichbare Wohnungen (Baujahr 1978 bis 1994, gute Ausstattung, mittlere Wohnlage) in Zeile/Spalte/Feld XY mit einem Mittelwert von 10,66 Euro pro Quadratmeter Wohnfläche angegeben.

Die Nettokaltmiete für die von Ihnen genutzte Wohnung mit einer Wohnfläche von 90 Quadratmetern in einem Haus Baujahr 1992 beläuft sich seit dem 01.01.2018 auf monatlich 910,80 Euro, also 10,12 Euro pro Quadratmeter Wohnfläche. Dies entspricht nicht mehr dem Mietzins, der in .... für nicht preisgebundenen Wohnraum bei vergleichbarer Art, Größe, Ausstattung, Beschaffenheit und Lage üblich ist.

Bei einer Wohnfläche von 90 Quadratmetern errechnet sich eine an die ortsübliche Vergleichsmiete angepasste neue monatliche Nettokaltmiete wie folgt: 10,66 Euro/m^2 x 90 m^2 = 959,40 Euro

Die neue monatliche Gesamtmiete setzt sich wie folgt zusammen:

......959,40 Euro...... (Nettokaltmiete)
\+ .... (Betriebskostenvorauszahlung in bisheriger Höhe)
\+ .... (Heizkostenvorauszahlung in bisheriger Höhe)
= **.......................... (Gesamtmiete)**

Gemäß § 558b BGB ist die erhöhte Miete vom Beginn des dritten Kalendermonats an zu zahlen, der auf den Zugang des Erhöhungsschreibens folgt, also in diesem Fall ab dem ....

Bitte erteilen Sie Ihre Zustimmung zum Mietererhöhungsverlangen bis zum ....* bei mir eingehend. Ich weise darauf hin, dass Ihre Zustimmung notwendig ist und Schweigen als Ablehnung gilt. Sollte Ihre Zustimmung nicht bis zum genannten Datum vorliegen, würde ich mich gezwungen fühlen, auf Erteilung Ihrer Zustimmung zu klagen.

Für den Fall Ihrer Zustimmung können Sie eine Kopie dieses Schreibens verwenden, das Sie der Einfachheit halber zum Zeichen Ihres Einverständnisses unten mit Datum und Ihrer Unterschrift versehen an mich zurücksenden.

Mit freundlichen Grüßen

....
(alle im Mietvertrag genannten Vermieter)

* Aus administrativen Gründen bietet sich eine Frist von zwei Wochen vor dem Erhöhungstermin an.

Mieterhöhung nach Modernisierung

Reparaturen müssen Vermieter allein zahlen. Wenn Sie die Wohnung modernisieren und dabei spürbar verbessern, ist das anders. Dann dürfen Sie einen Teil der Kosten auf die Mieter umlegen und die Miete erhöhen. Das ist beispielsweise bei einer energetischen Modernisierung der Fall, wenn nachhaltig Endenergie einspart wird. Maßstab dafür ist nicht der tatsächliche Energieverbrauch nach der Modernisierung, sondern die Einsparung, die der Bauherr zum Zeitpunkt der Planung erwarten konnten. Das hat der BGH klargestellt (BGH, Az. VIII ZR 283/23).

WANN IST EINE MODERNISIERUNGS-MIETERHÖHUNG UNZULÄSSIG?

- → Bei **STAFFELMIETVERTRÄGEN** ist eine Modernisierungsmieterhöhung ausgeschlossen. Zulässig ist die Erhöhung aber nach Einbau oder Aufstellung einer Heizungsanlage (§ 559e BGB).
- → Bei **INDEXMIETEN** ist eine Mieterhöhung nach § 559 und § 559e BGB nur zulässig, wenn Sie durch die Modernisierung gesetzliche Pflichten – etwa zum Heizungstausch – erfüllen.
- → Wenn Sie eine oder mehrere Modernisierungen nach dem **VEREINFACHTEN VERFAHREN** (siehe Seite 140) umsetzen, dürfen Sie innerhalb von fünf Jahren maximal Kosten in Höhe von 10 000 Euro an die Mieter weiterreichen. Darüber hinausgehende Mieterhöhungen sind nicht erlaubt.
- → Die Miete darf nicht stärker steigen, als es den Mietern zumutbar ist. Erscheint die Modernisierungsmieterhöhung als **HÄRTE FÜR DIE MIETER,** die sich auch bei Würdigung Ihrer berechtigten Interessen nicht rechtfertigen lässt, hat sie zu unterbleiben. Ausnahme: Soll das Haus auf den inzwischen üblichen Standard gebracht werden, dürfen Sie das, auch wenn es die Mieter hart trifft. Das Gleiche gilt, wenn die Arbeiten aus Gründen nötig sind, die Sie nicht zu verantworten haben, beispielsweise weil Sie gesetzliche Anforderungen zu erfüllen haben.

Für eine Modernisierungsmieterhöhung müssen drei grundsätzliche Voraussetzungen erfüllt sein:

→ **MODERNISIERUNG.** Zulässig ist nur die Umlage von Investitionen, die in § 555b Nr. 1, 3, 4, 5, 6 BGB als Modernisierung eingestuft werden (siehe Seite 138). Instandsetzungsmaßnahmen, durch die Sie Schäden beseitigen, gehören nicht dazu.

→ **KEIN LUXUS.** Wo die Modernisierung aufhört und der Luxus anfängt, entscheiden im Einzelfall die Gerichte. Als Faustregel gilt: Immer ist es zulässig, Wohnungen auf den heute üblichen Standard zu bringen – auch wenn schon das zu einer drastischen Mieterhöhung führt. Dabei können Mieter keinen finanziellen Härtefall geltend machen. Auch Verbesserungen über den Standard hinaus können zulässig sein.

→ **FORM- UND FRISTGERECHTE ANKÜNDIGUNG.** Vermieter müssen die Bauarbeiten spätestens drei Monate vor Beginn ankündigen und dem Mieter mitteilen, um wie viel Euro die Miete voraussichtlich steigt.

Für die konkrete Umsetzung einer Modernisierungsmieterhöhung enthält das BGB umfangreiche Vorschriften.

HÖCHSTGRENZEN UND BERECHNUNG

Seit Anfang 2019 gilt: Vermieter dürfen die jährliche Nettokaltmiete um maximal 8 Prozent der auf die Wohnung entfallenden Modernisierungskosten erhöhen. Dabei darf die Miete innerhalb von sechs Jahren höchstens um 3 Euro je Quadratmeter und Monat steigen. Und: Wenn der Mietzins vor der Modernisierung unter 7 Euro pro Quadratmeter lag, ist eine maximale Erhöhung von 2 Euro pro Quadratmeter in sechs Jahren erlaubt.

Als Kosten können alle Ausgaben, die im Zusammenhang mit der Modernisierung entstanden sind, zugrunde gelegt werden. Dazu gehören auch Bauneben- und Planungskosten sowie Aufwendungen der Mieter durch die Modernisierung, die Sie abgegolten haben. Kosten, die Mieter oder Dritte erstattet haben, sind von den Gesamtkosten abzuziehen, Fördermittel und Zinsermäßigungen aus öffentlichen Haushalten ebenfalls. Auch Aufwendungen, die Sie sonst für eine Reparatur oder den Erhalt der modernisierten Bauteile gehabt hätten, müssen Sie selbst tragen. Das gilt sogar, wenn die Reparatur nicht sofort fällig gewesen wäre. Es reicht aus, wenn die betroffenen Bauteile einen erheblichen Teil ihrer Lebenserwartung hinter sich haben. Dann muss der dem Grad der Abnutzung entsprechende Teil der Reparaturkosten von den Kosten der Modernisierung abgezogen werden. Die Gerichte dürfen schätzen.

Die Berechnung des Erhöhungsbetrages wird dank all dieser Parameter zu einer komplexen Angelegenheit.

EIN BEISPIEL: Sie lassen Ihr vermietetes Mehrfamilienhaus für 100 000 Euro dämmen. In den Kosten sind 25 000 Euro für ein Baugerüst enthalten. Das hätten Sie für Reparaturen am Außenputz ohnehin benötigt. Diese hätten weitere 25 000 Euro gekostet. Sie können also nicht 100 000 Euro, sondern nur 50 000 Euro auf die Mieter umlegen.

Die Gesamtwohnfläche des Gebäudes beträgt 1 000 Quadratmeter. Umlegbar sind 8 Prozent der Dämmkosten, also 4 000 Euro. Die Jahresmieten erhöhen sich damit um 4 Euro für jeden Quadratmeter. Monatlich macht das eine Erhöhung um rund 33,5 Cent je Quadratmeter aus (400 / 12 = 67).

Im **VEREINFACHTEN VERFAHREN** brauchen Sie die in der Modernisierung enthaltenen „Erhaltungsmaßnahmen" nicht einzeln zu benennen. Dann reicht es aus, wenn Sie pauschal 30 Prozent von den Gesamtkosten der Modernisierung für Erhaltungsarbeiten abziehen, bevor Sie sie auf die Mieter umlegen.

VARIANTE ZUR MIETERHÖHUNG NACH HEIZUNGSERNEUERUNG

Der Austausch einer alten, meist fossilen Heizungsanlage ist eine besonders häufige Sanierungsmaßnahme. Das liegt auch daran, dass sie eine Sonderrolle im Gebäudeenergiegesetz einnimmt – es gelten eigene Pflichten, Fristen und Vorgaben. Außerdem gibt es vergleichsweise hohe Fördermittel für diese Einzelmaßnahme. Dem hat der Gesetzgeber Rechnung getragen und in § 559e BGB eine zusätzliche Variante der Modernisierungsmieterhöhung für den Fall der Heizungserneuerung eingeführt. Die können Sie alternativ zur oben geschilderten Modernisierungsmieterhöhung oder zum vereinfachten Verfahren nur nutzen, wenn Sie einen Wärmeerzeuger eingebaut haben, der nicht nur die gesetzlichen Anforderungen, sondern auch die strengeren Vorgaben für die Förderung erfüllt.

Von den Investitionskosten sind zunächst die Fördermittel und dann von der verbleibenden Summe eine 15-prozentige Erhaltungspauschale abzuziehen. Sie dürfen 10 Prozent des so ermittelten Betrags künftig auf die jährliche Miete umlegen. Auch hier gibt es eine Kappungsgrenze: Die Monatsmiete darf innerhalb eines Zeitraumes von sechs Jahren um maximal 50 Cent pro Quadratmeter angehoben werden.

→ Nach Abschluss der Bauarbeiten – und zwar erst dann – dürfen Sie die Modernisierungsmieterhöhung von den Mietern verlangen.

FORM UND FRISTEN

Nach Abschluss der Bauarbeiten – und zwar erst dann – dürfen Sie die Modernisierungsmieterhöhung von den Mietern verlangen. Diese Mitteilung muss in Textform erfolgen, und das Schreiben muss sämtlichen im Mietvertrag genannten Mietern zugestellt werden. Auf diese Weise präzisieren Sie also die Angaben aus dem Ankündigungsschreiben, das Sie vor Beginn der Baumaßnahme verschickt haben (siehe Seite 139).

Für Ihre Mieter muss die Erhöhung anhand Ihres Schreibens klar nachvollziehbar sein. Für die Wirksamkeit der Mieterhöhungserklärung reicht es aus, wenn Sie die folgenden Beträge beziffern:

- die Gesamtkosten
- den (fiktiven) Instandsetzungsaufwand – also die Kosten, die bei einer reinen Instandsetzung angefallen wären
- eventuell Angaben zu in Anspruch genommenen Drittmitteln
- die verbleibenden umlegbaren Kosten
- die Berechnung der Mieterhöhung für die jeweilige Wohnung

Sie müssen nicht aufschlüsseln, welche Beträge auf welche Gewerke entfallen. Auf Einwendungen der Mieter hin sind Sie jedoch verpflichtet, im Detail zu belegen, dass es sich wirklich um Kosten handelt, die Sie zur Umlage auf die Mieten berechtigten (BGH, VIII ZR 337/21, VIII ZR 339/21, VIII ZR 361/21).

Wie bei allen relevanten Schreiben im Mietverhältnis gilt auch hier: Achten Sie darauf, dass Sie den Zugang des Mieterhöhungsverlangens belegen können. Im Anschluss können Mieter das Mietverhältnis außerordentlich zum Ablauf des übernächsten Monats kündigen. Ansonsten gilt die neue Miete ab dem dritten Monat nach dem Zugang des Schreibens. Anders als bei der Anpassung an die ortsübliche Vergleichsmiete ist dafür keine Zustimmung seitens der Mieter erforderlich.

Der Zeitpunkt der Mieterhöhung verschiebt sich um sechs Monate, wenn die Ankündigung der Modernisierung nicht form- oder fristgerecht erfolgt ist oder gar unterlassen wurde. Auch wenn die Mieterhöhung um mehr als 10 Prozent über dem angekündigten Betrag liegt, wird sie erst nach drei plus sechs Monaten wirksam.

ERHÖHUNG IM FOLGEMIETVERHÄLTNIS

Eine Modernisierung kann sich nicht nur auf die Miethöhe im laufenden Mietverhältnis auswirken. Sie können die Kosten auch bei einer anschließenden Neuvermietung berücksichtigen: Wenn innerhalb von drei Jahren nach der Maßnahme ein neuer Mietvertrag abgeschlossen wird, dürfen Sie die Kosten, die bei einer Mieterhöhung nach § 559 BGB umlegbar gewesen wären, bei der Festlegung der Miethöhe für die neuen Bewohner berücksichtigen. In Gebieten ohne Mietpreisbremse darf die neue Miete die ortsübliche Vergleichsmiete um bis zu 10 Prozent übersteigen.

Bei einer umfassenden Modernisierung haben Sie noch mehr Spielraum. Als „umfassend" gilt eine Modernisierung, wenn der Standard der Immobilie nach den Baumaßnahmen dem eines Neubaus entspricht. Das ist laut Gesetz dann der Fall, wenn die Kosten der Modernisierung mindestens ein Drittel eines vergleichbaren Neubaus ohne Grundstück betragen. Auch hier müssen die Kosten für Instandsetzungen herausgerechnet werden. Die Grundmiete darf bei einer Neuvermietung innerhalb von drei Jahren nach einer umfassenden Modernisierung auch mehr als 10 Prozent über der ortsüblichen Vergleichsmiete liegen. Die Mietpreisbremse greift nicht (§ 556f BGB). Diese Regelung gilt allerdings nur für das erste Mietverhältnis nach der Modernisierung.

SCHRITT FÜR SCHRITT ZUR MIETERHÖHUNG

Auf die folgenden Punkte müssen Sie achten, um eine Erhöhung der Miete korrekt durchzusetzen:

- **VORBEREITUNG**: Sind die Voraussetzungen laut Mietvertrag oder Gesetz gegeben?
- **BETRAG DER MIETERHÖHUNG**:

Bei Staffelmietvertrag: Stimmt die Summe mit dem Mietvertrag überein?
Bei Indexmietvertrag: Ist die Berechnung nach der Indexerhöhung korrekt? Haben Sie die Mietpreisbremse berücksichtigt?
Bei Anpassung an die ortsübliche Vergleichsmiete: Sind der zugrunde gelegte Mietspiegel gültig und die Einordnung der Immobilie korrekt? Oder: Sind die Referenzwohnungen belastbar? Haben Sie die Kappungsgrenze beachtet?

- **FORM DES ERHÖHUNGSVERLANGENS**:

Sind alle im Mietvertrag genannten Personen namentlich im Anschreiben genannt?
Ist die neue Nettokaltmiete plus Betriebskosten transparent ausgewiesen?
Ist das Datum, ab dem die neue Miete gelten soll, korrekt benannt und wurde die erforderliche Ankündigungsfrist dabei eingehalten?
Sind alle zur Begründung erforderlichen Beweismittel enthalten?
Ist die Zustellfrist eingehalten?

INTERVIEW MIT DR. ULRIKE KIRCHHOFF

→ Frühzeitig das Gespräch suchen: Mieterhöhungen und Betriebskosten sind klassische Konfliktthemen in Mietverhältnissen, so die Einschätzung von Dr. Ulrike Kirchhoff. Die studierte Volkswirtin berichtet aus der Eigentümerberatung.

Dr. Ulrike Kirchhoff führt seit 2003 als geschäftsführende Vorsitzende den Landesverband Haus & Grund Bayern. In den 105 Ortsvereinen sind mehr als 155 000 private Haus-, Wohnungs- und Grundeigentümer organisiert.

Wann und wie erhöhen Ihre Mitglieder üblicherweise die Miete?

Bei Standardmietverträgen dürfen die Eigentümer alle paar Jahre ihre Miete auf die ortsübliche Vergleichsmiete anheben, sie sind allerdings auf maximal 20 Prozent – in Gebieten mit einer angespannten Wohnraumsituation auf 15 Prozent – in einem Zeitraum von drei Jahren beschränkt. Wir ermutigen sie zu regelmäßigen Anpassungen, die nicht unbedingt die Höchstbeträge ausreizen müssen. Zum einen fällt die Belastung für die Mieter damit geringer aus, als wenn auf einen Schlag eine lange fällige Erhöhung nachgeholt wird. Zum anderen haben Vermieter damit einen Puffer, aus dem sie kleine Maßnahmen finanzieren können.

Wo drohen bei dieser Form der Mieterhöhung Auseinandersetzungen?

Der Begriff „Erhöhung auf die ortsübliche Vergleichsmiete“ hört sich erst mal simpel an, hat es aber in sich. Schließlich muss der Vermieter die Höhe der ortsüblichen Vergleichsmiete nachweisen. Dazu kann er drei vergleichbare Wohnungen präsentieren. Doch über die Vergleichbarkeit kann man auch streiten. Kein Mieter zahlt gerne eine höhere Miete. Also wird gerne an Vergleichswohnungen gezweifelt. Der Vermieter kann sich auch auf den Mietspiegel der Kommune berufen. Dieses Instrument ist inzwischen viel weiter verbreitet als noch vor ein paar Jahren. Das ist gut und hilfreich für Vermieter. Aber auch hier steckt der Teufel im Detail. Die entscheidende, oft strittige Frage ist, wo die betroffene Wohnung eingeordnet wird. Je nach Mietspiegel müssen Sie dafür als Vermieter umfangreiche Detailangaben machen, die dann auch Streitpotenzial bergen.

Welche Fehler machen Vermieter, wenn sie eine solche Mieterhöhung verlangen?

Der größte Fehler ist, gar keinen Nachweis vorzulegen. Das ist jedoch eher selten. Allerdings kann es passieren, dass Vermieter einen falschen Nachweis vorlegen. Ein typischer Fallstrick ist der Mietspiegel. Wenn man dieses Suchwort im Internet eingibt, findet man viele Portale, aber auch

> → Vermieter sind zwar nicht schuld, wenn sich die Betriebskosten erhöhen, aber sie müssen sie gegenüber den Mietern vertreten.

Maklerseiten, auf denen Tabellen mit der Überschrift Mietspiegel veröffentlicht sind. Dabei handelt es sich aber nicht um Mietspiegel im gesetzlichen Sinn. Wenn ein Vermieter sich auf diese Angaben bezieht, kann der Mieter sich zu Recht wehren. Die beste Möglichkeit, diesen Fehler zu vermeiden, ist, direkt auf der Internetseite der Kommune nach einem Mietspiegel zu suchen. In aller Regel gibt es ihn heute online. Klarheit verschafft auch ein Anruf bei der Gemeinde.

Welche Herangehensweisen beobachten Sie bei Modernisierungsmieterhöhungen?

Insgesamt wird die Möglichkeit der Modernisierungsmieterhöhung genutzt. Anders könnten private Vermieter ihre Maßnahmen auch gar nicht bezahlen. Allerdings schöpfen sie den gesetzlichen Rahmen meist nicht vollständig aus. In der konkreten Anwendung erleben wir zwei große Gruppen von Vermietern: Es gibt jene, die sich umfangreich vorinformieren, auch Beratung in Anspruch nehmen und die ganze Modernisierung sehr strategisch planen. Dazu gehört dann auch, dass sie sich frühzeitig Gedanken über eine Modernisierungsmieterhöhung machen und sie in ihre Finanzierungsüberlegungen einbeziehen. Es gibt aber auch Vermieter, die einfach mal anfangen zu planen, dann feststellen, wie teuer die Maßnahme wird, und zu diesem Zeitpunkt erst über eine Mieterhöhung nachdenken. Dann können Fristen zum Problem werden. Oder die Finanzierung steht auf wackeligen Beinen.

Was ist Ihre Empfehlung: Wie sollten Vermieter das Thema Modernisierungsmieterhöhung mit ihren Mietern angehen?

Die eine Seite ist das Gesetz. Eigentümer müssen die Maßnahmen mit bestimmten Fristen schriftlich ankündigen. Aber wenn ein Mieter abends von der Arbeit kommt und einen solchen Brief vorfindet, ist er natürlich nicht begeistert. Die Akzeptanz für eine Baumaßnahme ist wesentlich höher, wenn Vermieter frühzeitig das Gespräch suchen, ihre Planungen erläutern, die Vorteile für die Mieter herausstellen und auch über die Mieterhöhung sprechen. Anschließend müssen natürlich die gesetzlichen Vorgaben erfüllt werden.

Gibt es bei einer Modernisierungsmieterhöhung ähnliche Fallstricke wie bei einer Erhöhung auf die ortsübliche Vergleichsmiete?

Sehr viele formale Anforderungen machen dieses Verfahren sehr fehleranfällig. Ich würde niemandem raten, das ohne professionelle Hilfe in Angriff zu nehmen.

Wie lassen sich die Beeinträchtigungen für Mieter während einer Modernisierung gering halten?

Anders als große Wohnungsunternehmen können private Vermieter nur in seltenen Ausnahmefällen Ersatzwohnungen anbieten. Die Konsequenz ist, dass sie Großsanierungen innerhalb der Wohnräume nur bei einem Mieterwechsel durchführen. Würden sie das in bewohntem Zustand tun, hätten die Mieter diverse Minderungsmöglichkeiten aufgrund von Lärm, Dreck und eingeschränkter Nutzbarkeit. Das wird sich kein Vermieter im laufenden Mietverhältnis antun. Bei langjährigen Mietverhältnissen kann allerdings auf diese Weise ein Sanierungsstau entstehen. Das ist weder im Interesse der Vermieter noch der Bewohner. Denkbar ist dann, eine Modernisierungsvereinbarung zu schließen. Das sollte man jedoch auf jeden Fall nur mit juristischer Unterstützung tun. Sanierungen von außen sind mit viel weniger Einschränkungen für die Bewohner verbunden. Die lassen sich leichter im laufenden Mietverhältnis umsetzen. Unter baulichen Gesichtspunkten geht es auch kaum anders. Wenn man die Hülle eines Mehrfamilienhauses häppchenweise saniert, riskiert man Fehler an Bauteilanschlüssen und Wärmebrücken. Und man sollte auch tunlichst nicht Fenster unterschiedlicher Baujahre in den einzelnen Wohnungen einbauen lassen. Da verliert man leicht den Überblick. Zudem sind Einzelmaßnahmen immer teurer und aufwendiger als ein Gesamtpaket.

Der zweite große Konfliktbereich – Betriebskostenabrechnungen. Wo gibt es da Schwierigkeiten?

Vermieter sind zwar nicht schuld, wenn sich die Betriebskosten erhöhen, aber sie müssen sie gegenüber den Mietern vertreten. Und es geht um deren Geld. Damit ist das Thema – genau wie die Mieterhöhung – prinzipiell heikel. Bei den Abrechnungen lauern die Tücken vor allem in den Formalitäten. Vermieter müssen aufpassen, dass sie den richtigen Verteilungsschlüssel nutzen und die Abrechnung klar und übersichtlich gestalten. Für Verunsicherung und damit für Fehleranfälligkeit haben in jüngster Vergangenheit das Ende der Umlegbarkeit von Kabelanschlussgebühren mitten im Kalenderjahr und die Einführung der CO_2-Kosten-Aufteilung gesorgt. Für Betriebskostenabrechnungen gibt es gute Formulare und Onlinetools. Die Schwierigkeit besteht darin, diese herauszufinden. Zuverlässig sind Instrumente von Haus & Grund oder einem anderen Branchenverband. Bei allen Hilfsmitteln aus dem Netz ist ein wichtiges Kriterium, dass sie mit einem aktuellen Datum versehen sind. Nur so ist sichergestellt, dass alle heute gültigen Vorschriften eingearbeitet sind.

Bei Mieterhöhungen und Betriebskosten entstehen Spannungen durch Themen, die Vermieter an ihre Mieter herantragen. Wie sieht es in der umgekehrten Richtung aus – wann geben Mieter-Anliegen den Stein des Anstoßes?

Im alltäglichen Miteinander sind die Anlässe meist Mängel wie etwa Feuchtigkeitsschäden. Viele Mieter zögern lange, ehe sie ihren Vermieter kontaktieren. Das ist in zweierlei Hinsicht schwierig: Zum einen hat sich dann in den Mietern oft schon viel Ärger aufgestaut, sodass die Ausgangsstimmung schlecht und manchmal sogar ein Gespräch unmöglich ist. Es kommt durchaus öfter vor, dass auch die Besichtigung durch den Vermieter oder auch durch einen beauftragten Handwerker verweigert wird. Zum anderen hat sich der Schaden oft unnötig vergrößert, was die Behebung erschwert und die Kosten erhöht. Mieter können einen wichtigen Beitrag zur Streitvermeidung leisten, indem sie frühzeitig Alarm schlagen.

Sind Mietausfälle auch ein Thema?

Tatsächlich beobachten wir in letzter Zeit wieder einen deutlichen Anstieg. Für Vermieter kann das finanziell ein Desaster werden. Wir raten zum einen, ein gesondertes Mietkonto zu führen. Dann sieht man auf einen Blick, wenn etwas fehlt. Sobald die erste Miete ausfällt, sollten Vermieter auch reagieren. Der Vorteil von privaten Vermietern ist, dass sie einen persönlichen Zugang zu ihren Mietern haben. Damit fällt es ihnen jedoch zugleich auch schwer, in den Konflikt zu gehen. Tendenziell sind die Betroffenen zu lange gutmütig. Häufig sind Probleme wie Langzeitkrankheit, Arbeitslosigkeit oder Verschuldung Gründe für Mietausstände. Solche Notlagen sitzt man nicht aus. Doch es gibt viele Regelungsmöglichkeiten wie Zahlungsaufschub oder zwischenzeitlich reduzierte Miete – man muss nur frühzeitig darüber reden, ehe sich die Schulden häufen und der Druck für alle Beteiligten wächst.

Was ist Ihr Gesamteindruck aus mehr als 20 Jahren Branchentätigkeit – wie hat sich die Welt der Vermieter verändert?

Die größten Veränderungen gab es im gesamten energetischen Bereich. Die Umstellung von fossilen auf erneuerbare Energien und energetische Maßnahmen an der Gebäudehülle stellen Eigentümer vor sehr komplexe Aufgaben, die viel Geld kosten und zugleich schwer planbar sind. Das liegt auch daran, dass ständig gesetzliche Vorgaben umgestaltet werden oder neue hinzukommen. Im Mietrecht ist das ähnlich: Rund um Kappungsgrenze und Mietpreisbremse werden immer wieder Regelungen verändert. Oft geht es nur um kleine Details, die aber in der Summe große Auswirkungen haben. All diese Neuerungen, aber auch die vielen widersprüchlichen Versprechungen vor der Bundestagswahl haben sehr viele Vermieter verunsichert. Sie haben Angst, etwas falsch zu machen. Das führt zu einer weitverbreiteten Lähmung, bei Sanierungen, aber auch bei Investitionen im Wohnungsneubau.

Vielen Dank für das Gespräch.

→ Viele Mieter zögern lange, ehe sie ihren Vermieter kontaktieren.

→ Wechsel von Vertragspartnern:

Im Laufe der Jahre können sich Personenkonstellationen auf der einen oder anderen Seite ändern. Neue Partnerschaften, Trennungen und Sterbefälle haben auch Auswirkungen auf das Mietverhältnis.

WAS ERFAHRE ICH?

Genau wie alle anderen sozialen Gefüge unterliegen auch Mietverhältnisse einer gewissen Dynamik. Gerade bei langjährigen Vertragsbeziehungen können ein oder mehrere Bewohner hinzukommen, beispielsweise wenn eine Partnerschaft zusammenwächst oder eine Wohngemeinschaft gegründet wird. Sowohl auf Mieter- als auch auf Vermieterseite kann eine Person ausscheiden. Die häufigsten Gründe dafür sind Trennungen, Scheidungen oder Sterbefälle.

Dabei macht es einen großen Unterschied, ob sich nur auf der Ebene der Bewohner beziehungsweise Eigentümer Änderungen ergeben oder ob eine tragende Person des Mietverhältnisses – also ein Hauptmieter oder ein Vermieter – betroffen ist. Sobald das der Fall ist, müssen mietrechtliche Vereinbarungen formuliert werden. Das erfordert gemeinsames Handeln aller Betroffenen. Oft, aber nicht immer finden sich Lösungen. Es kommt jedoch auch immer wieder vor, dass ein Wechsel von Vertragsparteien der Anfang vom Ende des gesamten Mietverhältnisses ist.

Zusätzliche Bewohner ziehen ein

Wer seine Immobilie an eine alleinstehende Person vermietet hat, kommt unter Umständen in die Situation, dass diese einen Partner als Mitbewohner in die Wohnung holen möchte. Wie Sie darauf reagieren können und dürfen, richtet sich vor allem danach, in welchem Verhältnis die Person zu Ihrem Mieter steht. Wenn es um einen Ehepartner oder eingetragenen Lebenspartner, Kinder oder Stiefkinder, Enkel oder unter Umständen Eltern geht, brauchen Mieter Ihre Erlaubnis nicht. Sie haben nämlich ein berechtigtes Interesse daran, mit einer Person mit naher familiärer Bindung unter einem Dach zu leben. Allerdings müssen Mieter Sie über den Einzug informieren. Tun sie das nicht, verletzen sie ihre Pflichten aus dem Mietvertrag.

Etwas anderes ist es, wenn ein unverheirateter Lebenspartner, Geschwister oder entfernte Verwandte, Freunde, eine Pflegekraft oder eine Hausangestellte einziehen wollen. Dann sind Mieter verpflichtet, um Erlaubnis zu fragen, denn diese Personen werden im Sinne des Gesetzes als sogenannte Dritte betrachtet. Das hat der Bundesgerichtshof klargestellt (BGH, Az. VIII ZR 371/02).

In vielen dieser Fälle müssen Sie Ihre Zustimmung jedoch erteilen. Das gilt immer dann, wenn Mieter ein berechtigtes Interesse dokumentieren können. Wenn sie eine Lebensgemeinschaft begründen wollen oder wenn sie durch einen beruflichen Wechsel weniger verdienen und ein zweites Einkommen die Miete sichert, dürfen Sie den Einzug eines Dritten nicht verweigern. Das geht bei nachgewiesenem berechtigtem Interesse nur im Ausnahmefall, wenn der Einzug für Sie unzumutbar ist. Ein gewichtiger Grund ist etwa, wenn der künftige Bewohner Sie persönlich beleidigt hat oder durch anhaltenden Lärm oder Pöbeleien gegenüber anderen Mietern aufgefallen ist. Handelt es sich um einen stadtbekannten gewalttätigen Alkoholiker, ist zu befürchten, dass er den Hausfrieden erheblich stören wird.

VORSICHT BEI ÜBERBELEGUNG

Ein weiterer legitimer Grund für die Ablehnung eines zusätzlichen Bewohners ist eine übermäßige Belegung des Wohnraums. Die Verordnungen vieler Länder, teils auch der Kommunen bestimmen eine Mindestwohnfläche pro Person (siehe Seite 16). Sie beträgt beispielsweise in Berlin neun Quadratmeter. Bei der Bewertung werden Kinder und regelmäßig in der Immobilie anwesende Gäste mitgezählt. Wenn Sie Ihre Wohnung weiterhin vermieten, obwohl Sie wissen, dass diese überbelegt ist, verstoßen Sie also gegen öffentlich-rechtliche Vorschriften. Das kann ein Bußgeld oder gar strafrechtliche Konsequenzen nach sich ziehen.

Vor allem wenn Patchworkfamilien zusammenleben wollen und der einziehende Partner Kinder mitbringt, kann die vorhandene Wohnung zu klein sein. Sowohl für Vermieter als auch für Mieter ist das eine schwierige Situation, die viel Fingerspitzengefühl verlangt. Bevor Sie übereilt handeln, sollten Sie sich juristisch beraten lassen.

AUSWIRKUNGEN AUF DEN MIETVERTRAG

Mit dem Zuzug eines weiteren Bewohners stellen sich auch wirtschaftliche und vertragsrechtliche Fragen. Laut BGB sind Sie in diesem Fall berechtigt, die Miete anzuheben – im Rahmen der gesetzlichen Grenzen. In der Regel haben Vermieter jedoch diese bereits beim Abschluss des Mietvertrags genutzt. Eine Mietsteigerung beim Einzug eines Partners oder anderen Mitbewohners ist damit eher selten. Bei den Nebenkosten hingegen sollten Sie eine Erhöhung unbedingt in Erwägung ziehen. Schließlich sind zahlreiche Posten vom Verbrauch abhängig. Wasser-, Heiz- und Strombedarf werden sich mit einer weiteren Person erhöhen. Und auch die Abfallentsorgung wird vielerorts nach Personenzahl berechnet.

Ob und in welcher Rolle Sie den zusätzlichen Bewohner in den Mietvertrag aufnehmen, will wohl überlegt sein. Wenn sich alle Beteiligten einig sind, kann die Person als gleichberechtigter Hauptmieter in den Vertrag eintreten. Der entscheidende Vorteil für Sie als Vermieter ist: Sie haben künftig einen zweiten Mieter, der gesamtschuldnerisch haftet, und damit quasi eine doppelte wirtschaftliche Sicherheit. Alternativ kann Ihr Hauptmieter mit dem neuen Bewohner einen Untermietvertrag abschließen. Damit haben Sie weiterhin einen einzigen Ansprechpartner, der Ihnen gegenüber haftet. Ihr Hauptmieter kann den Untermieter bei Mietrückständen oder auch durch ihn verursachten Schäden in Haftung nehmen. Die dritte Möglichkeit ist, auf eine mietvertragliche Regelung zu verzichten. Das hat vor allem für Ihren Hauptmieter Nachteile: Er trägt die Verantwortung alleine. Ist jedoch absehbar, dass es um ein zeitlich befristetes Zusammenwohnen geht – etwa die Unterbringung einer Freundin für ein Gastsemester –, so ist diese Variante am unkompliziertesten handhabbar.

UNERLAUBTE GEBRAUCHSÜBERLASSUNG

Nimmt ein Mieter heimlich einen Partner oder eine andere Person bei sich auf, so handelt es sich um eine unerlaubte Gebrauchsüberlassung nach § 540 BGB und damit um eine schwere Vertragsverletzung. Das ist ein Grund für eine Abmahnung und eine Unterlassungsklage. Ändert sich nichts, sind Sie zur fristlosen Kündigung berechtigt.

Trennung und Scheidung

Wenn sich Paare trennen und beide aus der bisherigen gemeinsamen Wohnung ausziehen wollen, müssen sie mit der gesetzlichen Kündigungsfrist von drei Monaten kündigen. Die Kündigung müssen alle im Mietvertrag genannten Mieter aussprechen.

Oft zieht jedoch nur einer aus, der andere bleibt in der Wohnung. Welche Konsequenzen das für den Mietvertrag hat, hängt von zwei Faktoren ab: Wer steht als Mieter im Vertrag? Handelt es sich um ein verheiratetes Paar beziehungsweise eine eingetragene Partnerschaft oder nicht? Letztere genießen per Gesetz einen höheren Schutz.

TRENNUNG VON UNVERHEIRATETEN MIETERN

Der unkomplizierteste Fall ist, dass einer von beiden alleiniger Mieter ist und in der Wohnung bleiben möchte. Dann ändert sich für Sie gar nichts. Will hingegen der bisherige Nichtmieter die Immobilie auch künftig bewohnen, muss der bisherige Mieter kündigen. Sie können dann frei entscheiden, ob Sie einen neuen Vertrag möglicherweise mit einer höheren Miete mit dem bleibewilligen Bewohner oder auch einem anderen Interessenten schließen. Doch natürlich ist jede Trennung für die Beteiligten schlimm, erst recht, wenn Kinder betroffen sind. Sie können diese schwierige Situation erleichtern, indem Sie mit dem Auszugswilligen eine Aufhebungsvereinbarung verfassen und sich mit dem verbleibenden Ex-Partner auf einen Anschlussvertrag einigen, vielleicht sogar mit unveränderten Bedingungen. Alternativ können Sie auch den Ex-Partner in den existierenden Mietvertrag eintreten und anschließend den bisherigen Mieter austreten lassen. Diese Herangehensweise hat für Sie praktische Vorteile: Sie vermeiden den Aufwand der Neuvermietung, potenziellen Leerstand, eine eventuell notwendige Renovierung und manch eine Schramme, die beim Aus- und Einzug entsteht. Sie müssen jedoch zugleich im Blick haben, dass Ihre Mieteinnahmen auch künftig gesichert sind. Bei der Prüfung der Solvenz Ihres bisherigen Bewohners und künftigen Hauptmieters sollten Sie daher dieselben Kriterien anlegen wie bei jeder Neuvermietung (siehe Seite 67).

In der Regel sind beide Partner als Mieter im Vertrag aufgeführt, mit allen Rechten und Pflichten. Grundsätzlich läuft dieser Mietvertrag erst einmal weiter, auch wenn ein Vertragspartner die Immobilie verlässt. Beide Partner haften weiter gesamtschuldnerisch für die Mietzahlungen, beide sind weiterhin für die Wohnung verantwortlich. Und kündigen dürfen beide nur gemeinsam. Wenn die Person, die ausgezogen ist, allein kündigt, ist das unwirksam. Sie kann auch nicht ihren Teil des Vertrags kündigen. Unverheiratete Mieterpaare müssen sich im Falle einer Trennung auf ein gemeinsames Handeln verständigen. Dafür haben sie zwei Möglichkeiten: Sie können gemeinsam eine Entlassungsvereinbarung mit dem Vermieter aushandeln, die regelt, dass einer von beiden zu den bisherigen Konditionen Mieter bleibt. Oder sie können gemeinsam kündigen. Jeder Ex-Partner ist verpflichtet, an der Kündigung des gemeinsamen Mietvertrages mitzuwirken, so ein Urteil des Amtsgerichts Waiblingen (AG Waiblingen, Az. 7 C 1040/18).

Einen Anspruch darauf, dass Sie sich auf die Entlassung eines Mieters einlassen und das Mietverhältnis mit dem verbleibenden Bewohner fortsetzen, haben die beiden Mieter nicht. Ihr Interesse ist an dieser Stelle, dass die Mieteinnahmen weiterhin gesichert sind. Schließlich hatten Sie bislang zwei Mieter mit meist zwei Einkommen, die dafür gehaftet haben. Auch hier gilt es also, die Solvenz des verbleibenden Bewohners sorgsam zu prüfen.

Wenn sich die Ex-Partner nicht einigen, wer bleiben darf, und damit zwangsläufig gemeinsam kündigen müssen, haben Sie die Wahl, ob Sie mit einem von ihnen einen neuen Vertrag schließen oder lieber auf die Suche nach neuen Mietern gehen. In jedem Fall bietet sich dieser Anlass an, um die Miethöhe zu prüfen und gegebenenfalls anzupassen. Genau deshalb werden Paare, wenn sie ihre Trennung einigermaßen konstruktiv angehen, versuchen, die gemeinsame Kündigung zu vermeiden und lieber eine Aufhebungsvereinbarung unterzeichnen. Was Sie dabei beachten müssen, lesen Sie ab Seite 219.

Nicht nur bei Studierenden sind Wohngemeinschaften eine beliebte Wohnform. Im Mietvertrag sind dafür unterschiedliche Konstruktionen möglich.

WOHNGEMEINSCHAFTEN

Für Wohngemeinschaften gelten ähnliche Regeln wie für unverheiratete Paare. Allerdings kann hier eine Vielzahl an Konstellationen vorkommen.

Gibt es in der WG einen Hauptmieter und einen oder mehrere Untermieter, so hängt das Vorgehen des Vermieters davon ab, wer von den Bewohnern kündigt. Wenn einer der Untermieter kündigt, so betrifft das den Vermieter zunächst nicht. Der Untermieter erklärt die Kündigung gegenüber dem Hauptmieter. Will dieser aber im Anschluss erneut untervermieten, braucht er dafür die Zustimmung des Vermieters. Der darf sie allerdings meist nicht verweigern, denn der Hauptmieter einer WG ist in der Regel von den Untermieteinnahmen abhängig.

Eine grundlegend andere Situation ist es, wenn ein Hauptmieter gegenüber dem Vermieter kündigt. Falls weitere Hauptmieter in der der Wohnung bleiben wollen, gibt es mehrere Möglichkeiten:

→ **VARIANTE EINS**: Der auszugswillige Hauptmieter wird per Entlassungsvereinbarung aus dem Mietvertrag entlassen, der verbleibende übernimmt als alleiniger Hauptmieter.

→ **VARIANTE ZWEI**: Der auszugswillige Hauptmieter wird per Entlassungsvereinbarung aus dem Mietvertrag entlassen. An seiner Stelle wird eine andere Person Hauptmieter – entweder ein bisheriger Untermieter oder ein neuer Bewohner. Der bisherige bleibewillige Hauptmieter bleibt ebenfalls Hauptmieter.

In beiden Fällen kann ein neuer Mietvertrag geschlossen und dabei die Miete angepasst werden. Sie können aber auch einfach den alten Hauptmieter austreten und den neuen Hauptmieter – ohne weitere Änderung – eintreten lassen.

Beide Varianten stehen und fallen mit Ihrer Zustimmung als Vermieter. Erteilen Sie sie nicht, bleibt den Mietern nichts anderes übrig, als gemeinsam zu kündigen. Einen Anspruch auf eine Entlassungsvereinbarung haben sie nicht, auf einen Mieterwechsel ebenfalls nicht, solange das nicht explizit im Mietvertrag vereinbart wurde. Das hat der Bundesgerichtshof vor Kurzem entschieden (BGH, Az. VIII ZR 304/21).

Im strittigen Fall ging es um eine Berliner WG mit sieben Hauptmietern, von denen vier im Mietvertrag ausgetauscht werden sollten. Das wollte der Vermieter nicht erlauben. Der BGH gab ihm recht: Nicht für jede WG ergebe sich automatisch ein Anspruch auf Mieterwechsel. Auch die Zustimmung zu früheren Wechseln stelle keine generelle Erlaubnis dar. Der Tausch muss nur erlaubt werden, wenn für beide Seiten von Anfang an klar ist, dass die Mieter regelmäßig wechseln – etwa in Studierenden-WGs. Zugleich wies der BGH auf die Untermiete als Ersatzmöglichkeit hin. Wenn einer von mehreren Hauptmietern ausscheidet,

AUSSERORDENTLICHE KÜNDIGUNG

Die Scheidung eines Mieterpaares berechtigt Sie als Vermieter zur außerordentlichen Kündigung (nach § 563 Abs. 4 BGB in Verbindung mit § 1568a Abs. 3 BGB). Dafür sind zwei Voraussetzungen nötig:

- → Sie müssen die Kündigung **INNERHALB EINES MONATS** aussprechen, nachdem das Mieterpaar den einvernehmlichen Wunsch nach einer Aufhebungsvereinbarung mitgeteilt oder Sie von einer gerichtlichen Wohnungszuweisung an einen Mieter erfahren haben.
- → Sie müssen einen **WICHTIGEN GRUND** für die außerordentliche Kündigung benennen. Bei vielen Trennungen wird er darin bestehen, dass der verbleibende Mieter die Miete allein nicht zahlen kann.

sind auch eventuell gegründete Untermietverhältnisse neu zu klären. Damit hat der Vermieter nichts zu tun.

Falls es nur einen Hauptmieter gibt und der kündigt, wird es ähnlich kompliziert. Er muss dann seinerseits den Untermietern kündigen. Diese haben keinen Anspruch darauf, die Position des Hauptmieters einzunehmen. Allerdings: Eine harmonische Hausgemeinschaft ist viel wert. Und Wohngemeinschaften sind vor allem dort ein beliebtes Modell, wo Wohnraum knapp ist. Wenn eine WG aufgelöst werden muss, weil der Hauptmieter sich verändert, haben die Untermieter vermutlich Schwierigkeiten, eine neue Wohnung zu finden. Und Sie müssen Aufwand für eine Neuvermietung betreiben.

Im Idealfall suchen der Hauptmieter und seine Untermieter frühzeitig das Gespräch mit Ihnen. Dann kann eine Lösung sein, dass der Hauptmieter und Sie eine Aufhebungsvereinbarung unterzeichnen und einer der Untermieter zum Hauptmieter wird – mit einem neuen Vertrag. Sie können auch den Untermieter anstelle des Hauptmieters in den Mietvertrag eintreten lassen – dann bedarf es keines neuen Vertrages. Aber es ist auch keine Anpassung der Miete wie bei einer Neuvermietung möglich.

SCHEIDUNG VON MIETERN

Statistisch wird in Deutschland mehr als jede dritte Ehe geschieden. Entsprechend hoch ist die Wahrscheinlichkeit, dass sich Ihre verheirateten Mieter irgendwann zu diesem Schritt entschließen. Wenn eine Ehe oder eine eingetragene Lebenspartnerschaft in die Brüche geht, stellt sich die mietvertragliche Situation deutlich anders dar als bei der Trennung von unverheirateten Paaren.

In der Phase des Getrenntlebens gilt genau wie bei unverheirateten Paaren: Ohne Zustimmung des Vermieters kann keiner der Mieter aus dem Vertrag aussteigen. In dieser Zeit bleibt damit mietrechtlich erst mal alles beim Alten. Bei einer Scheidung jedoch kann ein Ehegatte vom anderen die Überlassung der Wohnung verlangen, und zwar unabhängig davon, wer im Mietvertrag steht (§ 1568a BGB). Denkbar sind drei Bezugssysteme: Der verbleibende Partner ist alleiniger Hauptmieter. Dann ändert sich gar nichts. Ist der weichende Partner alleiniger Mieter, so tritt der verbleibende Partner anstelle des weichenden in den Vertrag ein. Sind beide Mieter, so wird der weichende Partner aus dem Vertrag entlassen.

So weit die juristischen Parameter. Ihre praktische Umsetzung gestaltet sich vergleichsweise einfach, wenn die beiden sich einig sind, wer das Haus oder die Wohnung weiter bewohnen soll. Manch eine Trennung verläuft jedoch alles andere als einvernehmlich. Und oft will oder kann keiner der beiden Ex-Partner ausziehen. Nicht selten mündet dieser Streit in ein Wohnungszuweisungsverfahren: Um schwere, dauerhafte Streitigkeiten zu vermeiden, kann jeder Partner beim Familiengericht nach § 1568a BGB die Zuweisung der Familienwohnung zur alleinigen Nutzung beantragen. Egal, ob die Entscheidung über die zukünftigen Wohnverhältnisse freiwillig oder durch ein Gericht getroffen wird – die Mieter müssen sie Ihnen mitteilen, in einer gemeinsamen oder in zwei getrennten Erklärungen.

Eine Mitteilungspflicht haben Mieter nur in der zweiten und dritten oben genannte Fallkonstellation, weil nur diese eine Änderung des Mietvertrags erfordern. Bleibt der Hauptmieter allein in der Wohnung, muss er Sie streng genommen nicht informieren. Die meisten verbleibenden Mieter werden sich dennoch bei Ihrem Vermieter im Falle einer Trennung oder Scheidung melden: Sie werden über die veränderte Bewohnerzahl informieren und um eine Anpassung der Betriebskostenvorauszahlungen bitten.

Voraussetzung für die Entlassung eines ausziehenden Mieters aus dem Mietvertrag ist, dass die Unterschriften von beiden Ex-Partnern vorliegen. Außerdem muss die Scheidung beziehungsweise die Aufhebung der eingetragenen Lebenspartnerschaft rechtskräftig sein. Der nächste Schritt ist dann eine Aufhebungsvereinbarung oder Entlassungsvereinbarung. Darin legen Sie fest, dass derjenige, der ausziehen will, aus dem Mietvertrag entlassen wird und der andere das bestehende Mietverhältnis zu denselben Bedingungen fortsetzt.

Tod eines Mieters

Für den Fall, dass ein Mieter stirbt, sichert das Gesetz Mitbewohner umfangreich ab (§ 563 BGB): Der Tod des Mieters führt nicht dazu, dass das Mietverhältnis automatisch erlischt.

Ist ein bisheriger Mitbewohner bereits Vertragspartner, so übernimmt er den Mietvertrag allein. Ihm steht innerhalb eines Monats ab seiner Kenntnis vom Tod des anderen Mieters ein Sonderkündigungsrecht zu. Nutzt er es, endet das Mietverhältnis nach drei Monaten.

Mitbewohner des Verstorbenen, die bislang nicht selbst Mieter sind, dürfen in dessen Mietvertrag eintreten. Das gilt zunächst für Ehegatten oder Lebenspartner, dann Kinder und andere Familienangehörige sowie Personen, die mit dem Verstorbenen einen auf Dauer angelegten Haushalt geführt haben. Alle genannten Personen müssen keinen neuen Vertrag mit dem Vermieter aushandeln, wenn sie in der Wohnung bleiben möchten.

Setzt ein Partner oder Familienangehöriger nach dem Tod eines Mieters dessen Mietverhältnis fort und hatte dieser keine Kaution oder anderweitige Sicherheit gestellt, dann darf der Vermieter von neu eintretenden Mietern eine solche Sicherheit verlangen (§ 563 b Abs. 3 BGB).

Ein Mitbewohner kann den Eintritt in den Mietvertrag aber auch ablehnen. Das muss er innerhalb eines Monats tun, nachdem er vom Tod des Mieters erfahren hat. Der Vermieter kann seinerseits innerhalb eines Monats nach seiner Kenntnis über den Eintritt eines Mitbewohners in das Mietverhältnis außerordentlich kündigen. Voraussetzung ist ein wichtiger Grund in der Person des Eingetretenen. Wenn also beispielsweise erkennbar ist, dass sie nicht in der Lage ist, die Miete zu zahlen, sollten Sie handeln.

Allerdings stellen die Gerichte hohe Anforderungen: Sie müssen konkrete Anhaltspunkte dafür haben, dass der künftige Mieter finanziell leistungsunfähig ist. Die reine Annahme, dass etwa sein Gehalt nicht ausreicht, weil er sich erst im zweiten Lehrjahr befindet, genügt nicht. Die eintretende Person könnte über weitere Geldquellen verfügen. In einem solchen Fall sollten Sie juristischen Rat suchen.

Wenn sich der oder die Mitbewohner entscheiden, das Mietverhältnis nicht fortzuführen, oder wenn es keine Mitbewohner gibt, treten die Erben des verstorbenen Mieters zunächst automatisch in den Vertrag ein. Sowohl die Erben als auch der Vermieter dürfen innerhalb eines Monats außerordentlich mit der gesetzlichen Frist kündigen. Als Vermieter brauchen Sie dafür keinen besonderen Grund. Der Monat zählt ab der Kenntnis vom Tod des Mieters, der Kenntnis, dass kein Mitbewohner das Miet-

UMGANG MIT VERBINDLICHKEITEN

→ **TOD EINES MIETERS:** Für ausstehende Mietzahlungen, Nachzahlungen bei Betriebskosten und mögliche weitere Kosten, die vor dem Tod des bisherigen Mieters entstanden sind, haften die verbleibenden Mieter sowie die Erben gesamtschuldnerisch.

→ **TOD EINES VERMIETERS:** Ein Erbe als Rechtsnachfolger oder eine Erbengemeinschaft als Gesamtrechtsnachfolger haftet für Rückzahlungen von Betriebskosten und Kaution und alle anderen Verpflichtungen aus dem Mietverhältnis.

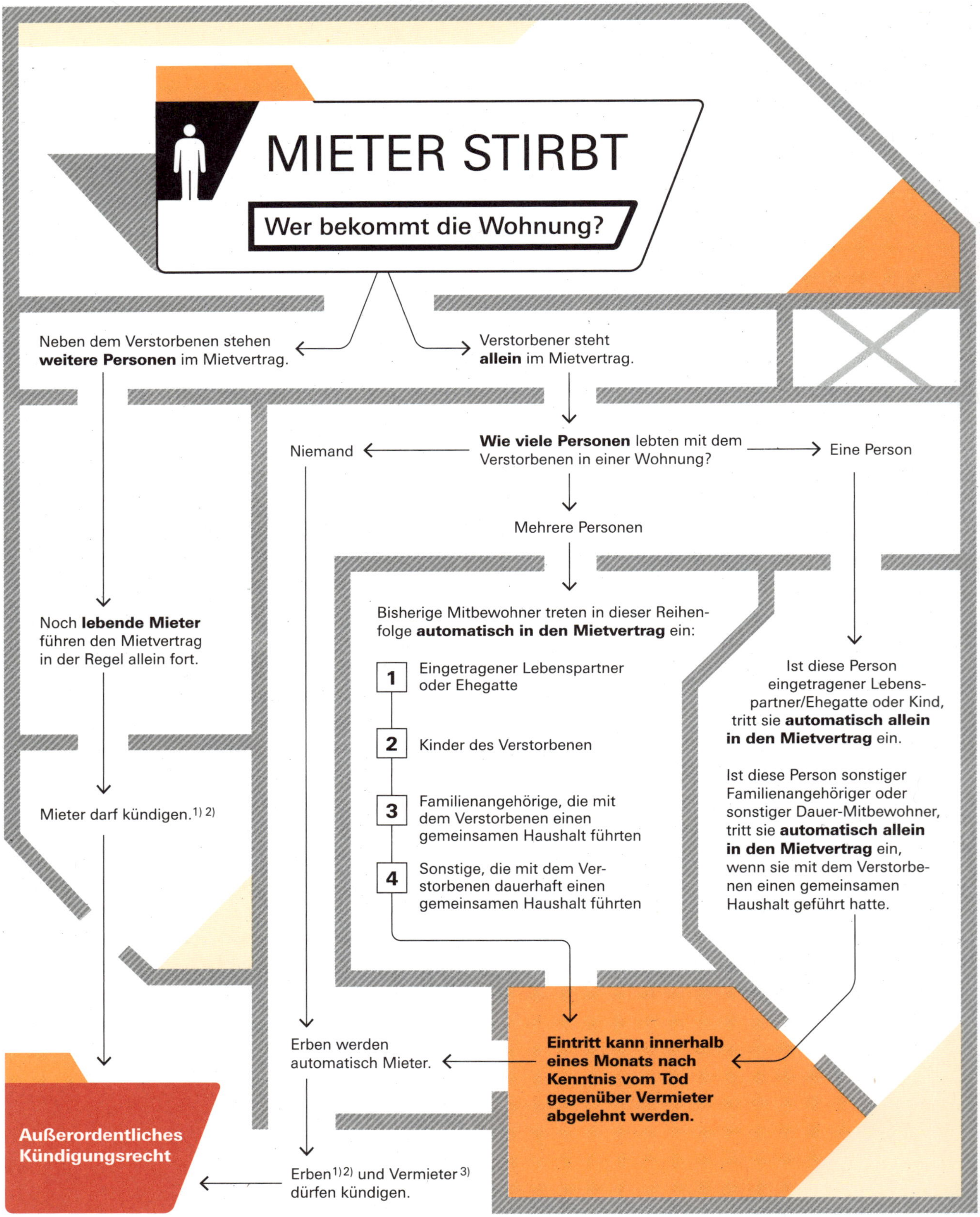

1) Kündigung muss gegenüber dem Vermieter innerhalb eines Monats nach Kenntnis vom Tod erklärt werden. Das Mietverhältnis endet dann mit der gesetzlichen Dreimonatsfrist.

2) Außerordentliches Kündigungsrecht des Mieters nur relevant bei Mietverträgen mit bis zu vier Jahren Kündigungsausschluss und bei Zeitmietverträgen.

3) Kündigung gegenüber den Erben muss innerhalb eines Monats nach Kenntnis vom Tod erklärt werden. Hat ein Mitbewohner die Wohnung abgelehnt, hat der Vermieter für die Kündigung des Erben ab Kenntnis von der Ablehnung einen Monat Zeit. Das Mietverhältnis endet dann mit der gesetzlichen Dreimonatsfrist.

verhältnis fortsetzen möchte, und der Kenntnis von einem Erben.

Der Tod eines Mieters ist für Angehörige meist eine emotional belastende Situation. Für Vermieter ist es ein rechtlich zu regelnder Vorgang, aber für die Erben steht zunächst der Verlust eines Menschen im Vordergrund. Details zu den Rechten und Pflichten des Mietverhältnisses sind häufig unklar. Diese Perspektive lohnt es sich im Blick zu behalten. Vermieter, die früh Orientierung geben, indem sie über nötige und mögliche nächste Schritte aufklären, nehmen den Erben Druck, vermeiden Missverständnisse und beugen Konflikten vor.

Wichtig ist aber auch zu bedenken: Nicht immer sind die Angelegenheiten eines Mieters für den Vermieter klar erkennbar. Wenn Sie unsicher sind, ob ein Erbe in den Vertrag eingetreten sein könnte, dem Sie dann gegebenenfalls kündigen möchten, wenden Sie sich an den Nachlassverwalter oder das zuständige Amtsgericht.

Tod eines Vermieters

Nicht nur aufseiten der Mieter, auch bei Vermietern kann es Veränderungen geben, die Konsequenzen für das Mietverhältnis haben. Stirbt ein Vermieter, so besteht das Mietverhältnis mit den Erben fort, und zwar zu den bisherigen Bedingungen.

Ein alleiniger Vermieter wird durch seinen oder seine Erben abgelöst. In manch einem Fall wird die Immobilie dann verkauft. Oder ein Mehrfamilienhaus wird in Eigentumswohnungen umgewandelt. Was dabei zu beachten ist, lesen Sie ab Seite 221. Bei Ehepaaren ist es durchaus üblich, dass beide gemeinsam als Vermieter auftreten. In vielen Fällen ist der überlebende Partner zugleich der Erbe und damit künftig alleiniger Vermieter. Hat ein Vermieter jedoch eine oder mehrere andere Personen als Erben benannt, kann es passieren, dass nach seinem Tod zusätzlich zum überlebenden Partner weitere Personen Vermieter werden.

KEINE ÄNDERUNGEN IM VERTRAGSVERHÄLTNIS

Die Erben übernehmen alle Rechte und Pflichten des oder der Verstorbenen. Sie können keine einseitigen Änderungen am Mietvertrag veranlassen, die Miete nicht willkürlich erhöhen und Mietern auch nicht außerordentlich kündigen. Die Kaution müssen sie genauso wie der verstorbene Vermieter handhaben (siehe Seite 97). Für die Mieter bringt der Tod eines Vermieters zunächst keine Veränderungen mit sich: Sie können das Haus oder die Wohnung wie gewohnt nutzen und sind weiter zur Zahlung der Miete verpflichtet. Erweiterte Kündigungsrechte stehen ihnen nicht zu.

WENN SIE EINE VERMIETETE IMMOBILIE GEERBT HABEN

Für Mieter ist der Tod eines Vermieters mit zahlreichen Fragen und großer Unsicherheit verbunden. Viele machen sich Sorgen um den Fortbestand des Mietverhältnisses. Jetzt ist gute Kommunikation besonders wichtig: Teilen Sie als Erbe Ihren Mietern neue oder zusätzliche Kontaktdaten möglichst zeitnah mit. Auch Zahlungsmodalitäten wie etwa die Kontoverbindung ändern sich häufig. Spätestens mit der Zahlungsaufforderung sollten Sie sich legitimieren, indem Sie den Mietern eine Kopie des Erbscheins oder des notariellen Testaments samt Eröffnungsprotokoll vorlegen.

Den Formalien haben Sie damit Genüge getan. Wenn Sie vor Ort sind, können Sie die Gelegenheit nutzen, sich persönlich vorzustellen. So nehmen Sie den Mietern Ängste und verschaffen sich zugleich einen Eindruck von den Bewohnern. Bei einer Erbengemeinschaft ist ein gemeinsames Schreiben das Signal für gemeinschaftliches Handeln. Sinnvoll ist dabei, eine Ansprechperson für die Mieter zu benennen. Für die Organisation des Mietverhältnisses ist hilfreich, wenn sich die Erben wechselseitig bevollmächtigen. Das schafft Flexibilität im Alltag. Über diese Vollmachten sollten Sie Ihre Mieter informieren.

5

Ausstehende Mietzahlungen, Mängel und Mietminderung, Tierhaltung und Lärmbelastung – im alltäglichen Miteinander von Vermietern, Mietern und Mitbewohnern kann es viele Anlässe für Konflikte geben. Gefragt sind dann sachliche Klärungen.

→ Zahlungsverzug und Mietausfall:

Für Sie steht und fällt die Wirtschaftlichkeit der Vermietung mit den Mieteinnahmen. Wenn sie nicht vollständig oder unpünktlich eingehen, ist es ratsam, zeitnah zu reagieren.

WAS ERFAHRE ICH?

Wie Sie bei Zahlungsverzug oder komplett fehlenden Mieteingängen konkret vorgehen, hängt vor allem davon ab, aus welchem Grund die Mietzahlungen ausbleiben. Es macht einen großen Unterschied, ob Mieter nicht zahlen können, weil es aufgrund von Krankheit, Trennung oder Jobwechsel vorübergehende finanzielle Engpässe gibt, oder ob eine dauerhafte Zahlungsunfähigkeit zu befürchten ist. Und noch eine ganz andere Situation ist es, wenn Mieter nicht oder nicht vollständig zahlen wollen, beispielsweise weil sie eine Mieterhöhung für unbegründet halten oder meinen, aufgrund eines Mangels zur Mietminderung berechtigt zu sein.

Als Vermieter dürfen Sie bei erheblichem Zahlungsverzug fristlos kündigen. Sie können die Miete einklagen und die Wohnung im schlimmsten Fall räumen lassen. Solche drastischen Schritte lassen sich zwar zum Glück in den allermeisten Fällen umgehen, doch Sie sollten wissen, welche rechtlichen Möglichkeiten Sie haben und wie Sie dann konkret verfahren.

Außergerichtliche Schritte

Um die Hintergründe der Mietschulden zu erfahren, empfiehlt es sich immer, zuerst das persönliche Gespräch zu suchen. Sind die Mieter in einer absehbar vorübergehenden Notlage, lassen sich in den meisten Fällen Lösungen finden. Sie können mit ihnen beispielsweise eine Mietkautionsbürgschaft (siehe Seite 98) oder einen Rückzahlungsplan mit Ratenzahlungen vereinbaren.

Es kann sein, dass ein persönliches Gespräch aus praktischen Gründen nicht zeitnah möglich ist oder dass Ihre Mieter einen solchen Termin ablehnen. Dann ist der nächste Schritt eine Zahlungserinnerung. Bleibt die erfolglos, folgt eine schriftliche Abmahnung. Sie ist als Voraussetzung für eine Kündigung zwar nicht vorgeschrieben, aber auf jeden Fall empfehlenswert. In diesem Schreiben führen Sie die Mietrückstände genau auf und fordern die Mieter zur Zahlung auf.

Dafür ist keine Frist erforderlich, denn die Mieter befinden sich bereits im Verzug, wenn sie den vereinbarten Betrag nicht oder nicht in voller Höhe zum vereinbarten Termin entrichtet haben. Wir raten dennoch zu einer mindestens einwöchigen Frist. Im Abmahnungsschreiben sollten Sie auch bereits die fristlose Kündigung androhen, falls die Mieter die Ausstände nicht begleichen.

Ein Formular für eine solche Abmahnung finden Sie im „Vermieter-Set" der Stiftung Warentest – erhältlich über test.de/shop.

Kündigung und Räumungsklage

In der Praxis ist der Verzug bei der Zahlung der Miete wohl der häufigste Kündigungsgrund. Das sagt nur bedingt etwas über die Häufigkeit von Mietausfällen aus. Vielmehr haben Vermieter wenige andere zulässige Kündigungsgründe.

Ein Zahlungsverzug begründet eine außerordentliche fristlose Kündigung – vorausgesetzt, es handelt sich um Rückstände in einem erheblichen Umfang (§ 543 BGB, § 569 BGB). Konkret heißt das: Die Mieter müssen die Miete für zwei aufeinander folgende Termine vollständig oder auch nur im Gesamtumfang von mehr als einer Monatsmiete schulden. Entsteht der Rückstand an mehr als zwei aufeinander folgenden Terminen, so gelten zwei Monatsmieten als erheblich. Haben sich die Zahlungsrückstände aus der Miete oder auch aus Betriebskosten auf dieses Volumen addiert, bleibt das Kündigungsrecht bestehen, bis der vollständige Rückstand ausgeglichen ist.

Vermieter dürfen bei einem Zahlungsverzug des Mieters fristlos kündigen und gleichzeitig hilfsweise eine ordentliche Kündigung mit gesetzlicher Kündigungsfrist aussprechen. Das hat der Bundesgerichtshof in zwei Grundsatzurteilen entschieden (BGH, Az. VIII ZR 231/17 und VIII ZR 261/17). Damit bestätigt das Gericht die bei Vermietern verbreitete Praxis, bei Mietrückständen gleich doppelt zu kündigen. Eine typische Formulierung für eine solche zusätzliche Kündigung lautet: „... Außerdem kündige ich den Mietvertrag wegen der Verletzung wesentlicher Pflichten hilfsweise auch noch fristgerecht zum ..."

Die Mieter können die fristlose Kündigung noch abwenden, indem sie ihre Mietschulden innerhalb der gesetzlichen Schonfrist vollständig begleichen. Das ist noch bis zu zwei Monate nach Zustellung der Räumungsklage bei den Beklagten möglich. Die vom Vermieter gleichzeitig ausgesprochene ordentliche Kündigung bleibt jedoch wirksam. Für sie gibt es keine Schonfristregelung, eine Nachzahlung hilft säumigen Mietern hier nicht. Der Grund: Sie haben ihre Pflichten aus dem Mietvertrag schuldhaft und in erheblichem Maße verletzt. Die Fortsetzung des Mietverhältnisses ist damit für den Vermieter nicht zumutbar. Sind Mieter hingegen unverschuldet in Zahlungsschwierigkeiten geraten, dürfen sie die Wohnung behalten (BGH, Az. VIII ZR 6/04).

Im Detail allerdings ließen die Richter zahlreiche Fragen offen: Wann liegt eine unverschuldete Zahlungsunfähigkeit vor, und welche Anstrengungen müssen Mieter unternehmen, um zumindest so viel wie möglich zu zahlen? Liegt eine unverschuldete Zahlungsunfähigkeit möglicherweise nur vor, wenn Arbeitsagentur oder Sozialamt sich zu Unrecht weigern, die Miete zu übernehmen? Was dürfen Mieter sich trotz Geldmangels noch leisten, bevor sie Miete zahlen? Gefragt sind jetzt die für Mietsachen zuständigen Amtsgerichte. Sie müssen in jedem Einzelfall klären, ob die Kündigung wegen Mietschulden zulässig war oder die fehlenden Zahlungen zu entschuldigen sind. Fest steht: Die Entschuldigung für verspätete oder fehlende Mietzahlungen ist Sache der Mieter. Diese

BGH ZUR KÜNDIGUNG BEI RÜCKSTAND VON NEBENKOSTEN

Wenn Mieter die Nebenkostenvorauszahlungen nicht in voller Höhe zahlen und es dadurch zu einem Mietrückstand kommt, können Vermieter fristlos kündigen. Sie müssen nicht erst auf Zahlung der vollen Nebenkosten klagen, sondern können direkt **RÄUMUNGSKLAGE ERHEBEN,** wenn ein zur Kündigung berechtigender Mietrückstand aufgelaufen ist. Im Räumungsprozess wird dann überprüft, ob Sie die Vorauszahlungen anpassen durften. Dadurch seien Mieter hinreichend geschützt, entschied der Bundesgerichtshof (BGH, Az. VIII ZR, 1/11).

Das Gericht hat mit seiner Entscheidung einer Mieterin widersprochen. Sie war der Ansicht, die Vermieter müssten zunächst die vollen Nebenkosten einklagen, damit die Höhe der Vorauszahlungen gerichtlich überprüft werden könne. Die Mieterin hatte die angepassten Nebenkostenvorauszahlungen und Teile der Grundmiete nicht mehr gezahlt. Nachdem im Zeitraum von November 2003 bis Dezember 2004 ein erheblicher Mietrückstand aufgelaufen war, hatten die Vermieter der Frau fristlos gekündigt.

müssen darlegen und zur Not beweisen, dass ihnen kein Vorwurf zu machen ist. Gelingt ihnen das nicht, bleibt die fristgerechte Kündigung wirksam.

Mehr dazu, wie Sie die Kündigung bei Zahlungsverzug korrekt angehen, lesen Sie ab Seite 206. Wenn die Mieter trotz fristloser Kündigung nicht ausziehen, bleibt Ihnen als letzter Ausweg nur die Räumungsklage.

Mietschulden eintreiben

Die Kündigung allein bringt Ihnen noch nicht die ausstehenden Mieteinnahmen. Und manch ein Mieter begleicht die Rückstände jetzt erst recht nicht. Sie können auf unterschiedlichen Wegen versuchen, offene Forderungen einzukassieren. Vor allem große Unternehmen beauftragen gerne einen Dienstleister, ein sogenanntes Inkassobüro. Dieser Weg steht auch privaten Kleinvermietern offen. Einzelne Büros sind auf Mietschulden spezialisiert. Prüfen Sie vor dem Auftrag unbedingt die Vertragskonditionen. Neben einer Bearbeitungsgebühr wird oft ein Erfolgshonorar fällig. Hier ist Vorsicht geboten: Mieter müssen zwar bei Mietrückständen auch die Inkassokosten tragen, es ist jedoch nirgends geregelt, in welcher Höhe. Die Alternative ist, ein gerichtliches Mahnverfahren beim Zentralen Mahngericht einzuleiten. In den meisten Bundesländern ist ein dafür benanntes Amtsgericht für das gesamte Land zuständig.

Das Mahnverfahren besteht aus mehreren Phasen:

→ **ANTRAG 1**: Sie beantragen den Mahnbescheid beim Amtsgericht.

→ **ZUSTELLUNG 1**: Das Gericht verschickt den Bescheid an die Mieter. Sie haben zwei Wochen Zeit, um eine Stellungnahme abzugeben oder zu zahlen. Legen die Mieter Widerspruch ein, folgt ein Gerichtsverfahren.

→ **ANTRAG 2**: Reagieren die Mieter nicht auf den Mahnbescheid, beantragen Sie den Erlass eines Vollstreckungsbescheids. Das muss innerhalb von sechs Monaten nach Zustellung des Mahnbescheids geschehen.

→ **ZUSTELLUNG 2**: Die Mieter haben nach Erhalt des Vollstreckungsbescheids erneut zwei Wochen Zeit, um Einspruch zu erheben.

Mit der Übersendung des Vollstreckungsbescheids ist das Verfahren für das Mahngericht beendet. Falls die säumigen Mieter widersprechen, gibt es den Fall automatisch an das zuständige Prozessgericht ab. Falls sich die Mieter nicht rühren, können Sie Privatbesitz der Mieter – in der Regel durch einen Gerichtsvollzieher – pfänden lassen oder die Zwangsvollstreckung betreiben.

Die dritte Möglichkeit ist eine Zahlungsklage. Je nach Streitwert ist die Klageschrift beim Amts- oder Landgericht einzureichen. Bestandteile des Verfahrens sind in der Regel schriftliches Vorverfahren, mündliche Verhandlung, Beweisaufnahmen und Gerichtsentscheidung oder Einigung auf einen Vergleich. Ergeht ein Urteil zu Ihren Gunsten, können Sie einen Gerichtsvollzieher beauftragen, die Mietrückstände einzufordern.

OPTIONEN ABWÄGEN

Die Beauftragung eines Inkassobüros, eine Zahlungsklage oder ein gerichtliches Mahnverfahren mit anschließender Pfändung oder Zwangsvollstreckung – all diese Wege bergen für Vermieter erhebliche Fallstricke. Ohne **JURISTISCHEN BEISTAND** sollten Sie sich darauf keinesfalls einlassen. Lassen Sie sich unbedingt beraten, welche Methode in Ihrem Fall am besten zum Ziel führt, mit welchen Kosten Sie rechnen müssen und wie lange sich das Eintreiben der Miete hinziehen wird. Unter Umständen fahren Sie besser damit, zwei Monatsmieten abzuschreiben und Zeit und Energie in die Suche nach solventen neuen Mietern zu stecken.

HIER GEHT ES WEITER: → MAHNGERICHTE.DE/VERFAHRENSUEBERBLICK/ANTRAGSTELLUNG/ZUSTAENDIGKEITEN/

→ **Mängel und Mietminderung:** Der Umgang mit Mängeln ist sowohl für Vermieter als auch für Mieter eine enorme Herausforderung. Entscheidend ist die Frage: Was beziehungsweise wer hat den Mangel verursacht? Das lässt sich oft schwer bewerten.

WAS ERFAHRE ICH?

Ein Mangel im mietrechtlichen Sinne besteht immer dann, wenn Mieter die Wohnung oder das Haus nicht mehr in der vereinbarten Weise nutzen können. Maßstab dafür ist der Zustand, über den sich die Mietparteien im Mietvertrag und bei der Übergabe der Immobilie geeinigt haben. Im laufenden Mietverhältnis schulden Vermieter keine Verbesserung. Aber wenn sich etwas an den Wohnverhältnissen oder der Ausstattung der Räume zum Schlechteren verändert, dürfen Mieter verlangen, dass Sie den ursprünglichen Zustand wiederherstellen. Es ist eine der elementaren Vermieterpflichten, sicherzustellen, dass die vermietete Immobilie in einem mangelfreien Zustand ist (§ 535 BGB). Tun sie das nicht, sind Mieter unter Umständen berechtigt, eine reduzierte Miete zu zahlen, solange der Mangel besteht, oder gar zu kündigen.

Das Spektrum möglicher Mängel ist immens. In vielen Fällen sind die Wohnräume direkt betroffen – wenn die Heizung nicht funktioniert, ein Abflussrohr verstopft ist, die Fenster undicht sind oder in einer Zimmerecke Schimmel entsteht. Aber auch bei Mängeln außerhalb der Wohnung – etwa bei Rattenbefall auf dem Grundstück – können Mieter Abhilfe verlangen. Nicht immer handelt es sich um bauliche oder technische Defekte oder Schäden, die Handwerker beheben können. Wenn ein Gerüst oder Folien vor den Fenstern den Tageslichteinfall mindern oder die Nutzung der Immobilie durch starke Lärmbelastung beeinträchtigt ist, liegt ebenfalls ein Mangel vor. In solchen Fällen haben Sie nicht immer Einfluss auf den Mangel. Die Ursache kann im Wohnumfeld oder in einem Mehrfamilienhaus in den Nachbarwohnungen liegen. Über typische Auseinandersetzungen zwischen Bewohnern und ihre Auswirkungen auf das Mietverhältnis lesen Sie mehr ab Seite 193.

Eine weitere Mängelkategorie sind Abweichungen vom Mietvertrag. Stellt sich beim Nachmessen raus, dass die Wohnung kleiner ist, als im Vertrag zugesichert, ist das ein Mangel. Wenn Sie vereinbarte Arbeiten wie etwa

ANZEIGEPFLICHT ERFÜLLT?

Liegt eine **MÄNGELRÜGE** seitens der Mieter vor, ist empfehlenswert, zu prüfen, ob die Anzeige tatsächlich „umgehend" erfolgt ist. Wenn nicht, haben Mieter womöglich ihre Rechte aufgrund der Verletzung der Anzeigepflicht ganz oder teilweise verloren. Dieser Rat mag nach Prinzipienreiterei klingen. Doch je nachdem, um was für einen Schaden es geht und wie lange sich die Behebung hinzieht, kann er mit einer erheblichen Mietminderung und damit empfindlichen Einnahmeverlusten für Sie einhergehen.

den Einbau neuer Fenster nicht bis zum benannten Datum umgesetzt haben, ebenfalls.

Ein Mietmangel bedeutet natürlich immer Aufwand für Sie. Doch zumindest, wenn es um einen Schaden am Gebäude oder auf dem Grundstück geht, wirkt der sich auf die Substanz und damit den Wert der Immobilie aus. Es liegt damit in Ihrem Interesse, bei Schäden schnellstmöglich informiert zu sein und zu handeln. Schon bei der Unterzeichnung des Mietvertrags sollten Sie das kommunizieren und die Mieter ermutigen, auch beim Verdacht auf einen Mangel oder Schaden immer rasch auf Sie oder die Verwaltung zuzukommen. Damit legen Sie zugleich einen wichtigen Grundstein für den wertschätzenden Umgang mit Ihrem Eigentum und für einen konstruktiven Umgang mit dem emotionsbeladenen Thema Mängel.

Mängelanzeige und Bewertung

Sobald Mieter in der Wohnung oder im Haus Schäden entdecken, müssen sie den Vermieter umgehend informieren. Das schreibt das Gesetz vor (§ 536c BGB). Nur so haben Eigentümer eine Chance, den Schaden schnell zu beheben und zu vermeiden, dass er größer oder gravierender wird. Unterlassen Mieter die Mängelanzeige, haben Sie einen Schadenersatzanspruch. Außerdem verlieren Mieter unter Umständen eigene Schadenersatzansprüche oder ihr Recht auf Mietminderung. Im Streitfall tragen Sie die Darlegungs- und Beweislast für die Verletzung der Anzeige (BGH, Az. VIII ZR 74/12). Sie müssen dann beweisen, dass Mieter die Mängel nicht angezeigt haben.

Üblicherweise werden Mieter eine Mängelanzeige schriftlich formulieren und darin eine Frist zur Behebung setzen. Auch wenn das nicht der Fall ist – bei einem dringlichen und noch dazu eindeutigen Anliegen wie etwa einen Heizungsausfall sollten Sie rasch ein Handwerksunternehmen beauftragen. Ist die Situation jedoch unklar, können Sie sich zunächst selbst ein Bild von dem reklamierten Mangel machen. Mit Blick auf die Frist sollte auch das zeitnah geschehen. Vor Ort gilt es zu klären: Wie eilig ist Handlungsbedarf? Wie ist der Schaden entstanden, und wer hat ihn verursacht? Geht es um eine kleinere Reparatur, die möglicherweise die Mieter gemäß einer Kleinreparaturklausel im Mietvertrag selbst übernehmen müssen (siehe Seite 106), oder handelt es sich tatsächlich um einen Mangel im mietrechtlichen Sinn?

Je nachdem, wie die Antworten ausfallen, werden Sie Handwerker beauftragen, einen Gutachter hinzuziehen oder auch sich juristisch beraten lassen. Es spricht viel dafür, dass Sie sich vor allem im Fall von baulichen Schäden um eine schnelle Behebung kümmern, selbst wenn unklar ist, wer für den Schaden zuständig ist und die Kosten zu tragen hat. Ein undichter Badewannenabfluss – egal, ob er durch unsachgemäße Behandlung durch die Mieter oder aufgrund von Alterung zu Schaden kam – lässt sich für wenige Hundert Euro erneuern.

ZUSTÄNDIGKEIT PRÜFEN!

Für die **BESEITIGUNG** des Mangels sind in aller Regel Sie zuständig. Ausnahme: Die Mieter haben den Schaden verursacht. Dann dürfen Sie verlangen, dass die Mieter den Schaden beheben. Oder Sie übernehmen dies selbst und stellen den Mietern die Kosten in Rechnung.

Wenn jedoch über Wochen oder Monate Wasser in die Holzbalkendecke eindringt und dort Hausschwamm verursacht, kostet die Instandsetzung schnell sechsstellige Summen.

Beispiele für Mängel im Mietobjekt

Wenn von Mängeln in der Mietwohnung die Rede ist, dann denken viele zuerst an Schäden am Gebäude oder Defekte der Heiztechnik. Ein Fenster klemmt. Die Heizung springt nicht an. Mieter können den Keller nach einem Wasserrohrbruch nicht benutzen. In solchen Fällen ist die Lage oft vergleichsweise eindeutig. Auseinandersetzungen über zu hohe beziehungsweise zu niedrige Temperaturen in den Wohnräumen, über Schimmelbefall oder und auch über die Trinkwasserqualität hingegen werden nicht zuletzt deshalb regelmäßig vor Gericht ausgetragen, weil viele Faktoren zusammenspielen und kein Fall dem anderen gleicht. Im Folgenden lesen Sie dazu zahlreiche Beispiele. Doch Vorsicht: Übertragbar sind sie nicht. Zumindest bei Urteilen von Amtsgerichten werden sich im Zweifel andernorts Gerichte finden, welche die Rechtslage anders bewerten.

Warmes Wasser müssen Sie das ganze Jahr über rund um die Uhr zur Verfügung stellen.

TEMPERATUR IN DEN WOHNRÄUMEN

Es gibt keine gesetzliche Regelung, die bestimmt, bei welcher Innenraumtemperatur ein Mangel an der Mietwohnung vorliegt. Also entscheiden auch bei diesem Thema einmal mehr die Gerichte.

Bezüglich übermäßiger Hitze ist die Situation recht einfach. Mieter müssen damit rechnen, dass sommerliche Hitze auch in der Wohnung für hohe Temperaturen sorgt. Im Arbeitsschutz gilt: Wärmer als 26 Grad darf es im Büro oder Betrieb nicht werden. Für Wohnräume gibt es eine solche Obergrenze nicht. Die Gerichte betrachten im Einzelfall vor allem das Baujahr des Gebäudes. Das Amtsgericht Leipzig entschied beispielsweise, dass der Mieter einer Altbauwohnung beim Einzug mit heißen Temperaturen in seiner Dachgeschosswohnung rechnen musste und daher keinen Anspruch auf Mietminderung hat (AG Leipzig, Az. 164 C 6049/04). Der Mieter einer Neubauwohnung unterm Dach hingegen durfte laut Amtsgericht Hamburg auf einen fachgerechten Wärmeschutz vertrauen. Wenn in den Räumen nachts 25 Grad oder mehr und tagsüber 30 Grad herrschen, darf er die Miete um 20 Prozent reduzieren (AG Hamburg, Az. 46 C 108/04).

Unzureichende Raumwärme im Winter ist mindestens so häufig Anlass für Gerichtsstreitigkeiten wie sommerliche Hitze. Dabei geht es um die erreichte beziehungsweise nicht erreichte Raumtemperatur oder die Dauer der Heizperiode oder die Einstellung von Tages- und Nachtwerten. Oder alles zusammen.

Eine gesetzlich vorgeschriebene Heizperiode gibt es nicht. Viele Gerichte meinen, sie dauere von 1. Oktober bis 30. April. Andere setzen sie großzügiger an, von etwa Mitte September bis Mitte Mai. In diesem Zeitraum muss die Heizung also auf jeden Fall laufen. Außerdem müssen Sie die Heizung dann einschalten, wenn es besonders kalt ist. Das gilt, wenn die Innentemperatur unter 17 Grad liegt und in den nächsten Tagen keine Wetterbesserung zu erwarten ist.

Fällt die Zimmertemperatur tagsüber unter 16 Grad, muss die Heizung sofort laufen, denn hier ist die Grenze der Gesundheitsgefährdung überschritten. Nach Auffassung der meisten Gerichte müssen zu diesen Zeiten mindestens

VORSCHLÄGEN OFFEN BEGEGNEN

Vermieter müssen nur dann Abhilfe schaffen, wenn Mieter belegen können, dass es sich bei den erhöhten Temperaturen um einen Mangel handelt. Dennoch: Wenn Ihre Mieter mit dem Anliegen zu Ihnen kommen, Außenjalousien anbringen zu wollen, ist es eine gute Idee, darauf einzugehen und eine **ANTEILIGE KOSTENBETEILIGUNG** festzulegen. Von außen installierter Sonnenschutz ist wesentlich wirksamer als die Gardinen auf der Innenseite, die Ihre Mieter ohne Ihr Einverständnis anbringen würden. Die Außenjalousien erhöhen zudem den Wohnwert, auch für künftige Mieter.

20 Grad in den Räumen erreicht werden. Das Oberverwaltungsgericht Berlin bezieht sich auf Vorgaben des Gesundheitssenators, wonach 20 bis 21 Grad ausreichend sind, in Bädern sollen es 23 Grad sein (OVG Berlin, Az. 2 B 40.79). Nachts – konkret: zwischen 23 und 6 Uhr – reichen 18 Grad (LG Berlin, Az. 64 S 266/97). Noch weniger ist aber nicht erlaubt. Beinhaltet der Mietvertrag niedrigere Temperaturen oder kürzere Zeiten, ist das in der Regel ungültig.

Nicht nur warme Räume, auch warmes Wasser müssen Sie rund um die Uhr zur Verfügung stellen, und zwar das ganze Jahr über. Sie dürfen etwa nicht den Boiler zwischen 23 und 5 Uhr abschalten. Die Temperatur sollte mindestens 40 bis 50 Grad betragen. Steht im Mietvertragsformular, dass von 22 bis 7 Uhr weniger als 40 Grad reichen, ist das unwirksam (AG Köln, Az. 206 C 251/94). Spätestens 15 Sekunden, nachdem Mieter den Hahn aufgedreht haben, muss diese Temperatur erreicht sein (AG Berlin-Mitte, Az. 7 C 82/17).

Auch beim Badewasser ist allzu langes Warten unzumutbar. In einer Münchner Wohnung dauerte es 42 Minuten, bis die Wanne voll war. Und dann hatte das Wasser nur 36 Grad. Das Amtsgericht München verurteilte den Vermieter, eine neue Therme einzubauen, die zuverlässig mindestens 45 Grad Wassertemperatur liefert (AG München, Az. 463 C 4744/11).

SCHIMMELBEFALL

Auch Schimmel findet sich ganz weit oben auf der Liste möglicher Mängel in einem Mietobjekt. Melden Ihre Mieter Schimmelflecken, sind Sie gut beraten, den Befall schnellstmöglich zu beseitigen, um Schäden an der Bausubstanz möglichst zu vermeiden. Und um zu verhindern, dass die Mieter fristlos kündigen. Denn das dürfen sie dem Amtsgericht Saarbrücken zufolge, wenn akute Gesundheitsgefährdung besteht und der Schimmel nicht innerhalb der von ihnen gesetzten Frist entfernt ist. Sie betrug im konkreten Fall 14 Tage (AG Saarbrücken, Az. 4 C 348/16 (04)).

Wer die Kosten für die Schimmelsanierung tragen muss, steht auf einem anderen Blatt. Für den Mangel Schimmel haften Sie nur dann, wenn er auf den Zustand des Gebäudes – etwa Risse in Wand oder Dach oder defekte Fenster – zurückzuführen ist. Haben jedoch die Mieter den Schimmel verursacht, indem sie nicht ausreichend gelüftet und/oder geheizt haben, so müssen sie auch zahlen. Im Mittelpunkt der Auseinandersetzung steht daher in aller Regel die Frage: Wer ist schuld? Oder sachlicher: Was ist die Ursache des Mangels?

Im Streitfall müssen Sie zunächst belegen, dass es keine bauliche Ursache gibt. Dafür reicht es nicht, zu dokumentieren, dass zum Zeitpunkt der Errichtung des Hauses alle anerkannten Regeln der Technik und weitere Vorschriften eingehalten wurden. Entscheidend ist der heutige Zustand des Gebäudes. Kann eine bauliche Ursache nicht ausgeschlossen werden, so gehen die Gerichte von einer solchen aus (LG Osnabrück, Az. 11 S 277/88). Gelingt Ihnen hingegen die Beweisführung, sind die Mieter an der Reihe. Sie müssen – beispielsweise, indem sie über einen längeren Zeitraum Protokoll führen – nachweisen, dass sie alles unternommen haben, um Schimmel vorzubeugen, sprich: dass sie ordnungsgemäß gelüftet haben (BGH, Az. XII ZR 71/01). Den Gerichten obliegt es dann, das Heiz- und Lüftungsverhalten zu bewerten. Täglich drei- bis viermaliges Stoßlüften hält etwa das Landgericht Frankfurt am Main auch für Berufstätige für zumutbar (LG Frankfurt/Main, Az. 2–17 S 51/14).

Und nach Auffassung des Landgerichts Landshut müssen Wohnungsmieter nach einem Fenstertausch ihr Lüftungsverhalten anpassen und mindestens zweimal am Tag querlüften (LG Landshut, Az. 15 S 339/23). Allerdings müssen Vermieter nach dem Einbau von dicht schließenden Fenstern darauf hinweisen, dass künftig erhöhter Heiz- und Lüftungsbedarf besteht (LG Gießen, Az. 1 S 199/13).

Sämtliche Urteile können nur als grobe Richtschnur dienen, denn der Lüftungsbedarf hängt vom Einzelfall ab: wie viele Menschen und Tiere in der Wohnung leben, ob es dort viele Pflanzen oder zum Beispiel Aquarien gibt.

Angesichts der Dominanz des Themas Schimmelbefall in Kombination mit Diskussionen über zumutbares Lüften gerät leicht in den Hintergrund, dass auch das Heizverhalten der Mieter erheblichen Einfluss auf den Zustand der Immobilie hat. Eine Raumtemperatur von unter 16 Grad begünstigt die Entwicklung von Schimmel. Und wenn Leitungen gar im Winter einfrieren, droht ein Rohrbruch. Der BGH hat klargestellt, dass Mieter grundsätzlich verpflichtet sind, angemessen zu heizen. Auch bei Abwesenheit. Tun sie es nicht, haften sie im Schadensfall (BGH, Az. VIII ZR 173/66).

Wir empfehlen, dass Sie Ihren Mietern bei Abschluss des Mietvertrags ein Merkblatt aushändigen – mit konkreten Handlungsvorgaben für „Richtiges Lüften, Heizen, Möbel platzieren" (siehe Seite 118). Es ist umstritten, inwiefern solche vorformulierten Blätter für Mieter bindend sind. Aber aus Eigeninteresse an einer schimmelfreien Wohnung und um in einem etwaigen künftigen Schimmelstreit gut dazustehen, werden viele Mieter solche Tipps berücksichtigen.

Lärm und andere Beeinträchtigungen von außen

Neben baulichen oder technischen Schäden im Mietobjekt können auch Beeinträchtigungen von außen die Wohnqualität so stark verringern, dass ein Mangel gegeben ist. Nicht immer liegt es überhaupt in der Macht von Vermietern, daran etwas zu ändern. Ein klassisches Streitthema aus dieser Rubrik sind Lärmbelastungen und die Frage, ob diese hinzunehmen oder als Mangel zu bewerten sind und damit zur Mietminderung berechtigen. Das müssen Gerichte immer im konkreten Einzelfall entscheiden (BGH, Az. V ZR 222/06).

Nach der Sechsten Allgemeinen Verwaltungsvorschrift zum Bundes-Immissionsschutzgesetz (Technische Anleitung zum Schutz gegen Lärm – TA Lärm) gelten gesetzliche Grenzwerte. In reinen Wohngebieten betragen sie tagsüber 40 dB(A) und nachts 30 dB(A), in allgemeinen Wohngebieten tagsüber 50 dB(A) und nachts 35 dB(A). Doch diese Werte dienen

WÄRMEBRÜCKEN SIND NICHT IMMER SACHMÄNGEL

Wärmebrücken sind Bereiche der Außenwände, welche die Wärme besser leiten als ihre Umgebung und damit schneller abkühlen. Auf der Innenseite kondensiert die Raumfeuchte schneller und begünstigt Schimmelbildung. Für Gebäude, die zwischen 1947 und 1978 errichtet wurden, gab es keine **PFLICHT ZUR WÄRMEDÄMMUNG.** Hier waren Wärmebrücken allgemein üblicher Bauzustand. Der Bundesgerichtshof entschied dazu in zwei Urteilen (BGH, Az. VIII ZR 271/17 und VIII ZR 67/18): Dass in einem solchen Haus bei unzureichender Lüftung und Heizung die Gefahr von Schimmelbildung besteht, ist nicht als Sachmangel zu bewerten. Eine Mietminderung ist daher nicht gerechtfertigt. In den zugrunde liegenden Fällen hatten sich die Mieter bei ihrem Lüftungs- und Heizverhalten auf die Erfordernisse „zeitgemäßen Wohnens" berufen. Ein Sachverständiger war zu dem Ergebnis gekommen, dass täglich zweimaliges Stoßlüften von etwa 15 Minuten oder dreimaliges Stoßlüften von 10 Minuten genügt, um den Schimmel zu vermeiden. Solches Lüften ist nicht per se unzumutbar, so der BGH. Die obersten Richter weisen auch darauf hin, dass die Häufigkeit des Lüftens nicht pauschal festgelegt sein kann, sondern sich immer aus dem Einzelfall ergibt.

Auch Baulärm vom Nachbargrundstück, den Sie gar nicht verhindern können, begründet oft eine Mietminderung.

den Gerichten nur als grobe Orientierung (BGH, Az. V ZR 246/00). Schließlich empfindet jeder Mensch Lärm unterschiedlich. Was den einen stört, ist für die andere nicht mehr als ein Hintergrundgeräusch, das sie kaum wahrnimmt. Die Beurteilung, ob Lärm ein Mangel ist, muss daher auf das Empfinden einer durchschnittlichen Person abstellen (BGH, Az. V ZR 82/91). Auch macht es einen Unterschied, wann und wie oft die Grenzwerte überschritten werden, ob die Mieter zum Zeitpunkt des Vertragsabschlusses wussten oder wissen konnten, dass mit bestimmten Lärmbeeinträchtigungen zu rechnen ist, und ob Vermieter den Lärm unterbinden können oder selbst hinnehmen müssen. Einige Beispiele aus der Rechtsprechung:

→ Wenn zum Zeitpunkt des Vertragsschlusses **BAUARBEITEN ODER ERHÖHTER VERKEHRSLÄRM** absehbar waren, zählt das nicht als Mangel (BGH, Az. VIII ZR 152/12, LG Leipzig Az. 03 O 4016/04).

→ Auch nicht vorhersehbarer **BAULÄRM AUF DEM NACHBARSCHAFTSGRUNDSTÜCK** gilt als unwesentliche Beeinträchtigung, solange die gesetzlichen Grenzwerte eingehalten werden und Vermieter den Lärm nicht verhindern können und ihn selbst entschädigungslos dulden müssen (BGH, Az. VIII ZR 31/18).

→ Mit dem Risiko, dass sich die Umgebung eines Grundstücks ändern und damit neue **GERÄUSCHEINWIRKUNGEN** entstehen können, müssen Vermieter und Mieter leben. Die bei Mietabschluss nicht vorhersehbare Einrichtung eines Bolzplatzes in der Nachbarschaft samt entsprechendem Lärm berechtigt Mieter nicht zur Mietminderung, wenn die Vermieter keine Entschädigung für diesen dauerhaften Umweltmangel erhalten können (BGH, Az. VIII ZR 197/14).

→ **VORÜBERGEHENDE BAU- UND RENOVIERUNGSARBEITEN** in der vermieteten Immobilie begründen einen Mangel. Mieter dürfen den Mietzins um 20 Prozent verringern. Bei der Höhe der Minderungsquote kommt es auf den Einzelfall an (AG Wiesbaden, Az. 93 C 2696/11 (42)).

→ **BABY- UND KLEINKINDGESCHREI** sowie Kinderlärm müssen Mitbewohner als sozialadäquates Verhalten akzeptieren (OLG Düsseldorf, 9 U 218/96).

Keines der Beispiele lässt sich verallgemeinern. Als Faustregel gilt jedoch: Wenn im Haus und damit im Ihrem Einflussbereich dauerhaft Lärm entsteht, der die gesetzlichen Werte überschreitet, müssen Sie handeln. Heizungsgeräusche unter den Höchstwerten haben Mieter hinzunehmen (AG Hannover, Az. 412 C 8478/13), deutlich vernehmbare Knack- oder Klopfgeräusche jedoch nicht (LG Hannover Az. 9 S 211/93 und LG Münster Az. 8 S 167/00).

In vielen Fällen wird der störende Lärm nicht durch Umwelteinflüsse oder Haustechnik, sondern durch die Bewohner der Nachbarwohnung verursacht. Begeisterte Musikerinnen, Party-Fans oder Besitzer von ständig bellenden Hunden sorgen auf der anderen Seite der Wand für Verärgerung. Dann entsteht zwangsläufig ein Dreiecksverhältnis zwischen den sich beklagenden Mietern, dem Vermieter und den störenden Mietern. Was bei solchen Nachbarschaftsstreitigkeiten zu beachten ist, lesen Sie ab Seite 198.

Abweichungen vom Mietvertrag

Wenn Mieter nach dem Einzug feststellen, dass die Mietsache nicht den vertraglichen Absprachen entspricht, ist das ein Mangel. Der häufigste Fall aus dieser Kategorie sind Wohnflächenabweichungen. Zum Thema wird das kaum, wenn die tatsächliche Fläche größer ist als die angegebene. Ist im Vertrag jedoch eine zu geringe Fläche benannt, so ist Streit sehr wahrscheinlich.

Dieser Aspekt ist für beide Mietparteien aus mehreren Gründen relevant: Alle Mietbegrenzungsmechanismen zielen auf die Wohnfläche pro Quadratmeter. Sowohl bei der Vereinbarung der ersten Miete als auch bei jeder Mieterhöhung setzen Vermieter und Mieter also die Kaltmiete ins Verhältnis zur Quadratmeterzahl, um die Quadratmetermiete zu ermitteln und zu beurteilen, ob die Mietpreisbremse oder die ortsübliche Vergleichsmiete eingehalten werden. Wenn im Mietvertrag eine höhere Quadratmeterzahl angegeben ist, fällt auch die Quadratmetermiete geringer aus, als wenn die tatsächlichen geringeren Quadratmeter zugrunde gelegt werden. Mieter, die das herausfinden, fühlen sich zu Recht betrogen. Hinzu kommt: Die Zahl der Quadratmeter kommt bei der Berechnung der Betriebskosten ins Spiel und entscheidet im Mehrfamilienhaus meist über den Verteilschlüssel. Ist die Fläche zu groß angegeben, zahlen die betroffenen Mieter unter Umständen weit mehr, als sie müssten, und zwar jährlich.

Über die Schwierigkeit der Flächenberechnung haben Sie ab Seite 20 viel gelesen. Dem trägt auch der Bundesgerichtshof Rechnung. In einem Grundsatzurteil hoben die Richter nicht auf die „tatsächliche Flächenabweichung" ab. Sie entschieden: Wenn die tatsächliche Wohnfläche um mehr als 10 Prozent unter der im Mietvertrag angegeben Fläche liegt, ist das grundsätzlich ein Mangel im mietrechtlichen Sinn (BGH, Az. VIII ZR 295/03). Dabei spielt es keine Rolle, ob die Fläche im Vertrag exakt oder mit „circa" oder „ca." beschrieben wurde (BGH, Az. VIII ZR 144/09). Und auch wenn der Mietvertrag eine Aufzählung der Räume mit einzelnen Quadratmeterangaben enthält, deren Summe höher ist als die tatsächliche Wohnfläche, ist das als Abweichung zu bewerten (BGH, Az. VIII ZR 138/06).

Findet sich jedoch im Mietvertrag ein einschränkender Hinweis, dass die Wohnfläche nicht zur Festlegung des Mietgegenstandes herangezogen werden soll, dann gibt es nach Auffassung des BGH keine Abweichung und somit auch keinen Mangel (BGH, Az. VIII ZR 306/09).

Eine nachgewiesene Flächenabweichung kann für beide Vertragspartner erhebliche finanzielle Folgen haben: Die Mieter dürfen die Miete pro fehlendem Quadratmeter anteilig mindern (siehe Seite 78) und zu viel gezahlte Miete für das laufende Kalenderjahr und die drei Jahre davor zurückfordern. Das geht auch Jahre nach dem Einzug. Außerdem müssen die Betriebskostenabrechnungen korrigiert, die Vorauszahlungen angepasst und die Betriebskosten künftig nach der tatsächlichen Wohnfläche abgerechnet werden (BGH, Az. VIII ZR 220/17). Die Mieter dürfen eine anteilige Rückerstattung der Mietkaution verlangen (BGH, Az. VIII ZR 347/04). Künftige Mieterhöhungen darf der Vermieter nur auf Grundlage der tatsächlichen Wohnfläche berechnen.

Allerdings: Eine Mieterhöhung kann unter Umständen auch wirksam sein, wenn Vermieter sie irrtümlich mit einer zu großen Wohnfläche begründet haben. Laut Bundesgerichtshof gilt sie, wenn Mieter zugestimmt hatten und

VERTRAG UND REALITÄT MÜSSEN ÜBEREINSTIMMEN

Wie bei der Flächenabweichung gilt auch bei anderen Merkmalen der vermieteten Immobilie: Wenn der **IST-ZUSTAND** von dem im Vertrag vereinbarten **SOLL-ZUSTAND** abweicht, ist das ein Mangel. Wurde etwa eine Einbauküche zugesichert und fehlt diese beim Einzug, so darf der Mieter die Miete mindern, und zwar sogar um 100 Prozent (LG Itzehoe, Az. 1 S 397/96). Das Landgericht Dresden hingegen hält eine Minderung um 20 Prozent für zulässig (Landgericht Dresden, Az. 15 S 603/97).

die Vermieter die neue Miete auch auf Basis der tatsächlichen Fläche hätten fordern können (BGH, Az. VIII ZR 234/18).

Die Vielzahl und Detailtiefe der höchstrichterlichen Entscheidungen dokumentiert: Vermieter haben in der Regel schlechte Karten, wenn Mieter nachmessen und eine Flächenabweichung erkennen. Es ist daher ratsam, Angaben eines Vor-Eigentümers oder einer Baufirma nicht einfach ungeprüft zu übernehmen, sondern vor der Vermietung die Wohnfläche von Profis berechnen zu lassen. Und dann natürlich auch im Mietvertrag die Berechnungsmethode zu benennen. Nach Anbauten, Wohnraumerweiterungen oder anderen baulichen Veränderungen heißt es grundsätzlich: Nachmessen und neu berechnen (lassen).

Mieterrechte

Wenn Sie als Vermieter die Frist, die Mieter zur Mängelbeseitigung gesetzt hatten, ungenutzt verstreichen lassen, stehen den Mietern zahlreiche Rechte zu.

Zum einen dürfen sie selbst einen Handwerksbetrieb mit der Reparatur beauftragen. Die Kosten dafür verauslagen die Mieter zunächst und stellen sie Ihnen später in Rechnung. „Ersatzvornahme" nennen Juristen diese Vorgehensweise. Begleichen Sie den Betrag nicht, können die Mieter nach vorheriger Ankündigung die Summe mit der übernächsten Monatsmiete verrechnen.

Zum anderen haben die Mieter unter Umständen das Recht, eine niedrigere Miete zu überweisen. Das dürfen sie allerdings nur bei einem erheblichen Mangel, der die Nutzung der Wohnung deutlich beeinträchtigt. Berechnungsgrundlage ist dabei immer die Bruttomiete (Warmmiete).

Eine Mietminderung ist auch möglich, wenn der Mangel unter eine Kleinreparaturklausel fällt. Voraussetzung für die Mietminderung ist die vorherige Mängelanzeige samt Fristsetzung zur Beseitigung. Und: Die Mieter sind in der Beweispflicht. Sie müssen den Mangel und das Ausmaß der Beeinträchtigung belegen. Bei Schimmelbefall beispielsweise haben die Mieter anhand von Fotos oder Videos den Befall zu dokumentieren. Ihr Heiz- und Lüftungsverhalten müssen sie über einen längeren Zeitraum protokollieren.

Mit welcher Mietminderung Sie bei welchem Mangel rechnen müssen, lässt sich kaum vorhersagen. In der Tabelle auf Seite 177 finden Sie eine grobe Orientierungshilfe.

Für Vermieter ist eine Mietminderung ein empfindlicher Einnahmenverlust. Aber auch für Mieter birgt dieser Schritt Risiken: Durch eine unberechtigte oder eine zu hohe Mietminderung geraten sie in Zahlungsverzug. Summiert sich dieser auf zwei Monatsmieten, dürfen Sie kündigen (siehe Seite 206). Darauf wollen es viele Mieter nicht ankommen lassen. Sie erklären die Zahlung unter Vorbehalt. Das sichert ihnen die Möglichkeit, die Mietminderung nachzuholen, etwa wenn ein Gutachten ergeben hat, dass der bemängelte Schimmelbefall maßgeblich durch einen Riss im Mauerwerk und eindringende Feuchte verursacht wurde. Nach der Mängelbeseitigung können die Mieter rückwirkend für den gesamten Zeitraum ab der Mängelanzeige einen Minderungsbetrag einfordern. Wenn der Vermieter nicht zahlt, können Mieter den Klageweg beschreiten.

EINVERNEHMLICHES VORGEHEN HILFT ALLEN

Als Eigentümer haben Sie nicht nur mit Blick auf die Bausubstanz und den Werterhalt der Immobilie einen Nutzen davon, dass Mängel schnell beseitigt werden. Zugleich ist es Teil eines fairen Miteinanders mit den Mietern, sich um deren Belange zu kümmern. Das berechtigte Interesse der Mieter ist, die Immobilie in dem Umfang zu nutzen, für den sie regelmäßig Miete zahlen. Streit entsteht in aller Regel nicht darüber, dass eine Reparatur notwendig ist. Vielmehr ist der Knackpunkt, welche Kosten entstehen und wer sie begleicht. Hilfreich ist, sich darüber zu verständigen, sobald die Mängelanzeige auf dem Tisch liegt.

Wenn Sie feststellen, dass die Rüge der Mieter berechtigt ist, können Sie das beispielsweise schriftlich bestätigen und einen Termin zur Mängelbeseitigung nennen. Nicht immer wird es möglich sein, Handwerksbetriebe in der von Mietern genannten Frist zu beauftragen. Indem Sie einen Termin benennen, dokumen-

URTEILE ZU MIETMINDERUNGEN

Gerichte berücksichtigen neben der Art des Schadens immer auch das Ausmaß und die Dauer der Beeinträchtigung. Im Ergebnis halten die Gerichte zwischen 0 Prozent und 100 Prozent Mietminderung für angemessen.

Höhe der Mietminderung	Mangel	Gericht	Aktenzeichen
100 %	vertraglich vereinbarte Einbauküche fehlt	LG Itzehoe	1 S 397/96
85 %	Ausfall Gasversorgung (Heizung, Wasser, Kochen) in den Wintermonaten	AG Nürnberg	16 C 127/16
80 %	Rattenbefall und zweiwöchige Schädlingsbekämpfung	AG Dülmen	3 C 128/12
80 %	zwei Trocknungsgeräte sowie Wegrücken von Möbeln von der Wand wegen Schimmelbefall nach Wasserschaden	LG Köln	1 S 176/11
70 %	Ausfall Heizung von Oktober bis Dezember	AG Charlottenburg	216 C 7/13
50 %	Toilettenverstopfung	AG Hannover	559 C 3475/08
30 %	Schadstoffbelastung durch Parkettkleber, die nicht weggelüftet werden kann	BGH	VIII ZR 411/12
30 %	Gesundheitsgefährdung, Beeinträchtigung durch Lärm und Geruch aufgrund von Tauben vor Wohnraumfenster	AG Pforzheim	2 C 160/98
30 %	Schimmelbefall, Risse in der Wand	LG Hamburg	307 S 48/02
25 %	Raumtemperatur erreicht nur 15 °C	AG Berlin-Neukölln	10 C 557/84
25 %	Mottenbefall in Wohnräumen	AG Bremen	25 C 118/01
22 %	Großbaustelle in Innenstadtlage mit Baulärm, teils auch nachts	LG Frankfurt	2–17 S 113/06
20 %	unbenutzbarer Keller im Einfamilienhaus	OLG Brandenburg	12 U 78/07
20 %	Fahrstuhl für Mieter im 10. Obergeschoss 16 Tage lang ausgefallen	AG Berlin-Mitte	10 C 24/07
15 %	Verdunkelung der Räume und verminderte Lüftungsmöglichkeit durch Plastikfolien an den Fenstern	AG Mainz	10 C 49/96
10 %	Geruchsbelästigung durch defekten Küchenabfluss	LG Berlin	67 S 342/17
10 %	Baugerüst vier Monate lang vor Fenstern	BGH	VIII ZR 181/12
10 %	Bremsgeräusche des Aufzugs	LG Berlin	67 S 241/08
5 %	Übergabe von zu wenig Schlüsseln	LG Bonn	6 S 90/09
0 %	Unterbrechung der Stromlieferung (Ausbau der Zähler) durch den Stromversorger wegen Zahlungsrückstand des Mieters	BGH	VIII ZR 113/10

Ist der Aufzug defekt, darf der Mieter unter Umständen eine reduzierte Miete zahlen. Es liegt also im Interesse von vermietenden Eigentümern, in der WEG auf eine schnelle Behebung des Mangels hinzuwirken.

tieren Sie jedoch, dass Sie sich kümmern. Zugleich können Sie Ihrerseits eine Mietminderung bis zur Mängelbehebung vorschlagen und so zeigen, dass Sie die Bedürfnisse der Mieter ernst nehmen.

Manche Mieter werden lieber auf einen solchen Vorschlag eingehen, selbst wenn die Mietminderung nicht allzu hoch ist, als dass sie sich selbst mühsam über rechtliche Möglichkeiten informieren.

Je komplexer die Mängel und je höher die zu befürchtenden Kosten für ihre Beseitigung sind, umso schwieriger wird sich eine einvernehmliche Herangehensweise gestalten. Unmöglich ist sie jedoch nicht.

BEISPIEL SCHIMMELBEFALL: Klagt einer der Beteiligten vor Gericht – der Mieter auf Mängelbeseitigung oder der Vermieter auf Zahlung der ungekürzten Miete –, so bestellt das Gericht üblicherweise einen Bausachverständigen zur Klärung der Mangelursache. Kommt dieser zu dem Ergebnis, dass Feuchtigkeit und Schimmel baulich bedingt sind, muss der Vermieter den Mangel beseitigen und sämtliche Kosten dafür tragen. Der Mieter ist berechtigt, bis zur Mangelbeseitigung die Miete zu mindern. Über die Höhe der Minderung entscheidet das Gericht. Liegt umgekehrt der Mangel in falschem Heiz- und Lüftungsverhalten, muss der Mieter für die Beseitigung des Schadens aufkommen, ungekürzte Miete zahlen und bereits getätigte Minderungen nachzahlen. In aller Regel muss er auch die Prozess- und Sachverständigenkosten tragen.

Unterm Strich können sich das Gerichtsverfahren, die Begutachtung der Ursache und die Maßnahmen zur Mangelbeseitigung erheblich summieren. Und das Verfahren kostet Zeit, in der die eine oder andere Seite teils hohe Beträge vorzustrecken hat und die Mieter in einer Wohnung mit Feuchte und Schimmel leben müssen. Das lässt sich vermeiden, indem sich die Beteiligten im Frühstadium der Auseinandersetzung – also vor dem Gang zum Gericht – einigen, einen unabhängigen Sachverständigen mit einem Gutachten zu beauftragen, dessen Feststellungen dann für beide verbindlich sind. Zu klären ist ebenfalls, in welchem Verhältnis Mieter und Vermieter die Kosten aufteilen, falls der Sachverständige einen Vorschuss verlangt. Des Weiteren sollte für das Gesamthonorar eine Vereinbarung getroffen werden. Sie kann sich – wie im Falle eines Gerichtsverfahrens – nach dem Ergebnis des Gutachtens richten. Wer unterliegt, zahlt. Findet der Sachverständige eine Kombination von mehreren Ursachen aus beiden Verantwortungsbereichen, lässt sich das durch eine Quotenregelung abbilden. Darüber hinaus können sich beide Seiten verständigen, dass die Mieter ihre Zahlung nicht kürzen, sondern unter Vorbehalt leisten.

Ähnlich lässt sich vorgehen, wenn es um eine Wohnflächenberechnung geht. Denn auch da muss in aller Regel ein Gutachter ran. Nach demselben Schema wie beim Schimmelbefall lassen sich durch die Beauftragung eines privaten Gutachtens Kosten sparen und Abläufe beschleunigen. Eine Vereinbarung zur Kostentragung erfordert dabei Fingerspitzengefühl. Denn rechtlich gilt: Mieter haben nur dann einen Minderungsanspruch, wenn die Abweichung bei der Wohnfläche mehr als 10 Prozent beträgt. Diese Logik kann man natürlich auf die Kostenfrage übertragen. Denkbar ist jedoch auch, die tatsächliche Flächenabweichung zum Maßstab zu machen.

EIN BEISPIEL: Wenn der Mieter 12 Quadratmeter Differenz bemängelt, der Gutachter jedoch nur 6 Quadratmeter bestätigt, zahlen Vermieter und Mieter den Gutachter hälftig. Auch für eine Mietminderung beziehungsweise Rückforderung gilt dann der vom Gutachter ermittelte Flächenunterschied.

Mängel am Gemeinschaftseigentum einer WEG

In einer vermieteten Eigentumswohnung beruht manch ein Mangel auf Schäden am Gemeinschaftseigentum. In solchen Fällen entsteht ein komplexes Dreiecksverhältnis zwischen dem Mieter, seinem Vermieter und der Eigentümergemeinschaft.

Ein klassisches Beispiel sind Feuchteschäden: Das Dach des Gebäudes – also Gemeinschaftseigentum – ist undicht, sodass in den Wohnräumen – dem Sondereigentum – Feuchteschäden und in der Folge Schimmel entstehen. Oder: Der Aufzug – Teil des Gemeinschaftseigentums und zugleich der Mietsache – funktioniert nicht. Die Mieter haben in solchen Fällen immer ausschließlich gegenüber ihrem Vermieter den Anspruch, dass der den Mangel beseitigt. Zwischen dem Mieter und den (übrigen) Wohnungseigentümern besteht kein schuldrechtliches Verhältnis. Mieter können weder gegenüber der Gemeinschaft noch gegenüber einzelnen Eigentümern vertragsrechtliche Ansprüche geltend machen. Der Vermieter ist gegenüber seinem Mieter in der Pflicht, darf jedoch nicht im Alleingang tätig werden.

Wenn es ums Gemeinschaftseigentum geht, ist immer die Gemeinschaft aller Eigentümer zuständig. Einzige Ausnahme von dieser Regel sind Notfälle – etwa ein Wasserrohrbruch –, die sofortiges Handeln erfordern. Juristen sprechen dann von der Notgeschäftsführung eines einzelnen Eigentümers nach § 18 Abs. 3 WEG. Grundsätzlich hat jeder Wohnungseigentümer gegenüber der Gemeinschaft einen Anspruch auf ordnungsgemäße Instandhaltung und Instandsetzung (Erhaltung). Das ist im Wohnungseigentumsgesetz festgeschrieben (§ 19 Abs. 2 Nr. 2 WEG). Den gilt es im Falle einer Mängelrüge durch Mieter möglichst rasch umzusetzen. Dazu müssen Sie in der Eigentümerversammlung einen Beschluss zur Beseitigung des Schadens am Dach oder am Fahrstuhl herbeiführen. Je nach Tagungsrhythmus in der WEG kann das mehrere Monate dauern. In der Zwischenzeit dürfen Mieter ihre Mietzahlung mindern. Das oben geschilderte Recht auf Ersatzvornahme haben sie aber in dieser Konstellation nicht.

→ Wenn es ums Gemeinschaftseigentum geht, ist immer die Gemeinschaft aller Eigentümer zuständig. Einzige Ausnahme von dieser Regel sind Notfälle.

Für Sie ist ein Mangel am Gemeinschaftseigentum äußerst ärgerlich, vor allem, wenn die Gemeinschaft nicht tätig wird. Dann bleibt Ihnen nur, Ihren Anspruch auf Instandsetzung einzuklagen und im Extremfall Schadenersatz von der Gemeinschaft für die entgangene Miete zu verlangen. Eine solche Eskalation ist allerdings weder der Sache noch dem Miteinander im Haus dienlich und sollte möglichst vermieden werden. Gelingen kann das unter Umständen mithilfe von Verbündeten, die das Anliegen in der Gemeinschaft (mit) vorantreiben. Empfehlenswert ist daher, dass betroffene Eigentümer schnellstmöglich einen Ortstermin mit der Verwaltung und einem eventuell vorhandenen Beirat organisieren.

→ **Zugang zur Wohnung:** Schlüsselfragen sind ein weiteres Konfliktthema. Wie ist mit den Schlüsseln zur vermieteten Immobilie zu verfahren? Wer haftet bei Verlust? Wann haben Sie das Recht, die Räume zu betreten?

WAS ERFAHRE ICH?

Mit Beginn des Mietverhältnisses geht der Besitz des Mietobjekts vom Vermieter auf die Mieter über. Sie bekommen Zugang zur Wohnung oder dem Haus und allen Bereichen, die zur alleinigen und teilweisen Nutzung vermietet sind. Teil der Wohnungsübergabe ist, dass Sie den Mietern sämtliche dafür notwendigen Schlüssel überreichen.

Kritisch wird es, wenn im Laufe des Mietverhältnisses mal ein Schlüssel verloren geht – das kommt gar nicht so selten vor. In einem Mehrfamilienhaus kann es dann aus Sicherheitsgründen notwendig sein, nicht nur die Schlösser der betroffenen Mieteinheit, sondern gleich die gesamte Schließanlage mit den Schlössern in sämtlichen Einheiten auszuwechseln. Das kann teuer werden. Die Frage, wer die Kosten trägt, birgt Konfliktpotenzial. Auch am Nachmachen von Schlüsseln kann sich Streit entzünden. Und auch hier gilt: Die Rechtsprechung ist uneinheitlich und kaum übertragbar.

Schlüsselübergabe

Sie müssen Ihren Mietern beim Einzug Schlüssel für Haus- und Wohnungstür, für Nebenzimmer wie Keller oder Dachboden sowie für den Briefkasten aushändigen. Wie viele Exemplare es sein müssen, hängt davon ab, wie viele Menschen in die Wohnung oder das Haus einziehen werden.

Natürlich müssen alle, die den Mietvertrag mit unterschrieben haben, einen Schlüssel bekommen. Anspruch auf einen eigenen Schlüssel haben aber auch Lebenspartner, größere Kinder oder Großeltern, die in der Wohnung leben und nicht im Vertrag stehen. Alleinstehende Mieter können zwei Schlüssel verlangen, um einer Vertrauensperson im Urlaub den Zugang zu ermöglichen, so das Amtsgericht Berlin-Schöneberg (AG Berlin-Schöneberg, Az. 103 C 406/90). Die Kosten für diese Grundausstattung an Schlüsseln tragen Sie. Je nachdem, wie Mieter ihr Leben organisieren, benötigen sie zusätzliche Schlüssel etwa für eine Reinigungskraft oder eine Tagesmutter. Dann dürfen sie weitere Schlüssel verlangen, auch wenn der Bedarf erst im Laufe des Mietverhältnisses entsteht (AG Karlsruhe, Az. 12 C 319/95; AG Berlin-Wedding, Az. 2 C 332/85). Die Kosten für nachträgliche zusätzliche Schlüssel haben die Mieter zu tragen. Sie können es den Mietern überlassen, sich selbst um die Nachfertigung zu kümmern. Bei vielen Sicherheitsschlüsseln ist dafür eine zugehörige Berechtigungskarte notwendig. Falls Sie die nicht aus der Hand geben wollen, übernehmen Sie das Nachmachen auf Kosten der Mieter.

Höchst problematisch ist, als Vermieter selbst einen Schlüssel für alle Fälle zu behalten. Das dürfen Sie nur, wenn die Mieter einverstanden sind. In Abwesenheit der Mieter dürfen Sie die Wohnung nur in Notfällen oder mit Erlaubnis der Bewohner betreten (siehe Seite 110).

Sinnvoll kann eine solche Regelung sein, wenn Sie beispielsweise im selben Haus leben und in Urlaubszeiten das Blumengießen übernehmen. Doch selbst dann werden die meisten Mieter lieber einen anderen Nachbarn beauftragen und ihre Privatsphäre gegenüber dem Vermieter wahren wollen. Wenn Sie ohne Einverständnis der Mieter einen Schlüssel behalten und ihn nicht herausgeben, dürfen die Mieter das Wohnungstürschloss auf Ihre Kosten auswechseln lassen (AG Köln, Az. 217 C 483/93).

UNSER TIPP

Gibt es in einem Mehrfamilienhaus eine Zentralschlossanlage, bei der im Fall eines Schlüsselverlusts ein sehr hoher Schaden entsteht, empfiehlt es sich, die Mieter beim Einzug auf dieses Risiko hinzuweisen. Es ist zudem ratsam, ihnen mitzuteilen, wenn eine Schließanlage nicht erweiterbar ist. Sie haben dann die Möglichkeit, eine vergleichsweise günstige **SCHLÜSSELVERSICHERUNG** abzuschließen.

Wenn Sie die Mieter nicht informieren, riskieren Sie, im Verlustfall einen Teil der Austauschkosten für die Schließanlage selbst zahlen zu müssen. So hat zumindest das Landgericht München entschieden (LG München, Az. 31 S 12365/19).

Haftung bei Schlüsselverlust

Auf die übergebenen Schlüssel aufzupassen und Schäden zu vermeiden, gehört zu den Obhutspflichten der Mieter. Sollte ein Schlüssel verloren gehen, so sind sie verpflichtet, Sie umgehend zu informieren. Sie entscheiden, ob Sie einen Schlüssel nachmachen, ein einzelnes Schloss oder gar die gesamte Schließanlage eines Mehrfamilienhauses erneuern lassen. Das kann teuer werden. Für die Kosten müssen die Mieter aufkommen – wenn sie den Schlüsselverlust verschuldet haben. Einem Urteil des Amtsgerichts Hohenschönhausen zufolge haften Mieter beispielsweise, wenn sie eine Tasche samt Schlüssel im Auto liegen lassen und der Wagen aufgebrochen wird (AG Hohenschönhausen, Az. 5 C 348/03).

Keine Schuld trifft Mieter hingegen, wenn ihnen die Tasche samt Schlüssel auf der Straße gewaltsam entrissen wurde. Eine Klausel in einem vorformulierten Mietvertrag, wonach Mieter auch ohne Schuld die Folgekosten zu tragen haben, ist unwirksam (LG Hamburg, Az. 316 S 55/98). Für den Austausch einer kompletten Schließanlage können Vermieter übrigens nur dann Schadenersatz von den Mietern verlangen, wenn die konkrete Gefahr besteht, dass der Schlüssel von Findern oder Entwendern missbraucht wird, so eine Grundsatzentscheidung des BGH (BGH, Az. VIII ZR 205/13). Das ist beispielsweise nicht der Fall, wenn der Schlüssel nachweislich auf hoher See vom Boot fällt und unauffindbar auf dem Meeresgrund liegt.

Zutrittsrechte der Vermieter

Ein gesetzliches Zutritts- oder Besichtigungsrecht haben Vermieter nicht (BGH, Az. VIII ZR 289/13). Generell gilt: Sie dürfen die Wohnung ohne Zustimmung der Mieter nur in absoluten Notfällen wie bei Wohnungsbränden

Um im Notfall schnell handeln zu können, ist es wichtig, zu wissen, wer einen Wohnungsschlüssel besitzt.

oder Rohrbrüchen betreten. Verschaffen Sie sich ohne Erlaubnis der Bewohner und ohne Not Zutritt, ist das Hausfriedensbruch. Die Mieter können Strafanzeige bei der Polizei erstatten und zudem die Wohnung fristlos kündigen (LG Berlin, Az. 64 S 305/98). Es gibt jedoch diverse Anlässe im Mietverhältnis, die es erfordern, dass Eigentümer die Immobilie betreten.

FÜR NOTFÄLLE VORSORGEN

Es kann passieren, dass in Abwesenheit der Mieter ein Notfall eintritt. Wenn es in der darüber liegenden Wohnung zu einem großen Wasserschaden kommt, ist es im Interesse von Eigentümern und Mieter gleichermaßen, dass der Schaden schnell begrenzt wird. Für solche Fälle ist es wichtig, zu wissen, wer den Schlüssel hat. In begründeten Notfällen muss diese Person dem Vermieter auf Verlangen Zutritt zur Wohnung gewähren können. Am besten sprechen Sie dieses Thema beim Einzug an und lassen sich Namen und Kontaktdaten der Vertrauensperson Ihrer Mieter geben. Informieren Mieter ihren Vermieter nicht, müssen sie möglicherweise Schadenersatz leisten, wenn es während der Abwesenheit zu einem Schaden in der Wohnung kommt (BGH, Az. VIII ZR 164/70).

TERMINE FÜR BESICHTIGUNGEN

Eine Klausel im Mietvertrag, die Ihnen eine jederzeitige Besichtigung ohne konkreten Anlass gestattet, ist unwirksam. Vermieter sind auch nicht pauschal berechtigt, Zutritt zu verlangen, um nach dem Rechten sehen zu wollen. Sie haben kein regelmäßiges anlassloses Besichtigungsrecht, insbesondere nicht unter Berufung auf ihre Instandhaltungspflichten. Denn es ist Sache der Mieter, eventuelle Mängel anzuzeigen (BGH, Az. VIII ZR 289/13).

Sie dürfen jedoch Einlass verlangen, wenn Sie einen konkreten und berechtigten Grund haben. Das gilt zum Beispiel bei der anstehenden Ablesung der Messgeräte (Heizung, Strom, Wasser, Gas), bei notwendigen Reparaturmaßnahmen, zur Erforschung von Schadensursachen, aber auch dann, wenn Sie Kaufinteressenten oder möglichen Nachmietern die Wohnung zeigen wollen. Dafür müssen Sie jedoch rechtzeitig einen Termin mit den Mietern vereinbaren (BGH, Az. VIII ZR 289/13). Mehr dazu lesen Sie ab Seite 67.

MUSTER: ANSCHREIBEN ANKÜNDIGUNG EINER BESICHTIGUNG

Ankündigung einer Besichtigung für Mietobjekt:

Sehr geehrte/r (Mieter/in),
gerne möchte/n ich/wir mit Ihnen einen Besichtigungstermin des vorbezeichneten Mietobjekts vereinbaren. Das Mietobjekt ist zum Besichtigungstermin zugänglich zu machen. Selbstverständlich können Sie oder eine von Ihnen beauftragte Vertrauensperson beim Termin anwesend sein.

Die Besichtigung soll aus folgenden Gründen stattfinden:

☐ Ablesung der Wasser-/Strom-/Gaszähler

☐ Besichtigung im Rahmen einer Neuvermietung/eines Verkaufs des Mietobjekts

☐ Geplante Modernisierungs-/Instandhaltungsmaßnahmen (genau beschreiben):

....

....

☐ Vermessung des Mietobjekts

☐ Behebung von (drohenden) Schäden (genau beschreiben):

....

....

☐ Kontrolle von vorgenommenen Reparaturen an:

....

....

☐ Begründeter Verdacht, dass das Mietobjekt nicht vertragsgemäß genutzt wird.

☐ Sonstiger Grund: ....

Bei der Besichtigung werden die folgenden Personen anwesend sein:

....

....

Die Besichtigung wird voraussichtlich nicht länger als .... Minuten in Anspruch nehmen.
Meine/Unsere Terminvorschläge sind: ...., den .... , ... Uhr;
......................, den .... , ... Uhr;
......................, den .... , ... Uhr.

Bitte bestätigen Sie mir/uns einen der oben genannten Termine bis zum ....
Falls Sie keinen der vorgeschlagenen Termine wahrnehmen können, bitte/n ich/wir Sie, umgehend mindestens drei Alternativtermine vorzuschlagen, gerne per E-Mail oder telefonisch.

Mit freundlichen Grüßen

....
Ort, Datum Unterschrift des Vermieters

→ **Untermiete:** Sie haben Ihre Mieter sorgsam ausgewählt und ihnen Ihr Eigentum anvertraut. Vielleicht sind Sie nicht glücklich, wenn Dauerbesuch oder ein Untermieter mit einzieht. Oft müssen Sie das jedoch dulden.

WAS ERFAHRE ICH?

Mieter dürfen grundsätzlich zu jeder Tages- und Nachtzeit Besuch in ihre Wohnung lassen. Darüber müssen sie Sie weder informieren noch eine Erlaubnis einholen. Kommen zum Beispiel Freunde oder Verwandte aus Übersee zu Besuch, darf der Besuch auch länger dauern. Doch irgendwann endet die erlaubnisfreie Besuchszeit, und die dauerhafte Aufnahme einer Person beginnt. Dafür benötigen Mieter in den meisten Fällen Ihre Erlaubnis, und zwar nicht nur dann, wenn die Mieter vom neuen Mitbewohner eine Untermiete erhalten.

Einzug von Verwandten

Enge Familienangehörige können Mieter dauerhaft in ihre Wohnung aufnehmen, auch ohne Ihre Erlaubnis. Sie müssen allerdings die Aufnahme anzeigen. Zu den engen Familienangehörigen gehören Ehepartner, Lebenspartner nach dem Lebenspartnerschaftsgesetz, gemeinsame Kinder, Adoptiv- und Stiefkinder. Geschwister zählen hingegen nicht als enge Familienangehörige. Und bei den Eltern kommt es der Rechtsprechung des bayerischen Oberlandesgerichts zufolge auf die konkreten Umstände wie Art und Größe der Wohnung, Belegung und Eignung für die Aufnahme weiterer Personen an (BayObLG RE-Miet 2/96). Allerdings dürfen die Mieter den Verwandten nicht die gesamte Wohnung zur alleinigen Nutzung zur Verfügung stellen. Und: Wenn mit der zusätzlichen Person mehr Personen in der Wohnung leben würden, als es das Landesrecht für diese Fläche erlaubt, also eine Überbelegung entsteht, dürfen die Mieter auch keine engen Familienangehörigen einziehen lassen (siehe Seite 16).

Unverheiratete Partner gelten per Gesetz als „Dritte". Das bedeutet: Ihre Aufnahme in die Wohnung bedarf der Zustimmung des Vermieters (§ 540 BGB). Er darf sie jedoch in der Regel nicht verweigern, denn der Mieter hat ein berechtigtes Interesse, eine Lebensgemeinschaft zu begründen. Das hat der BGH entschieden (VIII ZR 371/02).

Wenn der Besuch länger bleibt

Weniger nahe Verwandte, Freunde oder Bekannte gelten nicht als Untermieter, wenn sie keine Untermiete an die Mieter entrichten. Sie können jederzeit, beliebig oft und auch über Nacht zu Besuch kommen. Nur ein Daueraufenthalt darf daraus nicht ohne Ihre Einwilligung werden. Schwierig ist jedoch die Abgrenzung. Wann aus einem Besucher ein dauerhafter Mitbewohner wird, steht nicht im Gesetz. Bei drei Monaten sei die normale Besuchsdauer überschritten, fand das Amtsgericht Frankfurt-Höchst (AG Frankfurt-Höchst, Az. Hö 3 C 5170/94). Die Fachliteratur geht in der Regel von vier bis sechs Wochen aus. Steht der Name des „Besuchers" auf dem Klingelschild oder hat er sich sogar schon umgemeldet, können das Anhaltspunkte für eine dauerhafte Nutzung der Wohnung sein. Das gilt auch, wenn der „Besuch" dem Mieter Geld für die Nutzung der Wohnung gibt. Besuchern für die Besuchszeit einen Wohnungsschlüssel zu geben, reicht als Indiz für ein dauerhaftes Bewohnen allerdings nicht aus.

Ist eine Person rechtlich dauerhaft ohne Ihr Okay eingezogen, können Sie den Mietvertrag kündigen (BayObLG, Az. RE-Miet 3/94). Das gilt sogar bei der Aufnahme des nicht ehelichen Lebensgefährten des Mieters ohne Erlaubnis (LG Berlin, Az. 65 S 219/17). Dieser Fall ist besonders bitter für den Mieter, denn der Aufnahme eines nicht ehelichen Partners muss der Vermieter auf Anfrage in der Regel die Erlaubnis erteilen, so der Bundesgerichtshof (BGH, Az. VIII ZR 371/02).

Sie müssen den Einzug nämlich immer dann erlauben, wenn der Mieter ein berechtigtes Interesse daran hat, dass der neue Partner die Wohnung mitbenutzt, und Sie keine guten Argumente dagegen haben. Mehr dazu lesen Sie auf Seite 156.

Die Wohnung untervermieten

Wollen Mieter ihre Wohnung oder einen Teil davon gegen Entgelt einer weiteren Person überlassen, handelt es sich rechtlich um eine Untervermietung. Dafür brauchen sie immer Ihre Zustimmung (§ 540 BGB).

Manchmal findet sich zur Untervermietung eine Klausel im Mietvertrag. In allen anderen Fällen sind die Mieter verpflichtet, vor der Untervermietung auf Sie zuzukommen. Ob Sie Ihre Erlaubnis geben müssen oder Nein sagen dürfen, hängt von diversen Faktoren ab.

Einer dauerhaften Untervermietung der gesamten Wohnung müssen Sie nicht zustimmen. Manche Mieter sind jedoch erfinderisch. Bei sehr günstigen Wohnungen, die sie teuer weitervermieten können, halten sie zum Schein das Hauptmietverhältnis aufrecht. Tatsächlich aber vermieten sie die Wohnung gegen Aufpreis unter. Kommt das heraus, droht die Kündigung.

Wenn es nur um die Untervermietung von einzelnen Räumen geht, sieht es anders ist. Dann können Mieter von Ihnen die Erlaubnis verlangen, solange sie ein „berechtigtes Interesse" haben (§ 553 BGB). Das sollten sie zusammen mit dem Untermietverlangen und den Angaben zur Person des künftigen Mitbewohners (Name, Geburtsdatum und -ort und Beruf des Bewerbers) erläutern und auch begründen, warum die Untervermietung erst nach dem Einzug notwendig wurde. Aus Beweisgründen sollten Sie darauf hinwirken, dass dies mindestens in Textform geschieht.

BERECHTIGTES INTERESSE AN UNTERVERMIETUNG

EIN TYPISCHER FALL: Bei einem Mieter haben sich nach einer Trennung oder durch einen Jobwechsel die Einkommensverhältnisse verändert und er will durch die Untervermietung die Wohnkosten reduzieren. Wenn ein Bewohner verstirbt oder eine Mitmieterin auszieht, ist die Situation ähnlich. Auch bei der Aufnahme einer Pflegeperson oder persönlichen Gründen – wie etwa die Angst einer älteren Mieterin vor dem Alleinleben – kann ein berechtigtes Interesse vorliegen. In all diesen Fällen kommen Sie kaum umhin, die Untervermietung zu genehmigen.

Es steht Ihnen jedoch frei, über Alternativen nachzudenken und diese mit Ihrem Mieter zu besprechen. Vor allem bei wirtschaftlichen Beweggründen gibt es unter Umständen Spielraum. Die finanzielle Belastung für den Mieter lässt sich beispielsweise senken, indem er einen Teil der Miete mit Hausmeisterdiensten oder anderen geldwerten Dienstleistungen erbringt und Sie im Gegenzug die Miete verringern. Eine solche Vereinbarung muss aber rechtssicher gestaltet werden und **VERSICHERUNGSRECHTLICHE SOWIE STEUERLICHE ASPEKTE** berücksichtigen. Hierzu sollten Sie fachliche Beratung suchen.

Die Abgrenzung zwischen langen Besuchen, Untervermietung und Vermietung an Feriengäste ist oft nicht ganz einfach.

SONDERFALL AUSLANDSAUFENTHALT

Es ist durchaus zulässig, für die Zeit eines Auslandsaufenthalts etwa die gesamte Wohnung weiterzuvermieten. Es kommt darauf an, dass der Hauptmieter Hausrat und einige persönliche Gegenstände darin belässt und die Wohnung so zu einem kleinen Teil doch noch auch während der Untermiete weiternutzt (BGH, Az. VIII ZR 349/13).

Auch bei einer Einzimmerwohnung kann der Hauptmieter einen Anspruch darauf haben, dass der Vermieter die vorübergehende Untervermietung genehmigt. Dafür reicht es aus, wenn der Hauptmieter beispielsweise einen Schlüssel behält und Möbel, Kleidung oder Hausrat in der Wohnung lässt. Der Mieter habe dann den Gewahrsam an der Wohnung nicht vollständig aufgegeben, sagt der Bundesgerichtshof. Es sei demnach kein Grund erkennbar, warum Mieter einer Einzimmerwohnung nicht auch das Recht haben sollen, Ihre Wohnung für die Dauer eines Auslandsaufenthalts weiterzuvermieten (BGH, Az. VIII ZR 109/22).

MIETZUSCHLAG BEI UNTERMIETE

Das Gesetz erlaubt, dass Sie für die Zeit der Untermiete eine angemessene Erhöhung der Miete vornehmen. Dafür müssen jedoch bestimmte Kriterien erfüllt sein. Es ist nach Ansicht einiger Gerichte beispielsweise dann möglich, wenn

- → nach der Untervermietung mehr Personen in der Wohnung leben als vorher.
  BEISPIEL: Zwei Mieter wollen ein Zimmer an eine weitere Person untervermieten.
- → der Hauptmieter mit der Untervermietung Gewinn machen will.
  BEISPIEL: Ein Mieter will ein Zimmer untervermieten und verlangt vom Untermieter 450 Euro. Er selbst zahlte an den Vermieter für die gesamte Wohnung 420 Euro Nettokaltmiete.

Bietet der Mieter in solchen Fällen bei der Einholung der Erlaubnis zur Untervermietung keinen „angemessenen" Mietzuschlag an, darf der Vermieter die Untervermietung verbieten (LG Berlin, Az. 64 S 45/21).

Als Faustregel für die angemessene Höhe des Mietzuschlags betrachtet das Amtsgericht Hamburg 20 Prozent der Miete, die der Untermieter zu zahlen hat.

BEISPIEL: Verlangt der Hauptmieter von seinem Untermieter eine Untermiete in Höhe von 650 Euro, kann der Vermieter von seinem Mieter zusätzlich zur Miete 130 Euro als Mietzuschlag verlangen (AG Hamburg, Az. 49 C 95/07).

WANN VERMIETER DIE UNTERMIETE ABLEHNEN DÜRFEN

Eigentümer dürfen die Zustimmung nur dann verweigern, wenn neue Untermieter für sie unzumutbar sind. Das sind seltene Fälle. Beispielsweise wenn ein Untermieter bereits für ständigen Lärm bekannt ist oder wenn er eine Nachbarin schon einmal tätlich angegriffen hat. Und genau wie bei der Aufnahme von engen Familienangehörigen gilt auch bei der Untermiete: Die Wohnung darf nicht überbelegt sein.

Sie dürfen Ihre Erlaubnis auch nicht von einem persönlichen Kennenlerntermin mit dem Untermietkandidaten abhängig machen. Die Vorlage eines Führungszeugnisses dürfen Sie ebenfalls nicht verlangen (LG Berlin, Az. 64 T 49/20).

Verweigern Sie die Erlaubnis, obwohl Sie sie hätten erteilen müssen, und der Mieter überlässt die Wohnung dennoch weiter einer anderen Person zur Untermiete, können Sie den Vertrag nicht kündigen (BGH, Az. VIII ZR 74/10). Und wenn Sie unberechtigterweise die Untervermietung verweigern und der Mieter sie daraufhin unterlässt, können Sie verpflichtet sein, dem Mieter die entgangene Untermiete zu ersetzen (BGH, Az. VIII ZR 349/13).

HAFTUNGSFRAGEN

Ein Vertragsverhältnis zwischen Ihnen und dem Untermieter entsteht nicht. Sowohl Ihr Ansprechpartner als auch der des Untermieters ist der Hauptmieter. Er muss dafür einstehen, wenn sein Untermieter den Hausfrieden erheblich stört. Schlimmstenfalls riskiert er die Kündigung durch den Vermieter. Analog gilt das übrigens auch bei untergebrachten engen Familienangehörigen und ausgedehnten Besuchen: Der Hauptmieter haftet gegenüber dem Vermieter.

AIRBNB UND CO.

Ein ganz anderer Fall ist die Vermietung der Wohnung an Feriengäste. Die ist zum einen vielerorts durch Zweckentfremdungsverbote reglementiert. Vor allem in Metropolen sollen sie verhindern, dass ohnehin knapper Wohnraum potenziellen Mietern nicht zur Verfügung steht, weil er anderweitig genutzt wird. In den Bundesländern Berlin und Hamburg gelten Zweckentfremdungsverbote. In München, Stuttgart, Köln und Frankfurt ist das Stadtgebiet flächendeckend betroffen. Andere Städte wie etwa Bonn, Münster oder Bremen haben einzelne Gebiete ausgewiesen.

Außerdem benötigen Mieter für die Vermietung an Feriengäste Ihre ausdrückliche Zustimmung. Auch eine Untervermietungserlaubnis, die eventuell bereits im Mietvertrag steht, reicht für das kurzzeitige Vermieten an beliebige Gäste nicht aus, so der Bundesgerichtshof. Nach seiner Auffassung ist die tageweise Vermietung an wechselnde Feriengäste etwas völlig anderes als eine auf Dauer, zumindest auf Monate oder Jahre, angelegte klassische Untervermietung (BGH, Az. VIII ZR 210/13).

→ **Haustiere:** Zur Tierhaltung finden sich nicht in allen Mietverträgen Klauseln. Und dort, wo sie vorhanden sind, bieten sie oft Interpretationsspielraum und damit Potenzial für Streitigkeiten.

WAS ERFAHRE ICH?

Den Rahmen für die Tierhaltung in der vermieteten Immobilie setzen das Mietrecht und das Wohnungseigentumsrecht. Doch konkrete Regeln, welche und wie viele Haustiere mit einziehen dürfen, sind in den Gesetzen nicht zu finden. Also kommt es auf den Mietvertrag und die Rechtsprechung zu Vertragsklauseln und zu Streitfällen an. Die Gerichte entscheiden nicht einheitlich und stellen außerdem auf den Einzelfall ab.

Grundsätzlich sind harmlose Kleintiere wie Goldhamster, Zierfische oder Schildkröten erlaubt. Für Gift- oder Würgeschlangen sowie andere Tiere, von denen Gefahren für die Gesundheit der Bewohner ausgehen oder durch die die Immobilie beschädigt werden könnte, gilt die pauschale Haltungserlaubnis aber nicht. Im Mietvertrag können Sie konkrete Vereinbarungen festschreiben, unter welchen Umständen die Tierhaltung verboten ist. Sie können auch Vorgaben dazu machen, wann die Mieter eine explizite Erlaubnis einholen müssen.

So weit die Theorie. In der Praxis gibt es jedoch diverse Tücken. Manch ein Mietvertrag wird zwar von beiden Seiten unterzeichnet, doch gibt es unterschiedliche Vorstellungen dazu, was genau gemeint ist. Auch lässt sich kaum jedes individuelle Detail in einer Vertragsklausel fassen. Manchmal entzündet sich der Streit dann direkt mit dem Einzug, wenn die Mieter mit ihren drei Hunden dastehen und Vermieter der Auffassung sind, dass Hunde oder auch diese Anzahl von der Vertragsklausel nicht gedeckt sind. Es kann jedoch auch vorkommen, dass die Tierhaltung erst im Laufe des Mietverhältnisses zum Konfliktpunkt wird, nämlich dann, wenn Mieter weitere oder andere tierische Mitbewohner hinzuholen (wollen) oder wenn die vorhandenen Tiere den Vermieter oder andere Mietparteien stören.

Spätestens in diesen Situationen zücken die Beteiligten den Mietvertrag und nehmen die Klausel genau unter die Lupe. Manche dieser Fälle landen vor Gericht. Und dort werden viele Klauseln für unwirksam erklärt. Mindestens genauso streitanfällig sind all jene – seltenen – Mietverhältnisse, bei denen es gar keine vertragliche Regelung gibt.

Wie bei vielen anderen Aspekten der Vermietung gilt deshalb auch hier: Es ist ratsam, sich vor Abschluss des Mietvertrags Gedanken zu machen, wie Sie mit Tierhaltung umgehen möchten, und dann – unter Umständen gemeinsam mit einem Juristen – eine rechtssichere Formulierung zu finden. Das folgende Kapitel mit einem Überblick über die Rechtsprechung hilft bei der Orientierung.

Anspruch auf Tierhaltung

Ein generelles Tierhaltungsverbot in einem Formularmietvertrag, also per AGB, ist unzulässig, so der Bundesgerichtshof (BGH, Az. VIII ZR 340/06). Auch eine Formularklausel, die die Haltung von Kleintieren auf bestimmte Tierarten einschränkt, ist unwirksam. Die Richter verweisen in ihrer Begründung darauf, dass ein solcher Vorbehalt Mieter unangemessen benachteiligt. Die Haltung von Kleintieren wie beispielsweise Ziervögeln und Zierfischen, Hamstern und Schildkröten gehöre zum vertragsgemäßen Gebrauch der Mietwohnung, weil von ihnen in der Regel die Mietsache nicht beeinträchtigt und Dritte nicht gestört werden. Vermieter haben die Möglichkeit, per Individualvereinbarung ein Tierhaltungsverbot zu sichern. Nach überwiegender Rechtsauffassung ist jedoch auch dann die Haltung von Kleintieren auszunehmen. Weit verbreitet sind daher Mietverträge, die Vermietern mit einem Erlaubnisvorbehalt zumindest eine begrenzte Mitsprache bei Nicht-Kleintieren wie Katzen und Hunden einräumen (siehe Seite 190).

Fehlt es an einer wirksamen Regelung im Mietvertrag, ist nach dem erwähnten BGH-Urteil entscheidend, ob die Tierhaltung zum vertragsgemäßen Gebrauch der Mietwohnung gehört. „Die Beantwortung dieser Frage erfordert bei anderen Haustieren als Kleintieren eine umfassende Abwägung der Interessen des Vermieters und des Mieters sowie der weiteren Beteiligten. Diese Abwägung lässt sich nicht allgemein, sondern nur im Einzelfall vornehmen", so die obersten Richter.

Kleintiere

Unterm Strich dürfen Mieter also ohne Einwilligung der Vermieter Kleintiere halten. Diverse Gerichte haben die Rechtsprechung des BGH dazu fortgeschrieben und präzisiert, was unter Kleintieren zu verstehen ist. Auch hier wieder der Hinweis: Es handelt sich um Einzelfallentscheidungen, die nur als Orientierungshilfe dienen können:

Chinchillas sind als Kleintiere zu betrachten (AG Hanau, Az. 90 C 1294/99–90), und auch ein Yorkshire-Terrier (LG Düsseldorf, Az. 24 S 90/93). Selbst für ungefährliche Schlangen ist keine Erlaubnis des Vermieters notwendig (AG Bückeburg, Az. 73 C 353/99 (VI)). Das Amtsgericht Spandau stellte klar, dass die Erlaubnis zur Kleintierhaltung typische Haustiere umfasst, die üblicherweise in der Wohnung gehalten werden können, nicht jedoch Wildtiere. Diese seien zwar klein, verursachten jedoch permanent spezielle Gerüche, die für Beeinträchtigung in Nachbarwohnungen sorgen können. Im vorliegenden Fall ging es um die monatelange Aufzucht und Pflege von Igeln in einer Zweizimmerwohnung und auf dem Balkon (AG Spandau, Az. 12 C 133/14). Ähnlich urteilte das Amtsgericht Hamburg-Harburg zur Haltung von Bienen auf dem Balkon. Dort fühlten sich die Nachbarn vom ständigen Ein- und Ausfliegen der Insekten gestört und in der Nutzung ihrer Balkone behindert. „Die Haltung von Bienen, mithin wilder Tiere, sei schon grundsätzlich keine Haustierhaltung und in der Folge nicht vom Mietgebrauch umfasst", so das Gericht (AG Hamburg-Harburg, Az. 641 C 377/13). Nutztiere wie Ziegen, Schafe und Schweine dürfen ebenfalls in einem durch Wohnnutzung geprägten Gebiet nicht gehalten werden, urteilte das Verwaltungsgericht Neustadt (VG Neustadt, 5 K 427/24.NW).

Darüber hinaus hat die Haltung von an sich zulässigen Kleintieren Grenzen. Sobald von einem Kleintier Gefährdungen oder erhebliche Belästigungen für andere Bewohner des Hauses ausgehen, sind Sie berechtigt, die Haltung zu verbieten (AG München, Az. 413 C 12648/04). Das dürfen Sie auch, wenn gegen das Tierschutzgesetz verstoßen wird. So befand etwa das

Die Haltung von Katzen dürfen Vermieter in einem Formularmietvertrag nicht verbieten. Sie können allerdings verlangen, dass die Mieter ihr Einverständnis einholen.

Verwaltungsgericht Gelsenkirchen über einen Mieter, der seiner Wasserschildkröte als Unterschlupf in der Wohnung eine Wolldecke bot und sie an einer Boje befestigt in einem öffentlichen Teich schwimmen ließ. Der vom Gericht beauftragte Veterinär bewertete dies als untragbar (AG Gelsenkirchen, Az. 16 L 1319/11).

Und schließlich spielt die Anzahl der Tiere eine Rolle. Durch die Zucht von 80 Kanarienvögeln und Zebrafinken beispielsweise wird nach Auffassung des Amtsgerichts Menden die Wohnung dem Wohngebrauch teilweise entzogen und somit zweckentfremdet (AG Menden, Az. 4 C 286/13). Das berechtigt Vermieter zur außerordentlichen Kündigung.

Katzen und Hunde

Die Haltung von Katzen und Hunden können Sie in einem Formularmietvertrag nicht pauschal verbieten (BGH, Az. VIII ZR 168/12), wohl aber in einer Individualvereinbarung.

Nach einem Urteil des Bundesverfassungsgerichts können Mieter nach Abschluss eines solchen Vertrags später nicht argumentieren, ihr Grundrecht auf freie Entfaltung ihrer Persönlichkeit werde verletzt (BVerfG, Az. 1 BvR 126/80).

In jeder Vertragsform dürfen Sie verlangen, dass Ihr Einverständnis eingeholt wird. In einer solchen Klausel zum Zustimmungsvorbehalt müssen Sie nachvollziehbare sachliche Kriterien benennen, an denen sich Ihre Entscheidung ausrichten soll (LG Berlin, Az. 64 S 151/22). Nur so können die Mieter beurteilen, auf was sie sich bei der Unterzeichnung des Mietvertrags einlassen. Der Bundesgerichtshof nennt ein Beispiel für eine wirksame Klausel in einem Formularmietvertrag (BGH, Beschluss vom 25.9.2012, Az. VIII ZR 329/11): „Der Mieter darf Haustiere mit Ausnahme von Kleintieren (Ziervögel etc.) nur mit Zustimmung des Vermieters halten. Die Zustimmung ist zu versagen beziehungsweise kann widerrufen werden, wenn durch die Tiere andere Hausbewohner oder Nachbarn belästigt werden oder eine Beeinträchtigung der Mieter oder des Grundstücks zu befürchten ist."

EINVERSTANDEN?

Ob Sie im Mietverhältnis unter Berufung auf eine solche Klausel die Zustimmung verweigern dürfen, hängt dann wieder von der vom BGH geforderten eingangs erwähnten Abwägung der Interessen im Einzelfall ab. Dabei sind laut oberstem Gericht insbesondere folgende Kriterien zu berücksichtigen:

- → Art, Größe, Verhalten und Anzahl der Tiere
- → Art, Größe, Zustand und Lage der Wohnung sowie des Hauses, in dem sich die Wohnung befindet
- → Anzahl, persönliche Verhältnisse, namentlich Alter, und berechtigte Interessen der Mitbewohner und Nachbarn
- → Anzahl und Art anderer Tiere im Haus
- → bisherige Handhabung durch den Vermieter
- → besondere Bedürfnisse des Mieters

Sie müssen also die Haltung von Katzen und Hunden in der Regel erlauben – es sei denn, Sie haben konkrete und gewichtige Argumente dagegen.

14 Katzen in einer 42-Quadratmeter-Wohnung überschreiten beispielsweise die vertragsmäßige Nutzung (KG Berlin, Az. 24 W 6272/90). Auch 18 Katzen in einer 100-Quadratmeter-Wohnung sind zu viele (AG Augsburg, Az. 71 C 1264/15). Das gilt desgleichen für mehr als einen Hund in einer 2,5-Zimmer-Wohnung (AG München, Az. 424 C 28654/13). In Berlin ließ ein Vermieter keinen zweiten Hund in einer 50-Quadratmeter-Wohnung zu, obwohl der erste bereits alt und krank war und sein baldiger Tod zu erwarten war. Das Landgericht Berlin gab ihm recht (LG Berlin, Az. 66 S 310/19).

Ob die Katzenallergie eines benachbarten Mieters als Ablehnungsgrund ausreicht, bewerten die Gerichte in ähnlichen Fällen unterschiedlich. Das Amtsgericht Köln sagt Ja (AG Köln, Az. 219 C 565/87), eine andere Abteilung desselben Gerichts sagt bezogen auf ein genossenschaftliches Nutzungsverhältnis Nein (AG Köln, Az. 210 C 103/12). Wenn der Vermieter allerdings die Katzenhaltung erlauben muss, darf er daraus auch keine Nachteile haben. Der allergische Nachbar darf die Miete nicht mindern (AG Arolsen, Az. 2 C 18/07 (70)).

Bei der Hundehaltung reichen allgemeine Bedenken – etwa die Angst der Mitmieter vor Hunden oder die Sorge, dass weitere Mieter die Zustimmung zur Hundehaltung einfordern könnten – als Begründung für die Ablehnung eines Hundes nicht (AG Paderborn, Az. 51 C 112/19). Bei Listenhunden – umgangssprachlich auch als „Kampfhunde" bezeichnet – können Vermieter berechtigt Belästigungen oder Gefährdungen der Mitbewohner befürchten. Sie dürfen die Haltung verbieten, ohne eine konkrete Gefährdung zu belegen (AG Berlin-Pankow/Weißensee, Az. 2 C 159/99). Wurde jedoch eine Erlaubnis zur Hundehaltung erteilt, dann genügt allein die Tatsache, dass ein Mieter einen Kampfhund hält, nicht, um die Erlaubnis zu entziehen (AG Berlin-Charlottenburg, Az. 218 C 243/23).

Die Beispiele zeigen, wie einzelfallabhängig die Gerichte urteilen. Damit besteht immer ein Risiko, wenn Sie es darauf ankommen lassen und Ihre Erlaubnis verweigern. So weit muss es gar nicht erst kommen. Erörtern Sie lieber gemeinsam mit Ihrem tierlieben Mieter, welche Bedenken Sie haben und mit welchen Vorkehrungen sie aus dem Weg geräumt werden könnten. Eine einfach umsetzbare Idee ist beispielsweise eine Anleinpflicht für Hunde auf dem Grundstück, oder der Katzenfreund erklärt sich bereit, eine Sandkastenabdeckung zu besorgen.

Außerdem empfiehlt es sich, mit der Nachbarschaft zu sprechen, bevor Sie eine Erlaubnis erteilen. Wenn es bei direkten Nachbarn gewichtige Argumente gegen eine Tierhaltung gibt – beispielsweise eine heftige Katzenallergie –, ist es besser, das bei der Entscheidung zu berücksichtigen, als später die Erlaubnis rückgängig machen zu müssen und dann viel Streit vom Zaun zu brechen. Erweisen sich andererseits alle Mitbewohner als tierlieb, müssen Sie später kaum Beschwerden befürchten und können umso eher der Tierhaltung zustimmen.

WAS IST EIN „KAMPFHUND"?

„Kampfhund" ist eine umgangssprachliche und veraltete Bezeichnung für **LISTENHUNDE.** Dabei handelt es sich um Hunderassen, die früher speziell für militärische Einsätze oder andere Kämpfe gezüchtet wurden, wie beispielsweise American Staffordshire Terrier, Bullterrier, American Pitbull Terrier und Kreuzungen dieser Rassen. Diese Vierbeiner wurden ursprünglich für Aggression und Kampfbereitschaft gezüchtet. In den meisten deutschen Bundesländern gibt es – teils abgestufte – Rasselisten. Eine gute Übersicht finden Sie hier: **DOGTRAIN-SV.DE/LÄNDERVERORDNUNGEN.**

Belästigungen durch Haustiere

Sie haben der Haltung eines Haustieres zugestimmt, doch es stellt sich heraus, dass es Schäden an der Immobilie verursacht oder die Nachbarn unzumutbar belästigt? Dann dürfen Sie die Erlaubnis widerrufen. Das hat das Amtsgericht Bremen im Fall von ständigem Hundebellen bestätigt (AG Bremen, Az. 7 C 240/05). Allerdings muss ein konkreter Anhaltspunkt für eine Störung vorliegen.

Wenn ein Haustier für Unfrieden sorgt, geht es oft nicht mehr um die Frage der Erlaubnis, sondern darum, ob die zugehörigen Mieter ihre vertraglichen Obhutspflichten erfüllen. Wenn sie grob gegen diese verstoßen, so dürfen Sie ihnen kündigen (siehe Seite 206). Das hat das Amtsgericht Brandenburg im Falle eines Mieters entschieden, der seine Katze regelmäßig frei im Treppenhaus herumlaufen und dort nahezu täglich vor den Türen der Nachbarwohnungen urinieren ließ (AG Brandenburg, Az. 30 C 86/23). Wenn Mieter ihre Hunde entgegen der Hausordnung und trotz mehrfacher Abmahnungen frei auf den Gemeinschaftsflächen und dem zugehörigen Spielplatz tollen lassen, berechtigt Sie das ebenfalls zur fristlosen Kündigung (BGH, Az. VIII ZR 328/19).

VIELE MIETER, VIELE HAUSTIERE, VIELE INTERESSEN

Im Mehrfamilienhaus ist es besonders wichtig, umfassende und verbindliche Haustierregeln zu etablieren, die allen Bewohnern gerecht werden. Hier finden sich Eigentümer schnell in einem Geflecht unterschiedlicher Interessen wieder. Der Hundenarr lebt neben der Katzenliebhaberin, darunter die Familie mit dem allergischen Kind und in der obersten Etage ein geräuschempfindliches Paar. Neben einheitlichen mietvertraglichen Regelungen kommt hier der Hausordnung große Bedeutung zu. Darin können Sie beispielsweise festhalten, dass sich Haustiere nicht unbeaufsichtigt auf Gemeinschaftsflächen aufhalten dürfen, von Spielplätzen fernzuhalten sind und Eigentümer Verunreinigungen beseitigen müssen.

Dennoch werden sich Konflikte nicht überall vermeiden lassen, wie ein Fall zeigt, der vor dem Amtsgericht Potsdam landete. Dabei ging es um die Katze eines Mieters, die ständig in die Nachbarwohnung kam. Der belästigte Mieter verlangte vom Vermieter, gegen den Katzeneigentümer vorzugehen, um die Beeinträchtigung zu beenden. Das Gericht gab ihm recht. Außerdem darf der belästigte Mieter seine Miete um 10 Prozent mindern, bis der Mangel beseitigt ist (AG Potsdam, Az. 26 C 492/13). So weit sollten Sie es nicht kommen lassen. Wenn sich einzelne Mieter beschweren, müssen Sie handeln. Lässt sich durch Gespräche keine Lösung erzielen, können Sie in einem ersten Schritt die Erlaubnis zur Tierhaltung entziehen. Hilft das nichts, bleibt Ihnen nur noch die Abmahnung und notfalls die Kündigung.

Haustiergerechte Umbauten

Ein weit weniger beachteter Aspekt der Haustierhaltung sind alle Veränderungen an der vermieteten Immobilie, die Mieter für ihre Lieblinge möglicherweise vornehmen wollen. Das betrifft in erster Linie Katzenfreunde.

Die meisten Mietverträge enthalten eine Klausel, wonach Mieter bei baulichen Maßnahmen, die das Erscheinungsbild verändern, die Bausubstanz betreffen oder auf andere Weise die Interessen des Vermieters berühren, eine Genehmigung des Eigentümers brauchen (siehe Seite 109 und Seite 137).

Das Anbringen eines Katzenschutznetzes am Balkon ist demnach unter Umständen genehmigungspflichtig. Das Amtsgericht Köln entschied allerdings, dass ein Vermieter ein eher unauffälliges Katzennetz dulden muss (AG Köln, Az. 222 C 227/01). Anders das Amtsgericht Wiesbaden: Dort musste der Mieter das Fangnetz beseitigen (AG Wiesbaden, Az. 93 C 3460/99–25).

Mehr Einigkeit herrscht bei den Gerichten in Sachen Katzenklappe: Der Einbau von Katzenklappen in Zimmertüren stellt eine einmalige Pflichtverletzung dar. Der Vermieter hat Anspruch auf Schadenersatz, ist jedoch nicht zur fristlosen Kündigung berechtigt (AG Erfurt, Az. 223 C 1095/98). Eine Katzenklappe in einer Wohnungstür hingegen bewertet das Landgericht Berlin als Beschädigung und optische Beeinträchtigung, welche die Vermieterinteressen erheblich verletzt. Sie dürfen Schadenersatz verlangen und fristlos kündigen (LG Berlin, Az. 63 S 199/04).

→ Konflikte im Mehrfamilienhaus:

Wer eine oder mehrere Einheiten in einem Mehrfamilienhaus vermietet, muss oft nicht nur das Verhältnis zu den eigenen Mietern im Blick haben. Zwischen den Bewohnern verlaufen weitere potenzielle Konfliktlinien.

WAS ERFAHRE ICH?

Seine Freunde sucht man sich aus, seine Nachbarn nicht. In einem Mehrfamilienhaus leben zahlreiche Menschen mit teils sehr unterschiedlichen Interessen und Gewohnheiten, Vorlieben und Abneigungen auf vergleichsweise engem Raum. Geräusche dringen nicht nur vom Treppenhaus in die Wohnungen, sondern suchen sich auch durch Wohnungstrennwände, Geschossdecken, Schächte und Fenster ihren Weg. Gerüche machen weder an Wohnungstüren noch an Balkongeländern halt. In genau dieser Situation befinden sich Ihre Mieter. Und wenn Sie selbst eine Wohneinheit im Gebäude nutzen, sind auch Sie Teil der Hausgemeinschaft und damit in einer Doppelrolle – als Vermieter und Beteiligter.

REGELUNGEN IN DER HAUSORDNUNG UND IM MIETVERTRAG

Damit das Miteinander unter einem Dach für alle gut funktioniert, braucht es Regeln. Die sind im Idealfall in den Mietverträgen und in einer beigefügten Hausordnung verbindlich festgehalten. Entscheidend ist: Alle Mietverträge im Haus enthalten dieselben Bestimmungen, die noch dazu mit der Hausordnung in sämtlichen Punkten übereinstimmen. Auf welche Inhalte es dabei besonders ankommt, lesen Sie ab Seite 115. Als Vermieter gehört es zu Ihren Aufgaben, diese Regeln aufzustellen, zu überwachen und bei Bedarf durchzusetzen.

Eine differenzierte Hausordnung ist eine gute Grundlage, aber noch lange keine Garantie dafür, dass es keine Auseinandersetzungen gibt. Schließlich lassen sich darin nicht alle möglichen Eventualitäten und Details festhalten. Solche Vorschriften bergen immer Interpretationsspielraum. Und möglicherweise stellt sich im Laufe der Zeit heraus, dass einzelne Bestimmungen in einer spezifischen Wohnsituation wenig hilfreich sind und andere fehlen. Dann sollten Sie über Nachbesserungen nachdenken. Konkrete Konflikte schärfen dafür den Blick.

Hilfreich ist außerdem, als Vermieter dafür sensibilisiert zu sein, welche Aspekte im Zusammenleben besonders kritisch sein können und welche Lösungsmöglichkeiten es gibt. Dafür ist das folgende Kapitel da.

Lärm sorgt am häufigsten für Streit

Häufigste Streitgründe unter Befragten in Nordrhein-Westfalen, die schon einmal Krach mit den Nachbarn hatten.

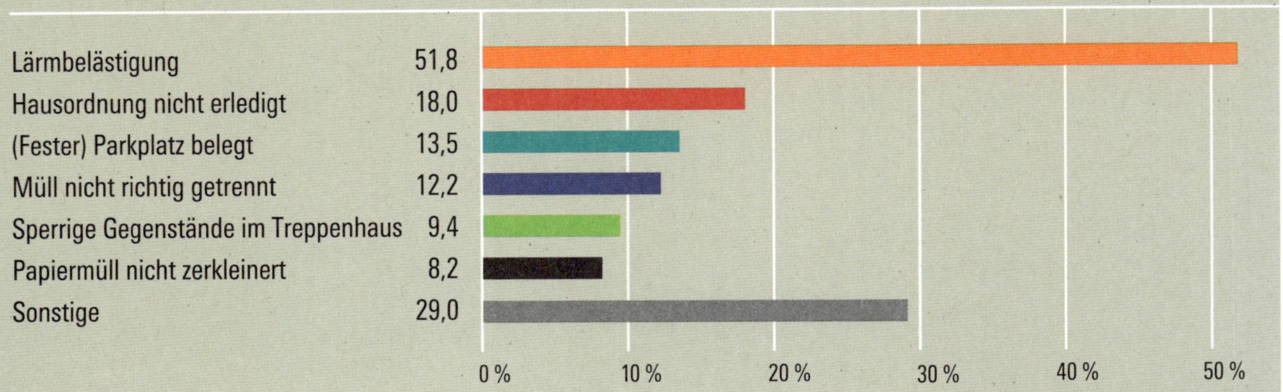

Mehrfachnennungen möglich.

Quelle: immowelt.de, 2024

GOLDENE REGELN DES MITEINANDERS
Den Rahmen stecken die Hausordnung beziehungsweise die Vereinbarungen in den Mietverträgen. Für alles, was nicht geregelt ist, gilt das Gebot der gegenseitigen Rücksichtnahme.

Lärmbelästigung durch Mitbewohner

In einer Umfrage des Portals immowelt aus dem Jahr 2024 nannten die meisten der Befragten, die schon mal Streit mit Nachbarn hatten, Ruhestörung als Grund – mehr als jeder zweite (51,8 Prozent). Ausgelassene Feten auf dem Balkon, störende Bohrtätigkeiten am Sonntag, stundenlanges Trompetenspiel und unaufhörlich bellende Hunde – es gibt zahlreiche Ursachen dafür, dass sich Nachbarn durch Geräusche gestört fühlen.

In der Hausordnung sind üblicherweise Ruhezeiten vereinbart, in denen Zimmerlautstärke nicht überschritten werden sollte. Gibt es eine solche Hausordnungsvorschrift nicht, gelten die Regeln der jeweiligen Kommune. Die unterscheiden sich allerdings regional nur marginal. Im Allgemeinen gilt die Mittagsruhe zwischen 12 und 15 Uhr, die Nachtruhe von 22 bis 7 Uhr. An Sonn- und Feiertagen ist ganztätig Ruhezeit. Doch diese Zeiten werden nicht immer eingehalten. Außerdem lässt sich trefflich streiten, was genau unter Ruhestörung zu verstehen ist. Und auch in den Nicht-Ruhezeiten ist bei Weitem nicht alles erlaubt.

Auf den ersten Blick stellt die Auseinandersetzung über Lärmbelastungen einen Nachbarschaftsstreit dar. Doch als Vermieter können Sie sich nicht zurücklehnen und hoffen, dass sich die Betroffenen irgendwie untereinander einigen. Von Lärmbelastung als mietrechtlichem Mangel war bereits ab Seite 173 ausführlich die Rede. Auch durch Bewohner verursachte Geräusche können ein solcher Mangel sein, wenn sie einen normal empfindlichen Nachbarn in der Nutzung seiner Wohnung beeinträchtigen. Dann sind Sie in der Pflicht, den Mangel zu beseitigen und für Ruhe zu sorgen. Andernfalls dürfen Mieter, die sich über Gebühr belästigt fühlen, die Miete mindern.

Allerdings sind Mängelanzeigen nicht immer gerechtfertigt. Bis zu einem gewissen Grad müssen Mitbewohner Lärm akzeptieren, vor allem den, der im Alltag in einer Wohnung entsteht. **STAUBSAUGEN** in der Mittagspause beispielsweise hat das Amtsgericht Singen als Bagatelle bewertet, das Schließen von Türen und Fenstern mit kurzzeitiger Geräuschentwicklung ebenfalls (AG Singen, Az. 1 C 235/21). Auch **DUSCHEN UND BADEN** gelten als typisches Wohnverhalten (LG Köln, Az. 1 S 304/96). Allerdings sollten es Mieter nachts und in anderen Ruhezeiten mit der Körperpflege nicht übertreiben. „Regelmäßiges Duschen und Baden zur Nachtzeit von bis zu 60 Minuten, teilweise bis zu zwei bis drei Stunden mit regelmäßig wiederkehrenden Verhaltensweisen wie nächtlichem Staubsaugen und Möbelrücken überschreitet das sozial adäquate Maß, das andere Bewohner eines Hauses im Rahmen der gegenseitigen Rücksichtnahme nicht dulden müssen", urteilte das Amtsgericht Hamburg (AG Hamburg, Az. 21 C 344/24). Wo die Grenze des Alltäglichen, Zumutbaren liegt, definieren stets Lautstärke, Dauer und Zeitpunkt sowie Art der Ruhestörung.

Kinder dürfen in der Wohnung schreien, weinen, singen und beim Spielen Krach machen. Im Bundesimmissionsschutzgesetz ist **KINDERLÄRM** nicht als „schädliche Umwelteinwirkung" eingestuft (§ 22 Absatz 1 a). Und auch der Bundesgerichtshof hat klargestellt: Üblicher Kinderlärm ist im Mehrfamilienhaus als sozial angemessen zu tolerieren. Nur wenn der Radau rücksichtslos ist und das normale Maß überschreitet, kann ein Mietmangel vorliegen. Das muss dann jedoch im Einzelfall bewertet werden (BGH, Az. VIII ZR 226/16). Einen Freibrief hat der BGH Kindern also nicht erteilt. Vor allem in den Ruhezeiten sollten sie die Lärmbelästigung gering halten, idealerweise auf Zimmerlautstärke. Bei Babys und Kleinkindern kann die Einhaltung einer Mittags- und Nachtruhe jedoch nicht verlangt werden (AG Hamburg-Wandsbek, Az. 712 C 175/03).

Auch das **SPIELEN EINES MUSIKINSTRUMENTS** ist nach Auffassung des BGH als übliche Form der Freizeitgestaltung sozial adäquat (BGH, Az. V ZR 143/17). Ein generelles Musikverbot im Mietvertrag ist danach unwirksam. Nachbarn müssen auch regelmäßiges Üben dulden. Als Richtwert nennt der BGH zwei bis drei Stunden an Werktagen und ein bis zwei Stunden an Sonn- und Feiertagen. Dabei sind die üblichen Ruhezeiten mittags und nachts zu berücksichtigen. Und für besonders laute Instrumente gelten strengere Regeln. Das Amtsgericht München entschied im Fall eines professionellen Schlagzeugspielers: Er darf an Werktagen maximal zwei und an Sonn- und Feiertagen höchstens eine Stunde üben und muss neben der Mittagsruhe eine verlängerte Nachtruhe einhalten (AG München, Az. 484 C 14424/16).

Die Liste möglicher Ruhestörungen lässt sich fortführen: Dauerhaftes Hundegebell über einen Zeitraum von mehr als einer halben Stunde täglich ist unzumutbar (OLG Hamm, Az. 22 U 249/8). Die Amtsgerichte Münster (Az. 28 C 323/23) und Hamburg Wandsbek (Az. 713 C 1270/18) haben entschieden, dass regelmäßige laute Feiern – vor allem nachts – eine (fristlose) Kündigung rechtfertigen.

Unangenehme Gerüche

Ähnlich wie bei Lärm gilt auch bei Gerüchen: Jeder nimmt sie anders wahr. Den einen stört Zigarettenqualm, den anderen Grillgerüche und den nächsten ein Kompostbehälter. Die

RECHTLICHE MÖGLICHKEITEN BEI RUHESTÖRUNG

Mieter, die sich immer wieder über Krach von nebenan ärgern und feststellen, dass Gespräche nichts nutzen, wenden sich in manch einem Fall gar nicht als Erstes an den Vermieter, sondern an die Behörden und zeigen Störenfriede an. Unzulässiger Lärm ist eine **ORDNUNGSWIDRIGKEIT** (§ 117 Ordnungswidrigkeitsgesetz). Maßstab sind die laut Immissionsschutzgesetz und/oder kommunaler Lärmschutzverordnung einzuhaltenden Lautstärkewerte und die Ruhezeiten des jeweiligen Bundeslandes. Eine solche Ordnungswidrigkeit wird mit einer Geldbuße von bis zu 5 000 Euro geahndet.

Die Strafe im Falle einer erfolgreichen Anzeige wirkt sicherlich manchmal als Warnschuss. Auch Vermieter können Anzeige erstatten. Ob Sie das tun, will wohl überlegt sein. Damit machen Sie sich selbst zur Konfliktpartei. Das trägt vermutlich nicht zur Befriedung bei. Darüber hinaus haben sowohl Nachbarn als auch Vermieter einen Unterlassungsanspruch gegen Störenfriede, den sie zur Not gerichtlich durchsetzen können (§ 1004 BGB, § 906 BGB).

Es ist zulässig, Grillen auf dem Balkon in der Hausordnung oder im Mietvertrag zu untersagen. Gibt es ein solches Verbot nicht, gilt das Gebot der gegenseitigen Rücksichtnahme.

Gerichtsurteile in solchen Streitigkeiten zeigen: Wann die Immissionen unzumutbar sind, richtet sich nach ihrer Beschaffenheit und Intensität. Notfalls muss Letztere mithilfe einer Luftmessung ermittelt werden. Sachsen, Nordrhein-Westfalen und andere Bundesländer haben dafür eigens Geruchsimmissionsrichtlinien erlassen.

Haushaltsübliche Essensgerüche gehören zur üblichen Nutzung der Wohnung und müssen von Mitbewohnern toleriert werden, auch wenn die Aromen in Flur und Treppenhaus gelangen. Eine „durchgängige erhebliche Belästigung" durch Küchengerüche rechtfertigt aber eine Mietminderung (LG Essen, Az. 10 S 491/98). Vom Balkon aus verbreiten sich Düfte auf Nachbarbalkone und durch geöffnete Fenster. Dennoch: In den Sommermonaten gilt Grillen als üblich. Solange Nachbarn durch Rauch und Gerüche nur unwesentlich beeinträchtigt werden, müssen diese es dulden (LG München, Az. 15 S 22735/03). Übertreiben sollten es die Bewohner jedoch nicht. Das Grillen auf der Terrasse an zwei aufeinander folgenden Wochenenden oder Feiertagen und mehr als viermal im Monat hielt das Landgericht München jüngst für nicht zumutbar (LG München, Az. 1 S 7620/22 WEG). In diesem Fall ging es um zwei benachbarte Wohnungseigentümer. Zulässig ist übrigens, das Grillen – egal, ob mit Holzkohle oder Gas oder auf dem Elektrogrill – auf den Balkonen im Mietvertrag oder in der Hausordnung zu verbieten (LG Essen 10 S 438/01).

Genau wie Kochen gehört auch das Rauchen von Zigaretten und Co. zum vertragsmäßigen Gebrauch einer Mietwohnung, auch auf dem Balkon oder der Terrasse. In einem Formularmietvertrag dürfen Vermieter das nicht untersagen, wohl aber in Form einer Individualvereinbarung. Gibt es eine solche nicht, sind Mieter dennoch gehalten, auf Mitbewohner Rücksicht zu nehmen.

Wenn Nachbarn vom regelmäßigen Zigarettenrauch auf dem darunter liegenden Balkon wesentlich gestört werden, dürfen sie rauchfreie Zeiten verlangen (BGH, Az. V ZR 110/14). Und wenn der Zigarettenkonsum eines Mieters zu einer Dauer-Geruchsbelästigung im Treppenhaus führt, kann das sogar eine Kündigung rechtfertigen (BGH, Az. VIII ZR 186/14). Eine neue Form der Geruchsbelästigung kann durch das Rauchen von Cannabis entstehen. Es ist zu erwarten, dass sich die Rechtsprechung dazu an den Urteilen zu Zigarettenrauch orientieren wird.

Über einen sehr extremen Fall musste das Landgericht Berlin entscheiden: Mieter einer Wohnung in einem Mehrfamilienhaus hatten ihre Miete gemindert, weil sie das Treppenhaus nur noch mit Geruchsschutz als erträglich empfanden. Aus der Wohnung eines anderen Mieters drang über einen längeren Zeitraum Gestank von sich zersetzenden menschlichen Exkrementen und organischem Müll in das Treppenhaus und in die benachbarte Mietwohnung. Der Vermieter sah keinen Mietmangel. Das Landgericht Berlin schon. Nach Auffassung der Richter war die vorgenommene Reduzierung der Miete um 10 Prozent berechtigt (LG Berlin, Az. 65 S 296/10).

SO VERMEIDEN SIE, DASS ES IHREN MIETERN STINKT

- → Lassen Sie sich eingehend juristisch beraten, welche Regelungen Sie zur Benutzung von Grills und Außenküchen, zum Rauchen, zu Stellplätzen von Biotonnen etc. im Mietvertrag oder der Hausordnung treffen können.
- → Sorgen Sie dafür, dass im Treppenhaus gut gelüftet werden kann, etwa indem Sie Pflanzen auf den dortigen Fensterbänken verbieten.
- → Falls die Wohneinheiten mit Einbauküchen ausgestattet sind, sollten Dunstabzugshauben dazugehören.
- → Kurze Wege zu den gemeinsamen Abfalltonnen verhindern, dass größere Mengen Müll auf Balkonen oder vor Wohnungseingangstüren zwischengelagert werden.
- → Falls es im Haus mehrere Raucher gibt, können Sie im Hof oder Garten eine Raucherecke einrichten – möglichst weit entfernt von den Fenstern zu Wohnräumen.

Weitere Störfaktoren

Dass Geräusche und Gerüche in enger Nachbarschaft für Ärger sorgen können, ist allgemein bekannt. Es gibt jedoch auch Streitfälle, die man sich als Vermieter kaum vorstellen kann. Hier schildern wir ein paar Beispiele.

Beeinträchtigungen können für Mieter auch durch bestimmte Angewohnheiten von Mitbewohnern entstehen. Zum Beispiel durch das Füttern von Vögeln auf dem Balkon. Herrscht am Futterhaus viel Andrang, so kann das recht viel Dreck und lautstarkes Gezwitscher verursachen. Grundsätzlich ist Vogelfütterung nach Einschätzung des Landgerichts Berlin sozialadäquat und Vogelkot nicht zu vermeiden. Unverhältnismäßige Verschmutzungen hingegen können ein Mietmangel sei (LG Berlin, Az. 65 S 540/09). Einen strengen Maßstab legen viele Gerichte bei Tauben an. Aufgrund ihrer Größe produzieren sie viel Kot, von dem zudem eine Gesundheitsgefahr ausgehen kann. Wenn ein Mieter mehrfach täglich rund 30 Tauben aus seinem Fenster füttert und damit Beschwerden der Nachbarn beim Vermieter verursacht, stellt das aus Sicht des Amtsgerichts Nürnberg eine erhebliche Pflichtverletzung dar (AG Nürnberg, Az. 14 C 7772/15). Analog dazu entschied das Amtsgericht Bonn im Fall einer taubenlieben Mieterin ähnlich. Dort hatte die Fütterung zudem Ratten angelockt (AG Bonn, Az. 204 C 204/17). Einige Städte haben das Taubenfüttern verboten. Auch Vermieter dürfen so ein Verbot in der Hausordnung festschreiben, so das Landgericht Berlin im dargestellten Fall.

Andere Nutzungen der Außenbereiche können als anstößig empfunden werden. Nacktsonnen im Garten ist nach Auffassung des Amtsgerichts Merzig nicht unbedingt als Störung des Hausfriedens zu bewerten (AG Merzig, Az. 23 C 1282/04), Sex auf der einsehbaren Terrasse hingegen verstößt gegen das Rücksichtnahmegebot (AG Bonn, Az. 8 C 209/05).

Ferner müssen Vermieter und Nachbarn im Alltag nicht alles hinnehmen. So hat beispielsweise das Amtsgericht Münster die fristlose Kündigung und anschließende Räumungsklage einer Vermieterin gegen eine pöbelnde Mieterin bestätigt. Diese hatte Mitbewohner mehrfach als „Lügner", „Märchenerzähler", „Provokateur" und „skrupellos" beschimpft (AG Münster, Az. 61 C 2676/21). Die wiederholte Androhung von Gewalt rechtfertigt ebenfalls eine fristlose Kündigung – und zwar sogar ohne vorherige Abmahnung (AG Berlin-Köpenick, Az. 3 C 33/21).

Im Flur oder Treppenhaus abgestellte Fahrräder können Mitbewohner behindern.

Gemeinschaftlich genutzte Bereiche

Den Flur und das Treppenhaus, den Fahrradkeller und den Hof, die Pkw-Stellplätze oder die Garage nutzen im Mietshaus alle Parteien. Doch was die einen als übliche Nutzung empfinden, nehmen die anderen womöglich als Zumutung wahr.

Besonders die Frage, welche Gegenstände wo abgestellt werden dürfen, liefert immer wieder Zündstoff. Müll gehört nicht in den Hausflur, nur ganz kurz kann er dort gelagert werden (OLG Düsseldorf, Az. 3 Wx 88/96). Wer seinen Hausmüll oder anderen Unrat regelmäßig im Treppenhaus abstellt, kann vom Vermieter abgemahnt und sogar gekündigt werden. Auch Schuhe haben in der Regel allenfalls bei schlechtem Wetter und vorübergehend etwas vor der Wohnungseingangstür zu suchen (OLG Hamm, Az. 15 Wx 168/88).

Anders sieht es mit Transportmitteln aus. Mieter dürfen einen Kinderwagen im Hausflur parken, wenn der Brandschutz es erlaubt (AG Berlin-Neukölln, Az. 10 C 121/22). Ein Rollstuhl oder Rollator darf ebenfalls im Treppenhaus untergebracht werden – aber möglichst platzsparend, beispielsweise zusammengeklappt, sodass andere Bewohner nicht dabei behindert werden, den Hausflur zu nutzen (LG Hannover, Az. 20 S 39/05).

In der Fachliteratur wird die Auffassung vertreten, dass ein Abstellverbot gerechtfertigt ist, wenn es einen gesonderten Abstellraum gibt oder Mieter ebenerdig wohnen und den Kinderwagen oder Rollator mit in die Wohnung nehmen können.

Zur Nutzung der Gemeinschaftsflächen können Sie im Mietvertrag und/oder in der Hausordnung Vorgaben machen. Doch Vorsicht: Dem Landgericht Hamburg zufolge sind Regeln unzulässig, die „das Aufstellen von Gegenständen jeglicher Art, insbesondere von Fahrrädern, Kinderwagen, Rollern usw. auf Vorplätzen, Gängen, Treppenhausabsätzen und Trockenböden" ausnahmslos untersagen (LG Hamburg, Az. 316 S 110/91). Ein solches pauschales Verbot, das keine Ausnahmen zulässt, stellt nach Auffassung des Gerichts eine unangemessene Benachteiligung derjenigen Bewohner dar, die auf bestimmte Gegenstände angewiesen sind. Es ist jedoch zulässig, beispielsweise das Abstellen von Fahrrädern zu untersagen, wenn es eine alternative, zugängliche Abstellmöglichkeit für Fahrräder gibt (LG Hannover, Az. 20 S 39/05).

Vermieter in unterschiedlichen Rollen

Genau wie bei Mängeln in der Wohnung gilt auch bei Streitigkeiten im Haus: Je früher Sie sich kümmern und miteinander reden, umso besser sind die Chancen, dass die Fronten noch nicht verhärtet sind und sich Kompromisse finden lassen. Hinzu kommt: Wenn Mieter erst mal das Verhalten von anderen als Mangel rügen, stehen Sie unter hohem Zeitdruck, um das jeweilige Problem zu lösen. Sonst drohen Mietminderungen.

Ermutigen Sie Ihre Mieter deshalb schon beim Einzug, frühzeitig mit Ihnen das persönliche Gespräch zu suchen, wenn sich Schwierigkeiten anbahnen. Das ist besonders wichtig, wenn Sie nicht vor Ort leben und daher nicht

MIETMINDERUNGEN BEI STREIT UNTER MIETERN

Wenn ein Nachbar sich so verhält, dass Ihr Mieter in der Nutzung seiner Wohnung erheblich beeinträchtigt ist, gilt das als Mangel. Den müssen Sie als Vermieter beheben. Andernfalls darf Ihr Mieter eine reduzierte Miete zahlen. Unsere Beispiele zeigen, welche Kürzungen Gerichte für angemessen hielten.

Höhe der Mietminderung	Mangel	Gericht	Aktenzeichen
50 %	lautstarkes Musizieren in der Nachbarwohnung bis in die Nacht	AG Braunschweig	113 C 168/89 (9)
45 %	Geruchsbelästigung durch Tiere	AG Köln	201 C 457/87
35 %	Beeinträchtigung der Nachtruhe durch Nachbarn	LG Chemnitz	4 C 1080/93
20 %	Lärm durch Touristen	BHG	VIII ZR 155/11
20 %	Hundekot im Treppenhaus	AG Münster	8 C 749/94
20 %	Essens-/Zigarettengeruch aus der Nachbarwohnung	LG Stuttgart	5 S 421/97
20 %	Prostitution im Haus	AG Wiesbaden	92 C 3285/97 – 28
10 %	rauchende Nachbarn	LG Berlin	67 S 307/12
10 %	Schreie, laute Musik, Türenschlagen	AG Bergheim	23 C 147/12
10 %	chronischer Lärm aus der Nachbarwohnung	LG Berlin	63 S 236/14
10 %	wiederholtes Eindringen der Nachbarskatze	AG Potsdam	26 C 492/13
10 %	intensive Kochgerüche, die aus der darunter liegenden Wohnung ins Schlafzimmer der Mieter kommen	AG Berlin-Mitte	122 C 156/21
5 %	dauerhafte Geruchsbelästigung durch Rauch vom Nachbarbalkon	LG Hamburg	311 S 92/10

mitbekommen, wenn es in der Hausgemeinschaft knirscht. Ob und wie Sie dann vorgehen können, hängt maßgeblich vom Gebäude und der Wohnform ab. Sind Sie alleiniger Vermieter eines Mehrfamilienhauses, so haben Sie mehr Gestaltungsmöglichkeiten als Vermieter einer Eigentumswohnung, deren Optionen von der Gemeinschaft begrenzt werden. Und wenn Sie selbst im Gebäude eine Wohneinheit nutzen, haben Sie zugleich die Rolle des Vermieters und die eines Mitbewohners.

VERMIETER EINES MEHRFAMILIENHAUSES

Sobald Sie informiert sind, ist es ratsam, das Gespräch mit den „Beschuldigten“ zu suchen. Jedes Problem hat zwei Seiten. Als Vermieter von beiden beteiligten Parteien sollten Sie sich beide Positionen möglichst unvoreingenommen anhören. Lassen Sie sich von den sich gestört fühlenden und den potenziell störenden Mietern Lösungsvorschläge unterbreiten. Vielleicht zeichnet sich an diesem Punkt schon Einvernehmen ab. Andernfalls können Sie selbst

Ideen präsentieren, entweder in Einzelgesprächen oder in einer Runde mit allen Betroffenen. Denkbar ist auch, eine unabhängige Person dazuzuholen. Eine Beraterin von einem Eigentümerverband oder auch ein Mediator können zur Versachlichung der Debatte beitragen und Erfahrungen mit dem konkreten Streitthema einbringen.

Eine solche Herangehensweise ist vor allem dann empfehlenswert, wenn Sie selbst im Haus wohnen. Dann sind Sie zwangsläufig beteiligt und geraten schnell in Verdacht, parteiisch zu sein. Falls Sie versuchen wollen, beide Mietparteien im Haus zu halten, wäre das hinderlich.

Es kann allerdings auch sein, dass Sie gerade als Selbstnutzer sehr schnell zu der Einschätzung kommen, dass die Mieter, die sich beklagen, völlig im Recht sind. Vielleicht haben Sie selbst den ständigen Partylärm der Mitbewohner schon mehrfach als störend erlebt. Versuche, mit ihnen zu reden, sind gescheitert. Dann wird Ihr Bestreben sein, das Mietverhältnis zu beenden.

Der erste Schritt ist eine Abmahnung wegen eines Verstoßes gegen die Hausordnung oder den Mietvertrag. Notfalls folgt eine Kündigung. Die ist nicht immer ganz einfach durchzusetzen. Unter Umständen ist es hilfreich, wenn die Mieter, die sich ursprünglich beschwert haben, Ihre Argumentation unterstützen. In einem solchen Fall sollten Sie frühzeitig juristischen Rat einholen.

BESONDERHEITEN IN DER WOHNUNGSEIGENTÜMERGEMEINSCHAFT

In einer Eigentümergemeinschaft sind die unterschiedlichsten Konstellationen vorstellbar:

- Zwei Mietparteien zanken sich – Sie sind Vermieter von beiden.
- Zwei Mieterparteien streiten – Sie sind Vermieter der einen, ein anderer Eigentümer der anderen Partei.
- Sie sind Selbstnutzer und haben einen Konflikt mit einem Mieter.
- Sie sind Selbstnutzer und geraten mit einem anderen Selbstnutzer in Streit.

Gegebenenfalls sind also mehrere Personen mit unterschiedlichen Interessen, Funktionen und rechtlichen Möglichkeiten beteiligt. Entsprechend hohes kommunikatives Geschick ist meist gefragt. Patentlösungen gibt es nicht. Viel hängt von den Personen und ihrer Beziehung zueinander ab.

In der erstgenannten Konstellation sind Sie – genau wie als alleiniger Vermieter eines ganzen Hauses – in erster Linie Vermittler zwischen den beiden streitenden Mietparteien. Sie können ähnlich verfahren wie oben beschrieben. Der wesentliche Unterschied ist jedoch: Die Interessen der Gemeinschaft müssen gewahrt sein. Ein Debakel ist, wenn Regeln aus Ihrem Mietvertrag der Gemeinschaftsordnung widersprechen. Dann sind Sie der Gemeinschaft gegenüber verpflichtet, die Gemeinschaftsordnung zu wahren, und müssen den Mietern gegenüber die Mietverträge durchsetzen. Gibt es Widersprüche, ist das nicht leistbar. Das können Sie nur vermeiden, wenn Sie bei Mietvertragsschluss auf Kongruenz mit den Gemeinschaftsregeln achten (siehe Seite 112).

Im zweit- und drittgenannten Fall ist es ratsam, zunächst mit dem zweiten beteiligten Vermieter Kontakt aufzunehmen. Er hat mehr Handlungsoptionen gegenüber seinem störenden Mieter, kann mit diesem das Gespräch suchen und – falls das erfolglos verläuft – eine Abmahnung aussprechen und zur Unterlassung der Störungen auffordern.

Sind Sie und ein anderer Selbstnutzer betroffen, so bewegt sich die Auseinandersetzung vollständig auf der Eigentümerebene. Mietrechtliche Fragen stellen sich nicht.

INTERVIEW MIT THEO FLESSNER

→ Konflikte konstruktiv lösen: Wenn Streitigkeiten zwischen Vermietern und Mietern vor Gericht landen, gibt es oft nur Verlierer. Das lässt sich durch gute Kommunikation, aber auch durch rechtssichere Verträge und Sachwissen vermeiden.

Theo Fleßner ist Fachanwalt für Miet- und Wohnungseigentumsrecht und Mitglied der Arbeitsgemeinschaft Mediation im Deutschen Anwaltverein. Er berät und vertritt vor allem Klein- und Kleinstvermieter, darunter auch viele Eigentümer, die erstmals mit Vermietung zu tun haben.

Beobachten Sie bei Mietrechtsstreitigkeiten, an denen private Kleinvermieter beteiligt sind, Aspekte, die möglicherweise in Konflikten mit einem großen Wohnungsunternehmen nicht auftreten?

Die Mehrheit der Mieter hat die Vorstellung, dass ihr Vermieter Experte in Sachen Mietrecht ist. In einem Wohnungsunternehmen mit einer großen Rechtsabteilung können sie das auch zu Recht erwarten. Bei privaten Kleinvermietern ist das anders. Viele von ihnen haben kein oder nur ein geringes Bewusstsein dafür, wo Probleme lauern. Das gilt vor allem für Erstvermieter. Sie laden beispielsweise ein Mietvertragsformular aus dem Internet und nutzen das, ohne zu hinterfragen, ob es zum eigenen Mietverhältnis passt. Dann kann es durchaus passieren, dass die Regelungen zu den Betriebskosten gar nicht die Betriebskosten abdecken, die in der Immobilie anfallen. Mit der ersten Betriebskostenabrechnung gibt es dann Ärger. Der Mieter kommt gar nicht auf die Idee, dass der Vermieter aus Unkenntnis Fehler macht, sondern unterstellt eher eine böse Absicht. Das ist eine schlechte Ausgangsbasis, um einen Konflikt zu lösen.

Was können Vermieter tun, damit eine solche Situation gar nicht erst entsteht?

Sie können sich im Vorfeld gründlich informieren, zum Beispiel mit diesem Buch. Damit sind sie sensibilisiert für mögliche Fallstricke. Sinnvoll ist außerdem auf jeden Fall eine individuelle Beratung mindestens vor der ersten Vermietung. Eine gute Adresse dafür sind Branchenverbände. Aber auch die Erstberatung bei einem Anwalt kostet nicht die Welt. Auf diesem Wege lässt sich sicherstellen, dass der Mietvertrag zum Vermieter und zum Objekt passt. Das schafft Frieden für beide Seiten im Mietverhältnis.

Beobachten Sie Unterschiede in der Häufigkeit und den Themen von Auseinandersetzungen zwischen den diversen Immobilienarten und Wohnformen?

Vergleichsweise konfliktarm ist die Vermietung von Einfamilienhäusern. Tendenziell gibt es in Mehrfamilienhäusern, und zwar besonders in Eigentümergemeinschaften, mehr Streit. Rund die Hälfte der Fälle, mit denen ich zu tun habe, dreht sich um Betriebskosten und ihre Abrechnung. Das zweite große Thema ist das alltägliche Miteinander von unterschiedlichen Mietern oder auch von Mietern und selbst nutzenden Eigentümern. Da geht es dann um Lärmbeeinträchtigungen, Grillen auf dem Balkon oder die Schuhsammlung im Hausflur. Je mehr Personen beteiligt sind, umso schwieriger ist es oft, diese Konflikte zu lösen.

→ Der Ursprung für jede Eskalation ist fehlende Kommunikation.

Worum geht es konkret bei Betriebskostenabrechnungen?

Ein ganz typischer Fall ist: In einem Mietvertrag einer Eigentumswohnung ist die Verteilung der Betriebskosten nach Wohnfläche festgelegt. In der Eigentümergemeinschaft wird jedoch nach Miteigentumsanteilen abgerechnet. Der Vermieter erhält die Betriebskostenabrechnung der WEG-Verwaltung und reicht diese 1:1 an seinen Mieter weiter. Der beschwert sich zu Recht, weil mit ihm ja ein anderer Verteilungsschlüssel vereinbart wurde.

Welche Lösungsmöglichkeiten sehen Sie in einem solchen Fall?

Gefragt sind eigentlich zwei Lösungen: Zum einen muss ein Umgang mit der konkreten Abrechnung gefunden werden. Zum anderen gilt es, das eigentliche strukturelle Problem zu lösen, damit nicht jedes Jahr mit der Betriebskostenabrechnung dieselbe Auseinandersetzung beginnt. Denkbar ist beispielsweise, dass der Vermieter auf eine geforderte Nachzahlung verzichtet. Oder er macht sich in diesem einen Jahr die Mühe und rechnet die Verwaltungsabrechnung um auf den mit dem Mieter vereinbarten Schlüssel. Im Gegenzug ist der Mieter dann bereit, künftig die Abrechnung nach Miteigentumsanteilen zu akzeptieren. Das erfordert eine entsprechende Änderung des Mietvertrags. Vorteil für den Vermieter ist: Er kann ab dem Folgejahr die Verwaltungsabrechnungen durchleiten. Das spart Arbeit und verringert Fehlerrisiken in der Abrechnung.

Ihr zweites Beispiel – die Alltagsstreitigkeiten – betrifft in einem Mehrfamilienhaus oft auch Mitmieter und in der WEG Miteigentümer. Wie können Wohnungseigentümer gemeinsam eine Basis für ein friedliches Miteinander schaffen?

Ein pauschales Rezept gibt es dafür nicht. Ein wichtiger Baustein ist eine auf Ausgleich angelegte Hausordnung, die für alle nachvollziehbare und verbindliche Regeln beinhaltet. Sie muss dann Bestandteil jedes Mietvertrags sein. Kein Mietvertrag darf abweichende Regeln enthalten. Und Klauseln in den Mietverträgen müssen mit den Regeln der Gemeinschaft übereinstimmen. Eine WEG darf den einzelnen Eigentümern zwar keine Vorschriften machen, aber sie kann Empfehlungen aussprechen und sogar einen Mustermietvertrag erarbeiten. Manch ein Neuvermieter, der sonst im Netz nach einem Formular suchen würde, ist dafür sicherlich dankbar.

In den Fällen, wo ein Vermieter ein ausführliches Mieterhöhungsschreiben formuliert und versucht, die gesetzlichen Anforderungen zu erfüllen, hat er meistens Erfolg.

Der Deutsche Mieterbund hat für 2024 einen deutlichen Anstieg von Gerichtsprozessen aufgrund von Mieterhöhungen dokumentiert. Wie sehen Ihre Erfahrungen aus?

Insgesamt gehen private Kleinvermieter mit Mieterhöhungen deutlich moderater um als professionelle Vermieter. Turnusmäßige Erhöhungen sind eher selten. Das liegt vor allem daran, dass private Eigentümer viel Wert auf ein harmonisches Mietverhältnis legen. Ich höre häufiger, dass sie nicht bis zum Anschlag erhöhen aus Sorge, dass die Erwartungen der Mieter an sie dann auch wesentlich höher werden. Wenn die Miete im laufenden Mietverhältnis angehoben wird, entsteht vor allem dann Streit, wenn Vermieter die gesetzlichen Voraussetzungen an ein Mieterhöhungsverlangen nicht erfüllen. Im Extremfall kommt ein Vermieter zu mir, beschwert sich, dass der Mieter die höhere Miete nicht zahlt, und zeigt mir dann sein Mieterhöhungsverlangen, in dem er ausschließlich einen Termin und einen Betrag nennt, jedoch keine Begründung. Dann hat der Mieter recht, wenn er nicht zahlt. In den Fällen, wo ein Vermieter ein ausführliches Mieterhöhungsschreiben formuliert und versucht, die gesetzlichen Anforderungen zu erfüllen, hat er in den meisten Fällen Erfolg. Meist lassen sich die Mieter dann beraten. Selbst wenn das Schreiben nicht ganz korrekt oder vollständig ist, schlägt der Mieterbund dann in der Regel einen Kompromiss vor. Ein fehlendes Baujahr kann nachgeliefert oder eine abweichende Wohnfläche korrigiert werden. Solche Schwierigkeiten sind klärbar.

Was ist mit Modernisierungsmieterhöhungen?

Sie spielen in meiner Praxis kaum eine Rolle. Ab und zu kommt ein Vermieter nach einer Modernisierung und meint, er habe gehört, dass er jetzt die Miete erhöhen kann. Dann muss ich ihm sagen, dass das in seinem Fall nicht mehr ohne Weiteres möglich ist, weil er die Modernisierung und die geplante Mieterhöhung vor der Maßnahme grundsätzlich hätte ankündigen müssen. Auch das ist ein Beispiel dafür, dass viele private Vermieter recht unbedarft sind und es an Basiswissen fehlt.

Wie entwickeln sich Streitigkeiten in Mietverhältnissen? Wie wird aus einer Meinungsverschiedenheit ein Gerichtsverfahren? Gibt es typische Eskalationsstufen?

Der Ursprung für jede Eskalation ist fehlende Kommunikation. Ein Beispiel: Ein Mieter informiert den Vermieter zu Beginn der Heizsaison per WhatsApp, dass ein Heizkörper nicht funktioniert, weil sich ein Thermostatventil nicht öffnet. Der Vermieter kommt zur Beratung zu mir. Er fürchtet eine Mietminderung und will wissen, was er jetzt tun solle. Schließlich habe es in seiner Wohnung noch nie einen Mangel gegeben. Ich frage nach, ob er sich den Heizkörper angeschaut habe. Hat er nicht. Das holt er nach, und ich höre nie wieder von der Angelegenheit. Gerade aus Mietmängeln muss wirklich kein Rechtsstreit werden, wenn Vermieter die Belange des Mieters ernst nehmen, sich ein Bild von dem Schaden machen und darum kümmern. Das ist letztlich ja nicht nur im Interesse des Mieters, sondern auch im Interesse des Eigentümers: Wenn ein Mangel frühzeitig erkannt und behoben wird, ist das ein Beitrag zum Erhalt der Immobilie.

Gibt es Beispiele für tragfähige Kompromisskonzepte, mit denen Sie schon wiederholt gearbeitet haben?

Ja, die gibt es in nahezu jedem Themenbereich. Wenn es um einen Mietmangel wie beispielsweise undichte Fenster und eine mögliche Mietminderung geht, werden die Betroffenen über unterschiedliche Möglichkeiten der Mängelbeseitigung sprechen. Natürlich kann der Vermieter einfach nur die Fenster abdichten. Das geht schnell, und die Mietminderung ist vom Tisch. Er kann jedoch auch anbieten, neue Fenster mit einem besseren Schall- oder Wärmeschutz einbauen zu lassen. Für die Vorbereitung braucht er Zeit. Im Gegenzug verzichtet der Mieter auf die Mietminderung. Oder nehmen Sie das Beispiel Eigenbedarfskündigung. Mieter können den Eigenbedarf an sich oft nicht bestreiten, sie können jedoch mit ihrer persönlichen Lebenssituation argumentieren und einen Härtefall geltend machen. Kommt es zum Gerichtsverfahren, ist der Ausgang für sie kaum kalkulierbar. Ein Vermieter hat jedoch durchaus Möglichkeiten, sie zu motivieren, die Eigenbedarfskündigung zu akzeptieren: Er kann eine längere Frist für die Wohnungssuche ermöglichen, dem Mieter beim Umzug helfen oder auch eine Entschädigung zahlen.

Gerade unerfahrene Vermieter fühlen sich möglicherweise sicherer mit juristischer Unterstützung. Wie finden sie einen Anwalt, der mit ihnen auf eine solche konstruktive Lösung hinarbeitet?

Zum einen können sich Ratsuchende an äußeren Merkmalen orientieren: Ein Anwalt mit Zusatzausbildung als Mediator ist darauf gepolt, Gerichtsverfahren möglichst zu vermeiden und außergerichtliche Lösungen zu suchen. Das gilt auch für Juristen, die eine Ausbildung in der recht neuen Methode der kooperativen Praxis – kurz: CP – haben. Zum anderen können Vermieter natürlich beim ersten Zusammentreffen thematisieren, dass sie keinen gerichtlichen Streit wollen und sich von dem Anwalt dabei Unterstützung erwarten.

Wie werden Mediation und kooperative Praxis bei mietrechtlichen Konflikten umgesetzt?

Mediation spielt – anders als im Familienbereich – so gut wie keine Rolle, die kooperative Praxis hingegen schon. Sie nutzt die Methoden der Konfliktanalyse und Mediation. Jede Seite wird von einem Anwalt vertreten. Diese verpflichten sich zur unabhängigen Rechtsberatung mit dem Ziel einer gesamtheitlichen Lösung. Die beiden CP-Anwälte dürfen ihre Mandanten im Falle eines späteren Gerichtsstreits nicht vertreten. Das gibt den Ratsuchenden die Sicherheit, dass tatsächlich die Konfliktlösung das Ziel ist.

Vielen Dank für das Gespräch.

6

Die meisten Mietverträge werden unbefristet abgeschlossen. Sie enden erst, wenn ein Vertragspartner kündigt, oder durch einen Aufhebungsvertrag. Dann geht es darum, die Übergabe der Immobilie zu organisieren und letzte Abrechnungen zu tätigen.

→ **Der Vermieter kündigt:** Die Gesetzgebung in Deutschland ist sehr mieterfreundlich – auch beim Kündigungsschutz. Vermieter dürfen nur in wenigen Fällen kündigen und müssen die Kündigung gut begründen.

WAS ERFAHRE ICH?

Privateigentum ist Grundrecht. Doch das Recht der Mieter auf ihre Wohnung steht ebenfalls unter dem Schutz des Grundgesetzes. Deshalb können Vermieter ein bestehendes Mietverhältnis meist nur unter eng gesteckten Voraussetzungen beenden. Einzig für Eigentümer eines Zweifamilienhauses, in dem sie selbst wohnen und die zweite Einheit vermieten, und für Vermieter einer Einliegerwohnung gelten vereinfachte Bedingungen. Mit einer sogenannten erleichterten Kündigung dürfen sie mit der mietvertraglich vereinbarten oder gesetzlich gültigen Frist ohne besondere Begründung das Mietverhältnis auflösen.

In allen anderen Fällen brauchen Sie gesetzlich zulässige Gründe. Eine ordentliche Kündigung ist beispielsweise nur möglich, wenn Sie ein berechtigtes Interesse daran haben. Was das ist, definiert das Gesetz. Außerdem gibt es diverse Umstände, die eine außerordentliche Kündigung rechtfertigen. Dazu zählen Zahlungsverzug oder der Tod eines Mieters.

In diesem Kapitel erfahren Sie, worauf Sie bei der Begründung eines Kündigungsverlangens achten müssen und welche Fristen und formalen Anforderungen zu berücksichtigen sind.

Ordentliche Kündigung

Um einen Mietvertrag ordentlich kündigen zu können, müssen Sie ein berechtigtes Interesse haben. Per Gesetz (§ 573 Abs. 1 BGB) rechtfertigen nur drei Gründe diesen Schritt:

- → **KÜNDIGUNG WEGEN VERTRAGSVERLETZUNG** – wenn sich Mieter vertragswidrig verhalten
- → **EIGENBEDARFSKÜNDIGUNG** – wenn Sie die Immobilie für Ihren eigenen Bedarf benötigen
- → **VERWERTUNGSKÜNDIGUNG** – wenn Sie durch die Fortsetzung des Mietverhältnisses erhebliche wirtschaftliche Nachteile haben

In der Praxis spielen vor allem die beiden erstgenannten Fälle eine Rolle: Wenn sich Mietrückstände anhäufen, Ihnen ein immer größerer Teil des einkalkulierten Einkommens fehlt und sich keine Lösung abzeichnet, ist eine Kündigung häufig der einzige Ausweg. Eine Eigenbedarfskündigung scheint für manch einen Neuvermieter eine Hintertür zu sein, sie ist jedoch nur in engen Grenzen zulässig. Variante drei, eine Verwertungskündigung, kommt nur im Einzelfall zum Tragen.

VARIANTE 1: VERTRAGSVERLETZUNGEN

Als Vermieter dürfen Sie Ihren Mietern kündigen, wenn diese gegen ihre Vertragspflichten verstoßen haben und die Fortsetzung des Mietvertrags Ihnen nicht zuzumuten ist. Je nachdem, wie gravierend das Fehlverhalten der Mieter ist, kommt dafür entweder eine ordentliche Kündigung mit einer gesetzlichen Frist oder eine außerordentliche fristlose Kündigung infrage.

Doch welche Verstöße sind so gravierend, dass sie als Begründung für eine fristlose Kündigung ausreichen? Dieser Punkt birgt Streitpotenzial. Sie sind daher gut beraten, in Zweifelsfällen zweigleisig zu fahren und im Kündigungsschreiben sowohl die außerordentliche fristlose Kündigung als auch hilfsweise die ordentliche Kündigung zum nächstmöglichen Termin zu erklären. Mehr zur außerordentlichen fristlosen Kündigung lesen Sie auf Seite 211.

TIPPS ZUM VORGEHEN

Am Anfang einer Mietstreitigkeit oder beim ersten kleinen Regelverstoß ist eine Eskalation oft nicht absehbar. Etwa wenn ein Mieter seine Miete nicht zahlt, andere mietvertragliche Pflichten verletzt oder wiederholt den Hausfrieden stört, sollten Sie zunächst versuchen, die Angelegenheit durch ein Gespräch zu klären. Gelingt das nicht, ist ein schriftlicher Hinweis auf das regelwidrige Verhalten der nächste Schritt. Zugleich sollten Sie den Mieter auffordern, das Fehlverhalten innerhalb einer genau benannten Frist zu unterlassen. Angemessen ist ein Zeitraum von zwei Wochen. Je nachdem, wie stark die Beeinträchtigung durch die Pflichtverletzungen für Sie und/oder die Hausgemeinschaft ist, können Sie in diesem Schreiben bereits eine Abmahnung erteilen (siehe Kasten). Ansonsten holen Sie das bei weiterer Nichteinhaltung der Regeln in einem zweiten Schreiben nach.

Die Abmahnung muss klar erkennen lassen, was Sie vom Mieter erwarten. Sie ist nur wirksam, wenn es sich tatsächlich um eine gewichtige Verletzung der Pflichten aus dem Mietvertrag oder der Hausordnung handelt. Dazu gehören beispielsweise das Ausbleiben der Mietzahlung oder unerlaubte Untervermietung, nicht genehmigte Tierhaltung, wiederholte Ruhestörungen oder die Belästigung anderer Hausbewohner.

Die Schriftform ist für eine Abmahnung zwar nicht vorgeschrieben, aber sinnvoll. Aus manch einem Streitfall wird eine Auseinander-

SYSTEMATIK VON KÜNDIGUNGSARTEN

- → **ORDENTLICHE KÜNDIGUNG:** Mieter und Vermieter können spätestens am dritten Werktag eines Kalendermonats zum Ablauf des übernächsten Monats kündigen. Für Vermieter – und nur für sie – verlängert sich diese Frist mit einer Mietdauer von fünf und von acht Jahren jeweils um drei Monate. Bei einer Vermietung zum vorübergehenden Gebrauch darf im Vertrag eine kürzere Kündigungsfrist vereinbart werden. Voraussetzung für die Kündigung eines Vermieters ist ein berechtigtes Interesse (§ 573c und § 573 Abs. 1 BGB).
- → **ERLEICHTERTE KÜNDIGUNG:** Für Vermieter, die Wohnraum in einem von ihnen selbst bewohnten Gebäude mit nicht mehr als zwei Wohneinheiten vermieten, gelten besondere Bedingungen: Sie dürfen auch ohne vertragswidriges Verhalten der Mieter und ohne eigenes berechtigtes Interesse kündigen. Dafür verlängert sich jedoch die Kündigungsfrist, die in Abhängigkeit von der Mietdauer gelten würde, um jeweils drei Monate (§ 573a BGB).
- → **AUSSERORDENTLICHE KÜNDIGUNG:** In wenigen Fällen dürfen Vermieter auch ohne berechtigtes Interesse kündigen, beispielsweise nach dem Tod eines Mieters. Dabei gelten dieselben gesetzlichen Fristen wie bei einer ordentlichen Kündigung (§ 573d BGB).
- → **AUSSERORDENTLICHE FRISTLOSE KÜNDIGUNG:** Beide Vertragsparteien haben das Recht, das Mietverhältnis aus wichtigem Grund außerordentlich ohne Beachtung von Fristen zu kündigen. Für Vermieter kommt dieses Instrument etwa bei erheblichen Zahlungsrückständen infrage. Die Anforderungen an eine solche Kündigung durch die Vermieter sind besonders hoch. Voraussetzung ist etwa in vielen Fällen eine vorherige Abmahnung (§ 543 BGB).

setzung vor Gericht, und dann kann eine unzweifelhaft dokumentierte Abmahnung ein gewichtiges Argument sein. Adressieren Sie das Schreiben immer an alle im Vertrag genannten Mieter, selbst wenn die Störung nachweislich nur von einer Person ausgeht. Dabei sollten Sie den Grund für die Abmahnung unmissverständlich benennen und den Begriff „Abmahnung" verwenden. Mit genauen Angaben etwa zu Zeitpunkten des Fehlverhaltens, eventuellen Zeugen und Hinweisen auf Fotos bekommt Ihr Anliegen viel Gewicht.

Ziel einer Abmahnung ist eine Vorwarnung: Sie teilen dem Mieter mit, dass die Kündigung des Mietverhältnisses droht, wenn er sein regelwidriges Verhalten fortsetzt. Zum Schluss müssen alle im Vertrag genannten Vermieter unterschreiben.

Den Zugang des Schreibens sollten Sie belegen können. Auf Nummer sicher gehen Sie mit einem Einschreiben mit Rückschein, der persönlichen Übergabe vor Zeugen oder der Übermittlung durch einen Boten.

Eine Abmahnung hat weitreichende rechtliche Bedeutung: In vielen Fällen ist sie die Voraussetzung für eine außerordentliche fristlose Kündigung zu einem späteren Zeitpunkt. Und: Wenn Sie irgendwann vor der Frage stehen, eine Räumungsklage anzustrengen, erhöhen häufige Abmahnungen die Chance auf Erfolg.

Wenn die Abmahnung nicht die gewünschte, abschreckende Wirkung hat, sprechen Sie im nächsten Schritt die ordentliche Kündigung oder auch eine außerordentliche fristlose Kündigung aus.

VARIANTE 2: EIGENBEDARF

Vermieter dürfen Mietern kündigen, wenn sie eine Wohnung für sich, ihre Familie oder nahe Verwandte brauchen. Zulässig ist die Eigenbedarfskündigung gemäß § 573 Abs. 2 Nr. 2 zugunsten des Vermieters oder der Vermieterin selbst, von Familienangehörigen oder Angehörigen des Haushaltes.

Es gibt viele Lebenssituationen, in denen Vermieter selbst eine andere Wohnung brauchen und Eigenbedarf an der bislang vermieteten Wohnung geltend machen – wenn sie den eigenen Haushalt nach einer Scheidung verkleinern oder ihn bei Familienvergrößerung oder Einzug von Pflegepersonal vergrößern möchten oder auch, wenn eine neue Arbeits-

ABMAHNEN ODER NICHT?

Eine Abmahnung ist nicht per Gesetz Voraussetzung für eine ordentliche Kündigung wegen schuldhafter nicht unerheblicher Vertragsverletzungen durch Mieter (§ 573 BGB). Das hat auch der Bundesgerichtshof so entschieden (BGH, Az. VIII ZR 145/07).

Allerdings wird in der Rechtsprechung vielfach die Auffassung vertreten, dass Verstöße gegen den Mietvertrag dadurch **BESONDERES GEWICHT** bekommen, dass sie trotz einer Abmahnung weiterhin erfolgen. Eine an sich leichte Vertragsverletzung werde durch die Wiederholung nach einer Abmahnung zu einer erheblichen Vertragsverletzung, die dann eine Kündigung rechtfertige.

Für eine außerordentliche fristlose Kündigung aus wichtigem Grund verlangt das Gesetz hingegen grundsätzlich eine erfolglose Abmahnung oder den erfolglosen Ablauf einer Frist, die Mietern gesetzt wurde, um ihr Verhalten zu ändern (§ 543 Abs. 3 BGB).

IN DREI AUSNAHMEFÄLLEN ist keine Abmahnung erforderlich:

- → Die Frist oder Abmahnung verspricht offensichtlich keinen Erfolg.
- → Die sofortige Kündigung ist aus besonderen Gründen gerechtfertigt.
- → Die Mieter sind mit zwei aufeinander folgenden Monatsmieten oder einem nicht unerheblichen Teil der Miete in Verzug.

Unterm Strich ist für Sie also extrem schwer zu beurteilen, ob eine Abmahnung verzichtbar ist oder ob die Durchsetzung einer Kündigung vielleicht am Ende am Fehlen einer Abmahnung scheitert. Als ein Schritt auf dem Weg zur Kündigung ist es daher ratsam, die Mieter abzumahnen und ihnen damit eine Chance zu geben, mit dem Wissen um mögliche Konsequenzen ihr Verhalten zu ändern.

stätte von der bislang vermieteten Wohnung besonders gut erreichbar ist.

Eigentümer dürfen Eigenbedarf grundsätzlich nicht nur anmelden, wenn die Immobilie ihr alleiniger Wohnsitz werden soll, sondern auch, wenn sie die Räume als zusätzliche Wohnung – etwa für ihre berufliche Tätigkeit, als Zweitwohnung oder Ferienwohnung – benötigen. Es ist nicht erforderlich, dass sie in der Wohnung, für die sie den Eigenbedarf reklamieren, künftig ihren Lebensmittelpunkt haben wollen (BGH, Az. VIII ZR 127/05, Az. VIII ZR 330/11, Az. VIII ZR 186/17, Az. VIII ZR 19/17). Welche Personen in diesem Kontext als Familienangehörige gelten und privilegiert sind, hat der Bundesgerichtshof in mehreren Urteilen entschieden: Kinder, Stiefkinder, Enkel, Geschwister, Nichten und Neffen sowie Partner, Ehegatten und Schwiegereltern werden als Familienangehörige bewertet (u. a. BGH, Az. VIII ZR 276/02, Az. VIII ZR 159/09).

Cousins oder Cousinen zählen jedoch auch dann nicht, wenn sie den Vermietern besonders nahestehen (BGH, Az. VIII ZR 276/23). Die begünstigten Angehörigen müssen im Kündigungsschreiben namentlich benannt oder auf andere Weise identifizierbar sein, damit die Mieter den Eigenbedarf prüfen können (LG Berlin, Az. 67 S 288/22, Az. 67 S 5/23).

Unter Angehörige des Haushalts im Sinne des Gesetzes sind beispielsweise Haushaltshilfen und Pflegepersonal zu verstehen. Anders als Familienangehörige müssen sie jedoch im Kündigungsschreiben nicht namentlich genannt werden (LG Potsdam, Az. 11 S 146/05).

Ob die Unterbringung eines Au-pairs eine Kündigung wegen Eigenbedarf begründen kann, beurteilen die Gerichte unterschiedlich. Das Amtsgericht München sagt: Ja. Zur Begründung heißt es, es könne von Vermietern nicht verlangt werden, die Raumaufteilung im von ihnen bewohnten Haus zu verändern, um eine Eigenbedarfskündigung einer vermieteten Wohnung zu vermeiden (AG München, Az. 473 C 11647/20).

Das Landgericht Berlin hingegen vertritt die Auffassung, eine Eigenbedarfskündigung sei unzulässig, wenn Vermieter die Hilfskraft mit Komforteinbußen und geringfügiger wirtschaftlicher Mehrbelastung in der eigenen Wohnung unterbringen können und zudem die Wohnungssuche für Mieter sehr schwierig ist (LG Berlin, Az. 67 S 11/21).

Wenn Sie für die Betreuung Ihrer Kinder ein Au-pair anstellen, kann das zur Eigenbedarfskündigung berechtigen.

UNWIRKSAME EIGENBEDARFSKÜNDIGUNG

Im Einzelfall kann eine Eigenbedarfskündigung unwirksam sein, obwohl sie zugunsten gesetzlich erlaubter privilegierter Personen ausgesprochen wird. Wenn Vermieter überdimensionierten Wohnbedarf geltend machen – etwa indem sie eine sehr große Wohnung für noch junge Familienangehörige haben wollen –, ist die Kündigung nach Auffassung des Landgerichts Berlin als Missbrauch anzusehen und somit unwirksam (LG Berlin, Az. 64 S 50/20). Allerdings kommen für überhöhten Wohnbedarf nur Extremfälle in Betracht. Zur Größe des beanspruchten Wohnraums hat das BVerfG wiederholt festgestellt, der Vermieter entscheide, wie er angemessen wohnen möchte. Insbesondere hat das Gericht den geltend gemachten Wohnbedarf nicht dahin zu überprüfen, ob er in wohnraumbewirtschaftungspolitischer Hinsicht gerechtfertigt ist. Grundsätzlich ist Eigentümern mit Blick auf die grundrechtlich verbürgte Eigentumsgewährleistung ein weiter

Ermessensspielraum bei der Einschätzung ihres Bedarfs einzuräumen (BGH, Az. VIII ZR 166/14). Es reicht, wenn der Nutzungswunsch auf vernünftige und nachvollziehbare Gründe zurückgeht (BGH, Az. VIII ARZ 4/87).

Wenn Vermieter allerdings über eine weitere Wohnung verfügen, die frei und für die geplanten Zwecke ebenso geeignet ist wie die Wohnung der Mieter, für die der Eigenbedarf angemeldet wurde, ist die Kündigung rechtsmissbräuchlich. Das entschied das Landgericht Stuttgart in einem Fall, bei dem es um die Überlassung der vermieteten Wohnung an eine Pflegekraft ging (LG Stuttgart, Az. 13 S 125/20). Ausgeschlossen ist die Eigenbedarfskündigung dem Landgericht Heilbronn zufolge darüber hinaus, wenn sich der Eigenbedarf schon bei Abschluss des Mietvertrags abzeichnete und die Eigentümer ihn verschwiegen haben. Im Streitfall war eine Familie aus ihrer Wohnung zu den (Schwieger-)Eltern gezogen und hatte die Wohnung vermietet. Was sie den Mietern nicht sagten: Sie planten nach der Geburt eines weiteren Kindes und beruflichen Veränderungen zurückzuziehen. Das ist Rechtsmissbrauch, urteilten die Richter (LG Heilbronn, Az. Aß 2 S 12/22).

In manch einem Streit um eine Kündigung wegen Eigenbedarfs kommt ein Gericht zu dem Ergebnis, dass der nur vorgetäuscht war, um die Wohnung für eine lukrativere Neuvermietung frei zu machen. Dann haben Mieter Anspruch auf Schadenersatz (BGH, Az. VIII ZR 99/14).

TIPPS ZUM VORGEHEN

Die zahlreichen zitierten Urteile machen deutlich: Eine Eigenbedarfskündigung ist extrem streitanfällig. Schon kleine Unterschiede im Detail können maßgeblich dafür sein, dass eine Kündigung wirksam und die andere unwirksam ist. Für Sie als Vermieter ist deshalb wichtig, in Erfahrung zu bringen, ob eine geplante Eigenbedarfskündigung rechtlich durchsetzbar ist und was Sie beachten müssen. Dazu sollten Sie unbedingt juristischen Rat einholen.

Bestätigt er Ihr Vorhaben, ist ein frühzeitiges Gespräch mit den Mietern empfehlenswert. Für sie bedeutet die Kündigung eine meist unerwünschte erhebliche Veränderung ihrer Lebensumstände. Ein verständnisvoller Umgangston und die sachliche Erläuterung Ihrer Beweggründe ändern daran zwar nichts, aber mit einer wertschätzenden Herangehensweise leisten Sie einen wichtigen Beitrag dazu, dass aus der schwierigen Situation kein Rechtsstreit wird.

VARIANTE 3: VERWERTUNGSKÜNDIGUNG

Auch wenn es nur ums Geld geht, ist eine Kündigung von Mietverträgen möglich. Bei solchen rein wirtschaftlich begründeten Kündigungen sind die Gerichte allerdings streng. Es reicht nicht aus, dass ein Haus oder eine Wohnung beim Verkauf mehr Geld bringt, wenn

REGELUNGEN ZUM EIGENBEDARF

Die Vertragsparteien können mietvertraglich einen Verzicht auf die Kündigung wegen Eigenbedarf vereinbaren. Mieter werden über eine solche Klausel begeistert sein. Für Sie birgt sie Risiken: Zu Beginn des Mietverhältnisses mag eine Eigenbedarfskündigung undenkbar erscheinen. Doch das kann sich im Laufe der Jahre ändern. Sie sollten **SORGSAM ABWÄGEN,** ob Sie sich diese Option selbst nehmen wollen. Denkbar ist auch in engen Grenzen ein zeitlich befristeter Verzicht, mit konkreter Benennung des Befristungsgrundes.

Ist ein Eigenbedarf bereits konkret absehbar, etwa weil der Auszugstermin der Kinder aus dem Familienhaus feststeht, dann können Sie einen Mietvertrag aus diesem Grund befristen. Dazu müssen Sie die Mieter bei Vertragsschluss über den Eigenbedarf informieren, die privilegierten Personen und den Grund der Nutzung benennen (siehe Seite 80).

kein Mieter mehr darin wohnt. Falls ein Vermieter jedoch in ernsthaften wirtschaftlichen Schwierigkeiten steckt, ist eine Verwertungskündigung erlaubt. Dann dürfen Vermieter ihren Mietern kündigen, wenn sie dadurch beim Verkauf der Immobilie einen viel höheren Preis erzielen können. Das Landgericht Detmold hat die Kündigung durch einen Vermieter bestätigt, der kurz vor der Pleite stand und jeden Cent brauchte, um seine Gläubiger zu bezahlen und die Insolvenz abzuwenden (LG Detmold, Az. 2 S 122/00). Das Landgericht Krefeld hat die Kündigung durch einen Vermieter akzeptiert, der 4 800 Euro Kreditrate für die Immobilie zu zahlen hatte, aber von seinen Mietern nur 2 000 Euro monatlich erhielt, und der dann auch noch arbeitslos wurde (LG Krefeld, Az. 2 S 66/09). Vermieter sind auch berechtigt, Mietern zu kündigen, wenn sie das Gebäude wegen schlechter Bausubstanz und Unzumutbarkeit der Weiterbewirtschaftung abreißen lassen möchten und auf dem Grundstück Neubauten planen (BGH, Az. VIII ZR 155/10). Der ersatzlose Abriss eines Gebäudes hingegen reicht zur Begründung einer Verwertungskündigung nicht aus (BGH, Az. VIII ZR 70/19), eine höhere Miete nach einer Sanierungsmaßnahme ebenfalls nicht (AG Hannover, Az. 516 C 2278/24).

Außerordentliche Kündigung

In bestimmten Situationen dürfen Vermieter außerordentlich mit der gesetzlichen Frist kündigen. Anlass für eine solche Kündigung kann zum Beispiel die Scheidung eines Mieterpaares sein (siehe Seite 158). Zu diesem Schritt müssen Sie sich innerhalb eines Monats entschließen, nachdem das Mieterpaar den einvernehmlichen Wunsch nach einer Aufhebungsvereinbarung mitgeteilt hat oder Sie von einer gerichtlichen Wohnungszuweisung an einen der Mieter erfahren haben. Für die Kündigung brauchen Sie einen wichtigen Grund. Bei vielen Trennungen wird er darin bestehen, dass der verbleibende Mieter die Miete allein nicht zahlen kann.

Ein weiterer Anlass für eine außerordentliche Kündigung ist der Tod eines Mieters. Innerhalb eines Monats nach Ihrer Kenntnis über den Eintritt eines Mitbewohners oder eines Erben in das Mietverhältnis müssen Sie die Kündigung aussprechen, wenn Sie das Mietverhältnis mit diesen nicht weiterführen möchten. Wenn es sich um einen Mitbewohner handelt, müssen Sie die Kündigung begründen, etwa mit zu befürchtenden Mietausfällen. Tritt ein Erbe in den Vertrag ein, brauchen Sie keinen besonderen Grund für die Kündigung.

FRISTLOSE KÜNDIGUNG AUS WICHTIGEM GRUND

Eine außerordentliche Kündigung kann fristlos erfolgen, wenn dafür ein wichtiger Grund vorliegt. Das Mietverhältnis endet in diesem Fall mit dem Zugang des Kündigungsschreibens bei den Mietern. Die Rechtsprechung verlangt, dass den Mietern eine angemessene Frist eingeräumt wird, um die Wohnung zu räumen. Diese kann zum Beispiel bei zwei Wochen liegen.

Als zulässige Begründung für eine außerordentliche fristlose Kündigung benennt das BGB in § 543:

- Gefährdung der Mietsache durch Vernachlässigung der Sorgfaltspflicht
- unbefugte Überlassung an einen Dritten
- Verzug bei der Zahlung der Miete (ganz oder in erheblichem Umfang) an mehr als zwei aufeinander folgenden Terminen oder im Umfang von zwei Monatsmieten

Konkrete Beispiele dazu, wann eine fristlose Kündigung wirksam ist, liefern Entscheidungen von Gerichten. Die folgenden Urteile zeigen das Spektrum.

So dürfen Vermieter etwa bei **GEWALTVORFÄLLEN** sofort handeln und fristlos kündigen, auch ohne vorherige Abmahnung. Das entschied das Landgericht Berlin II im Fall eines untherapierten alkoholsüchtigen Mieters, der gegenüber anderen Hausbewohnern gewalttätig geworden war (LG Berlin, Az. 67 S 190/24). Das Gericht sah darin eine erhebliche Gefährdung für die Hausgemeinschaft. Die Schutzpflicht des Vermieters gegenüber den anderen Mietern rechtfertige die fristlose Kündigung ohne Abmahnung. Die ist ebenfalls erlaubt, wenn ein Mieter mit einer Axt ein Loch in die Wohnungstür des Vermieters hackt, so ein

Urteil des Amtsgerichts Detmold (AG Detmold, Az. 41 C 381/21). Das stellte aus Sicht der Richter eine derartige Gewalteskalation dar, dass eine Fortsetzung des Mietverhältnisses selbst bis zum Ablauf der regulären Kündigungsfrist für den Vermieter unzumutbar sei.

Wiederholte **GRAVIERENDE BELEIDIGUNGEN** rechtfertigen ebenfalls eine fristlose Kündigung ohne Abmahnung. Das befand das Amtsgericht Berlin-Köpenick (AG Berlin-Köpenick, Az. 5 C 88/23). Dabei ging es um einen Mieter, der eine Mitarbeiterin der Vermieterin in den Verwendungszwecken seiner Banküberweisungen unter anderem als „dreckige Schlampe" bezeichnet hatte und ihr und ihrer Familie den Tod wünschte.

Auch wenn nicht der Mieter selbst, sondern seine **GÄSTE** Pflichtverletzungen begehen, haftet er für deren schuldhaftes Fehlverhalten. Bei nicht unerheblicher Verletzung vertraglicher Pflichten ist das ein Grund für eine fristlose Kündigung. So musste eine Frau aus München ihre Wohnung nach 14 Jahren räumen, weil ihr Lebensgefährte immer wieder mit anderen Mietern in Streit geriet und sie beleidigte (BGH, Az. VIII ZR 59/20). Als Erfüllungsgehilfen des Mieters betrachtet der BGH beispielsweise Besucher, die sich im Einvernehmen mit dem Mieter in der Wohnung aufhalten (Az. VIII ZR 73/16).

→ Schulden Mieter Nachzahlungen in Höhe von mindestens zwei Monatsmieten, so dürfen Vermieter eine fristlose Kündigung aussprechen.

Ein häufiger Grund für eine fristlose Kündigung ist **ZAHLUNGSVERZUG** der Mieter. Im Gesetz ist explizit von der „Entrichtung der Miete" die Rede. Wenn die gesamte Miete oder ein nicht unerheblicher Teil davon für zwei aufeinander folgende Termine ausbleibt oder wenn sich die Ausstände über einen längeren Zeitraum auf die Höhe von zwei Monatsmieten addiert haben, reicht das als Grund für eine außerordentliche fristlose Kündigung aus. Haben Mieter jedoch ihre Zahlungspflichten über einen längeren Zeitraum erfüllt, so dürfen Vermieter nicht mehr wegen früherer Versäumnisse kündigen. Das hat das Landgericht Leipzig geurteilt. Im Streitfall hatte der Mieter seine Miete zuletzt anderthalb Jahre lang zuverlässig entrichtet. Angesichts des großen Zeitabstandes zwischen den unpünktlichen Zahlungen und dem Ausspruch der Kündigung sei davon auszugehen, dass das Mietverhältnis für den Vermieter nicht unzumutbar war (LG Leipzig, Az. 02 S 401/19). Wenn hingegen der Mieter nach einmaligem Rückstand, der eine fristlose Kündigung begründet hätte, ein wenig zahlt, weiterhin jedoch monatelang ein kleinerer Rückstand offen bleibt, kann das eine fristlose Kündigung rechtfertigen.

Auch wenn Mieter unmissverständlich ankündigen, dass sie künftig keine Mietzahlungen leisten werden, dürfen Vermieter fristlos kündigen, urteilt das Kammergericht Berlin (KG Berlin, Az. 12 U 155/21). Sie müssen nicht abwarten, ob die Mieter ihre Drohung wahr machen.

Außerdem hat das Amtsgericht Brandenburg klargestellt: Nebenkostennachzahlungen sind ein Bestandteil der Miete. Schulden Mieter **NACHZAHLUNGEN** in Höhe von mindestens zwei Monatsmieten, so dürfen Vermieter eine fristlose Kündigung aussprechen (AG Brandenburg, Az. 33 C 33/24). Wenn die Nachzahlungsforderung die Höhe von zwei Monatsmieten nicht erreicht, ist zwar keine fristlose Kündigung gerechtfertigt, wohl aber eine verhaltensbedingte Kündigung mit der gesetzlichen Frist, so das Landgericht Frankfurt/Main (LG Frankfurt/Main, Az. 2–11 S 13/23).

Ein weiterer zulässiger Grund für eine fristlose Kündigung: **UNBEFUGTE GEBRAUCHSÜBERLASSUNG**. Zwar dürfen Mieter ohne Ihre Erlaubnis für einen vorübergehenden Aufenthalt Dritte bei sich aufnehmen, doch bei einem Zeitraum von mehr als vier bis sechs Wochen handelt es sich nach Einschätzung des Landgerichts Hamburg nicht mehr nur um bloßen Besuch, sondern um eine Dauernutzung, also eine unbefugte Gebrauchsüberlassung. Im konkreten Fall hatte der Mieter diese auch nach einer gesetzlichen Abhilfefrist nicht beendet. Da er außerdem über eine Ersatzunterkunft verfügte, war aus Sicht des Gerichts auch eine Räumungsfrist entbehrlich (LG Hamburg, Az. 311 S 25/23).

Egal, um welche Pflichtverletzung es geht – ein schuldhaftes Verhalten der Mieter muss belegt sein. Der Bundesgerichtshof musste 2023 über eine fristlose Kündigung befinden, die ein Vermieter mit dem zerrütteten Mietverhältnis und dem zerstörten Vertrauensverhältnis der Vertragsparteien begründet hatte. Aus Sicht des BGH fehlte jedoch der Nachweis, dass das Verhältnis durch das pflichtwidrige Verhalten des Mieters zerrüttet war. Anders als untergeordnete Instanzen der Rechtsprechung verschiedentlich entschieden, kommt es nach Auffassung des BGH (mit) auf das Verschulden der Vertragsparteien, also die Pflichtverletzung der Mieter, an (BGH, Az. VIII ZR 211/22).

Eine Kündigung ist nur dann wirksam, wenn das Schreiben den formalen Anforderungen genügt.

Kündigungsschreiben

Egal, aus welchem Grund Sie eine ordentliche oder außerordentliche Kündigung aussprechen – wirksam ist sie nur, wenn die Form korrekt ist und die erforderlichen Fristen eingehalten sind.

Die Kündigung muss immer schriftlich erfolgen und an alle im Mietvertrag genannten Mieter adressiert sein. Alle genannten Vermieter müssen unterschreiben. Das Dokument muss per Post übersandt werden. Es genügt nicht, ein Foto des unterzeichneten Schreibens per Mail zu schicken. Unbedingt notwendig ist, die Kündigung zu begründen und sich dabei auf die jeweiligen gesetzlichen Möglichkeiten zu berufen.

Bei einer erleichterten Kündigung fordert das BGB sogar explizit, dass im Schreiben auf § 573a BGB Bezug genommen wird. Wenn Sie Ihre Mieter wegen Vertragsverletzungen abgemahnt haben, ist es ratsam, die Abmahnungen aufzuführen. Bei einer Kündigung wegen Zahlungsverzug müssen der Kündigungsgrund angegeben und die Rückstände genau aufgelistet werden.

Besonderes Gewicht hat die Begründung in einer Eigenbedarfskündigung. Dafür haben zahlreiche Gerichte Anforderungen formuliert: Der Vermieter hat in schriftlicher Form nachvollziehbar zu erläutern, welche Person aus welchem spezifischen Grund die Wohnung benötigt. Bei Familienangehörigen sind Name und Verwandtschaftsverhältnis zu benennen. Im Falle der persönlichen Nutzung müssen Eigentümer darlegen, wie oft und wie lange sie die Wohnung künftig als Zweit- oder Ferienwohnung zu nutzen planen. Die schlichte Begründung: Ich brauche die Räume in Zukunft „für notwendige Aufenthalte in Berlin als Zweitwohnung" befand das Landgericht Berlin als zu dürftig und die Eigenbedarfskündigung als unwirksam aus formalen Gründen (LG Berlin, Az. 67 S 249/19).

Enthält die Eigenbedarfskündigung Fehler, wird sie dadurch nicht automatisch unwirksam. Ist zunächst eine falsche Kündigungsfrist genannt, schadet das nicht. Die Kündigung wird dann aber erst wirksam, wenn die korrekt berechnete Kündigungsfrist abläuft (BGH, Az. VIII ZR 286/22). Wenn der Eigenbedarf noch während der Kündigungsfrist entfällt, müssen Sie die Mieter informieren und ihnen die Möglichkeit geben, den Mietvertrag doch fortzusetzen.

Und noch ein wichtiger inhaltlicher Punkt: Im Kündigungsschreiben haben Sie auf die Möglichkeit eines Härteeinwands sowie die formalen Anforderungen hinzuweisen (siehe unten).

FRISTEN BEACHTEN

Bei einer ordentlichen Kündigung gelten – unabhängig von der Begründung — in der Regel die gesetzlichen Kündigungsfristen. Nach bis zu fünf Jahren Wohndauer haben Mieter ab Ende des Monats der Kündigung drei Monate Zeit bis zum Auszug. Nach fünf bis acht Jahren sind es sechs Monate und nach mehr als acht Jahren neun Monate. Für eine erleichterte Kündigung – also den oben genannten Fall im Zweifamilienhaus – verlängert sich die Kündigungsfrist um drei Monate.

Wenn die Kündigung eine Wohnung betrifft, die nach Abschluss des aktuell laufenden Mietvertrags vom bisherigen oder einem neuen Eigentümer in eine Eigentumswohnung umgewandelt und veräußert wurde, dann greift eine Sperrfrist nach § 577a BGB: Sowohl eine Eigenbedarfskündigung als auch eine Verwertungskündigung sind in einem solchen Fall für drei Jahre ab dem ersten Verkauf nach der Umwandlung ausgeschlossen. In engen Mietwohnungsmärkten kann per Verordnung sogar eine Sperre von bis zu zehn Jahren gelten. Der befristete Kündigungsausschluss gilt auch, wenn ein Mehrfamilienhaus im Ganzen an eine Personengesellschaft oder an mehrere verschiedene Eigentümer verkauft worden ist.

Widerspruch wegen unzumutbarer Härte

Selbst wenn die Kündigung eines Wohnraummietverhältnisses zulässig ist, kann sie im Einzelfall doch ausgeschlossen sein. Das passiert, wenn das Ende des Mietverhältnisses für die Mieter, ihre Familie oder sonstige Angehörige des Haushalts eine Härte bedeuten würde, die schwerer wiegt als die berechtigten Interessen des Vermieters. Als Härte gilt dabei auch, wenn kein angemessener Ersatzwohnraum zu zumutbaren Bedingungen beschafft werden kann. Die Mieter können dann der Kündigung unter Berufung auf die Härtefallklausel (§ 574 BGB) widersprechen und vom Vermieter die Fortsetzung des Mietverhältnisses verlangen. Den Widerspruch gegen die Kündigung müssen Mieter spätestens zwei Monate vor Ende des Mietverhältnisses erklären. Dafür ist die Textform vorgeschrieben.

Auf die Möglichkeit eines Härteeinwands sowie auf die Frist und die Form müssen Vermieter in ihrem Kündigungsschreiben hinweisen. Tun sie es nicht, dürfen die Mieter noch im ersten Termin des Räumungsstreits widersprechen. Einer wirksamen außerordentlichen fristlosen Kündigung können Mieter übrigens nicht widersprechen.

Aus einem Widerspruch wegen Härtegründen wird oft ein Rechtsstreit. Dabei prüfen die Gerichte die Begründung jeweils im Einzelfall. Der Bundesgerichtshof formulierte das im Jahr 2018 in zwei Urteilen (BGH, Az. VIII ZR 180/18 und VIII ZR 167/17) so: „Da sowohl auf Seiten des Vermieters wie auf Seiten des Mieters grundrechtlich geschützte Belange (Eigentum,

Zeit zum Auszug

So lange haben Mieter von der Kündigung des Mietvertrags an Zeit, um die Wohnung zu räumen.

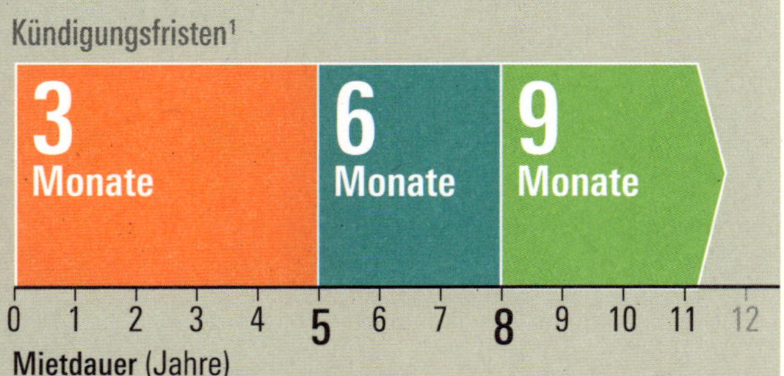

1) Abzüglich der ersten drei Werktage des ersten Monats.

Gesundheit) betroffen sind, sind eine umfassende Sachverhaltsaufklärung sowie eine besonders sorgfältige Abwägung erforderlich, ob im jeweiligen Einzelfall die Interessen des Mieters an der Fortsetzung des Mietverhältnisses diejenigen des Vermieters an dessen Beendigung überwiegen (§ 574 Abs. 1 BGB)." Nach Auffassung des Gerichts wirken sich Faktoren wie Alter, lange Mietdauer und damit einhergehende Verwurzelung je nach Persönlichkeit, körperlicher und psychischer Verfassung unterschiedlich stark aus und müssen daher individuell gewichtet werden.

Wenn ein Widerspruch erfolgreich ist, wird das Mietverhältnis so lange fortgesetzt, wie es „unter Berücksichtigung aller Umstände angemessen ist" (§ 574a Abs. 1 BGB). Gerichte stellen dazu regelmäßig eine Prognose auf.

Letzter Ausweg: Räumungsklage

Wenn Mieter trotz wirksamer Kündigung nicht ausziehen, können Sie sie dennoch nicht einfach vor die Tür setzen. Eine eigenmächtige Inbesitznahme der Immobilie wäre Hausfriedensbruch und damit eine Straftat. Als letzter Ausweg bleibt Ihnen nur die Möglichkeit, eine Räumungsklage nach § 940a Zivilprozessordnung beim zuständigen Amtsgericht einzureichen. Ein solches Verfahren dauert oft mehrere Wochen oder Monate – manchmal auch länger als ein Jahr – und geht mit hohen Kosten einher.

Nach Einschätzung des Eigentümerverbandes Haus & Grund ist zu lange unbezahlte Miete der häufigste Auslöser einer Räumungsklage. Vermieter bekommen dann keine Miete, können den Wohnraum jedoch nicht anderweitig vermieten und müssen zudem sämtliche Betriebskosten zahlen. Hinzu kommen Ausgaben für Rechtsberatung und das Gerichtsverfahren. Sie berechnen sich anhand des Streitwertes, der durch die Nettojahreskaltmiete bestimmt wird. Diese Kosten müssen klagende Vermieter zunächst vorstrecken. Um sie nach einer erfolgreichen Räumungsklage vom Mieter zurückholen zu können, benötigen sie einen Zahlungstitel.

VIER BGH-URTEILE ZU HÄRTEFALLEINWÄNDEN

Mieter können einer Kündigung beispielsweise mit dem Argument widersprechen, dass sie unter einer schweren **KRANKHEIT** leiden, die sich durch einen Umzug verschlimmern würde. Um einen solchen gesundheitsbedingten Härtefall zu begründen, verlangt die Rechtsprechung in der Regel ein fachärztliches Attest. Eine solche Stellungnahme muss das Gericht von Amts wegen prüfen, indem es ein Sachverständigengutachten einholt, das Auskunft gibt über die Erkrankung, potenzielle umzugsbedingte Folgen und die Möglichkeiten, diese Folgen – etwa durch therapeutische Maßnahmen – abzumildern (BGH, Az. VIII ZR 180/18 und VIII ZR 167/17).

Ein Auszug ist nicht schon allein wegen des **HOHEN ALTERS** oder einer Erkrankung des Mieters unzumutbar. Beides begründet für sich genommen noch keine Härte (BGH, Az. VIII ZR 68/19).

Selbst hohes Alter, lange Mietdauer und begrenzte finanzielle Mittel sind keine ausreichenden Gründe für einen Härtefall, wenn die Mieter sich nicht um angemessenen Ersatzwohnraum bemühen (BGH, Az. VIII ZR 81/20).

Unterm Strich verursacht eine Räumungsklage – auch wenn sie berechtigt ist – immer hohen zeitlichen, organisatorischen und finanziellen Aufwand. Bevor Sie einen solchen Schritt gehen, sollten Sie sich unbedingt beraten lassen. Möglicherweise findet sich dabei doch noch ein Weg, den Streit mit den Mietern zu klären.

→ **Der Mieter kündigt:** Genau wie Vermieter haben Mieter das Recht, das Mietverhältnis zu beenden. Allerdings geht das für sie wesentlich unkomplizierter. Dennoch: Auch Mieter müssen sich an Regeln halten.

WAS ERFAHRE ICH?

In aller Regel können Mieter jederzeit ohne Angabe von Gründen ordentlich kündigen. Sie haben dabei nur die gesetzlichen Fristen zu berücksichtigen: Das Kündigungsschreiben muss bei Ihnen spätestens am dritten Werktag eines Monats eingegangen sein, damit das Mietverhältnis zum Ende des übernächsten Monats endet. Trifft die Kündigung nicht fristgemäß ein – also beispielsweise erst am fünften Werktag im April –, dann wird sie nicht zu Ende Juni, sondern in der Regel automatisch zum nächstmöglichen Termin wirksam. Das ist dann der Ablauf des nachfolgenden Monats, in unserem Beispiel also Ende Juli.

Umgang mit einer ordentlichen Kündigung

Wenn ein Mietverhältnis gut läuft, haben Sie ein Interesse daran, dass es möglichst lange besteht. Und wenn es endet, ist es für Sie günstig, das mit einer möglichst langen Vorlaufzeit zu erfahren.

Daher sollten Sie sicherstellen, dass die Kündigung wirksam ist: Haben die Mieter die Frist eingehalten? Wurde im Mietvertrag ein Kündigungsausschluss für einen bestimmten Zeitraum vereinbart? Falls ja – ist der abgelaufen? Ist das Kündigungsschreiben formal korrekt? Sprich: Wurden alle im Vertrag genannten Vermieter angeschrieben und das Dokument von allen genannten Mietern unterzeichnet? Wenn eine Kündigung unwirksam ist, besteht das Mietverhältnis mit allen Rechten und Pflichten weiter, so, als ob es die Kündigung nicht gegeben hat. Darauf sollten Sie Ihre Mieter hinweisen.

Ist die Kündigung hingegen wirksam, sollten Sie den Mietern den Eingang des Schreibens und das Datum, zu dem das Mietverhältnis endet, zeitnah bestätigen. Zugleich bietet es sich an, die nächsten praktischen Schritte vorzubereiten. Bewährt ist ein zweistufiges Verfahren:

- → In einem **ERSTEN VOR-ORT-TERMIN** besichtigen Sie die Immobilie gemeinsam mit Ihren Mietern und besprechen, ob Mängel zu beheben sind, Baumaßnahmen rückgängig gemacht werden müssen etc.
- → Bei einem zweiten Treffen findet dann die **EIGENTLICHE ÜBERGABE** statt. Mehr zu Ablauf und Bedeutung dieses Termins lesen Sie ab Seite 229. Es empfiehlt sich, bereits mit der Anerkennung der Kündigung für beide Verabredungen zwei oder drei Termine vorzuschlagen und um Bestätigung zu bitten.

MUSTER: KÜNDIGUNGSBESTÄTIGUNG AN DEN MIETER

(Anschrift Vermieter)

....
(Ort, Datum)

....
(Frau/Herr)

....
(Straße Nr.)

....
(PLZ Ort)

Kündigungsbestätigung für Mietobjekt: ....

Sehr geehrte/r (Mieter/in),
Ihre Kündigungsschreiben habe/n ich/wir am .... erhalten. Das Mietverhältnis wird am .... enden.

Gerne möchte/n ich/wir mit Ihnen einen Termin vereinbaren, bei welchem das Mietobjekt in Augenschein genommen werden soll. Weiter können wir etwaige vorzunehmende Rückbauten, Schönheitsreparaturen etc. besprechen. Dies gewährleistet eine reibungslose Übergabe des Mietobjekts.

Als Besichtigungstermin schlagen wir den ...., ... Uhr vor, alternativ den ...., ... Bitte bestätigen Sie einen der genannten Termine. Sollten Sie keinen der beiden Termine wahrnehmen können, rufen Sie bitte unter der Telefonnummer .... an, um einen anderen Termin zu vereinbaren. Als Übergabetermin des Mietobjekts schlage/n ich/wir den ...., ... Uhr vor, alternativ den ...., ... Bitte bestätigen Sie einen der genannten Termine. Sollten Sie keinen der beiden Termine wahrnehmen können, rufen Sie bitte unter der Telefonnummer .... an, um einen anderen Termin zu vereinbaren. Einer Fortsetzung des Gebrauchs des Mietobjekts gemäß § 545 S. 1 BGB wird widersprochen.

Bitte übergeben Sie das Mietobjekt rechtzeitig vor Ende des Mietverhältnisses und vertragsgemäß. Ich/Wir weise/n vorsorglich auf Folgendes hin: Falls Sie es verspätet übergeben, berechne/n ich/wir Ihnen mindestens ein Nutzungsentgelt in Höhe der monatlichen Miete sowie die Kosten für die nochmalige Abnahme, Abbestellung von Nachmietern etc. Die Geltendmachung des höheren Schadens wegen Mietausfall/Mietdifferenzen bleibt ausdrücklich vorbehalten. Sollten Sie das Mietobjekt nicht in dem vereinbarten Zustand zurückgeben, werde/n ich/wir Ihnen die Kosten berechnen, die für eine Herstellung des vertragsgemäßen Zustandes entstehen. Zurückgelassene Gegenstände werden auf Ihre Kosten entsorgt.

Herzlichen Dank im Voraus für Ihre Kooperation.

....
Ort, Datum Unterschrift des Vermieters

Außerordentliche fristlose Kündigung

Wenn die Fortsetzung des Mietverhältnisses für die Mieter bis zum Ablauf der Kündigungsfrist oder dem vereinbarten Ende des Mietverhältnisses nicht zumutbar ist, dürfen sie – genau wie Vermieter (siehe Seite 211) – außerordentlich und ohne Einhaltung einer Frist kündigen. Dafür brauchen die Mieter einen wichtigen Grund. Den müssen sie im Kündigungsschreiben formulieren. Das Mietverhältnis endet dann direkt mit Zugang des Schreibens beim Vermieter.

Welche Gründe für eine fristlose Kündigung von Mieterseite zulässig sind, definiert das Gesetz. In § 543 BGB heißt es dazu: „wenn dem Mieter der vertragsgemäße Gebrauch der Mietsache ganz oder zum Teil nicht rechtzeitig gewährt oder wieder entzogen wird". Vereinfacht gesagt: Wenn die Mieter ihre Wohnung nicht mehr vertragsgemäß nutzen können, sind sie zur fristlosen Kündigung berechtigt. Entscheidend ist dabei, dass die Fortsetzung des Mietverhältnisses unzumutbar ist. Der Grund dafür ist irrelevant. Im Einzelfall sind Mieter somit auch zur fristlosen Kündigung berechtigt, wenn die Unzumutbarkeit nicht aus schuldhaftem Verhalten des Vermieters, sondern aus anderen Umständen resultiert.

Zwei Beispiele aus der Rechtsprechung: Eine erhebliche Abweichung der tatsächlichen Wohnfläche von der im Mietvertrag angegebenen Fläche rechtfertigt nach Auffassung des Bundesgerichtshofs die fristlose Kündigung des Mieters (BGH, Az. VIII ZR 142/08). Ein feuchter Keller in einem Gebäude Baujahr 1896 hingegen reicht nicht aus, so das Amtsgericht Brandenburg a. d. Havel (AG Brandenburg, Az. 30 C 90/23). Das Gericht wies darauf hin, dass in einem Altbau mit Feuchtigkeit im Keller zu rechnen sei. Zudem sei die Wohnnutzung nicht beeinträchtigt.

Weitere mögliche wirksame Gründe sind:

- Übergabe zu Beginn des Mietverhältnisses scheitert, weil die Vormieter nicht ausgezogen sind
- Gesundheitsgefährdung zum Beispiel durch Schimmel oder Schädlingsbefall
- Nichteinhaltung von baulichen Sicherheitsstandards, zum Beispiel wenn Treppen nicht verkehrssicher sind oder gar Einsturzgefahr besteht
- im Einzelfall: andauernde, sehr erhebliche Beeinträchtigung durch andere Mieter oder den Vermieter
- Heizungsausfall im Winter
- gravierender Wasserschaden
- Nichtumsetzung vertraglich vereinbarter Instandhaltungsarbeiten durch die Vermieter
- gravierende Pflichtverletzung des Vermieters, zum Beispiel unangekündigtes und eigenmächtiges Betreten der Immobilie

Liegt ein entsprechender Grund vor, dürfen Mieter auch dann außerordentlich fristlos kündigen, wenn der Mietvertrag eine ordentliche Kündigung eigentlich nicht vorsieht. Das ist beispielsweise bei Zeitmietverträgen der Fall oder bei einem Kündigungsverzicht. Wirksam ist eine solche Kündigung allerdings nur, wenn sie dieselben formalen Kriterien wie bei einer ordentlichen Kündigung erfüllt und außerdem die Begründung nachvollziehbar dargestellt ist.

UNSER RAT

In den allerseltensten Fällen werden Vermieter aus heiterem Himmel eine fristlose Kündigung im Briefkasten finden. Üblicherweise gibt es eine **VORGESCHICHTE.** Je früher Sie sich juristischen Rat suchen, umso besser. Denn Teil eines Streits um eine fristlose Kündigung sind immer auch die damit einhergehenden Mietrückstände.

→ Mietaufhebungsvereinbarung:

Es gibt Situationen, in denen Mieter oder Vermieter ein Mietverhältnis unabhängig von vereinbarten oder gesetzlichen Fristen auflösen möchten. Möglich ist das mit einer einvernehmlichen Vereinbarung.

WAS ERFAHRE ICH?

Vor allem Veränderungen der Lebensverhältnisse können zum Anlass für eine Mietaufhebungsvereinbarung werden. Typische Beispiele auf der Mieterseite sehen so aus: Eine wachsende Familie hat schneller als gedacht eine größere bezugsfreie Wohnung gefunden und möchte ungern doppelt Miete zahlen. Ein alleinstehender Mieter muss aufgrund eines Jobwechsels zeitnah umziehen. Die Erben eines verstorbenen Mieters wollen das Mietverhältnis schnellstmöglich beenden. Seitens der Vermieter wird ein vorzeitiger Auszug der Mieter wünschenswert, wenn grundlegende Sanierungen anstehen. Oder wenn Sie eine Wohnung selbst nutzen wollen, die Sie jedoch erst vor zwei Jahren erworben haben, und zwar nach der Umwandlung des Gebäudes in Eigentumswohnungen, sodass die gesetzliche Sperrfrist für eine Eigenbedarfskündigung (siehe Seite 214) noch nicht erreicht ist.. Auch wenn eine Immobilie verkauft werden soll, macht es sich oft besser, wenn sie nicht vermietet ist. Dann haben die künftigen Eigentümer freie Hand, ob sie selbst einziehen oder nach von ihnen festgelegten Konditionen vermieten möchten. Eine unvermietete Immobilie erreicht damit generell mehr Kaufinteressenten und oft auch einen höheren Kaufpreis.

Unabhängig davon, welche Vertragspartei eine vorfristige Beendigung des Mietverhältnisses anstrebt – sie kann die andere nicht zu einer Einwilligung zwingen. Die Beteiligten müssen darüber reden und sich über die Konditionen einigen.

Inhalte eines Aufhebungsvertrages

Gesetzliche Vorgaben für die Gestaltung einer Aufhebungsvereinbarung gibt es nicht. Unbedingt empfehlenswert ist jedoch die Schriftform. Folgende Bestandteile sollten enthalten sein:

- → Name und Anschrift aller Vertragsparteien
- → Adresse der Immobilie
- → Datum des Mietvertrags
- → exakter Termin des Mietendes
- → exakter Termin des Auszugs/der Übergabe
- → Regelung zum Zustand bei der Übergabe – je nach mietvertraglicher Regelung können Sie auch auf diese verweisen
- → Leistungs- und Zahlungsansprüche samt Zahlungsmodalitäten (zum Beispiel Fristen und Zahlungsarten)
- → Handhabung der Kaution

- eventuelle Regelung bezüglich eines Nachmieters
- Unterschriften aller Vertragspartner, Ort, Datum

Entschädigung oder Abfindung

Meist sind die Mieter diejenigen, die das Mietverhältnis frühzeitig beenden möchten. Dann können Sie vorschlagen, dass sie Ihnen eine Entschädigung zahlen. Schließlich hätten Sie im Falle einer Kündigung mit der gesetzlichen Dreimonatsfrist mehr Zeit, sich um Nachmieter zu kümmern, und derweil weiter Mieteinnahmen. Ohne einen solchen Ausgleich müssen Sie Leerstand und damit finanzielle Verluste befürchten. Denkbar ist, dass Sie sich auf eine Pauschale einigen. Die wird umso höher ausfallen, je kurzfristiger der Vertrag enden soll.

In der Praxis ist ein häufig gewählter Weg, dass die Mieter einen Nachmieter vermitteln, der bereit ist, die Wohnung sofort zu übernehmen – zu denselben Bedingungen oder auch für eine höhere Miete. Die empfohlenen Kandidaten sollten Sie natürlich genau anschauen und dabei dieselben Kriterien wie bei jeder anderen Neuvermietung (siehe Seite 67) anlegen. Auch eine Solvenzprüfung ist unverzichtbar. Wenn Ihnen die Nachmieter zusagen – prima. Dann spricht nichts dagegen, dass Sie mit ihnen einen neuen Mietvertrag schließen. Auf diese Weise haben Sie sich viel Aufwand gespart. Falls Sie jedoch mit den Personen nicht einverstanden sind, sind Sie nicht verpflichtet, sie als Nachmieter zu akzeptieren. Entweder scheitert daran dann die Aufhebungsvereinbarung, und die Mieter müssen die gesetzliche Kündigungsfrist einhalten. Oder sie sind vielleicht doch bereit, einen Abstand zu zahlen. Auch wenn sie drei Nachmieter vorschlagen, kommen sie nicht früher aus dem Vertrag heraus.

Eine weitere Möglichkeit ist, sich mit den bisherigen Mietern auf geldwerte Gegenleistungen zu einigen. Diese übernehmen nicht geschuldete Schönheitsreparaturen oder überlassen Einbauten, die Sie gerne behalten möchten, und sparen die bis zum regulären Kündigungstermin fällige Miete. Sie müssen sich weder um Handwerker kümmern noch diese bezahlen.

Wenn Sie derjenige sind, der das Mietverhältnis vorzeitig beenden möchte, aber kein gesetzlich zulässiges berechtigtes Interesse vorweisen können (siehe Seite 206), läuft es meist auf eine Abfindung für die Mieter hinaus. Anders als große Wohnungsunternehmen haben private Kleinvermieter selten eine adäquate Ersatzwohnung zu bieten, die zudem zufällig gerade noch frei ist, wenn sie die vermietete Wohneinheit freiziehen wollen. Es kann sein, dass Sie für eine Entschädigung der Mieter tief in die Tasche greifen müssen. Denn anders als Mieter haben Sie ohne die einvernehmliche Lösung nur sehr eingeschränkte Möglichkeiten, zu erwirken, dass die Bewohner ausziehen. Und: Während Mieter bei einem vorfristigen Auszug gut mit der gesetzlichen Kündigungsfrist argumentieren können und sich in diesem Fall der finanzielle Ausgleich für den Vermieter realistisch auf dessen Einnahmenausfall, also maximal drei Monatsmieten, begrenzen lässt, gibt es im Umkehrfall keine Messgröße, an der sich eine Abfindung nachvollziehbar berechnen lässt. Sie können jedoch mit Bausteinen arbeiten – der Erstattung der Umzugskosten, einer Bereitschaftsprämie und dem Erlassen einer möglicherweise im Vertrag vereinbarten Renovierung.

ABFINDUNG FÜR DIE MIETER STEUERLICH ABSETZEN

Wenn die Wohnung modernisiert und anschließend für eine höhere Miete anderweitig vermietet werden soll, können Vermieter die Auszugsprämie als **WERBUNGSKOSTEN** bei den Einkünften aus Vermietung und Verpachtung ansetzen. Auch wenn die Immobilie anschließend verkauft wird, lässt sich die Abfindung als Werbungskosten geltend machen. Dann mindert sie den Veräußerungsgewinn, der versteuert werden muss, wenn zwischen Kauf und Verkauf der Immobilie weniger als zehn Jahre vergangen sind. Nicht absetzbar ist die Auszugsprämie allerdings, wenn der Vermieter den Mieter deshalb zum Auszug bewegen will, weil er anschließend die Wohnung selbst nutzen möchte (BFH, Az. IX 38/03).

→ **Verkauf der Immobilie:** Der Aufwand der Vermietung wird Ihnen zu viel, oder Ihre finanzielle Situation hat sich geändert? Dann ist der Verkauf der Immobilie eine Überlegung wert. Dabei müssen Sie einiges beachten.

WAS ERFAHRE ICH?

Die Veräußerung einer Immobilie ist ein großer Schritt. Im Idealfall können Sie sich Zeit nehmen und den Verkauf sorgsam vorbereiten. Die zielgerichtete Vermarktung und Suche nach geeigneten Käufern sind mindestens so aufwendig wie die Mietersuche. Zugleich ist die wirtschaftliche Tragweite ungleich größer. Wenn Sie zeitlich unter Druck stehen, beispielsweise weil Sie aus wirtschaftlichen Gründen zu einer schnellen Veräußerung gezwungen sind, kann es sinnvoll sein, ein versiertes Maklerbüro zu beauftragen.

Der Stiftung-Warentest-Ratgeber „Meine Immobilie erfolgreich verkaufen" – erhältlich unter test.de/shop – begleitet Sie Schritt für Schritt durch den Verkaufsprozess. Im folgenden Kapitel informieren wir über sämtliche Besonderheiten und steuerliche Aspekte, die beim Verkauf eines vermieteten Hauses oder einer vermieteten Wohnung zu berücksichtigen sind.

Auswirkungen auf das Mietverhältnis

Der Eigentümerwechsel löst bei den Bewohnern zahlreiche Fragen und viele Ängste aus. Ein transparenter und respektvoller Umgang erleichtert allen Beteiligten die Abwicklung. Als Vermieter sollten Sie die Rechte der Mieter kennen und ihre Belange berücksichtigen.

Mit dem Verkauf der Immobilie tritt der bisherige Eigentümer sämtliche Rechte und Pflichten an den Käufer ab. Das gilt laut § 566 explizit auch für bestehende Mietverhältnisse. Der bestehende Mietvertrag gilt unverändert weiter. Die aktuellen Mieter genießen Kündigungsschutz (siehe Seite 222) und sind auch vor Mieterhöhungen weitgehend geschützt. Nur eine Anpassung an die ortsübliche Vergleichsmiete oder eine Modernisierungsmieterhöhung, die auch dem alten Vermieter möglich gewesen wären, darf der neue Vermieter vornehmen.

Der Käufer wird mit der Umschreibung des Eigentums im Grundbuch zum neuen Eigentümer. Meist enthält der Kaufvertrag jedoch eine Vereinbarung, dass Nutzen und Lasten bereits nach der Zahlung des Kaufpreises wechseln und der Besitz vom alten auf den neuen Eigentümer übergeht. Ab diesem Zeitpunkt zahlen die Bewohner ihre monatliche Miete an den neuen Vermieter. Er ist jetzt für nahezu alle Angelegenheiten des Mietverhältnisses verantwortlich, auch für die irgendwann fällige Rückzahlung einer Mietkaution.

Einzig bei der Betriebskostenabrechnung kann es eine Überlappung zwischen altem und neuem Vermieter geben. Für die Abrechnung ist derjenige zuständig, der am Ende der Abrechnungsperiode laut Grundbuch Eigentümer ist.

KÜNDIGUNG BEI VERKAUF

Der geplante Verkauf ist keine zulässige Begründung für eine Eigenbedarfskündigung durch den bisherigen Eigentümer. Doch eine unvermietete Immobilie erzielt oft einen höheren Kaufpreis.

Um das bestehende Mietverhältnis zu beenden, können sich Vermieter und Mieter auf einen Mietaufhebungsvertrag einigen (siehe Seite 219). Der Käufer einer vermieteten Wohnung darf unter Beachtung der dafür geltenden Regeln kündigen, um das Haus oder die Wohnung zeitnah selbst zu bewohnen. Dieser Plan ist für ihn jedoch mit einem Risiko verbunden, da Mieter Härtefalleinwendungen geltend machen können (siehe Seite 214).

→ Bei der Umwandlung eines Mehrfamilienhauses in Eigentumswohnungen haben Mieter ein gesetzliches Vorkaufsrecht.

Vorkaufsrecht für Mieter

Ein verkaufswilliger Vermieter wird die Immobilie in der Regel auch seinen Mietern anbieten. Er muss es aber nicht – es sei denn, es handelt sich um den erstmaligen Verkauf einer Wohneinheit, die durch die Umwandlung eines Mehrfamilienhauses in Eigentumswohnungen entstanden ist. Dann haben Mieter ein gesetzlich verbrieftes Vorkaufsrecht (§ 577 BGB). Das Vorkaufsrecht steht nur den Bewohnern zu, die zum Zeitpunkt der Umwandlung Mieter der Wohnung sind.

EIN BEISPIEL: Ein Mieter zieht im Jahr 2023 in ein Mehrfamilienhaus. Das Haus steht als Ganzes im Eigentum einer Person – der Vermieterin. Sie will die Wohnungen einzeln verkaufen. Dazu lässt sie das Haus in Wohnungseigentum umwandeln. 2024 wird das ins Grundbuch eingetragen. Erst 2029 findet sie einen Käufer für die Wohnung des Mieters. Wohnt er zu diesem Zeitpunkt noch immer dort, kann er auf sein Vorkaufsrecht pochen.

Die Ausübung des gesetzlichen Vorkaufsrechts läuft so: Haben Vermieter einen Kaufvertrag mit Kaufinteressenten abgeschlossen, müssen sie den Vertrag den Mietern vorlegen. Anschließend haben diese zwei Monate Zeit, schriftlich mitzuteilen, dass sie statt der anderen Kaufinteressenten in den Kaufvertrag eintreten. Die Mieter akzeptieren dann den Vertrag so, wie es der Vermieter und die den Mietern unbekannten Kaufinteressenten im Kaufvertrag vorher vereinbart hatten. Vor allem übernehmen sie den verabredeten Kaufpreis. Eine Klausel im Kaufvertrag, wonach der Kaufpreis höher ausfällt, wenn Mieter ihr Vorkaufsrecht ausüben, ist unwirksam (BGH, Az. VIII ZR 305/20).

Bieten Vermieter ihre Wohnung trotz Vorkaufsrecht den Mietern nicht an, machen sie sich schadenersatzpflichtig. Das gesetzliche Vorkaufsrecht der Mieter nach Umwandlung gilt nicht, wenn Vermieter die Wohnung an Familienangehörige oder Angehörige des Haushalts verkaufen oder verschenken wollen.

Machen Mieter von ihrem Vorkaufsrecht nicht Gebrauch, so steht ihnen ein besonderer Kündigungsschutz zu (§ 577a BGB): Der Erwerber darf erst nach drei Jahren ein berechtigtes Interesse geltend machen und eine Eigenbedarfskündigung aussprechen.

Wohnungsbesichtigungen

Die Vermarktung der Immobilie für den Verkauf bringt für die aktuellen Mieter diverse Beeinträchtigungen mit sich. Vor allem müssen sie damit leben, dass ihre Wohnräume wiederholt von Kaufinteressenten, eventuell auch von Maklern, Gutachtern und Handwerkern betreten werden. Das erfordert zum einen Terminabsprachen und Einschränkungen in der Nutzung. Zum anderen dringen damit Fremde in den familiär-häuslichen Bereich ein, sie stören die Privatsphäre. Besichtigungen sind natürlich unvermeidbar, als Vermieter sollten Sie jedoch mit Fingerspitzengefühl vorgehen und die Interessen Ihrer Mieter wahren.

Mieter sind verpflichtet, Wohnungsbesichtigungen zuzulassen. Das hat das Bundesverfassungsgericht bereits im Jahr 2004 entschieden (BVerfG, Az. 1 BvR 2285/03). Nur in extremen Ausnahmefällen kann es sein, dass Vermieter auf Besichtigungen verzichten müssen. Das ist etwa dann denkbar, wenn ein Mieter psychisch so krank ist, dass die Besichtigung zu Selbsttötungsversuchen führen könnte und es keine Möglichkeit gibt, Interessenten die Wohnung in Abwesenheit des gefährdeten Mieters zu zeigen (BGH, Az. VIII ZR 420/21).

Den Besichtigungszeitraum müssen Vermieter mit Mietern abstimmen und dabei auf urlaubs- oder berufsbedingte Abwesenheiten der Mieter Rücksicht nehmen. Auf keinen Fall dürfen sie einfach ohne Erlaubnis in Abwesenheit der Mieter – etwa mit einem Schlüssel, über den sie abgesprochen verfügen – in die Wohnung gehen. Die Begehungen müssen außerdem zu vertretbaren Zeiten stattfinden und mit mehrtägigem Vorlauf angekündigt werden.

Nach Ansicht des Landgerichts Frankfurt am Main müssen Vermieter bei berufstätigen Mietern die Besichtigung mindestens drei Tage vorher ankündigen (LG Frankfurt/Main, Az. 2/17 S 194/01). Das Gericht hält Besichtigungen bis 20 Uhr für vertretbar. Pro Monat seien drei Termine von einer Dauer von jeweils 30 bis 45 Minuten zumutbar. Aus praktischen Gründen ist es ratsam, in der Besichtigungsankündigung gleich eine Reihe von Terminvorschlägen zu machen.

Zieht sich die Verkaufsphase trotz mehrerer Besichtigungen in die Länge und dauert zum Beispiel länger als ein Jahr, können Mieter nach Ansicht des Amtsgerichts Hamburg verlangen, dass künftig lediglich einmal pro Monat eine Besichtigung mit mehreren Interessenten und einer maximalen Dauer von 30 Minuten stattfindet (AG Hamburg, Az. 43b C 1717/91).

Wenn Sie Fotos von einer möblierten Wohnung machen möchten, müssen die aktuellen Bewohner damit einverstanden sein.

FOTOS NUR MIT GENEHMIGUNG

Ein schwieriger Punkt sind Fotos. Mieter müssen nämlich nicht dulden, dass Vermieter für das Verkaufsinserat die Wohnung fotografieren. Das hat das Amtsgericht Steinfurt entschieden (AG Steinfurt, Az. 21 C 987/13). Und die Datenschutzgrundverordnung besagt, dass Fotos, auf denen die persönlichen Lebensumstände zu sehen sind, nur zulässig sind, wenn die Betroffenen einwilligen (Art. 6 DSGVO). Stimmen die Mieter nicht zu, bleibt Ihnen nichts anderes übrig, als Bilder zu verwenden, die vor dem Einzug in den leeren Räumen entstanden sind. Hilfreich ist deshalb, gut zu kommunizieren und sich über die jeweiligen Wünsche, Interessen und Bedenken auszutauschen. Keine Einschränkungen gibt es bei der Veröffentlichung von Fotos, die die Immobilie von außen zeigen.

Übrigens: Kaufinteressenten dürfen bei der Besichtigung der Räume ebenfalls keine Fotos gegen den Willen der Mieter machen. Darauf sollten Sie explizit hinweisen, wenn Sie einen Termin mit Interessenten absprechen.

Steuerliche Nachteile vermeiden

Bei einem privaten Immobilienkauf fallen unter bestimmten Voraussetzungen Steuern an – die Spekulationssteuer und/oder die Gewerbesteuer. In vielen Fällen lässt sich das durch sorgsame Planung vermeiden. Entscheidend ist vor allem der Zeitpunkt der Veräußerung.

SPEKULATIONSSTEUER

Der umgangssprachliche Begriff „Spekulationssteuer" bezeichnet die Einkommenssteuer, die Eigentümer zahlen müssen, wenn sie durch den privaten Verkauf des Hauses oder der Wohnung Gewinn erwirtschaften. Die Besteuerung von „Einkünften aus privaten Veräußerungsgeschäften" ist in § 23 Einkommensteuergesetz (EStG) geregelt: Die Spekulationssteuer wird nicht auf den Verkaufspreis, sondern nur auf den Verkaufsgewinn erhoben, und zwar mit dem individuellen Einkommenssteuersatz. Dabei ist zu beachten: Im Jahr des Verkaufs kann sich der Steuersatz gegenüber dem Vorjahr erhöhen, weil die Gesamteinnahmen durch den Verkaufsgewinn höher ausfallen werden.

Es ist ratsam, im Vorfeld zu prüfen, ob Ihr Verkauf davon betroffen ist. Denn diese Steuer schmälert den Erlös unter Umständen empfindlich. Die Spekulationssteuer fällt nicht an, wenn

- Sie die Immobilie im Verkaufsjahr und den beiden vorangegangenen Jahren selbst genutzt haben,
- beim Verkauf kein Gewinn erzielt wird oder
- zwischen dem Kauf und dem Verkauf einer vermieteten Immobilie mehr als zehn Jahre liegen.

Wenn Sie zu einem bestimmten Termin verkaufen müssen – etwa, weil Sie das Kapital benötigen –, kommen Sie unter Umständen nicht darum herum, Spekulationssteuer zu zahlen. Wenn Sie hingegen etwas flexibel sind, können Sie die Abgabe möglicherweise vermeiden, indem Sie mit der Veräußerung warten, bis die Zehn-Jahres-Haltefrist vorbei ist. Maßgeblich sind die Daten der notariellen Beurkundung von Kauf- und Verkaufsvertrag. Für geerbte Immobilien zählt das Kaufdatum des Erblassers, nicht das Datum des Erbfalls.

RECHENHILFE

Den **VERKAUFSGEWINN** ermitteln Sie, indem Sie vom Verkaufspreis folgende Posten abziehen:

- Anschaffungs- oder Herstellungskosten
- Kaufnebenkosten, zum Beispiel Notar- und Grundbuchgebühren, Grunderwerbssteuer
- Verkaufskosten, zum Beispiel für Makler oder Wertgutachten

Die Höhe der Spekulationssteuer berechnen Sie am einfachsten mit dem **STEUERRECHNER DES BUNDESFINANZMINISTERIUMS:** bmf-steuerrechner.de. Dazu müssen Sie den für das Verkaufsjahr relevanten Steuersatz kennen. Den ermitteln Sie, indem Sie den Verkaufsgewinn zu Ihrem zu versteuernden Einkommen addieren und das Tool für die Summe die Einkommenssteuer berechnen lassen. Im Ergebnis bekommen Sie auch den Steuersatz angezeigt. Wenn Sie den Steuersatz auf den Verkaufsgewinn anwenden, erhalten Sie die Höhe der Spekulationssteuer.

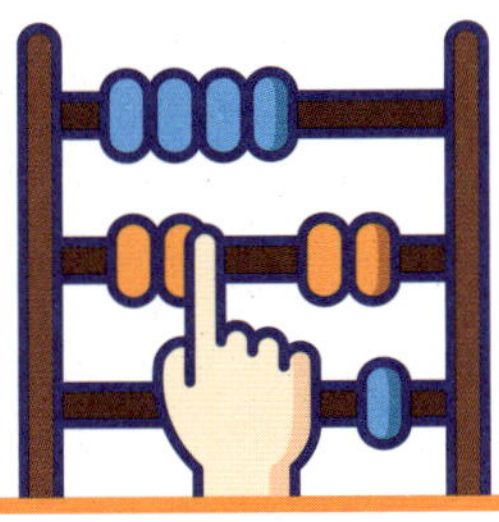

GEWERBLICHER IMMOBILIENHANDEL

Eine weitere Steuerart, die private Immobilienverkäufer betreffen kann, ist die Gewerbesteuer. Wenn Sie innerhalb von fünf Jahren drei oder mehr Häuser, Wohnungen oder Grundstücke veräußern, kann das Finanzamt das als gewerbliche Tätigkeit einstufen. Die Folge: Sie müssen ein Gewerbe anmelden und Gewerbesteuer zahlen. Deren Höhe bestimmt die Kommune am Standort der Immobilie. Die sogenannte Drei-Objekt-Grenze ist in keinem Gesetz verankert. Sie ergibt sich aus der Rechtsprechung der Finanzgerichte.

→ **Wohnungsrückgabe:** Ihre Mieter oder Sie selbst haben gekündigt. Jetzt geht es darum, die Rückübergabe der Immobilie vorzubereiten und durchzuführen. Möglicherweise sind noch wechselseitige Ansprüche zu klären.

WAS ERFAHRE ICH?

Wenn es keine Anlässe wie Reparaturen oder Anliegen der Mieter gab, haben Sie vielleicht die vermieteten Räume jahrelang nicht betreten. Sie wissen also nicht, in welchem Zustand sie aktuell sind. Und auch von manch einem Schaden an Ihrer Immobilie erfahren Sie womöglich erst am Ende des Mietverhältnisses. Das kann diverse Gründe haben: Die Mieter haben den Schaden selbst nicht erkannt oder vergessen, ihn zu melden. Oder sie haben ihn als übliche Abnutzung und damit als nicht meldenswert eingestuft.

Doch wenn Renovierungsbedarf oder gar schwerwiegende Mängel erst bei der Wohnungsübergabe erkannt und thematisiert werden, ist das für alle Beteiligten unglücklich. Dann sind Nacharbeiten und ein zweiter Übergabetermin notwendig. Das kann auch den Zeitplan für eine Neuvermietung ins Wanken bringen. Und die bisherigen Mieter wollen Zeit und Geld eigentlich viel lieber in ihr künftiges Zuhause investieren.

Unterm Strich haben beide Seiten Interesse an einer reibungslosen, zügigen Übergabe. Auf jeden Fall empfehlenswert ist deshalb, vor der formalen Übergabe eine gemeinsame Begehung vorzunehmen, eine Vorabnahme. Üblich ist eine solche Begehung etwa ein bis zwei Monate vor dem Auszug. Dabei besprechen Sie mit Ihren Mietern, ob und welche Ansprüche Sie haben und wie diese erfüllt werden sollen. Ergeben sich dabei erkennbare Differenzen zwischen Ihnen und Ihren Mietern, haben beide Seiten noch zeitlichen Spielraum, um rechtlichen Rat einzuholen.

Vorbesichtigung

Bei diesem Termin gilt es, sämtliche Wohn- und Nebenräume sowie die Außenbereiche gründlich unter die Lupe zu nehmen. Über welche Einbauten ist zu sprechen? Wo sind Schäden oder Mängel sichtbar? Was ist mit Schönheitsreparaturen? Zur Vorbereitung holen Sie am besten den Mietvertrag und eventuelle nachträgliche Ergänzungen hervor und nehmen die Dokumente auch zur Begehung mit. Was darin vereinbart wurde, ist der Maßstab. Ideal wäre natürlich, wenn die Immobilie bereits leer geräumt ist, sodass Sie in jede Ecke schauen können. In der Realität ist das jedoch die Ausnahme.

RÜCKBAU ODER ÜBERNAHME?

Die Mieter haben beim Einzug einen Einbauschrank übernommen? Dann sagt der Mietvertrag, wie damit beim Auszug umzugehen ist. Bei allen anderen Ein- und Umbauten sind die Mieter in der Regel dazu verpflichtet, diese zurückzubauen – falls es keine anderslautende Vereinbarung gibt.

Das betrifft sämtliche mit Ihrem Einverständnis getätigten Ein- oder Umbauten genauso wie alle reversiblen Veränderungen, welche die Mieter ohne Vermieterzustimmung vornehmen durften. Wer beispielsweise den Teppich, den er beim Anmieten vorgefunden hat, durch Laminat oder Parkett ersetzt hat, muss grundsätzlich wieder Teppich verlegen. Auch Türen, die in der Höhe abgeschliffen wurden, damit sie über den neu eingebauten Holzboden passen, müssen wieder in den Originalzustand zurück. Wenn Ihre Mieter ohne Ihr Einverständnis eine Wand eingezogen oder abgerissen, Fenster getauscht, neue Anschlüsse verlegt oder mit einer anderen baulichen Veränderung in die Substanz eingegriffen haben, können Sie ebenfalls von ihnen verlangen, dass sie diese rückgängig machen.

UNSER TIPP

Damit **EIN- UND UMBAUTEN** beim Auszug nicht zum Problem werden, empfiehlt es sich, den Umgang damit zu klären, bevor sie realisiert werden. Wenn Mieter wissen, dass sie die mit hohem Kostenaufwand eingebaute bodengleiche Dusche mit erneutem Aufwand wieder entfernen müssen, werden sie sich diese Maßnahme zweimal überlegen. Umgekehrt ist ein solcher Umbau ein großer Schritt in Richtung Barrierefreiheit, der den Wert der Immobilie und meist die Chancen für die nächste Vermietung oder auch den Mietpreis erhöht. Unter diesem Blickwinkel spricht viel dafür, mit dem Einbau nicht nur einverstanden zu sein, sondern auch auf den Rückbau zu verzichten. Dann sollten Sie sich allerdings beim Auszug – besser noch beim Einbau – angemessen an den Kosten beteiligen. Grundlage dafür ist der Zeitwert des Einbaus. Die Details zur Übernahme sollten Teil der Vereinbarung beim Einbau sein.

Und auch Einbauten, die Sie Ihren Mietern heute per Gesetz erlauben müssen, müssen Sie nicht zwingend übernehmen. Mieter haben einen Anspruch darauf, eine Wallbox für ihr E-Auto oder ein Steckersolargerät zu installieren, die Badewanne durch eine ebenerdige Dusche zu ersetzen oder Schwellen zu entfernen (siehe Seite 137). Wenn Sie jedoch die Zuleitung, die Wallbox oder das Balkonkraftwerk nach dem Auszug nicht behalten wollen und eine Badewanne bevorzugen, müssen die Mieter alles zurückbauen.

Ist ein Rückbau – gleich welcher Vorgeschichte – erfolgt, sollten Sie sich die betroffenen Wohnbereiche genau anschauen und hinterfragen, wer die Arbeiten erledigt hat. Gerade bei größeren Einbauten kann leicht etwas schiefgehen. Unter Umständen haben Sie Anspruch auf Schadenersatz.

Was nicht geht: Ein Vermieter hat Einbauten akzeptiert und die Wohnung nach Auszug mitsamt den Einbauten weitervermietet. Er kann dann nicht vom vorherigen Mieter nachträglich verlangen, dass er den Rückbau, der vielleicht irgendwann mal anstehen könnte, bezahlen muss (LG Berlin, Az. 64 S 219/20). Grundsätzlich gilt: Übernehmen Nachmieter Umbauten vom Mieter, wird die Rückbaupflicht auf sie übertragen. Es sei denn, sie vereinbaren mit dem Vermieter andere Regelungen.

SCHÖNHEITSREPARATUREN

Auch in puncto Reparaturen gilt der erste Blick dem Mietvertrag: Wenn dieser eine wirksame Klausel zu Schönheitsreparaturen enthält, sind die Mieter in der Pflicht. Das betrifft dann üblicherweise Tapezieren, Anstreichen oder Kalken der Wände und Decken, Streichen der Fußböden, Heizkörper und Heizrohre, der Innentüren sowie der Innenseiten der Fenster und der Außentüren.

Allerdings: Mieter sind ausschließlich dann zu Schönheitsreparaturen verpflichtet, wenn diese erforderlich sind. An dieser Bewertung kann sich schnell Streit entzünden. Und auch die Art und Weise der Renovierung wird gerne zum Zankapfel. Fest steht: Mieter müssen keine Handwerker einschalten. Sie haben das Recht, die Arbeiten selbst vorzunehmen. Wichtig ist aber, dass sie die Arbeiten fachgerecht und in der üblichen Art und Weise ausführen. Laien müssen zwar nicht streichen wie Profis, doch fleckige Wände oder überstrichene Steckdosen müssen Sie als Vermieter nicht akzeptieren.

Anstoß zum Streit gibt immer wieder die Farbe des Wandanstrichs. Ständige Rechtsprechung ist, dass Vermieter keine weißen Wände verlangen können, sondern helle neutrale Farben akzeptieren müssen. Knallige Farben sind allerdings nach Auffassung des BGH unzulässig.

Im konkreten Fall war eine Doppelhaushälfte beim Einzug weiß renoviert. Die Mieter gaben sie mit einigen gelben, roten und blauen Wänden zurück. Die Richter entschieden: Die Vermieterin hat Anspruch auf Schadenersatz (BGH, Az. VIII ZR 416/12). In diesem Fall besteht der Schadenersatz nicht nur aufgrund der nicht ausgeführten Schönheitsreparaturen, sondern auch, weil die ungewöhnliche Farbgebung an sich einen Schaden darstellt.

Wenn Mieter ausziehen, ohne zu renovieren, obwohl sie dazu verpflichtet sind, dürfen Sie Schadenersatz verlangen, und zwar in Höhe des Betrages, den eine Fachfirma für die nötigen Arbeiten in Rechnung stellen würde. Das Geld steht Ihnen sofort zu. Es reicht aus, wenn Sie einen Kostenvoranschlag vorlegen. Sie müssen nicht erst renovieren. „Fiktiver Schadenersatz" nennen Juristen das (BGH, Az. VIII ZR 280/21).

Ein Sonderfall ist, wenn das Gebäude abgerissen oder die Wohnung grundlegend saniert werden soll. Dann müssen Mieter sie auch mit wirksamer Schönheitsreparaturklausel nicht renovieren. Mehr noch: Sobald der Vermieter sie darüber informiert, dass die Renovierung keinen Zweck hat, dürfen sie diese auch gar nicht mehr vornehmen. Stattdessen schulden sie dem Vermieter eine Ausgleichszahlung. Sie müssen zahlen, was sie dadurch einsparen, dass die Renovierung wegfällt. Wenn sie selbst renoviert hätten, sind das die Kosten für Farbe und Werkzeuge sowie 10 bis

Wenn der Mietvertrag eine wirksame Schönheitsreparaturklausel enthält, müssen Mieter meist beim Auszug streichen. Knallig bunte Wände müssen Vermieter nicht akzeptieren.

15 Euro pro Stunde Arbeitszeit. Handwerkerlohn müssen Mieter in diesem Fall nicht zahlen. Hat es der Vermieter versäumt, seine Mieter rechtzeitig zu informieren und diese haben die Wohnung bereits renoviert, dann kann der Vermieter keine Ausgleichszahlung mehr fordern (BGH, Az. VIII ZR 378/03).

ABNUTZUNG ODER SCHADEN?

Ist keine wirksame Schönheitsreparaturklausel im Vertrag vereinbart, dann ist die Renovierung Ihre Sache. Auch für die alltägliche, normale Nutzung sämtlicher Bauteile, Ausstattungen und Oberflächen in der Immobilie, die laut Rechtsprechung nicht unter eine Schönheitsreparaturklausel fallen dürfen (siehe Seite 108), sind Sie zuständig. Kratzer und Druckstellen durch Möbel oder auch Verfärbungen durch Sonnenlicht auf dem Fußboden beispielsweise stellen Abnutzungen durch den vertragsmäßigen Gebrauch nach § 538 BGB dar. Sie sind mit der Miete abgegolten.

Gehen die Abnutzungserscheinungen jedoch über das alltägliche Maß hinaus, sieht es anders aus. Wenn Mieter ihre Sorgfalts- und Obhutspflicht verletzt haben, müssen sie für Schäden aufkommen, die daraus entstanden sind. Über die Abgrenzung zwischen normaler Abnutzung und Schaden lässt sich trefflich streiten. Das passiert meist nicht während der Mietzeit, sondern vor dem Auszug. Denn erst bei der Begehung sehen Vermieter in der Regel die Gebrauchsspuren und ihr Ausmaß.

Pauschale Definitionen oder verallgemeinerbare Regeln für das, was akzeptabel ist und was nicht, gibt es nicht, wohl aber eine Vielzahl an Gerichtsurteilen. Hier eine Auswahl:

- Finden sich auf dem gesamten **PARKETTBODEN** lange durch die Krallen des Hundes der Mieter verursachte Kratzer, hat der Vermieter Anspruch auf Entschädigung. Das gilt auch, wenn der Vermieter die Hundehaltung genehmigt hatte (LG Koblenz, Az. 6 S 45/14).
- Anspruch auf Entschädigung besteht auch bei **LÖCHERN IM HOLZBODEN**, die ersichtlich durch die spitzen Metallabsätze von Stilettos verursacht sind (LG Mannheim, 12 S 9/72).
- **KRATZER UND SCHRAMMEN IM PARKETTBODEN** des Eingangsbereiches bewertet das Oberlandesgericht Düsseldorf hingegen als vertragsgemäße Abnutzung (OLG Düsseldorf, Az. I-10 U 46/03).
- **DÜBELLÖCHER IN DEN FUGEN VON FLIESEN** betrachten das Landgericht Berlin und das Amtsgericht Paderborn als vertragsgemäße Nutzung (Az. 51 C 135/23).
- Eine **FLIESE DURCHBOHREN** darf ein Mieter dagegen nur, wenn das Bad ohne die üblichen Installationen (wie Papierhalter, Seifenschale, Handtuchhalter, Spiegel oder Spiegelschrank) vermietet wird und es nicht möglich ist, das Loch in die Fuge zu setzen (LG Berlin, Az. 61 S 124/01 und AG Paderborn, 51 C 135/23). Übrigens: Dazu, ab wie vielen Dübellöchern ein vertragswidriger Gebrauch vorliegt, urteilen die Gerichte sehr unterschiedlich.

NACHBESSERUNGEN EINFORDERN

Am Ende der Wohnungsbegehung ziehen Sie Bilanz und schauen:

- Welche Rückbauten sind erforderlich?
- Welche Einbauten oder Veränderungen übernehmen Sie von den Mietern zu welchen Konditionen?
- Welche Nachbesserungen halten Sie bei Schönheitsreparaturen für notwendig?
- Welche Schäden müssen von den Mietern behoben werden?

Besprechen Sie in Ruhe, was Sie von Ihren Mietern erwarten. Häufig wird vereinbart, dass die Mieter sämtliche ausstehenden Arbeiten bis zur offiziellen Übergabe erledigen. Hilfreich kann eine entsprechende Auflistung sortiert nach den Wohnräumen sein. Das beugt Missverständnissen vor und erleichtert die Kontrolle bei der Übergabe.

Stehen umfangreichere Maßnahmen an – beispielsweise der Austausch eines Bodenbelags zwecks Wiederherstellung des Originalzustandes –, kann es sinnvoller sein, sich auf eine Ausgleichszahlung zu einigen. Das hat zwei Vorteile: Die Mieter geraten nicht unter Zeitdruck, und Sie haben freie Hand bei der Umsetzung.

Offizielle Übergabe

Mieter sind verpflichtet, die Mietsache nach Beendigung des Mietverhältnisses – also spätestens am vertraglich vereinbarten Termin des Mietendes – zurückzugeben (§ 546 Abs. 1 BGB). Wenn bereits eine Vorbegehung stattgefunden hat, besteht die offizielle Übergabe an einem zweiten Termin im Wesentlichen aus vier Schritten:

- → abschließende Prüfung des Zustandes und Kontrolle der zuvor monierten Punkte
- → Ablesen der Zählerstände
- → Schlüsselübergabe
- → Verfassen eines gemeinsamen Protokolls

Beim Auszug der Mieter sollten Sie alle Zählerstände ablesen und ins Übergabeprotokoll eintragen.

ZUSTAND PRÜFEN

Zunächst kontrollieren Sie, ob alle vereinbarten Nachbesserungen ordnungsgemäß erledigt wurden. Dann sollten Sie sämtliche Räume und die Außenbereiche nochmals sorgfältig inspizieren. Jetzt ist das Mietobjekt leer geräumt, und Sie können möglicherweise Dinge sehen, die bei der Vorbesichtigung durch Hausrat verdeckt waren. Wenn Sie nichts zu beanstanden haben, bestätigen Sie im Protokoll, dass Sie das Mietobjekt abgenommen haben.

Doch so glatt läuft es leider nicht immer. Sämtliche noch nicht behobenen oder neu festgestellten Mängel, erforderlichen Rückbauarbeiten und ausstehenden Schönheitsreparaturen sollten Sie im Übergabeprotokoll (siehe Seite 230) aufführen und mit Fotos oder Videos dokumentieren. Besprechen Sie mit den Mietern, wie die Nacharbeiten erledigt werden können. Sie können ihnen eine Nacherfüllungsfrist setzen, was voraussetzt, dass die Mieter weiterhin Zugang zur Wohnung haben – indem sie die Schlüssel behalten oder indem Sie den Türöffner spielen. Außerdem ist dann ein zweiter Übergabetermin erforderlich.

Wesentlich unkomplizierter ist es, dass sich beide Parteien vor Ort auf die Zahlung einer Entschädigung einigen. In aller Regel ist das auch der einzig mögliche Lösungsweg, weil beide Seiten sich auf das vereinbarte Mietende eingestellt haben und unter Zeitdruck sind. Vermieter haben meist mit neuen Mietern bereits einen Vertrag und damit einen Einzugstermin festgelegt. Und Mieter haben eine neue Wohnung und müssen dort Miete ab dem vereinbarten Termin zahlen. Ist die Ausgleichssumme geringer als die Mietkaution, so können Sie vereinbaren, diesen Betrag einzubehalten. Übersteigt die Entschädigung die Mietkaution, sollten Sie einen Zahlungstermin festlegen. In jedem Fall ist es ratsam, das Verfahren möglichst genau im Protokoll zu notieren. Zu einer über die Kaution hinausgehenden Zahlung sollten Sie die Mieter darüber hinaus schriftlich auffordern.

Übrigens: Mieter müssen die Wohnung nicht geputzt übergeben. Es reicht, wenn die Wohnung besenrein ist, Fenster müssen nicht geputzt und Teppiche nicht gereinigt werden (BGH, Az. VIII ZR 124/05).

ZÄHLERSTÄNDE ABLESEN

Die Zählerstände für Strom, Gas, Warm- und Kaltwasser sowie gegebenenfalls der Heizkostenverteiler einzelner Räume bilden die Grundlage für die letzte Betriebskostenabrechnung, die Sie für diese Mieter erstellen werden. Wenn einzelne Zähler nicht zugänglich sind oder ein Ablesedienstleister beauftragt ist, müssen Vermieter auf ihre Kosten eine Zwischenablesung veranlassen. Das betrifft – wenn überhaupt – Heizung und Warmwasser, beispielsweise in einem Mehrfamilienhaus.

Genau wie beim Einzug gilt auch beim Auszug: Zahl und Art der übergebenen Schlüssel sollten im Protokoll festgehalten werden.

Die Betriebskostenabrechnung können Sie – je nach Auszugstermin – unter Umständen erst einige Monate später erledigen, nämlich dann, wenn alle übrigen relevanten Abrechnungen vorliegen.

SCHLÜSSELÜBERGABE

Ein entscheidender Schritt am Ende des Mietverhältnisses ist die Übergabe sämtlicher Schlüssel. Durch diesen formalen Akt wechselt der Besitzer der Immobilie von Mieter zu Vermieter. Meist ist die Schlüsselübergabe Teil der Wohnungsübergabe. Schließlich wollen Sie sicherstellen, dass Mieter nach der protokollierten Übergabe keine Veränderungen mehr vornehmen (können). Sind jedoch Nacharbeiten erforderlich, so funktioniert die Gleichzeitigkeit nicht. Dann werden die Schlüssel bei der Kontrolle der Nacharbeiten übergeben, oder der Vermieter öffnet dafür die Tür.

Achten Sie darauf, dass die Schlüsselübergabe im allgemeinen Übergabeprotokoll oder in einem eigenen Schlüsselübergabeprotokoll dokumentiert wird. Auch wenn es banal klingt: Schauen Sie im Vorfeld sicherheitshalber noch mal in den Mietvertrag, wie viele Schlüssel die Mieter zu welchen Türen erhalten haben.

Können die Mieter beim Auszug nicht alle von ihnen übernommenen Schlüssel zuzüglich eventueller Nachfertigungen übergeben, weil sie einen davon verloren haben, und tauscht der Vermieter daraufhin die Schließanlage aus, so haben die Mieter die Kosten dafür zu tragen. Das gilt jedenfalls, solange sie nicht beweisen können, dass der verlorene Schlüssel nicht mehr missbraucht werden kann. Nach Auffassung des Landgerichts Frankfurt müssen die Mieter belegen, wie und wo dieser Schlüssel verloren gegangen ist und dass eine Zuordnung zu der konkreten Immobilie ausgeschlossen ist (LG Frankfurt/Main, Az. 2/11 S 412/90).

ÜBERGABEPROTOKOLL

Das Protokoll für die Wohnungs- beziehungsweise Hausübergabe ist zwar nicht verpflichtend, aber sehr zu empfehlen. Es gibt Ihnen und Ihren Mietern Sicherheit und schützt Sie vor späteren Ansprüchen. Außerdem ist es ein wichtiges Beweismittel, falls Sie Ersatzansprüche gegen die Mieter geltend machen wollen. Das Übergabeprotokoll für den Auszug ist ähnlich aufgebaut wie das für den Einzug. Folgende Angaben sind enthalten:

- Anschrift des Objektes
- Name und neue Anschrift der Mieter
- Name und Anschrift der Eigentümer
- Datum der Übergabe
- Auflistung von noch zu erledigenden Arbeiten mit Absprachen zum Verfahren oder Bestätigung der Abnahme
- Zählerstände
- Anzahl und Art der übergebenen Schlüssel
- eventuell übernommenes Mobiliar
- Unterschriften von Mietern, Vermietern und eventuellen Zeugen

Ansprüche geltend machen

Es gibt Mieter, die eine Vorbesichtigung oder sogar eine offizielle Übergabe verweigern und Ihnen einfach nur die Schlüssel in die Hand drücken. Das dürfen sie. Unter Umständen scheitern gemeinsame Begehungen an praktischen Gegebenheiten wie der Terminfindung oder geografischer Entfernung. Dann haben Sie erst nach dem Auszug der Mieter die Gelegenheit, den Zustand der Räume in Augenschein zu nehmen und etwaige Mängel zu erkennen.

Es kann vorkommen, dass im Übergabeprotokoll vereinbarte Nacharbeiten nicht fristgerecht erledigt, Rückbaupflichten nicht erfüllt, Schönheitsreparaturen nicht ausgeführt wurden oder Schäden nicht sichtbar waren, weil die Räume noch möbliert waren. In all diesen Fällen gilt: Es handelt sich um Veränderungen oder Verschlechterungen der Mietsache. Sie haben Anspruch auf Ersatz.

SCHNELL HANDELN

Doch Achtung: Diese Ansprüche verjähren nach sechs Monaten (§ 548 Abs. 1 BGB). Die Verjährungsfrist beginnt, wenn Sie die Mietsache zurückerhalten, also mit der Schlüsselübergabe. Ein Beispiel: Sie haben die Schlüssel am 31. Januar erhalten. Die Verjährungsfrist beginnt somit am 1. Februar und endet am 31. Juli. Auch wenn die Mieter die Schlüssel nicht persönlich überreichen, sondern in den Briefkasten werfen, startet die Verjährung. Das gilt sogar, wenn das Mietverhältnis zu diesem Zeitpunkt noch besteht. Und auch wenn Sie mit der Rückgabe nicht einverstanden sind (BGH, Az. XII ZR 96/23). Zur Begründung verwies das Gericht darauf, dass die Mieter nach der Schlüsselübergabe keinen Zugang mehr zur Immobilie haben und die Vermieter diese ungehindert betreten, ihren Zustand bewerten und Ersatzansprüche geltend machen können. Innerhalb der Verjährungsfrist müssen Sie Ihre Ansprüche aktiv verfolgen und – notfalls – ein gerichtliches Mahnverfahren nach dem auf Seite 168 beschriebenen Prinzip in die Wege geleitet oder beim Gericht Klage eingereicht haben. Tun Sie das nicht rechtzeitig vor Ende der Verjährungsfrist, sind Ihre Ansprüche verfallen, und Sie bleiben auf sämtlichen Kosten für die Mängelbehebung sitzen. Es ist also unbedingt ratsam, direkt nach der Übergabe der Immobilie eine Bestandsaufnahme vorzunehmen.

Das konkrete Vorgehen hängt dann von der Art der Ansprüche ab: Handelt es sich um nicht durchgeführte Schönheitsreparaturen, müssen Sie die Mietenden umgehend schriftlich informieren und mit einer angemessenen Frist von beispielsweise zwei Wochen zur Nachbesserung auffordern. Zugleich sollten Sie ankündigen, dass Sie nach diesen zwei Wochen keine Leistungen der Mieter mehr akzeptieren, sondern die ausstehenden Arbeiten auf Kosten der Mieter selbst in Auftrag geben und den Betrag mit der Kaution verrechnen werden. Dazu sollten Sie die Leistungen detailliert auflisten, Summen benennen und im Idealfall bereits einen Kostenvoranschlag beilegen. Lassen die Mieter die gesetzte Frist

> **WAS TUN BEI MIETAUSFALL?**
>
> Solange die Immobilie nicht in einwandfreiem Zustand ist, können Sie die Räume nicht neu vermieten, wodurch Ihnen Einnahmen entgehen. Dafür steht Ihnen unter Umständen **SCHADENERSATZ** durch die ausgezogenen Mieter zu. Hierzu sollten Sie juristischen Rat suchen. Über die Höhe der Ersatzansprüche müssen meist Gerichte in Einzelfallentscheidungen befinden.

verstreichen, wandelt sich Ihr Nachbesserungsanspruch in einen Zahlungsanspruch um.

Wenn es um andere Ansprüche als Schönheitsreparaturen geht, haben Sie direkt einen Zahlungsanspruch. Dann müssen Sie auch keine Nachbesserungsfrist setzen (BGH, Az. VIII ZR 157/17). In einem solchen Fall fordern Sie die Mieter schriftlich unter Vorlage der Rechnungen mit einer angemessenen Frist zur Begleichung auf. Notfalls müssen Sie sie auf Schadenersatz verklagen.

Vor allem die Suche nach Handwerkern, das Einholen von Kostenvoranschlägen und die Durchführung der notwendigen Arbeiten können viel Zeit in Anspruch nehmen. Derweil läuft die sechsmonatige Verjährungsfrist. Je zügiger Sie sich nach der Wohnungsübernahme um Ihre Ansprüche kümmern, umso mehr Spielraum haben Sie – sowohl für eine gütliche Einigung als auch für schlimmstenfalls notwendige gerichtliche Schritte.

GUT DOKUMENTIEREN

Zur eigenen Absicherung im Falle eines späteren Streits ist es ratsam, sämtliche Handwerkerangebote aufzubewahren. Achten Sie darauf, dass die ausführenden Firmen alle Arbeiten genau dokumentieren und einzeln abrechnen. Wenn Sie für die in der Wohnung insgesamt erforderlichen Arbeiten einen nicht weiter aufgeschlüsselten Gesamtbetrag zahlen, dann haben Sie kaum eine Chance, Ersatzforderungen für von Ihren Mietern vertragswidrig herbeigeführte Schäden oder auch vereinbarte Schönheitsreparaturen durchzusetzen. Die Rechnung für die beanstandeten Arbeiten übersenden Sie den Mietern zusammen mit der Information, dass Sie diesen Betrag von der Kaution einbehalten werden. Sind die Mieter nicht damit einverstanden, dass Sie diesen Betrag von der Kaution einbehalten, liegt es an den Mietern, den Gerichtsweg einzuschlagen.

WENN DIE KAUTION NICHT REICHT

Ungünstiger ist Ihre Position, wenn es um eine Rechnung geht, die die Kaution übersteigt. Dann bleibt Ihnen nichts anderes übrig, als die Kaution einzubehalten und die Mieter zur Restzahlung aufzufordern.

Kommen die Mieter dieser Aufforderung nicht nach, sind Sie es, der vor Gericht ziehen muss – und zwar innerhalb der sechsmonatigen gesetzlichen Verjährungsfrist.

Kautionsrückzahlung

Die Zahl der Mietverhältnisse, die einvernehmlich enden, ist allerdings weit größer als die der strittigen Fälle. Wenn die Wohnungsübergabe erledigt ist und im Protokoll keine Mängel festgehalten sind, steht den Mietern die Rückzahlung ihrer beim Einzug hinterlegten Kaution plus Zinsen zu. Viele Mieter denken, dass die Rückübergabe der Mietsicherheit in Anlehnung an die Verjährungsfrist für Schadenersatzansprüche innerhalb von sechs Monaten erfolgen muss. Doch eine gesetzliche Frist zur Auszahlung der Kaution gibt es nicht. Der BGH hat entschieden, dass die überwiegend als angemessen betrachtete Frist von sechs Monaten in begründeten Ausnahmefällen überschritten werden darf (Az. VIII ZR 263/14). Als Abschluss eines fairen Miteinanders sollten Sie die Rückzahlung jedoch nicht hinauszögern.

Sie dürfen allerdings eine Reserve bis zum Ende der Abrechnungsperiode einbehalten – für den Fall, dass aus der Betriebskostenabrechnung Nachzahlungsansprüche entstehen. An dieser Stelle können Sie den Mietern gut entgegenkommen, indem Sie eine Hochrechnung vornehmen und einen Teil der Kaution schon vor der Betriebskostenabrechnung auszahlen. Wurde die Immobilie hingegen nicht in einwandfreiem Zustand übergeben, dann ist die Kaution oder eine andere Mietsicherheit Ihr Faustpfand. Sie dürfen Schadenersatzanforderungen wegen Schäden an der Wohnung gegen die Kaution aufrechnen. Das ist sogar dann zulässig, wenn die Verjährungsfrist bereits abgelaufen ist, so der Bundesgerichtshof (BGH, Az. VIII ZR 184/23).

Bestehen keine Mietrückstände, können Sie Ihren Mietern zum Abschluss des Mietverhältnisses auf Wunsch eine Mietschuldenfreiheitsbescheinigung (siehe Muster rechts) ausstellen. Dieses Dokument hilft den Mietern häufig maßgeblich dabei, eine neue Wohnung zu finden.

MUSTER: MIETSCHULDENFREIHEITSBESCHEINIGUNG

Der Vermieter: ....
Name des Vermieters

....
Straße / Hausnummer

....
PLZ / Ort

....
Telefon

bestätigt, dass der Mieter: ....
Name des Mieters

....
Straße / Hausnummer

....
PLZ / Ort

☐ die Miete stets vertragsgerecht entrichtet hat.

☐ noch Mietschulden hat.
Die Mietschulden betragen derzeit .... Euro.

Bemerkungen: ....

....

....

....
Ort, Datum Unterschrift des Vermieters

7

Unser Glossar versorgt Sie mit häufigen Begriffen aus dem Bereich des Vermietens. Thematisch sortierte Anlaufstellen und (Internet-)Adressen bieten eine schnelle Orientierung.

→ Fachbegriffe erklärt

A

ABNUTZUNG Gebrauchsspuren, die durch den vertragsmäßigen Gebrauch entstehen. Sie sind mit der Miete abgegolten. Mieter müssen sie nicht reparieren mit Ausnahme der vertraglich vereinbarten Schönheitsreparaturen.

ABSCHREIBUNG FÜR ABNUTZUNG (AFA) Eigentümer von vermieteten Wohnimmobilien können die Kosten der Anschaffung und Herstellung verteilt auf die Nutzungsdauer steuerlich geltend machen. Dabei wird zwischen einer > linearen AfA und einer > degressiven AfA unterschieden. Neben der Basis-AfA gibt es für bestimmte Neubauten weitere Abschreibungsmodelle mit günstigeren Bedingungen.

ALLGEMEINER MAKLERAUFTRAG, auch einfacher Auftrag. Beim einfachen Auftrag haben Makler das Recht, nach Mietern für die Immobilie zu suchen. Gelingt das, haben sie Anspruch auf die vereinbarte Provision. Der Vermieter behält sich daneben das Recht vor, selbst nach Mietern zu suchen oder auch einen weiteren Makler zu beauftragen. Kommt ohne Mitwirkung von mit einfachem Auftrag gebundenen Maklern ein Mietvertrag zustande, muss keine Provision an sie gezahlt werden.

ALLGEMEINES GLEICHBEHANDLUNGSGESETZ (AGG), umgangssprachlich: Antidiskriminierungsgesetz. Das Bundesgesetz schützt Menschen davor, aufgrund von Alter, Geschlecht, ethnischer Herkunft, Religion oder Weltanschauung, einer Behinderung oder der sexuellen Identität benachteiligt zu werden. Um Verstöße gegen das AGG zu vermeiden, dürfen Vermieter zum Beispiel im Auswahlverfahren nicht bestimmte Personengruppen ausgrenzen.

ALLMÄHLICHKEITSSCHADEN Schaden, der über einen längeren Zeitraum etwa durch Temperaturveränderungen oder Feuchteeinwirkungen unbemerkt entsteht.

ANSCHAFFUNGSNAHE HERSTELLUNGSKOSTEN Aufwendungen, die innerhalb von drei Jahren nach dem Kauf des Gebäudes für Instandsetzungs- und Modernisierungsmaßnahmen angefallen sind und (ohne Umsatzsteuer) 15 Prozent der Anschaffungskosten der Immobilie nicht übersteigen (§ 6 Abs. 1 Nr. 1a EStG), dürfen vermietende Eigentümer entsprechend der Systematik der > AfA abschreiben.

AUSSERORDENTLICHE FRISTLOSE KÜNDIGUNG Jede Vertragspartei darf aus wichtigem Grund außerordentlich fristlos kündigen (§ 543 BGB). Zulässige Gründe sind erhebliche Zahlungsrückstände und Verletzung der Rechte des Vermieters aus dem Mietvertrag. Die Anforderungen an eine solche Kündigung durch die Vermieter sind besonders hoch. Voraussetzung ist beispielsweise in vielen Fällen eine vorherige Abmahnung (§ 543 BGB).

AUSSERORDENTLICHE KÜNDIGUNG In wenigen Fällen dürfen Vermieter auch ohne berechtigtes Interesse kündigen, beispielsweise nach dem Tod eines Mieters. Dabei gelten dieselben gesetzlichen Fristen wie bei einer ordentlichen Kündigung (§ 573d BGB).

AVALKREDIT Ein Kreditinstitut tritt im Auftrag eines Kunden (hier: eines Mieters) gegenüber dessen Geschäftspartner (hier: dem Vermieter) als Bürge auf und haftet, falls der Kunde seine Verpflichtungen nicht erfüllen kann. Die Bank stellt also kein Geld, sondern die eigene Kreditwürdigkeit zur Verfügung.

B

BARKAUTION Form der Mietsicherheit, bei der die Mieter Vermietern eine Geldsumme übergeben oder überweisen, die sie getrennt von ihrem eigenen Vermögen und damit insolvenzsicher anlegen. Das Gesetz schreibt – außer für Studenten- und Jugendwohnheime – eine verzinsliche Anlage vor. Das kann entweder eine Spareinlage mit dem bei dreimonatiger Kündigungsfrist üblichen Zinssatz oder eine andere Anlageform sein (§ 551 Abs. 3 BGB).

BAUHERREN-HAFTPFLICHTVERSICHERUNG Versicherung, die zeitlich befristet auf die Dauer einer Baumaßnahme für Schäden aufkommt, die durch Sach- und Personenschäden auf oder wegen der Baustelle entstehen.

BEDARFSAUSWEIS Energieausweis, für den der theoretische Energiebedarf des Gebäudes mittels zahlreicher Parameter wie Wohnungszahl, Bauweise der Gebäudehülle und Standort sowie normierten Bedingungen (zum Beispiel Innentemperatur, Klimadaten) berechnet wird. Diese Methode erfordert eine umfangreiche bautechnische Untersuchung, ist also aufwendiger als die Erstellung eines > Verbrauchsausweises, aber auch aussagekräftiger.

BESITZ Tatsächliche Herrschaft einer Person über eine Sache, unabhängig vom Eigentum. Mit Übergabe der Immobilie wechselt der Besitz vom Eigentümer auf den Mieter.

BESTANDSSCHUTZ Vor allem im Baurecht genutztes Konzept, wonach Eigentümer einer einmal zulässig errichteten baulichen Anlage den Anspruch haben, diese weiterhin zu nutzen und zu erhalten, auch wenn sich rechtliche Anforderungen ändern. Im Mietrecht gilt Bestandschutz, wenn Mieter für eine bestehende Wohnung im Jahr vor Beendigung des Mietverhältnisses eine rechtmäßige Miete über der ortsüblichen Vergleichsmiete gezahlt haben. Dann müssen Eigentümer die Immobilie bei Neuvermietung nicht unter der bisher verlangten Miete anbieten. Sie sind verpflichtet, den neuen Mietern die Miethöhe der Vormieter unaufgefordert schriftlich nachzuweisen.

BESTELLERPRINZIP Wenn Makler einen Mietvertrag vermitteln, muss derjenige die > Provision in voller Höhe zahlen, der sie beauftragt hat. Das besagt das Gesetz zur Regelung der Wohnungsvermittlung (§ 2 Abs. 1a WoVermittG). Eigentümer, die einen Makler eingeschaltet haben, dürfen dessen Honorar nicht auf die Mieter umlegen.

BETRIEBSKOSTEN Kosten, die durch das Eigentum und den bestimmungsgemäßen Gebrauch des Gebäudes und des Grundstücks regelmäßig anfallen und die die Eigentümer auf die Mieter umlegen dürfen (§ 556 Abs. 1 BGB). Im Katalog der Betriebskostenverordnung sind die 17 zulässigen umlagefähigen Betriebskostenarten aufgeführt. Weitere Nebenkosten – zum Beispiel Aufwendungen für Instandhaltungen und Wartungen sowie die Hausverwaltung – müssen Vermieter alleine tragen.

BETRIEBSKOSTENABRECHNUNG Sind im Mietvertrag Vorauszahlungen auf die Betriebskosten vereinbart, müssen Vermieter ihren Mietern jährlich eine Abrechnung über die tatsächlichen Ausgaben vorlegen und diese mit den Vorauszahlungsbeträgen abgleichen (§ 556 Abs. 3 S. 1 BGB). Das Gesetz beinhaltet dafür zahlreiche formale und inhaltliche Anforderungen. Ist eine Pauschale oder eine Warmmiete vereinbart, gibt es keine Abrechnungspflicht.

BETRIEBSKOSTENPAUSCHALE Alternativ zu monatlichen Vorauszahlungen können die Vertragsparteien eine Betriebskostenpauschale vereinbaren. Dann sind Vermieter nicht zu einer späteren Abrechnung verpflichtet.

BETRIEBSKOSTENVORAUSZAHLUNG Im Mietvertrag vereinbarter Abschlag für Betriebskosten. Er wird später mit den tatsächlich entstandenen Betriebskosten verrechnet. Übersteigen die Vorauszahlungen die tatsächlich entstandenen Kosten, haben die Mieter Anspruch auf eine Rückzahlung. Waren die Vorauszahlungen niedriger als die tatsächlichen Kosten, dürfen Vermieter eine Nachzahlung verlangen.

BRENNSTOFFEMISSIONSHANDELSGESETZ (BEHG). 2019 in Kraft getretenes Bundesgesetz, mit dem der nationale Handel mit Zertifikaten für CO_2-Emissionen aus fossilen Brennstoffen wie Erdgas, Heizöl oder Diesel eingeführt wurde. Teil des Gesetzes ist die Festlegung eines CO_2-Preises und eines Fahrplans zu dessen Entwicklung in den Folgejahren.

BRUTTOKALTMIETE Sie enthält neben der Kaltmiete alle sogenannten kalten Betriebskosten, nicht aber Heizung und Warmwasser.

BRUTTOWARMMIETE – auch Inklusivmiete. Sie enthält neben der Kaltmiete sämtliche warmen und kalten Betriebskosten, also auch Heizung und Warmwasser. Die zugrunde liegenden Pauschalen sind nicht mehr erkennbar. Eine Bruttowarmmiete darf nicht vereinbart werden, weil sie der Heizkostenverordnung widerspricht. Ausnahme: Gebäude mit nicht mehr als zwei Wohneinheiten, von denen eine die Vermieter selbst nutzen.

BUNDESMELDEGESETZ (BMG) verpflichtet Vermieter, ihren Mietern eine Wohnungsgeberbestätigung für die Meldebehörde auszustellen (§ 19).

BÜRGSCHAFT Form der Mietsicherheit, bei der eine andere Person – oft ein Familienangehöriger – die Zahlung der Mietsicherheit oder der Miete für den Mieter übernimmt. Banken und Versicherungen bieten Bürgschaftsverträge, sogenannte > Avalkredite an.

C

CO_2-KOSTEN Energieversorger wälzen den CO_2-Preis, den sie an den Staat abführen müssen, auf ihre Kunden ab und weisen in ihren Rechnungen Kosten für die CO_2-Emissionen des Gebäudes aus. Die Höhe richtet sich nach dem Energieverbrauch, dem im > Brennstoffemissionshandelsgesetz festgelegten CO_2-Preis pro Tonne und einem für den Energieträger gültigen Emissionsfaktor gemäß der Emissionsberichtserstattungsverordnung 2030.

CO_2-KOSTENAUFTEILUNGSGESETZ (CO_2KostAufG). Es regelt die Aufteilung der > CO_2-Kosten zwischen Vermietern und Mietern nach einem Stufenmodell. Je besser die energetische Qualität der Immobilie, umso niedriger fällt der Vermieter-Anteil aus.

COURTAGE – auch Provision oder Maklergebühr –, Erfolgshonorar von Maklern für die Vermittlung einer Immobilie zum Kauf oder zur Miete. Nach dem > Bestellerprinzip zahlen die Auftraggeber die Courtage. Wenn Vermieter einen Makler beauftragen, ist die Höhe der Provision anders als beim Hauskauf frei verhandelbar. Geben Wohnungssuchende den Auftrag, ist die Gebühr gesetzlich gedeckelt. Makler dürfen von ihnen nicht mehr als zwei Nettokaltmieten plus Umsatzsteuer verlangen. Diese Größenordnung ist auch bei der Beauftragung durch Vermieter üblich.

D

DATENSCHUTZGRUNDVERORDNUNG (DSGVO). Verordnung der Europäischen Union zur Erhebung, Verarbeitung und Speicherung von personenbezogenen Daten. Danach dürfen Vermieter Daten von Mietinteressenten und Mietern nur erheben, an denen sie beispielsweise ein berechtigtes Interesse haben und die sie zum konkreten Zeitpunkt für die Anbahnung des Mietverhältnisses benötigen.

DEGRESSIVE AFA Methode der > Abschreibung für Abnutzung, bei der der Abschreibungsprozentsatz konstant bleibt. Da die Bezugsgröße – der Restwert des abzuschreibenden Wirtschaftsgutes – sich durch die jährliche Abschreibung verringert, reduziert sich auch der steuerliche Effekt im Verlauf der Abschreibung. Das Wirtschaftsgut ist mit dieser Methode schneller refinanziert als mit der > linearen AfA. Anwendbar ist die degressive AfA für Neubauten mit Baubeginn zwischen dem 30. September 2023 und dem 1. Oktober 2029.

DIN 277 Norm zur Berechnung von Grundflächen und Rauminhalten im Hochbau. Sie kann im privaten Wohnungsbau alternativ zur > Wohnflächenverordnung angewandt werden.

DIN 283 Norm zur Berechnung von Grundflächen und Rauminhalten im Hochbau. Sie wurde 1983 ersatzlos gestrichen und wird heute kaum noch verwendet. Relevant ist sie für ältere Verträge, in denen explizit auf die damals gültige Norm verwiesen wird.

E

EFFIZIENZHAUSSTANDARD Von der Kreditanstalt für Wiederaufbau eingeführter Energiestandard für Wohngebäude. Sie werden nach dem Transmissionswärmeverlust und dem Jahresprimärenergiebedarf in Stufen kategorisiert. Die EH-Stufe ist maßgeblich für die Höhe der staatlichen Förderung bei Neubau und Sanierung.

EIGENBEDARF Vermieter dürfen Mietern ordentlich kündigen, wenn sie eine Wohnung für sich, ihre Familie, Haushaltsangehörige oder nahe Verwandte brauchen. Zulässig ist die Eigenbedarfskündigung gemäß (§ 573 BGB, Abs. 2 Satz 2).

EINFACHER MAKLERAUFTRAG, auch einfacher Auftrag > allgemeiner Maklerauftrag.

EINFACHER MIETSPIEGEL Enthält die in der Kommune üblichen Mieten, die von den zuständigen Behörden oder von Interessenvertretern von Vermietern und Mietern zusammengetragen oder von diesen anerkannt wurden (§ 558c BGB).

EINKOMMEN Summe aller Einkünfte, die eine Person oder ein Haushalt in einem bestimmten Zeitraum hat. Dazu zählen neben Lohn und Gehalt auch Mieteinnahmen, Renten und Zinsen.

EINKOMMENSNACHWEIS Beleg über das monatlichen oder jährliche > Einkommen einer Person oder eines Haushaltes. Bei Angestellten: Lohnabrechnungen oder Arbeitgeberbescheinigung, bei Selbstständigen: jüngster Steuerbescheid.

EINSPEISEVERGÜTUNG Staatliche Vergütung, die Eigentümer von PV-Anlagen erhalten für den eigenerzeugten Strom, den sie ins öffentliche Netz einspeisen. Rechtsgrundlage ist das > Erneuerbare-Energien-Gesetz. Die aktuell gültigen Vergütungssätze veröffentlicht die Bundesnetzagentur.

ELEMENTARSCHADEN-VERSICHERUNG Schützt vor Schäden durch extreme Wetterereignisse und Naturgefahren (Starkregen, Überschwemmung, Erdbeben, Erdrutsch und Lawinen). Viele Tarife bieten eine solche Versicherung gegen Aufpreis als Baustein der Wohngebäudeversicherung an. Eine Pflicht zum Abschluss einer solchen Elementarversicherung besteht derzeit nicht.

ENERGIEAUSWEIS Standardisierter Steckbrief für Wohngebäude mit einem Überblick über den energetischen

Standard des Hauses. Er beinhaltet verschiedene Kennziffern zum Energiebedarf oder -verbrauch und den daraus resultierenden Treibhausgasemissionen. Vermieter müssen Mietinteressenten spätestens bei der Besichtigung den Energieausweis vorlegen. Es gibt zwei Formen, die sich in der Ermittlung der Daten unterscheiden: > Bedarfsausweis und > Verbrauchsausweis.

ERHALTUNGSAUFWAND Ausgaben für > Erhaltungsmaßnahmen. Als Erhaltungsaufwand stufen die Finanzbehörden Kosten von bis zu 4 000 Euro (ohne Umsatzsteuer) pro Maßnahme und Jahr ein. Diese können Eigentümer in dem Jahr, in dem sie anfallen, in voller Höhe als Werbungskosten geltend machen.

ERHALTUNGSMASSNAHMEN Tätigkeiten, die erforderlich sind, um eine Immobilie im vertragsgemäßen Zustand zu erhalten, vorhandene Teile zu erneuern und Schäden vorzubeugen.

ERLEICHTERTE KÜNDIGUNG Eigentümer eines Zweifamilienhauses, in dem sie selbst wohnen und die zweite Einheit vermieten, dürfen auch ohne vertragswidriges Verhalten der Mieter oder berechtigtes Eigeninteresse das Mietverhältnis auflösen. Dafür verlängert sich die Kündigungsfrist, die in Abhängigkeit von der Mietdauer gelten würde, um jeweils drei Monate (§ 573a BGB).

ERNEUERBARE-ENERGIEN-GESETZ (EEG). Regelt unter anderem die Einspeisung von Strom aus einer gebäudenahen PV-Anlage in das öffentliche Netz und die daran gekoppelte > Einspeisevergütung sowie die Förderung von > Mieterstrom.

ERSATZVORNAHME Juristischer Terminus für eine Vollstreckungsmaßnahme, bei der eine Handlung auf Kosten einer Person vorgenommen wird, die eigentlich zu dieser Handlung verpflichtet wäre, sie aber nicht erbringt. Relevant ist das etwa, wenn ein Vermieter eine Frist zur Mängelbeseitigung hat verstreichen lassen. Dann dürfen Mieter die Reparatur beauftragen und die von ihnen verauslagten Kosten dem Vermieter in Rechnung stellen.

ERSTVERMIETUNG Erstmalige Vermietung einer Immobilie nach ihrer Errichtung oder einer grundlegenden Sanierung. Sie liegt laut BGH vor, wenn die Investition des Vermieters etwa einem Drittel der Kosten entspricht, die für die Errichtung einer vergleichbaren Neubauwohnung ohne Grundstück angefallen wären. Bei einer Erstvermietung gilt die Mietpreisbremse nicht.

F

FESTKOSTENANTEIL Vom Verbrauch unabhängiger Anteil der Kosten für Heizung und Warmwasser gemäß > Heizkostenverordnung. Er wird nach dem vereinbarten > Umlageschlüssel auf die Parteien verteilt.

FIKTIVER SCHADENERSATZ Betrag, der für die Begleichung eines Schadens bezahlt wird, ohne dass der Schaden (zu diesem Zeitpunkt) tatsächlich behoben wurde.

FLURKARTE – auch Liegenschafts- oder Katasterkarte –, amtliches Dokument, das Lage, Bebauung und Nutzung von Grundstücken einer bestimmten Region maßstäblich grafisch darstellt. Einen Auszug aus der Flurkarte erhalten Eigentümer beim Katasteramt.

FUNKTIONSFLÄCHE Bei der Berechnung der Wohnfläche nach > DIN 277: Summe aller Grundflächen, die den technischen Anlagen der Immobilie dienen, zum Beispiel Heizungsraum, Betriebsraum.

G

GEMEINSCHAFTSEIGENTUM Alle Flächen, Räume und Gegenstände auf dem Grundstück und im Gebäude einer Wohnungseigentümergemeinschaft, die nicht einzelnen Eigentümern als > Sondereigentum zur alleinigen Nutzung zugewiesen sind, sondern allen Mitgliedern der Eigentümergemeinschaft zur Verfügung stehen. Dazu gehören neben gemeinschaftlich genutzten Räumen auch Bauteile wie Dach, Außenwände, Fundament sowie durch diese Bereiche führende Versorgungsleitungen.

GEMEINSCHAFTSORDNUNG Regelt die Rechte und Pflichten der Wohnungseigentümer untereinander. Sie wird meist bei Abgabe der > Teilungserklärung festgelegt, ist aber nicht gesetzlich vorgeschrieben. Eine Gemeinschaftsordnung kann nur mit notarieller Zustimmung aller Wohnungseigentümer geändert werden.

GEWÄSSERSCHADENHAFTPFLICHTVERSICHERUNG, auch Öltankhaftpflichtversicherung. Greift, wenn schädliche Stoffe aus einem Tank auslaufen und das Grundwasser oder fließende Gewässer verunreinigen.

GEWERBESTEUER auch Real- oder Objektsteuer. Wird auf den Gewinn eines Unternehmens erhoben. Wenn ein Eigentümer innerhalb von fünf Jahren drei oder mehr Häuser, Wohnungen oder Grundstücke veräußert, kann das Finanzamt das als gewerbliche Tätigkeit einstufen. Er muss ein

Gewerbe anmelden und Gewerbesteuer zahlen. Deren Höhe bestimmt die Kommune am Standort der Immobilie. Die sogenannte Drei-Objekt-Grenze ergibt sich aus der Rechtsprechung der Finanzgerichte.

GRUNDBUCH Öffentliches, vom Grundbuchamt geführtes Verzeichnis, in dem die Eigentumsverhältnisse von Grundstücken und Immobilien dokumentiert sind.

GRUNDBUCHAUSZUG Abschrift aus dem Grundbuch mit allen Informationen zu einem bestimmten Grundstück.

GRUNDERWERBSSTEUER Ländersteuer, die auf den Erwerb eines bebauten oder unbebauten Grundstücks oder Grundstücksanteils zu zahlen ist. Sie beträgt zwischen 3,5 und 6,5 Prozent des Kaufpreises.

GRUNDRISS Zweidimensionale maßstabsgetreue grafische Darstellung eines Gebäudes oder einer Wohnung. Er zeigt neben der Raumaufteilung auch die Anordnung von Fenstern und Türen, Einbauten und Treppen. In der Regel sind Außen- und Raummaße, Wandstärken, Tür- und Fenstermaße eingetragen. Die Ausrichtung nach Himmelsrichtungen ist anhand eines Nordpfeils erkennbar.

GRUNDSTEUER Steuer auf das Eigentum an Grundstücken einschließlich darauf befindlicher Gebäude und/oder Betriebe der Land- und Forstwirtschaft. Die Höhe richtet sich nach dem > Grundsteuermessbetrag bzw. dem dahinter liegenden Grundsteuerwert und einem > Hebesatz, den die Kommune am Standort des Grundstücks festlegt.

GRUNDSTEUERMESSBETRAG Rechengröße für die Ermittlung der Höhe der > Grundsteuer. Er entsteht durch die Multiplikation des Grundsteuerwertes mit einer gesetzlich festgelegten Steuermesszahl.

H

HAFTPFLICHTVERSICHERUNG, auch Private Haftpflichtversicherung. Kommt für die Begleichung von Sach-, Personen- und Vermögensschäden auf, die Versicherungsnehmer oder ihre Angehörigen verursacht haben.

HÄRTEFALLEINWAND Mieter können geltend machen, dass eine Modernisierung oder eine Kündigung für sie beispielsweise aufgrund von Krankheit oder aus wirtschaftlichen Gründen unzumutbar ist. Eine gesetzliche Definition gibt es nicht. Die Gerichte stecken enge Grenzen für Härtefälle (§ 555 d Abs. 2 BGB, § 574 BGB).

HAUPTMIETER Person, die einen Mietvertrag direkt mit dem Vermieter abgeschlossen hat. In einer Wohngemeinschaft kann es neben einem oder mehreren Hauptmietern weitere Untermieter geben. Sie sind nicht Vertragspartner des Vermieters, sondern des Hauptmieters.

HAUSGELD Vorauszahlung, die Wohnungseigentümer in der Regel monatlich für Betrieb und Erhaltung, Versicherung und Verwaltung des > Gemeinschaftseigentums auf ein Gemeinschaftskonto tätigen.

HAUSGELDABRECHNUNG Abgleich der im Laufe eines Jahres geleisteten Hausgeldzahlungen mit den tatsächlich angefallenen Kosten und Zuordnung der Posten zu den einzelnen Eigentümern.

HAUSHALTSNAHE DIENSTLEISTUNGEN Sind im Einkommenssteuerrecht Aufwendungen für zum Beispiel Reinigungskräfte, Gartenpflege oder Winterdienst, die Selbstnutzer bis zu einer Höhe von 20 000 Euro im Jahr geltend machen können. 20 Prozent dieser Ausgaben – also maximal 4 000 Euro – werden von der Steuerschuld abgezogen.

HAUSORDNUNG Regelt das alltägliche Miteinander aller Bewohner eines Hauses, zum Beispiel Ruhezeiten, Brandschutzbestimmungen, Reinigung und Müllentsorgung sowie Sorgfaltspflichten bei der Nutzung der Gemeinschaftsflächen und der Mieträume.

HAUSRATVERSICHERUNG Zahlt, wenn bewegliches Hab und Gut in einem Gebäude durch Feuer, Wasser, Sturm oder Einbruch Schaden nimmt.

HAUS- UND GRUNDBESITZER-HAFTPFLICHTVERSICHERUNG Schützt vermietende Eigentümer vor Schäden, die vom Grundstück oder der Immobilie ausgehen. Bei Selbstnutzern greift in solchen Fällen die private > Haftpflichtversicherung.

HEBESATZ Terminus aus dem Gemeindesteuerrecht. Faktor, mit dem Kommunen einen Steuermessbetrag multiplizieren, um die Höhe der Grundsteuer oder der Gewerbesteuer festzulegen. Der Hebesatz kann zwischen 0 und mehr als 1000 Prozent liegen.

HEIZKOSTENVERORDNUNG (HeizkostenV, HKVO). Schreibt vor, wie die Kosten für Heizung und Warmwasser in Mehrfamilienhäusern mit einer zentralen oder gemeinschaftlichen Heizung und Warmwasseranlage abzurechnen sind. Die Verordnung unterscheidet zwischen einem > Festkostenanteil und einem > Verbrauchskostenanteil. Sie hat

Vorrang vor eventuellen anderweitigen vertraglichen Absprachen. Einfamilienhäuser, Mehrfamilienhäuser mit Etagenheizungen oder eigenen Heizungssystemen und Passivhäuser sind von der Verordnung ausgenommen, Zweifamilienhäuser, in denen Vermieter eine Wohneinheit selbst bewohnen, ebenfalls.

HERSTELLUNGSAUFWAND Kosten für umfangreiche Sanierungen von Sanitär, Elektroinstallation, Fenster und Heizung, die den Standard wesentlich verbessern und den Gebrauchswert des Gebäudes erhöhen. Solche Kosten dürfen Vermieter zu den ursprünglichen Anschaffungs- und Herstellungskosten addieren und nach den in ihrem Fall relevanten Regeln der > AfA abschreiben.

I

INDEXMIETVERTRAG Koppelt die Entwicklung der Miete an die der Lebenshaltungskosten. Sie werden im > Verbraucherpreisindex (VPI) abgebildet. Vermieter und Mieter kennen im Vorfeld keine konkreten Beträge. In Gebieten mit > Mietpreisbremse ist diese für die Ausgangsmiete zu beachten, nicht aber für spätere Erhöhungen. Anders als > Staffelmieten steigen Indexmieten nicht automatisch. Erst die Erklärung des Vermieters, dass die Miete nunmehr an die Entwicklung des VPI anzupassen ist, führt zur Mieterhöhung. Zwischen den Erhöhungen muss eine Wartefrist von einem Jahr eingehalten werden.

INSTANDHALTUNG Aufrechterhalten des vertragsgemäßen Zustandes durch Wartungsarbeiten etc.

INSTANDHALTUNGSKOSTEN Aufwendungen für die Aufrechterhaltung des vertragsgemäßen Zustandes durch Wartungsarbeiten etc.

INSTANDSETZUNG Reparatur von Schäden, Beseitigung von Mängeln.

K

KALTMIETE, auch Nettomiete, Nettokaltmiete oder Grundmiete. Mit ihr ist allein die Überlassung der Wohnung zur Nutzung abgegolten. Betriebskosten sind nicht enthalten. Die monatliche Kaltmiete pro Quadratmeter Wohnfläche ist in Mietspiegeln als Bezugsgröße ausgewiesen.

KAPPUNGSGRENZE nach § 558 BGB. Höchstgrenze für den Mietanstieg innerhalb von drei Jahren. Generell gilt eine Grenze von 20 Prozent, im Gültigkeitsbereich einer > Kappungsgrenzenverordnung von 15 Prozent.

KAPPUNGSGRENZENVERORDNUNG Kann von den Ländern für die Dauer von jeweils maximal fünf Jahren erlassen werden. Darin bestimmen sie, in welchen Gebieten eine reduzierte Kappungsgrenze gilt. Für die allermeisten Großstädte und die umliegenden Kommunen gibt es solche Verordnungen.

KAUTION > Mietkaution.

KLEINREPARATUR Beheben von Bagatellschäden oder Abnutzungen durch alltäglichen Gebrauch.

KLEINREPARATURKLAUSEL Regelt im Mietvertrag, in welchem Umfang Mieter die Kosten für > Kleinreparaturen tragen. Eine solche Klausel muss sich auf Gegenstände beziehen, auf die Mieter häufig und unmittelbar Zugriff haben. Für jede einzelne Reparatur muss eine Kostengrenze genannt sein. Für den Fall, dass innerhalb eines bestimmten Zeitraums – beispielsweise eines Jahres – mehrere Reparaturen erforderlich sind, ist für diesen Zeitraum ebenfalls eine Höchstgrenze zu nennen.

KLEINVERMIETER Private Eigentümer, die nur wenige Wohneinheiten vermieten. Eine verbindliche Definition gibt es nicht. Üblicherweise sind bis zu fünf Wohneinheiten gemeint.

KÜNDIGUNGSAUSSCHLUSS auch Kündigungsverzicht. Die Vereinbarung eines Zeitraums, in dem weder Vermieter noch Mieter eine > ordentliche Kündigung aussprechen dürfen, ist sowohl in einem Zeitmietvertrag als auch in einem unbefristeten Vertrag für maximal vier Jahre ab Abschluss des Mietvertrags zulässig. > Außerordentliche Kündigungen sind dennoch möglich, wenn die entsprechenden Gründe vorliegen.

KÜNDIGUNGSFRIST Die gesetzliche Frist für eine ordentliche Kündigung beträgt knapp drei Monate. Spätestens am dritten Werktag eines Monats muss sie vorliegen, um zum Ablauf des übernächsten Monats wirksam zu werden. Die Frist verlängert sich für Vermieter nach einer Mietzeit von fünf und acht Jahren um jeweils drei Monate (§ 573c BGB).

KURZZEITVERMIETUNG Überlassen der Immobilie zur vorübergehenden Wohnnutzung, beispielsweise an Monteure, Geschäftsreisende oder Pendler. Die Wohnung darf nicht der Mittelpunkt der Lebensführung der Mieter sein. Im Mietvertrag muss eine Frist genannt sein. Eine bundeseinheitliche gesetzliche Regelung gibt es nicht. Die gängige Rechtsprechung bewertet eine Mietdauer von weniger als einem Monat als tage- oder wochenweise Vermietung. Bei einem Zeitrahmen von mehr als sechs Monaten handelt es sich nach Auffassung der Gerichte nicht mehr um eine überschaubare Dauer.

L

LICHTES MASS Breite oder Höhe eines Raumes oder einer Öffnung zwischen zwei Bauteilen oder zwei Begrenzungsflächen, zum Beispiel bei Türöffnungen der freie Durchgangsbereich.

LINEARE AFA Methode der > AfA, bei der das Wirtschaftsgut in gleichbleibenden Jahresbeträgen über die Nutzungsdauer abgeschrieben wird. Das Wirtschaftsgut ist mit dieser Methode langsamer refinanziert als mit der > degressiven AfA.

M

MAHNBESCHEID Schreiben, mit dem ein Gericht Gläubiger auf Antrag von Schuldnern zur Zahlung einer fälligen Zahlung auffordert.

MAKLERALLEINAUFTRAG (auch einfacher Alleinauftrag). Räumt Maklern exklusiv das Recht zur Mietersuche ein. Zugleich verpflichten sie sich, tätig zu werden. Weitere Makler dürfen nicht im Spiel sein, die Eigentümer können jedoch eigenständig auf die Suche gehen.

MANGEL Beeinträchtigung oder Fehler in der Mietsache, der dazu führt, dass Mieter die Immobilie nicht mehr in der vereinbarten Weise nutzen können. Maßstab dafür ist der Zustand, über den sich die Mietparteien im Mietvertrag und bei der Übergabe der Immobilie geeinigt haben. Typische Mietmängel sind technische Defekte, bauliche Schäden, Beeinträchtigung des Wohnkomforts etwa durch Lärm oder Gerüche, Abweichungen vom Mietvertrag.

MÄNGELANZEIGE – auch Mängelrüge – Information des Mieters an den Vermieter, dass ein mietrechtlicher Mangel vorliegt, oft kombiniert mit der Aufforderung, diesen bis zu einem bestimmten Termin zu beheben. Mieter sind zu einer solchen Anzeige verpflichtet (§ 536c BGB).

MELDEBESTÄTIGUNG Vermieter sind laut Bundesmeldegesetz (§ 19) verpflichtet, ihren Mietern innerhalb von zwei Wochen eine schriftliche oder elektronische Meldebestätigung auszustellen. Sie ist Voraussetzung dafür, dass Mieter ihren neuen Wohnsitz beim Einwohnermeldeamt anmelden können. Auf den Internetseiten der Meldeämter ist ein bundesweit einheitliches Formular zu finden.

MIETAUSFALLVERSICHERUNG Übernimmt ausstehende Mietzahlungen und – je nach Vertrag – auch die Kosten für Reparaturen und Renovierung.

MIETERSELBSTAUSKUNFT Formular zur standardisierten Erfassung von Informationen über Mietinteressenten. Vermieter müssen die Regeln der > Datenschutzgrundverordnung beachten. Erlaubt sind Fragen nach Anzahl der künftigen Bewohner, differenziert nach Erwachsenen und Kindern, Beruf und Arbeitgeber, Nettoeinkommen und Betrag, der nach Abzug der laufenden monatlichen Belastungen für die Miete zur Verfügung steht, eröffnetem Insolvenzverfahren, beabsichtigter Haltung von großen Haustieren.

MIETERSTROM Eigentümer einer gebäudenahen PV-Anlage oder eines Blockheizkraftwerks dürfen den damit erzeugten Strom den Mietern anbieten. Der Strom wird dann nicht durch das öffentliche Netz geleitet, sodass keine Netznutzungsentgelte, Konzessionsabgabe und Stromsteuer anfallen. Die Anlagenbetreiber werden mit einem Mieterstromzuschlag gefördert, haben aber einen hohen administrativen Aufwand.

MIETKAUTION, auch Mietsicherheit. Sie dient Vermietern als Pfand, falls Mieter ihre Zahlungsverpflichtungen nicht erfüllen oder Schäden in der Wohnung anrichten. Die Kaution darf bei Wohnimmobilien höchstens drei Nettokaltmieten (Monatsmieten ohne Vorauszahlungen für Heiz- und Betriebskosten) betragen (§ 551 Abs. 1 BGB). Und: Mieter dürfen die Geldsumme in drei Raten zahlen (§ 551 Abs. 2 BGB).

MIETMINDERUNG Wenn die Immobilie einen erheblichen > Mangel aufweist, der nicht durch die Mieter verursacht wurde, sind sie berechtigt, ausnahmsweise weniger Miete zu zahlen, als im Mietvertrag vereinbart. Berechnungsgrundlage ist dabei immer die Bruttomiete (Warmmiete). Eine Mietminderung ist auch möglich, wenn der Mangel unter eine > Kleinreparaturklausel fällt. Voraussetzung für die verringerte Zahlung ist die vorherige > Mängelanzeige samt Fristsetzung zur Beseitigung.

MIETPREISBREMSE In den Städten und Gemeinden, welche die Länder in einer Mietpreisbremsenverordnung benannt haben, dürfen Mieten bei einer Neuvermietung maximal 10 Prozent über der > ortsüblichen Vergleichsmiete liegen. Ziel dieser Begrenzung ist, den Anstieg der Mieten in angespannten Wohnungsmärkten zu verringern. Für die > Erstvermietung von Wohnungen in einem neu errichteten Gebäude oder nach einer umfassenden Sanierung gilt die Mietpreisbremse nicht.

MIETPREISÜBERHÖHUNG Wenn die Miete mehr als 20 Prozent über der ortsüblichen Vergleichsmiete liegt, gilt das als Mietpreisüberhöhung (§ 5 Wirtschaftsstrafgesetz) und damit als Ordnungswidrigkeit.

MIETSCHULDENFREIHEITSBESCHEINIGUNG Freiwillige Bestätigung des bisherigen Vermieters, dass keine Mietschulden bestehen.

MIETSICHERHEIT > Mietkaution.

MIETSPIEGEL Übersicht über das Mietniveau in einer Kommune. Der Mietspiegel basiert auf den in den letzten sechs Jahren neu vereinbarten oder geänderten Mieten. Diese werden üblicherweise anhand von Wohnraumart, Größe, Ausstattung, Beschaffenheit und Lage sowie energetischen Merkmalen kategorisiert und in einer komplexen Tabelle dargestellt. In den einzelnen Zellen finden sich Angaben zur ortsüblichen Nettokaltmiete von Wohnungen mit den spezifischen Merkmalen. Einige Mietpreisspiegel arbeiten mit Mittelwerten, andere mit Preisspannen und wieder andere mit unteren und oberen Werten. Nach der Art der Datenerhebung wird unterschieden zwischen > einfachem Mietspiegel und > qualifiziertem Mietspiegel.

MIETVERWALTUNG Verwaltung eines Gebäudes, das einem einzelnen Eigentümer gehört, durch ein professionelles Unternehmen. Weitere Formen der Immobilienverwaltung sind die > WEG-Verwaltung, die > Sondereigentumsverwaltung und die Gewerbeverwaltung.

MIETWUCHER Eine extreme Form der > Mietpreisüberhöhung. Nach gängiger Rechtsprechung liegt sie vor, wenn die Miete mehr als 50 Prozent über dem ortsüblichen Niveau liegt. Nach § 291 Strafgesetzbuch kann Mietwucher mit einer Freiheitsstrafe bis zu drei Jahren oder einer Geldstrafe geahndet werden.

MINDESTGRÖSSE Eine gesetzlich festgelegte Mindestgröße für eine Wohnung gibt es nicht. Einzelne Länder geben in Verordnungen eine Mindestwohnfläche pro Person vor, um > Überbelegung zu verhindern.

MINIJOB Geringfügige Beschäftigung für ein monatliches Arbeitsentgelt von maximal 603 Euro bei einem Arbeitseinsatz von höchstens 70 Tagen im Kalenderjahr. Eigentümer können einen Minijob – zum Beispiel eine Reinigungskraft oder eine Hilfe im Garten – mit 2 500 Euro pro Jahr in der Einkommenssteuererklärung geltend machen. Das Finanzamt akzeptiert als Beleg die Bescheinigung der Minijob-Zentrale. Angemeldete Minijobber dürfen private Vermieter auch bar bezahlen, ohne dass dies für die Steuer schädlich ist.

MITEIGENTUMSANTEIL Prozentualer Anteil am Grundstück und dem > Gemeinschaftseigentum einer Wohnungseigentumsanlage, der dem jeweiligen Sondereigentum zugerechnet wird (§ 16 Abs. 1 Satz 2 WEG). Die Miteigentumsanteile werden in Bruchteilen, beispielsweise in 100stel, 1 000stel oder 10 000stel dargestellt. 84/1 000 oder 840/10 000 bedeutet beispielsweise, dass dem Eigentümer ein Anteil von 8,4 Prozent am Gesamtgebäude gehört. Dieser rechnerische Wert ist in der > Teilungserklärung festgelegt und im > Grundbuch eingetragen. Nach dem Miteigentumsanteil richtet sich die Verteilung der Bewirtschaftungskosten, wenn nicht in der Teilungserklärung oder laut Beschluss in der Eigentümerversammlung ein anderer > Verteilungsschlüssel festgelegt wurde.

MÖBLIERUNGSZUSCHLAG Vermieter von möblierten Wohneinheiten dürfen einen Möblierungszuschlag auf die Kaltmiete erheben, der im Mietvertrag nicht ausgewiesen werden muss.

MODERNISIERUNG Umfangreiche Baumaßnahmen, durch die der Wohn- und Nutzwert der Immobilie an einen zeitgemäßen Standard angepasst werden. Das BGB definiert in § 555b, welche baulichen Veränderungen als Modernisierungen betrachtet werden: Energiespar-/Klimaschutzmaßnahmen, nachhaltige Erhöhung des Gebrauchswerts der Immobilie, erstmaliger Glasfaseranschluss, dauerhafte Verbesserungen der Wohnverhältnisse und Schaffung von neuem Wohnraum. Vermieter können die Kosten einer Modernisierung in der Einkommenssteuererklärung geltend machen. Außerdem sind sie zur > Modernisierungsmieterhöhung berechtigt.

MODERNISIERUNGSANKÜNDIGUNG Spätestens drei Monate vor Beginn der Bauarbeiten haben Eigentümer ihre Mieter in Textform über Art und Umfang der Modernisierungsmaßnahmen, den voraussichtlichen Beginn und die Dauer der Maßnahmen zu informieren. Vermieter, die eine > Modernisierungsmieterhöhung planen, müssen den Betrag der zu erwartenden Mieterhöhung und der voraussichtlichen künftigen Betriebskosten in der Ankündigung beziffern.

MODERNISIERUNGSMIETERHÖHUNG Sonderform der Mieterhöhung, zu der Vermieter nach einer > Modernisierung berechtigt sind. Eine Modernisierungsmieterhöhung ist nur möglich in Standardmietverhältnissen sowie bei Indexmietverträgen, sofern durch die Modernisierung eine gesetzliche Pflicht erfüllt wird. Bei Staffelmietverträgen ist sie nicht möglich. Voraussetzung ist die wirksame > Modernisierungsankündigung. Eigentümer dürfen die jährliche Nettokaltmiete um maximal 8 Prozent der auf die Wohnung entfallenden Modernisierungskosten erhöhen. Die Miete darf innerhalb von sechs Jahren höchstens um 3 Euro je Quadratmeter und Monat steigen. Und: Wenn der Mietzins vor der Modernisierung unter 7 Euro pro Quadratmeter lag, ist eine maximale Erhöhung von 2 Euro pro Quadratmeter in sechs Jahren erlaubt (§ 559 BGB). Bei einer vom Bund geförderten Heizungserneuerung dürfen 10 Prozent der Kostenumgelegt werden, maximal jedoch 50 Cent pro Quadratmeter und Monat. Von den Gesamtkosten der Maßnahmen sind immer der (fiktive) Instandsetzungsaufwand und eventuell erhaltene Fördermittel abzuziehen.

N

NACHRÜSTPFLICHTEN Wer eine Bestandsimmobilie erwirbt, muss unter Umständen innerhalb von zwei Jahren nach dem Eintrag ins > Grundbuch bestimmte energetische Maßnahmen umsetzen. Das > Gebäudeenergiegesetz schreibt die Dämmung der obersten Geschossdecke zu einem nicht beheizten Dachraum, die Dämmung von warmwasserführenden Rohren in unbeheizten Räumen und den Austausch veralteter fossiler Wärmeerzeuger vor.

NEBENKOSTEN Sammelbegriff für alle Kosten, die ein Eigentümer im Zusammenhang mit der Vermietung hat. Diejenigen Nebenkosten, die er auf seine Mieter umlegen darf, werden als > Betriebskosten bezeichnet.

NEBENKOSTENPRIVILEG für TV- und Breitbandanschlüsse. Bis 30. Juni 2024 durften Vermieter die monatlichen Kosten für einen TV- bzw. Breitbandanschluss auf ihrer Mieter umlegen, und zwar unabhängig davon, ob diese den Anschluss tatsächlich genutzt haben oder nicht. Mit der Novelle des Telekommunikationsgesetzes (TKG) ist dieses sogenannte Nebenkostenprivileg gefallen.

NEBENKOSTENVORAUSZAHLUNG missverständlicher Begriff, der oft an Stellen verwendet wird, wo eigentlich > Betriebskostenvorauszahlung gemeint ist

NETTOKALTMIETE > Kaltmiete.

NUTZFLÄCHE Begriff aus Berechnung der Wohnfläche nach > DIN 277, Summe aller Grundflächen im Gebäude, die weder > Funktionsflächen noch > Verkehrsflächen darstellen.

O

ORDENTLICHE KÜNDIGUNG Mieter und Vermieter können spätestens am dritten Werktag eines Kalendermonats zum Ablauf des übernächsten Monats kündigen. Für Vermieter – und nur für sie – verlängert sich diese Frist mit einer Mietdauer von fünf und von acht Jahren jeweils um drei Monate. Bei Vermietung zum vorübergehenden Gebrauch darf im Vertrag eine kürzere oder auch eine längere Kündigungsfrist vereinbart werden. Voraussetzung für die Kündigung durch Vermieter ist ein berechtigtes Interesse (§ 573c und § 573 Abs. 1 BGB).

ORTSÜBLICHE VERGLEICHSMIETE Maßstab für die Rechtmäßigkeit der Miethöhe und Referenzwert für Instrumente zur Begrenzung der Miethöhe. Zur Ermittlung sind vier Wege zulässig – > Mietspiegel, Mietdatenbank, drei vergleichbare Wohnungen oder Gutachten. Wo die > Mietpreisbremse gilt, darf die ortsübliche Vergleichsmiete um maximal 10 Prozent überschritten werden. Ansonsten: Liegt die Miete 20 Prozent oder mehr über der ortsüblichen Vergleichsmiete, gilt das als > Mietpreisüberhöhung.

P/Q

PRIVAT-HAFTPFLICHTVERSICHERUNG > Haftpflichtversicherung.

PRIVILEGIERTE (BAULICHE) MASSNAHMEN Mieter dürfen verlangen, dass Eigentümer bauliche Veränderungen erlauben, die der Barrierereduzierung, der E-Mobilität, dem Einbruchschutz oder der Stromerzeugung durch Steckersolargeräte dienen (§ 554 BGB). Einen analogen Anspruch haben Wohnungseigentümer gegenüber der Gemeinschaft (§ 20 Abs. 2 WEG). Die Kosten tragen die Bewohner. Wenn Eigentümer es wünschen, müssen die Bewohner beim Auszug einen Rückbau vornehmen.

QUALIFIZIERTER ALLEINAUFTRAG Form des Maklervertrags, bei dem die Rechte von auftraggebenden Vermietern stark eingeschränkt sind. Sie dürfen beispielsweise keinen anderen Makler beauftragen oder selbst auf die Suche gehen. Im Gegenzug verpflichtet sich der Makler, sich besonders intensiv um die Vermarktung zu kümmern.

QUALIFIZIERTER MIETSPIEGEL Wird nach wissenschaftlichen Grundsätzen erarbeitet und von den Behörden oder der Interessenvertretern anerkannt (§ 558d BGB).

R

RÄUMUNGSKLAGE Wenn Mieter trotz wirksamer Kündigung nicht ausziehen, können Vermieter sie dennoch nicht einfach vor die Tür setzen. Sie müssen eine Räumungsklage nach § 940a Zivilprozessordnung beim Amtsgericht einreichen. Ein solches Verfahren dauert oft mehrere Monate, manchmal länger als ein Jahr, und geht mit hohen Kosten einher.

RENOVIERUNG Beseitigung von Spuren und kleinen Schäden durch Abnutzung im täglichen Gebrauch.

REPARATUR Beseitigung von größeren Mängeln und Defekten, im Mietrecht gleichbedeutend mit Instandsetzung. Für Bagatellschäden gilt unter Umständen eine > Kleinreparaturklausel.

RUHEZEITEN Zeiten, in denen Zimmerlautstärke nicht überschritten werden sollte. Sie werden üblicherweise in einer > Hausordnung festgelegt. Gibt es ein solches Regelwerk nicht, gelten die Regeln des jeweiligen Bundeslandes sowie der Kommune. Die unterscheiden sich regional nur marginal. Im Allgemeinen gilt die Mittagsruhe zwischen 12 und 15 Uhr, die Nachtruhe von 22 bis 7 Uhr. An Sonn- und Feiertagen ist ganztätig Ruhezeit.

S

SCHÖNHEITSREPARATUR Instandsetzungsarbeiten zur Beseitigung von Abnutzungserscheinungen, die durch den alltäglichen Gebrauch hervorgerufen wurden. Solche Renovierungen dürfen Vermieter auf ihre Mieter übertragen. Was genau darunter zu verstehen ist, definiert die > Zweite Berechnungsverordnung.

SCHONFRIST Mieter können eine > außerordentliche fristlose Kündigung abwenden, indem sie die Mietschulden innerhalb von zwei Monaten nach Zustellung der > Räumungsklage begleichen.

SCHRIFTFORM Ein Vertrag etc. muss in schriftlicher Form vorliegen und von den Beteiligten eigenhändig unterschrieben sein.

SCHUFA BONITÄTSAUSKUNFT Papiervariante eines kostenpflichtigen Bonitätsnachweises durch die Schufa. Sie kann nur bei der Schufa direkt angefordert werden und dauert durch die Postzustellung einige Werktage.

SCHUFA BONITÄTSCHECK Digitaler kostenpflichtiger Bonitätsnachweis der Schufa. Er kann dort oder beim Tochterunternehmen bonify bestellt werden.

SELBSTVERWALTUNG Verwaltung von Wohneigentum ohne externes Verwaltungsunternehmen.

SMART-METER Fernablesbare Messeinrichtung zur Ermittlung des Verbrauchs von Heizung und Warmwasser.

SMART-METER-GATEWAY Kommunikationseinheit, welche die Daten aus > Smart Metern verarbeitet und an Netzbetreiber, Energieversorger oder andere externe Stellen weiterleitet.

SONDERABSCHREIBUNG besondere Form der Abschreibung. Eigentümer können beispielsweise Anschaffungs- und Herstellungskosten für ein Wohngebäude durch eine Sonderabschreibung steuerlich geltend machen, wenn sie bestimmte Anforderungen erfüllen.

SONDEREIGENTUM Alleiniges Eigentumsrecht an einer bestimmten Wohneinheit und/oder Räumen in einem Gebäude nach dem Wohnungseigentumsrecht. Das Sondereigentum wird den einzelnen Wohnungseigentümern in der > Teilungserklärung zugewiesen. Es ist fest mit dem > Miteigentumsanteil am > Gemeinschaftseigentum verbunden. Wohnungseigentümer können nur ihr Sondereigentum vermieten. Beim Verkauf benötigen sie unter Umständen die Zustimmung der Verwaltung oder der Eigentümergemeinschaft.

SONDEREIGENTUMSVERWALTUNG Betreuung von vermieteten Eigentumswohnungen durch ein Verwaltungsunternehmen.

SPEKULATIONSSTEUER umgangssprachlicher Begriff für eine besonders Form der Einkommenssteuer, die Eigentümer dann zahlen müssen, wenn sie durch den privaten Verkauf des Hauses oder der Wohnung Gewinn erwirtschaften. Die Besteuerung von „Einkünften aus privaten Veräußerungsgeschäften" ist in § 23 Einkommensteuergesetz (EStG) geregelt: Die Spekulationssteuer wird nicht auf den Verkaufspreis, sondern nur auf den Verkaufsgewinn erhoben, und zwar mit dem individuellen Einkommenssteuersatz.

STAFFELMIETVERTRAG Vermieter und Mieter vereinbaren über einen bestimmten Zeitraum, dass und wie stark die Miete erhöht wird. Im Vertrag werden Termine und Beträge künftiger Mieterhöhungen festgehalten. Dabei muss sich die Entwicklung der Miete nicht an der der ortsüblichen Vergleichsmiete orientieren, weitere Mieterhöhungen neben den vereinbarten Staffeln sind nicht zulässig. Außerdem ist eine Wartefrist von jeweils einem Jahr zwischen Erhöhungen einzuhalten.

STANDARDMIETVERTRAG Unbefristeter Mietvertrag. Bei der Miethöhe sind gesetzliche Vorgaben zur > ortsüblichen Vergleichsmiete, oft auch eine > Mietpreisbremse zu beachten.

T

TA LÄRM beinhaltet u.a. gesetzliche Grenzwerte für Geräuschimmissionen. Sie betragen in reinen Wohngebieten tagsüber 40 dB(A) und nachts 30 dB(A), in allgemeinen Wohngebieten tagsüber 50 dB(A) und nachts 35 dB(A).

TAGEWEISE VERMIETUNG Vermietung einer Wohnung oder einzelner Räume für einen kurzen Zeitraum, üblicherweise einen oder mehrere Tage, beispielsweise über Onlineportale wie Airbnb und Wimdu. Vor allem Metropolen und Städte mit Wohnungsknappheit beschränken in Zweckentfremdungssatzungen die tageweise Vermietung von Wohnraum. Sie erlaubten die Kurzzeitvermietung insbesondere an Touristen entweder gar nicht oder nur unter bestimmten Bedingungen.

TEILKÜNDIGUNG Nur ein Teil der vermieteten Räume oder Flächen wird gekündigt. In der Regel ist dies unzulässig. Anders sieht es aus, wenn über die Vermietung einer Wohneinheit und eines Pkw-Stellplatzes voneinander unabhängige Verträge geschlossen wurden.

TEILUNGSERKLÄRUNG Notarielle beurkundete Erklärung eines oder mehrerer Grundstückseigentümer gegenüber dem Grundbuchamt zur Aufteilung des Grundstücks in Miteigentumsanteile. Im Aufteilungsplan ist dargestellt, welche Flächen zum > Gemeinschaftseigentum gehören und welche den einzelnen Eigentümern als > Sondereigentum zugewiesen werden. Bestandteil der Teilungserklärung ist in der Regel eine > Hausordnung oder > Gemeinschaftsordnung.

TEXTFORM Vereinfachte Form für Informationen oder Erklärungen im Zivilrecht. Es genügt, wenn die Mitteilung per E-Mail, Fax oder SMS vorliegt. Im Gegensatz zur > Schriftform ist keine handschriftliche Unterschrift erforderlich, die Aussteller müssen aber erkennbar sein.

TRINKWASSERVERORDNUNG (TrinkwV). Schreibt Qualitätsanforderungen und Grenzwerte für Blei, Coli-Bakterien, Legionellen und andere Stoffe im Trinkwasser vor. Vermieter müssen dafür sorgen, dass diese eingehalten werden, und das Trinkwasser in ihrer Immobilie regelmäßig auf Legionellen testen lassen.

U

ÜBERBELEGUNG Wenn die Zahl der Bewohner einer Wohnung größer ist, als es die Regeln des Landes oder der Kommune erlauben. Sie schreiben meist eine Mindestquadratmeterzahl pro Bewohner vor. Dabei wird oft zwischen Erwachsenen und Kindern unterschieden.

ÜBERGABEPROTOKOLL Dokumentation des Zustandes einer Immobilie zum Zeitpunkt der Übergabe. Ein Übergabeprotokoll ist weder beim Einzug noch beim Auszug gesetzlich vorgeschrieben. Entsprechend gibt es keine Vorgaben zu Form und Inhalten. Das Protokoll ist hilfreich, wenn es später zu Streitigkeiten beispielsweise über Zählerstände oder Abnutzungen kommt.

UMFASSENDE MODERNISIERUNG Als „umfassend" gilt eine Modernisierung, wenn der Standard der Immobilie nach den Baumaßnahmen dem eines Neubaus entspricht. Das ist laut Gesetz dann der Fall, wenn die Kosten der Modernisierung abzüglich der Aufwendungen für erforderliche Instandsetzungen mindestens ein Drittel eines vergleichbaren Neubaus ohne Grundstück betragen. Für die > Erstvermietung nach einer solchen Maßnahme gelten besondere Regeln für die Mieterhöhung.

UMLAGE Verteilung von > Nebenkosten auf die Mieter. Umlagefähig sind nur > Betriebskosten. Im Mietvertrag muss ein > Umlageschlüssel vereinbart sein.

UMLAGESCHLÜSSEL Maßstab für die Verteilung der > Betriebskosten auf die Mieter. Das Gesetz sieht die Zuweisung nach Wohnfläche, also proportional zur Quadratmeterzahl der jeweiligen Wohneinheit, vor. Die Vertragsparteien dürfen im Mietvertrag eine andere Aufteilung der Kosten, etwa nach Anzahl der Wohneinheiten oder Größe des Haushalts, vereinbaren. Tun sie es nicht, gilt die Wohnfläche als Maßstab.

UMWANDLUNG Ein bisheriger alleiniger Eigentümer teilt die Immobilie in Eigentumswohnungen. Mietverhältnisse, die zum Zeitpunkt der Umwandlung bereits bestanden, dürfen erst nach einer Sperrfrist von drei Jahren ab dem Zeitpunkt einer Veräußerung der jeweiligen Wohneinheit wegen Eigenbedarf oder auch Verwertungsgründen gekündigt werden (§ 577a BGB). In engen Mietwohnungsmärkten kann per Verordnung sogar eine Sperre von bis zu zehn Jahren gelten.

UNERLAUBTE GEBRAUCHSÜBERLASSUNG Überlassung der Wohnimmobilie an Dritte oder Vermietung an Dritte ohne Genehmigung des Vermieters. Dabei handelt es sich um eine schwere Vertragsverletzung, die Vermieter zur > außerordentlichen Kündigung berechtigt.

UNTERMIETE Überlassung der Wohnung oder eines Teils davon durch Mieter gegen Entgelt an eine weitere Person. Dafür brauchen Mieter immer die Zustimmung des Vermieters (§ 540 BGB).

V

VERBRAUCHERPREISINDEX (VPI). Vom Statistischen Bundesamt monatlich veröffentlichter Index aus den zu Lebenshaltungskosten gesammelten Daten.

VERBRAUCHSANTEIL Anteil der Gesamtkosten für Heizung und Warmwasser, der nach dem tatsächlichen, individuellen Verbrauch von den Mietern zu tragen ist. Gemäß > Heizkostenverordnung muss er zwischen 50 und 70 Prozent der Kosten ausmachen. In Gebäuden mit einer Öl- oder Gasheizung, die vor Inkrafttreten der Wärmeschutzverordnung 1994 errichtet wurden, muss der Verbrauchsanteil zwingend 70 Prozent betragen.

VERBRAUCHSAUSWEIS > Energieausweis, der auf dem mittleren Heizenergieverbrauch der letzten drei Jahre basiert. Der wird beispielsweise anhand der Abrechnungen von Heiz- und Warmwasserkosten festgestellt. Die damit bezifferte Energieeffizienz des Gebäudes hängt also maßgeblich von seinen bisherigen Bewohnern ab. Diese Methode erfordert weniger Aufwand als die Erstellung eines > Bedarfsausweises.

VEREINFACHTES VERFAHREN Sonderform der Modernisierungsmieterhöhung für kleine Modernisierungen, deren Kosten innerhalb von fünf Jahren eine Höchstgrenze von 10 000 Euro nicht überschreiten. Dabei werden alle Maßnahmen innerhalb dieses Zeitraums angerechnet. Vermieter, die dieses Verfahren nutzen, dürfen von den Investitionskosten pauschal Instandhaltungskosten in Höhe von 30 Prozent abziehen und den Rest auf die Mieter umlegen. In der Ankündigung der Modernisierung ist mitzuteilen, ob das vereinfachte Verfahren angewandt wird.

VERKAUFSGEWINN Verkaufspreis abzüglich Anschaffungs- oder Herstellungskosten, Kaufnebenkosten und Verkaufskosten.

VERKEHRSFLÄCHE Flächen, die der Erschließung und dem Durchgang innerhalb der Wohnung dienen. Flure, Treppenhäuser, Eingangsbereiche, Aufzüge. Sie werden bei der Berechnung der Wohnfläche nach > DIN 277 nicht angerechnet.

VERKEHRSSICHERUNGSPFLICHT Wer eine Gefahrenlage schafft, hat alle notwendigen Vorkehrungen zu treffen, damit andere keinen Schaden nehmen. Eigentümer von Immobilien müssen dafür Sorge tragen, dass von ihrem Gebäude keine Gefahren ausgehen und dass Bewohner und Dritte das Grundstück sicher betreten können. Dazu gehören unter anderem Wartung und Prüfung von Dach, Fassaden und Treppenhäusern sowie Räumpflichten auf Wegen. Einzelne Pflichten können Eigentümer mietvertraglich auf ihre Mieter übertragen.

VERSICHERUNGSSUMME Betrag, den ein Versicherungsunternehmen im Fall eines Schadens maximal zahlt. Er wird im Vertrag festgelegt.

VERSICHERUNGSWERT Angenommener Betrag, der im Schadensfall aufgewandt werden muss, um den Versicherungsgegenstand wiederzubeschaffen oder wiederherzustellen. Die > Versicherungssumme sollte dem Versicherungswert entsprechen.

VERTEILUNGSSCHLÜSSEL > Umlageschlüssel.

VERWALTUNGSBEIRAT Ehrenamtliches Gremium in einer Wohnungseigentümergemeinschaft, das die Verwaltung unterstützt, berät und kontrolliert. Ein solcher Beirat ist gesetzlich nicht vorgeschrieben.

VERWERTUNGSKÜNDIGUNG > Ordentliche Kündigung, die damit begründet wird, dass Vermieter durch die Fortsetzung des Mietverhältnisses erhebliche wirtschaftliche Nachteile haben.

VOLLSTRECKUNGSBESCHEID Gerichtliches Dokument, das Gläubiger berechtigt, ihre Forderungen durch Lohn-

oder Kontenpfändung oder andere Maßnahmen der Zwangsvollstreckung einzutreiben.

VORAUSZAHLUNG Abschlag auf die zu erwartenden Betriebs- und Heizkosten, den die Mieter zuzüglich zur Nettokaltmiete monatlich zahlen. Grundlage ist eine Vereinbarung im Mietvertrag. In der > Betriebskostenabrechnung müssen Vermieter die Vorauszahlungen mit den tatsächlich durch sie geleisteten Zahlungen verrechnen. Übersteigen die Abschläge die tatsächlich entstandenen Kosten, haben die Mieter Anspruch auf eine Rückzahlung. Waren die Vorauszahlungen niedriger als die tatsächlichen Kosten, dürfen Vermieter eine Nachzahlung verlangen. In der Folge wird die Vorauszahlungshöhe üblicherweise angepasst.

VORKAUFSRECHT Recht, in einen Kaufvertrag einsteigen zu dürfen, bevor ein Dritter den Verkaufsgegenstand erwerben kann. Mieter haben ein gesetzlich verbrieftes Vorkaufsrecht, wenn eine Wohneinheit erstmals nach der Umwandlung eines Mehrfamilienhauses in Eigentumswohnungen verkauft wird (§ 577 BGB). Das Vorkaufsrecht steht nur den Bewohnern zu, die zum Zeitpunkt der Umwandlung Mieter der Wohnung sind.

W

WALLBOX Ladestation für Elektrofahrzeuge, die an einer Wand montiert ist.

WEG-VERWALTUNG Professionelle Verwaltung des > Gemeinschaftseigentums einer Eigentümergemeinschaft.

WERBUNGSKOSTEN Ausgaben, die im Zusammenhang mit einer Einkunftsart in der Einkommenssteuererklärung abgesetzt werden können. Vermieter dürfen zum Beispiel Verwaltungs-, Vermarktungs- und Versicherungskosten geltend machen.

WOHNFLÄCHE Summe der anrechenbaren Grundflächen einer Wohnung, die ausschließlich dieser Wohneinheit gehören. Die Wohnfläche kann im Mietvertrag beziffert werden und ist maßgeblich bei der Betriebskostenabrechnung. Sie kann nach unterschiedlichen Methoden berechnet werden. Weit verbreitet sind die > Wohnflächenverordnung, aber auch > DIN 277.

WOHNFLÄCHENVERORDNUNG (WoFlV). Definiert Wohnflächen und regelt, welche Flächen wie angerechnet werden dürfen.

WOHNGEBÄUDEVERSICHERUNG Greift bei Schäden durch Feuer, Leitungswasser, Sturm und Hagel. Schäden durch Naturkatastrophen wie Lawinen, Überschwemmungen und Erdrutsche hingegen sind nicht immer mit abgedeckt.

Z

ZEITMIETVERTRAG Befristeter Mietvertrag, der zu einem festgelegten Termin endet. Das Gesetz (§ 575 BGB) erlaubt eine Befristung in drei Fällen: > Eigenbedarf, geplanter Umbau oder Vermietung an eine zur Dienstleistung verpflichtete Person.

ZENTRALES MAHNGERICHT Ist für gerichtliche Mahnverfahren zuständig. Die meisten Bundesländer haben dafür ein Amtsgericht benannt.

ZUSTIMMUNGSVORBEHALT Klausel im Mietvertrag, die sicherstellt, dass Mieter das Einverständnis des Vermieters einholen müssen. Üblich ist das zum Beispiel bei der Haltung von Hunden oder Katzen.

ZWECKBESTIMMUNG beschreibt die vorgesehene Verwendung einer Sache. Wohnimmobilien werden „zu Wohnzwecken" vermietet. Aus der Zweckbestimmung ergeben sich Art und Umfang der Nutzungsrechte des Mieters und der Leistung des Vermieters.

ZWECKENTFREMDUNG Verwendung einer Sache, die nicht der Zweckbestimmung entspricht oder nicht zulässig ist. Die 2tageweise Vermietung von Wohnraum, aber auch Leerstand, Abriss oder gewerbliche Nutzung stellen eine Zweckentfremdung von Wohnraum dar. Vor allem Metropolen und Städte mit Wohnungsknappheit versuchen, das mit sogenannten Zweckentfremdungssatzungen zu unterbinden.

ZWEITE BERECHNUNGSVERORDNUNG (II BV). Definiert in § 28 Abs. 4 Satz 2, was unter Schönheitsreparaturen zu verstehen ist: Tapezieren, Anstreichen oder Kalken der Wände und Decken, das Streichen der Fußböden, Heizkörper einschließlich Heizrohre, der Innentüren sowie der Fenster und Außentüren von innen.

→ Adressen und hilfreiche Infos

BRANCHENVERBÄNDE

Haus & Grund Deutschland
Anton-Wilhelm-Amo-Straße 33
10117 Berlin
Tel. (0 30) 2 02 16 - 0
info@hausundgrund.de
hausundgrund.de

Verband Wohneigentum
Oberer Lindweg 2
53129 Bonn
Tel. (02 28) 6 04 68 - 20
bund@verband-wohneigentum.de
verband-wohneigentum.de

Vermieterschutzverein Deutschland
Generaldirektion Bund
Dreischeibenhaus
40211 Düsseldorf
Tel. (02 11) 90 98 19 80
info@vermieterschutzverein-deutschland.de
vermieterschutzverein-deutschland.de

VermieterVerein
Otto-Falckenberg-Straße 22
56070 Koblenz
Tel. (02 61) 1 33 99 - 15
info@vermieterverein.de
vermieterverein.de

Wohnen im Eigentum
Thomas-Mann-Straße 5
53111 Bonn
Tel. (02 28) 30 41 26 - 70
info@wohnen-im-eigentum.de
wohnen-im-eigentum.de

FORTBILDUNGSMÖGLICHKEITEN

Deutscher Volkshochschul-Verband
Königswinterer Straße 552 b
53227 Bonn
Tel. (02 28) 9 75 69 - 0
info@dvv-vhs.de
volkshochschule.de/kursfinder

Europäisches Bildungszentrum der
Wohnungs- und Immobilienwirtschaft (EBZ)
Springorumallee 20
44795 Bochum
Tel. (02 34) 94 47 - 0
info@e-b-z.de
e-b-z.de

gtw – Weiterbildung für die
Immobilienwirtschaft
Westendstraße 179
80686 München
Tel. (0 89) 45 23 45 60
info@gtw.de
gtw.de

Haufe Akademie GmbH & Co. KG
Munzinger Straße 9
79111 Freiburg
Tel. (07 61) 59 53 39 - 00
service@haufe-akademie.de
haufe-akademie.de

HUSS-MEDIEN GmbH
Redaktion IVV immobilien
vermieten & verwalten
Am Friedrichshain 22
10407 Berlin
Tel. (0 30) 4 21 51 - 221
vermieter-ratgeber.de/veranstaltungen/
online-seminare

TÜV Rheinland-Akadamie
Alboinstraße 56
12103 Berlin
Tel. (08 00) 13 53 55 77
servicecenter@de.tuv.com
akademie.tuv.com

UNTERSTÜTZUNG VON FACHLEUTEN

Arbeitsgemeinschaft Bau- und Immobilienrecht im Deutschen Anwaltverein (DAV)
Littenstraße 11
10179 Berlin
Tel. (0 30) 72 61 52 - 139
info@arge-baurecht.com
arge-baurecht.com
Anwaltsuche: arge-baurecht.com/
service-fuer-mandanten/anwaltssuche

Bauherren-Schutzbund
Brückenstraße 6
10179 Berlin
Tel. (0 30) 4 00 33 95 00
office@bsb-ev.de
bsb-ev.de
Beratersuche: bsb-ev.de/beratung/
beratungsnetz

Bundesfachverband der
Immobilienverwalter (BVI)
Littenstraße 10
10179 Berlin
Tel. (0 30) 24 64 79 90
service@bvi-verwalter.de
bvi-verwalter.de
Verwaltersuche: bvi-verwalter.de/
verwaltersuche/

Bundesrechtsanwaltskammer
Littenstraße 9
10179 Berlin
Tel. (0 30) 28 49 39 - 0
zentrale@brak.de
brak.de
Anwaltsuche: brak.de/service/verbraucherin
formationen/anwaltssuche/#c8079

Bundessteuerberaterkammer
Behrenstraße 42
10117 Berlin
Tel. (0 30) 24 00 87 - 0
zentrale@bstbk.de

bstbk.de
Amtliches Steuerberaterverzeichnis:
https://steuerberaterverzeichnis.berufs-org.de/

DIHK Deutsche Industrie- und Handelskammer
Breite Straße 29
10178 Berlin
Tel. (0 30) 2 03 08-0
info@dihk.de
dihk.de
Gutachtersuche bei den Industrie- und Handelskammern: www.ihk.de

Immobilienverband IVD Bundesverband e. V.
Littenstraße 10
10179 Berlin
Tel. (0 30) 27 57 26-0
info@ivd.net
ivd.net
Makler- oder Verwaltersuche:
https://ivd.net/experten-finden/

Verband der Immobilienverwalter Deutschland (VDIV)
Leipziger Platz 9
10117 Berlin
Tel. (0 30) 3 00 96 79-0
office@vdiv.de
vdiv.de
Verwaltersuche: https://vdiv.de/immobilienverwaltung/verwaltersuche

GESETZE UND VERORDNUNGEN IM INTERNET

Brennstoffemissionshandelsgesetz (BEHG)
gesetze-im-internet.de/behg/

Bürgerliches Gesetzbuch (BGB)
gesetze-im-internet.de/bgb/

CO_2-Kostenaufteilungsgesetz (CO2KostAufG)
gesetze-im-internet.de/co2kostaufg/

Datenschutzgrundverordnung (DSGVO)
https://dsgvo-gesetz.de/

Erneuerbare-Energien-Gesetz (EEG)
gesetze-im-internet.de/eeg_2014/

Energiewirtschaftsgesetz (EnWG)
gesetze-im-internet.de/enwg_2005/

Einkommensteuer-Durchführungsverordnung (EStDV): gesetze-im-internet.de/estdv_1955/index.html

Einkommensteuergesetz (EStG)
gesetze-im-internet.de/estg/

Gebäudeenergiegesetz (GEG)
gesetze-im-internet.de/geg/

Messstellenbetriebsgesetz (MsbG)
gesetze-im-internet.de/messbg/

Steuerberatervergütungsverordnung (StBVV)
gesetze-im-internet.de/stbgebv/BJNR014420981.html

Sechste Allgemeine Verwaltungsvorschrift zum Bundes-Immissionsschutzgesetz (TA Lärm)
verwaltungsvorschriften-im-internet.de/bsvwvbund_26081998_IG19980826.htm

Trinkwasserverordnung (TrinkwV)
gesetze-im-internet.de/trinkwv_2023/

Telekommunikationsgesetz (TKG)
gesetze-im-internet.de/tkg_2021/

Verordnung über die Aufstellung von Betriebskosten (Betriebskostenverordnung, BetrKV)
gesetze-im-internet.de/betrkv/BJNR234700003.html

Verordnung über die verbrauchsabhängige Abrechnung der Heiz- und Warmwasserkosten (Verordnung über Heizkostenabrechnung, HeizkostenV)
gesetze-im-internet.de/heizkostenv/BJNR002610981.html

Verordnung zur Berechnung der Wohnfläche (Wohnflächenverordnung, WoFlV)
gesetze-im-internet.de/woflv/BJNR234610003.html

Versicherungsvertragsgesetz (VVG)
gesetze-im-internet.de/vvg_2008/

Wohnungseigentumsgesetz (WEG)
gesetze-im-internet.de/woeigg/

Gesetz zur Regelung der Wohnraumvermittlung (WoVermittG)
gesetze-im-internet.de/wovermrg/BJNR017470971.html

Zweite Berechnungsverordnung (II. BV)
gesetze-im-internet.de/bvo_2/BJNR017190957.html

ZUM WEITERLESEN

Die Stiftung Warentest hat zwei Bücher herausgegeben, die dieses Handbuch ergänzen – erhältlich unter test.de/shop:

→ **„Das Vermieter-Set“** von Alexander Bredereck und Markus Willkomm. Es enthält zahlreiche nützliche Formulare zum Heraustrennen und Herunterladen wie Mietvertrag, Kündigungsschreiben oder Wohnungsübergabeprotokoll.

→ **„Das Steuer-Set für Vermieter“** von Constanze Elter. Es führt Sie Schritt für Schritt durch die Steuer-Formulare für Vermieter und enthält zahlreiche Checklisten, damit Sie keine Posten vergessen.

Abkürzungen

AfA – Abschreibung für Abnutzung

AG – Amtsgericht

AGB – Allgemeine Geschäftsbedingungen

AGG – Allgemeines Gleichbehandlungsgesetz

Az. – Aktenzeichen (bei Gerichtsurteilen)

BayObLG – Bayerisches Oberstes Landesgericht

BBSR – Bundesinstitut für Bau-, Stadt- und Raumforschung

BEHG – Brennstoffemissionshandelsgesetz

BetrKV – Verordnung über die Aufstellung von Betriebskosten (Betriebskostenverordnung)

BFH – Bundesfinanzhof

BGB – Bürgerliches Gesetzbuch

BGH – Bundesgerichtshof

BMF – Bundesministerium der Finanzen

BVerwG – Bundesverwaltungsgericht

BVG – Bundesverfassungsgericht

CO_2KostAufG – CO_2-Kostenaufteilungsgesetz

DMB – Deutscher Mieterbund

DMS – Dokumentenmanagementsystem

DSGVO – Datenschutzgrundverordnung

DSK – Konferenz der unabhängigen Datenschutzaufsichtsbehörden des Bundes und der Länder

EEG – Erneuerbare-Energien-Gesetz

EnWG – Energiewirtschaftsgesetz

EStDV – Einkommensteuer-Durchführungsverordnung

EStG – Einkommensteuergesetz

GEG – Gebäudeenergiegesetz

HeizkostenV – Verordnung über die verbrauchsabhängige Abrechnung der Heiz- und Warmwasserkosten (Verordnung über Heizkostenabrechnung)

KG – Kammergericht

kW – Kilowatt

kWh – Kilowattstunden

LG – Landgericht

MsbG – Messstellenbetriebsgesetz

OLG – Oberlandesgericht

PBV – klassisches Rechtsschutzpaket für die Lebensbereiche Privat, Beruf, Verkehr

PV – Photovoltaik

SCHUFA – Schutzgemeinschaft für allgemeine Kreditsicherung

StBVV – Steuerberatervergütungsverordnung

TA Lärm – Sechste Allgemeine Verwaltungsvorschrift zum Bundes-Immissionsschutzgesetz (Technische Anleitung zum Schutz gegen Lärm)

TKG – Telekommunikationsgesetz

TrinkwV – Trinkwasserverordnung

VG – Verwaltungsgericht

VPI – Verbraucherpreisindex

VVG – Versicherungsvertragsgesetz

WEG – Wohnungseigentumsgesetz, auch: Wohnungseigentümergemeinschaft

WoBauG – Wohnungsbaugesetz

WoFlV – Verordnung zur Berechnung der Wohnfläche (Wohnflächenverordnung)

WoVermittG – Gesetz zur Regelung der Wohnraumvermittlung

Zürs – Zonierungssystem für Überschwemmung, Rückstau und Starkregen

II. BV – zweite Berechnungsverordnung

Quellenangaben Mustervorlagen

S. 72/73: Fragebogen zur Einholung von Selbstauskünften. Erläuterung am Anfang gekürzt. Quelle: Konferenz der unabhängigen Datenschutzaufsichtsbehörden des Bundes und der Länder (Datenschutzkonferenz). Original abrufbar unter: www.datenschutz-berlin.de/fileadmin/user_upload/pdf/publikationen/DSK/2024/2024-DSK-OH_Mietinteresse.pdf

S. 121: Wohnungsgeberbestätigung, Quelle: buergerservice.bremen.de

S. 149: Anschreiben Mieterhöhung, Julia Wagner/Eva Kafke

S. 183: Anschreiben Ankündigung einer Besichtigung, Quelle: „Das Vermieter-Set", Stiftung Warentest (Hrsg.)

S. 217: Anschreiben Kündigungsbestätigung, Quelle: „Das Vermieter-Set", Stiftung Warentest (Hrsg.)

S. 233: Mietschuldenfreiheitsbescheinigung, Stiftung Warentest Finanzen

Stichwortverzeichnis

N/O

P

R

S

T

Bildnachweis

Gettyimages:
14, 17, 65, 91, 99, 110, 117, 120, 129, 138, 174, 182, 186, 190, 209, 213, 227

Adobe Stock:
12, 22, 70, 104, 137, 146, 159, 171, 178, 196, 198, 223, 229, 230

unsplash:
79 Alex-skobe; 95 nameless

Fotos der Interviewpartner:
57 Hoffotografen;
153 Haus & Grund Bayern; 201 privat

Illustrationen/Diagramme:
Florian Brendel, außer 162 René Reichelt

Die Stiftung Warentest wurde 1964 auf Beschluss des Deutschen Bundestages gegründet, um Verbraucherinnen und Verbrauchern durch vergleichende Tests von Waren und Dienstleistungen eine unabhängige und objektive Unterstützung zu bieten. Mehr zu unserem Qualitätsanspruch und viele weitere Bücher finden Sie unter www.test.de.

Eva Kafke schreibt als Fachjournalistin für Immobilienthemen für diverse Fachzeitschriften. Sie war Chefredakteurin und Pressesprecherin bei drei großen immobilienwirtschaftlichen Verbänden. Für die Stiftung Warentest hat sie als Autorin unter anderem „Immobilienkauf - Das Set ", „Das Sanierungs-Set" sowie „Energetische Sanierung in der Eigentümergemeinschaft" veröffentlicht.

Stiftung Warentest
Lützowplatz 11–13, 10785 Berlin
www.test.de
email@stiftung-warentest.de
USt-IdNr.: DE136725570
Vorständin: Julia Bönisch

ISBN: 978-3-7471-0970-0

Stiftung Warentest

Programmleitung: Niclas Dewitz
Autorin: Eva Kafke
Projektleitung: Ursula Rieth
Lektorat: Stefanie Barthold
Korrektorat: Christoph Nettersheim
Fachliche Unterstützung: Julia Wagner, Juristin; Michael Degethof, Diplom-Finanzwirt (FH); Claudia Bassarak, Maria Hartwig, Christoph Herrmann, Karin Kuchelmeister, Michael Nischalke, Michael Sittig, Stiftung Warentest Finanzen
Titelentwurf, Layout: Christian Königsmann
Grafik, Satz, Infografiken: Florian Brendel
Bildredaktion: Florian Brendel
Produktion: Anne-Katrin Körbi
Verlagsherstellung: Rita Brosius (Ltg.), Romy Alig, Susanne Beeh
Litho: tiff.any, Berlin
Druck: Westermann Druck Zwickau GmbH